高等学校省级规划教材
普通高校经济管理类应用型本科系列规划教材

西方经济学

（微观部分）

主编/项桂娥　吴宏伟

中国科学技术大学出版社

内容简介

全书系统地介绍了现代微观经济学的基本理论,内容包括:西方经济学的研究对象与方法,需求、供给与价格弹性理论,消费者效用论,厂商生产论、成本论,市场结构与竞争理论,要素市场理论,市场失灵与政府干预等12章内容。本书基于培养经济思维能力的视角,将理论介绍、案例解读和课堂讨论结合在一起,更有利于读者学习与理解,同时还附带了习题及案例分析题,有利于读者自学和深入思考。

全书深入浅出,通俗易懂,重视理论的内在逻辑和原理分析,有利于各类初学者学习。本书不仅适合高等院校经管类专业的学生和教师,而且适合企业管理者和政府工作者,还适合各类经济管理干部培训,也适合自学考试和函授等成人高等教育,以及所有对经济学感兴趣的自学者。

图书在版编目(CIP)数据

西方经济学.微观部分/项桂娥,吴宏伟主编.—合肥:中国科学技术大学出版社,2016.2(2019.6重印)

ISBN 978-7-312-03871-6

Ⅰ.西… Ⅱ.①项…②吴… Ⅲ.①西方经济学②微观经济学 Ⅳ.①F091.3②F016

中国版本图书馆CIP数据核字(2016)第023093号

出版	中国科学技术大学出版社 安徽省合肥市金寨路96号,230026 http://press.ustc.edu.cn https://zgkxjsdxcbs.tmall.com
印刷	安徽省瑞隆印务有限公司
发行	中国科学技术大学出版社
经销	全国新华书店
开本	787 mm×1092 mm 1/16
印张	18.25
字数	467千
版次	2016年2月第1版
印次	2019年6月第3次印刷
定价	36.00元

前　言

西方经济学是我国高等院校经济、管理类专业的核心课程,只有掌握本门课程的基本概念、原理之后,才能进一步学习后续的其他专业类课程。该课程分为微观经济学和宏观经济学,本册微观经济学既涉及市场经济运行所需的微观经济的基本知识,又包含了运用简单的数学模型建立起来的实证分析技术。无论是从理论上,还是在实践中,掌握这些知识都有一定难度。我们在多年的教学中摸索了案例解读、课堂讨论等多种形式,来帮助学生吸收消化相关理论,并且发现适量的案例解读和理论联系实际的讨论对教学是大有裨益的。有鉴于此,我们在总结自身多年的经济学教学经验的基础上,专门编写了这本适应应用型本科高校财经类各专业基础课程教学的微观经济学教材,以帮助学生较好地掌握该课程的基本原理和方法。

本书具有如下特色:

(1) 突出应用型本科高校专业基础教育的系统性和逻辑性。既注意教材的系统性,又坚决舍弃过难过繁、实际意义不大的经济学模型推导和大量的理论叙述,并注重了教材编排的逻辑性和内容的一贯性。各章都设计了"学习目标",简明扼要的"内容摘要"和"关键词",突出对重要理论的解释和说明,使学生对本章节的基本原理一目了然,学习重点突出,逻辑清晰。为强化学生的学习效果,还编写了与本章内容配套的选择题和思考练习题,帮助学生系统地掌握经济学的基本理论和基本知识。

(2) 突出应用型本科高校财经类各专业应用型人才的培养目标。坚持以能力为本位,以提高学生综合素质为基础,着力培养学生的应用能力和创新能力。突出面向应用,注重基础理论对实际问题的解读和分析。各章节都以案例导入,文中也插入了大量的案例解读和课堂讨论,并且理论联系实际,每章末都针对性配备了一个案例分析题或社会实训题。案例解读则采用了最为通俗的语言,力求用日常用语将学术性较浓的概念解释得简单明了,以帮助学生加深对这些基本理论的理解和掌握,增加学生自学经济学的兴趣,提高学生分析和解决问题的能力。

(3) 在叙述体例上,重视运用图、表、资料链接及案例解读来说明问题。在叙述过程中,结合我国微观经济实践,力求对近年来经济社会生活中发生的事件进行加工,使之符合经济学教学需要,拓宽学生的视野,将西方经济学的抽象理论置于具体形式和实际生活之中,培养学生运用所学理论分析实际问题的能力。

本书为安徽省 2013 年高等学校省级质量工程项目——《西方经济学》省级规划教材(2013ghjc301)成果之一,不同经济管理类本科专业,可根据人才培养方案及微观经济学教学安排,对相关内容进行取舍,标有☆的部分为选学内容。本书由项桂娥、吴宏伟担任主编,负责大纲拟订和统稿;王希文、何治国、余吉祥、李玲娣、周荣蓉担任副主编。参加本书编写的有安徽工程大学的何治国老师,池州学院的项桂娥和吴义根老师,淮北师范大学的吴宏伟老师,合肥学院的周荣蓉老师,安徽科技学院的余吉祥和肖红老师,滁州学院的王希文老师,安徽三联学院的李玲娣老师;同时感谢对该书进行审核并提出宝贵意见的中国科学技术大学司有和教授。全书由项桂娥教授提供指导思想、编写思路及进行全文的总纂、定稿。

本书在编写过程中,参考了国内外众多同类教材及相关文献和书籍,尤其是案例引用,参阅了多种统计资料和媒体资料,限于篇幅,只做了少量的直接标注,其余的列在书末的参考文献中,特此说明,并向所有的文献作者鸣谢致意。同时,在本书的撰写过程中,得到了参编作者所在单位各级领导的大力支持,中国科学技术大学出版社的领导和编辑也给予了很多帮助,谨此一并表示由衷的感谢。

尽管所有的参编作者做了最大的努力,但限于我们的专业知识和撰写水平,不免存在这样或那样的疏忽和错误,真诚欢迎读者、专家和同仁不吝批评指正,以便再版时修订完善。

项桂娥

2015 年 12 月

目 录

前言 ……………………………………………………………………（ i ）

第一篇　经济学基础

第一章　概论 ………………………………………………………（ 3 ）
　第一节　经济学研究对象 …………………………………………（ 3 ）
　　一、欲望 ……………………………………………………………（ 4 ）
　　二、稀缺性 …………………………………………………………（ 4 ）
　　三、选择 ……………………………………………………………（ 5 ）
　　四、资源配置 ………………………………………………………（ 7 ）
　　五、资源利用 ………………………………………………………（ 9 ）
　第二节　经济学研究内容 …………………………………………（ 9 ）
　　一、微观经济学 ……………………………………………………（ 10 ）
　　二、宏观经济学 ……………………………………………………（ 12 ）
　　三、微观经济学和宏观经济学的区别与联系 ……………………（ 12 ）
　第三节　经济学产生与发展 ………………………………………（ 14 ）
　　一、重商主义 ………………………………………………………（ 14 ）
　　二、古典经济学 ……………………………………………………（ 14 ）
　　三、新古典经济学 …………………………………………………（ 15 ）
　　四、当代经济学 ……………………………………………………（ 16 ）
　　五、经济学发展前沿及趋势☆ ……………………………………（ 18 ）
　第四节　经济学研究方法 …………………………………………（ 21 ）
　　一、经济模型 ………………………………………………………（ 21 ）
　　二、实证分析和规范分析 …………………………………………（ 22 ）
　　三、均衡分析 ………………………………………………………（ 23 ）
　　四、边际分析 ………………………………………………………（ 24 ）
　　五、数理化分析☆ …………………………………………………（ 24 ）

第二章　需求、供给和均衡价格 …………………………………（ 29 ）
　第一节　需求 ………………………………………………………（ 29 ）
　　一、需求的含义 ……………………………………………………（ 29 ）
　　二、需求的影响因素 ………………………………………………（ 30 ）
　　三、需求的表示方法 ………………………………………………（ 32 ）
　　四、需求规律 ………………………………………………………（ 33 ）
　　五、需求量变动和需求变动 ………………………………………（ 35 ）
　　六、个人需求与市场需求 …………………………………………（ 36 ）

第二节　供给 ··（37）
　　一、供给的含义 ···（37）
　　二、供给的影响因素 ··（37）
　　三、供给的表示方法 ··（39）
　　四、供给规律 ···（40）
　　五、供给量变动和供给变动 ··（40）
　　六、单个生产者供给与市场供给 ··（41）
第三节　均衡价格理论 ···（42）
　　一、均衡价格及其形成 ··（42）
　　二、均衡价格的变动 ··（43）
　　三、干预价格 ···（45）
第四节　弹性理论 ··（47）
　　一、弹性及弹性系数 ··（47）
　　二、需求价格弹性 ···（47）
　　三、弹性概念的拓展 ··（51）
　　四、弹性的应用 ··（53）
第五节　蛛网模型☆ ···（55）
　　一、蛛网模型的基本假设 ···（55）
　　二、三种类型的蛛网模型 ···（56）

第二篇　行为者理论

第三章　消费者效用论 ···（63）
第一节　效用 ···（63）
　　一、幸福方程式 ··（63）
　　二、效用的概念 ··（64）
　　三、效用的两种理论 ··（65）
第二节　基数效用论 ··（66）
　　一、总效用与边际效用 ··（66）
　　二、边际效用递减规律 ··（67）
　　三、消费者均衡 ··（69）
　　四、单个消费者的需求曲线 ··（70）
　　五、消费者剩余 ··（71）
第三节　序数效用论 ··（72）
　　一、关于偏好的假定 ··（73）
　　二、无差异曲线 ··（73）
　　三、商品的边际替代率 ··（75）
　　四、预算线 ···（77）
　　五、消费者均衡 ··（78）
第四节　消费者均衡的变化 ··（79）
　　一、价格-消费曲线 ···（80）
　　二、收入-消费曲线 ···（80）
　　三、恩格尔曲线 ··（80）

第五节 收入效应和替代效应 …………………………………………… (81)
　一、替代效应和收入效应的含义 ……………………………………… (82)
　二、正常物品、低档物品和吉芬物品的替代效应和收入效应分解 …… (82)
第六节 不确定性和风险☆ ……………………………………………… (84)
　一、不确定性 …………………………………………………………… (84)
　二、消费者的风险态度 ………………………………………………… (85)

第四章 厂商生产论 …………………………………………………… (89)
第一节 厂商、生产和生产函数 ………………………………………… (89)
　一、厂商或企业 ………………………………………………………… (89)
　二、生产与生产要素 …………………………………………………… (92)
　三、生产函数 …………………………………………………………… (92)
　四、短期与长期 ………………………………………………………… (94)
第二节 短期生产函数 …………………………………………………… (95)
　一、短期生产函数的含义 ……………………………………………… (95)
　二、总产量、平均产量和边际产量 …………………………………… (95)
　三、边际报酬递减规律 ………………………………………………… (97)
　四、短期生产的三个阶段 ……………………………………………… (99)
第三节 长期生产函数 …………………………………………………… (100)
　一、等产量曲线 ………………………………………………………… (100)
　二、边际技术替代率 …………………………………………………… (101)
　三、等成本线 …………………………………………………………… (102)
　四、生产要素的最优投入组合 ………………………………………… (102)
　五、最优生产要素的组合点与利润最大化 …………………………… (104)
　六、扩展线 ……………………………………………………………… (105)
第四节 规模报酬理论 …………………………………………………… (106)
　一、规模报酬 …………………………………………………………… (106)
　二、内在经济与内在不经济 …………………………………………… (107)
　三、外在经济与外在不经济 …………………………………………… (107)

第五章 厂商成本论 …………………………………………………… (111)
第一节 成本的概念 ……………………………………………………… (111)
　一、经济成本与会计成本 ……………………………………………… (112)
　二、显性成本与隐性成本 ……………………………………………… (112)
　三、增量成本与沉没成本 ……………………………………………… (113)
第二节 短期成本 ………………………………………………………… (114)
　一、短期成本的分类 …………………………………………………… (115)
　二、短期成本的变动规律及其关系 …………………………………… (117)
　三、短期产量曲线与短期成本曲线之间的关系 ……………………… (120)
第三节 长期成本 ………………………………………………………… (121)
　一、长期生产的经济性 ………………………………………………… (121)
　二、长期总成本 ………………………………………………………… (122)
　三、长期平均成本 ……………………………………………………… (125)

四、长期边际成本 ·· (127)
　第四节　成本、收益与利润最大化 ································ (129)
　　一、总收益、平均收益与边际收益 ································ (129)
　　二、利润 ·· (130)
　　三、利润最大化原则 ·· (130)

第三篇　市场结构与竞争策略

第六章　完全竞争市场 ·· (137)
　第一节　市场类型 ·· (138)
　　一、市场和行业 ·· (138)
　　二、市场类型的划分 ·· (138)
　　三、完全竞争市场的含义及基本假定 ······························ (139)
　第二节　完全竞争厂商的短期均衡和供给曲线 ······················ (140)
　　一、完全竞争厂商的需求曲线 ···································· (140)
　　二、完全竞争厂商的收益曲线 ···································· (142)
　　三、完全竞争厂商的短期均衡 ···································· (143)
　　四、完全竞争厂商的短期供给曲线 ································ (146)
　　五、生产者剩余 ·· (147)
　第三节　完全竞争厂商的长期均衡 ·································· (148)
　　一、完全竞争厂商自身对最优生产规模的调整 ······················ (148)
　　二、行业中厂商数目的调整 ···································· (149)
　第四节　完全竞争行业的长期供给曲线 ······························ (151)
　　一、成本不变行业的长期供给曲线 ································ (151)
　　二、成本递增行业的长期供给曲线 ································ (152)
　　三、成本递减行业的长期供给曲线 ································ (153)
　第五节　完全竞争市场的短期和长期均衡 ···························· (153)
　　一、完全竞争市场的短期均衡和长期均衡 ·························· (154)
　　二、消费者统治的理论基础 ···································· (155)

第七章　不完全竞争市场 ·· (159)
　第一节　垄断 ·· (160)
　　一、垄断市场结构及其特性 ···································· (160)
　　二、垄断厂商的需求曲线和收益曲线 ······························ (161)
　　三、垄断厂商的短期均衡 ······································ (163)
　　四、垄断厂商的供给曲线 ······································ (164)
　　五、垄断厂商的长期均衡 ······································ (165)
　　六、价格歧视 ·· (166)
　　七、自然垄断和政府管制 ······································ (170)
　　八、全面理解垄断 ·· (170)
　第二节　垄断竞争市场 ·· (171)
　　一、垄断竞争市场的含义及特征 ································ (171)
　　二、垄断竞争厂商的均衡 ······································ (172)

三、垄断竞争与理想的产量 …………………………………………………… (174)
　　四、垄断竞争厂商的供给曲线 ………………………………………………… (175)
　　五、非价格竞争 ………………………………………………………………… (175)
第三节　寡头市场 …………………………………………………………………… (176)
　　一、寡头市场的特征 …………………………………………………………… (176)
　　二、古诺双寡头模型 …………………………………………………………… (176)
　　三、斯塔克伯格模型 …………………………………………………………… (178)
　　四、价格领导模型 ……………………………………………………………… (179)
　　五、卡特尔勾结寡头模型 ……………………………………………………… (180)
　　六、斯威齐模型 ………………………………………………………………… (181)
　　七、寡头厂商的供给曲线 ……………………………………………………… (182)
第四节　不同市场结构经济效率的简单比较 ……………………………………… (182)
　　一、需求曲线和供给曲线 ……………………………………………………… (182)
　　二、经济效率 …………………………………………………………………… (183)

第八章　博弈论初步 …………………………………………………………… (188)
第一节　博弈论的基本概念 ………………………………………………………… (188)
　　一、博弈的概念 ………………………………………………………………… (189)
　　二、博弈的分类 ………………………………………………………………… (189)
　　三、博弈描述："囚徒困境" …………………………………………………… (190)
第二节　占优策略与纳什均衡 ……………………………………………………… (191)
　　一、占优策略 …………………………………………………………………… (191)
　　二、纳什均衡 …………………………………………………………………… (193)
第三节　重复性博弈 ………………………………………………………………… (195)
　　一、以牙还牙策略 ……………………………………………………………… (195)
　　二、重复博弈的次数问题 ……………………………………………………… (196)
第四节　序贯博弈☆ ………………………………………………………………… (197)
　　一、博弈的扩展型 ……………………………………………………………… (197)
　　二、先动优势：斯塔克伯格解 ………………………………………………… (198)
　　三、进入威慑 …………………………………………………………………… (199)
第五节　混合策略☆ ………………………………………………………………… (200)
　　一、手心手背博弈 ……………………………………………………………… (200)
　　二、性别冲突博弈 ……………………………………………………………… (202)

第九章　生产要素市场 …………………………………………………………… (207)
第一节　要素市场需求与供给 ……………………………………………………… (208)
　　一、生产要素需求的特点 ……………………………………………………… (208)
　　二、厂商需求生产要素的原则 ………………………………………………… (208)
　　三、完全竞争市场厂商对生产要素的需求 …………………………………… (210)
　　四、不完全竞争市场厂商对生产要素的需求 ………………………………… (211)
　　五、要素的供给 ………………………………………………………………… (212)
　　六、完全竞争市场要素的供求均衡 …………………………………………… (212)

第二节 工资 ·· (213)
　一、劳动供给曲线 ·· (213)
　二、工资决定 ·· (215)
第三节 利息 ·· (216)
　一、资本与利息 ··· (217)
　二、资本的需求 ··· (217)
　三、资本的供给 ··· (218)
　四、均衡利率的决定 ··· (220)
第四节 地租 ·· (221)
　一、土地供给 ·· (222)
　二、地租的决定 ··· (222)
　三、地租概念的扩展 ··· (223)
第五节 利润 ·· (226)
　一、正常利润 ·· (226)
　二、超额利润 ·· (227)
　三、利润的作用 ··· (227)
第六节 洛伦兹曲线和基尼系数 ··· (228)

第四篇　市场失灵及其补救

第十章　一般均衡论与福利经济学 ·· (235)
第一节 一般均衡理论 ··· (235)
　一、局部均衡与一般均衡 ·· (235)
　二、一般均衡的存在性 ··· (237)
第二节 帕累托最优 ·· (238)
　一、帕累托最优标准 ··· (238)
　二、交换的帕累托最优条件 ··· (239)
　三、生产的帕累托最优条件 ··· (241)
　四、生产和交换的帕累托最优条件 ··· (243)
第三节 完全竞争与帕累托最优状态 ·· (246)
　一、完全竞争市场的特征 ·· (246)
　二、完全竞争市场的最优分析 ·· (246)
第四节 社会福利函数☆ ··· (248)
　一、效用可能性曲线 ··· (248)
　二、社会福利函数 ·· (249)
　三、阿罗不可能定理 ··· (250)
　四、如何看待社会公平问题 ··· (251)

第十一章　市场失灵与微观经济政策 ·· (255)
第一节 垄断 ·· (256)
　一、垄断与帕累托改进 ··· (256)
　二、寻租导致效率损失 ··· (257)
　三、对垄断的公共管制 ··· (258)

  四、反托拉斯法 ……………………………………………………（259）
第二节 外部影响 …………………………………………………………（260）
  一、外部影响及其分类 …………………………………………………（260）
  二、外部性的治理 ………………………………………………………（261）
第三节 公共物品 …………………………………………………………（263）
  一、排他性与消费的竞争性 ……………………………………………（263）
  二、公共物品及特性 ……………………………………………………（264）
  三、公共资源 ……………………………………………………………（266）
第四节 信息不对称与市场 …………………………………………………（267）
  一、信息的不完全和不对称 ……………………………………………（267）
  二、道德风险 ……………………………………………………………（271）
  三、委托-代理问题 ………………………………………………………（272）

参考文献 ………………………………………………………………………（278）

第一篇
经济学基础

我们的晚餐并非来自屠宰商、酿酒师和面包师的恩惠，而是来自他们对自身利益的关切。

——亚当·斯密

第一章

緒論基礎

第一章 概 论

通过本章的学习,对经济学有个整体、框架性的认识;掌握经济学的基本概念;了解现代西方经济学的发展简史及发展脉络,对现代西方经济学的发展动向和前沿有一个大致的认识;了解经济学的研究对象和研究方法。

经济学是什么?

杨朱是先秦有名的哲学家。有一天他走到一个三岔路口,对着面前的三岔路口,突然放声痛哭起来。有人大惑不解地问他为什么痛哭。杨朱回答说:"我不知道该走哪条路!"那人不以为然,结果这个杨朱鄙夷地看了看他,满脸忧愁地说:"你哪里知道,人生到处都是这样的三岔路口啊!"这就是著名"杨朱临路而泣"的故事。

加拿大经济学家迈克尔·帕金写了一本畅销世界的经济学教科书《经济学》,该书的第一章一开头就写道:"从你每天早上醒来的一刻到你每天晚上睡下的一刻,你的生活充满了选择。"著名经济学家梁小民教授说:"经济学是什么?说得高深点经济学是一门选择的科学。"是的,选择无处不在,选择无时不有。早餐吃什么?是面包牛奶,还是豆浆油条?晚上几点睡?是早睡早起,还是晚睡晚起?这些看似平常的琐事实际上都蕴涵着经济学上的选择问题。选择是痛苦的,因为它会让你进退维谷、左右为难。

因为资源稀缺,所以我们必须做出选择。经济学上的选择问题包括:对于消费者而言,选择如何配置现有的资金以达到最佳的消费效果或投资效果;选择如何利用有限的时间;选择如何满足自己的欲望;在必要时如何牺牲某种欲望来满足另外一种欲望。对于生产者而言,选择生产什么物品和劳务以及各生产多少;选择如何生产;选择为谁生产这些物品和劳务;何时生产这些物品和劳务。这是每个消费者和生产者面临的问题,也是经济学需要解决的问题。

第一节 经济学研究对象

因经济学内容博大庞杂,分支流派众多,迄今为止,还难以有统一的定义。但所有的经济学定义都隐含了经济学的两大核心思想,即人类欲望是无限的,而资源是有限的,我们必须进行有效率的选择,来配置和利用我们的资源。

一、欲望

大千世界,芸芸众生,每个人来到世界上都会面临两大基本问题:生存和发展。并且人们都希望自己能更好地生存和发展,这就是人类的欲望。欲望是一种心理现象,是一种缺乏与不满足的感觉。人类的欲望是无穷无尽的,一种欲望得到满足后,新的欲望就会产生。中国的古语:"贪得无厌""欲壑难填""得陇望蜀""人心不足蛇吞象",说的就是人的欲望的无限性。所以叔本华说:"生命是一团欲望,欲望满足不了便痛苦。"这种现象既是人类贪婪的表现,也是人类社会不断进步的动力所在。试想一下,人类若没有了欲望,社会还会发展吗?可面对人类无穷的欲望,我们的资源是稀缺的,如何配置和利用稀缺的资源使人类得到最大的满足呢?这就是经济学要讨论的问题。

二、稀缺性

"任何社会或个人总是无法得到自己所要的一切东西,因为我们生存在一个资源稀缺的世界中。"经济学所讨论的资源稀缺需要注意以下三个方面:

(一)稀缺性是指经济物品的稀缺性

人类的欲望需要各种物品来满足,这些物品可以分为两类:一类是自由物品。自由物品是指不用付出任何代价就可以自由取用的物品,如大自然提供的阳光、空气。自由物品的基本特点是:"取之不尽,用之不竭",对人有用而且价格为零。另一类是经济物品。经济物品指人类必须付出相应的代价才能得到的物品,如房子、汽车、粮食等。这类物品的特点是:有用而且稀缺,人们要获得必须花费代价。经济物品也称为价格为正的物品,即在市场交易中,买方必须向卖方支付价格。我们常说的"没有免费的午餐"指的就是这类物品。

需要注意的是,自由物品、经济物品在经济学中是相对的,随时间、地点和条件的改变可以相互转化。如海水对居住在海边的居民可能是自由物品,但对远离大海的海产品养殖者则是经济物品;空气和水在大自然中是自由取用物品,而自来水和从空调中取得的冷气却是经济物品。此外,人们在生产和经济活动中还会产生有害物品,如垃圾、汽车尾气等,这类有害物品是人类必须付出代价才可清除的物品,常被看成是价格为负的物品,即卖方要向买方付费。

(二)稀缺性主要源于生产和制造这些物品所需资源是有限的

一般而言,人类在物质产品生产活动中,需要投入各种经济资源,也称为生产要素,如土地、资本、劳动、企业家才能、知识和公共产品等。这些经济资源有一个共同的特点,那就是稀缺性。首先,一个企业不可能像得到自由品那样无偿得到土地、资本、劳动、企业家才能、知识和公共产品,取得这些资源必须付出相应的代价,而且整个社会中的土地存量、资本存量、劳动量、企业家才能、知识和公共产品的规模都是有限的。其次,人类对物质产品、精神产品等经济物品需要的无限性也决定了对生产这些物品的经济资源需要的无限性,人们不可能用有限的资源去生产无限的经济物品。再次,时间资源也是有限的,时间具有不可逆转性,它永远是向前的,一刻也不作停留。

(三)相对于人类的欲望,资源总是稀缺的

资源稀缺不是指资源在绝对数量上的多寡,而是相对于人类的无穷欲望而言的,无限的欲望与有限的资源始终是矛盾的。从茹毛饮血的远古时代到数字化的今天,资源稀缺存在

于人类社会的所有时期;从人均年收入不足 100 美元的贫穷国家到人均收入超过 3 万美元的富裕国家,资源的稀缺性存在于世界各地,只是稀缺的内容不同。一个乞丐,往往稀缺的是衣服和食物;而一个百万富翁,他的时间也是有限的,同一时间他要去打高尔夫球,就不能去高档餐厅用餐。可见,资源的稀缺是人类永恒的问题。

那么,如何有效率地利用这些稀缺资源来最大限度地满足人们不断上升的欲望?"如何尽我们所能,做我们最好的?"人们必须做出选择,以决定将稀缺的资源用于哪一类产品与劳务的生产,满足人们哪一方面的欲望,这就产生了经济学这门学科。

三、选择

无限的欲望、有限的资源,面对这对矛盾人类时刻面临选择。选择无处不在、无处不有。对消费者来说,选择吃什么早餐?选择上什么学校?选择从事什么工作?买房还是买车?理性的消费者通常会选择他们认为最物有所值的商品。对生产者而言,一块土地用于生产粮食还是用于房地产开发?要不要开发新产品?理性的生产者通常会选择他们所认为最赚钱的来生产。对政府来说,实行九年义务教育还是十三年义务教育?国家在提供公共物品时优先考虑多修路还是多建医院?国家在发展过程中关注平等还是效率?理性的政府要考虑全体人的最大福利。这就是经济学中的最优化思维,即"有效配置利用有限资源以求无限欲望的最大满足"。

稀缺性是选择的直接原因,可以说,没有经济资源的稀缺性,就不会存在选择。人们根据什么来选择呢?选择背后的成本是什么呢?

(一) 机会成本

青年时期的姚明选择了打球,因而无法上大学,"有得必有失"。我们一旦做出选择,必然要有放弃。为了得到某种东西而放弃的另一种东西所带来的最大收益就是选择的成本,称为机会成本。使用一种资源的机会成本是指把该资源投入某一特定用途以后所放弃的在其他用途中所能获得的最大收益。姚明选择打球而放弃上大学,是因为他有到美国 NBA 打球的机会,每年有上亿元的收入,这些收入就是他上大学的机会成本;若去上大学,这些收入就将失去。需要注意的是,机会成本不同于实际成本,它不是在做出某项选择时所支付的实际费用,而是一种观念上的损失,它是因做了一个选择而必须放弃的最大收益。

当一个厂商决定利用自己所拥有的生产 20 辆摩托车的经济资源来生产 1 辆汽车时,这就意味着该厂商不可能再利用这些经济资源来生产 20 辆摩托车;如果 1 辆摩托车值 5000 元,则该厂商生产 1 辆汽车的机会成本就是所放弃生产的 20 辆摩托车的价值(价值 10 万元)。再假如你有 10 万元的资金,开商店可以获利 2 万元,投资股票可以获利 3.5 万元,买债券可以获利 1.8 万元,投资房地产可以获利 3.8 万元。若不考虑其他因素,理性的你必然会选择获利最多的,即投资房地产而放弃其他投资,而其他投资中最大收益是投资股票,这意味着你投资房地产的机会成本就是 3.5 万元。这就是经济学家们所谓的"天下没有免费的午餐"的思维方式。

机会成本的概念告诉我们,任何稀缺资源的使用,不论在实际中是否为之付出了真金白银,总会形成机会成本,即为了这种使用所牺牲掉的其他使用能够带来的收益。因此,这一概念拓宽和深化了对在一定生产活动中消耗的经济资源成本的理解。通过对相同的经济资源在不同的生产用途中所能得到的收入进行比较,使得经济资源从所得收入相对低的生产用途上,转移到所得收入相对高的生产用途上,否则就是一种浪费。经济活动行为方式的基本准则之一就是实现机会成本最小。

【案例分析】1-1

爱情有机会成本吗?

让我们重温一下大家熟悉的《在那遥远的地方》这首青海民谣,歌词如下:

"在那遥远的地方,有位好姑娘,人们走过她的身旁,都要回头留恋地张望。她那粉红的小脸,好像红太阳,她那活泼动人的眼睛,好像晚上明媚的月光。我愿变一只小羊,跟在她身旁,我愿她拿着细细的皮鞭,不断轻轻地打在我身上。我愿抛弃了财产,跟她去放羊,每天看着那粉红的小脸,和那美丽金边的衣裳。"

这首民谣中的男主人公,为了追求自己心仪的好姑娘,所付出的机会成本是抛弃财产,所得到的是跟她去放羊以及每天看着她那粉色的小脸,并且乐意承受那细细皮鞭的抽打。

(资料来源:根据网络相关信息整理.)

(二) 生产可能性边界

一个国家如何配置其相对稀缺的生产资源问题,还可以用生产可能性边界来表达。生产可能性边界(production possibilities frontier,PPF),表示一个经济社会在可得到的生产要素和生产技术既定时所能生产的各种产量的组合图型。我们知道,一国可利用的资源,主要用来生产资本品和消费品,由于资源总量是一定的,因此,要多生产消费品,就必须减少资本品的产量。如图1.1所示,图中的 ABDEF 线即为生产可能性曲线,或称生产可能性边界,表示用一定量资源来生产消费品和资本品。若全部资源都用于生产消费品,则能生产出 A 点的产量;若要再用资源生产资本品必须减少消费品生产量。

生产可能性边界说明社会面临一种取舍,一旦我们达到了边界上有效率的各点,要想增加一种物品的产量,就必须减少另一种物品的产量。这表明可以用一种物品来衡量另一种物品的机会成本,能较好地帮助我们理解资源的稀缺性和机会成本等概念。第一,生产可能性边界揭示了稀缺法则。任何物品都不可能无限量地生产。图1.1中的 H 点表示现有资源在当前条件下不可能实现的产量组合。第二,任何一个经济行为必须做出选择,但不可能同时选择两个不同的点。决定了在生产可能性边界上的某一点进行生产就意味着决定了资源的配置。第三,选择就要付出代价,就有机会成本。在生产可能性边界上任意点的斜率代表着该产量水平上资本品的机会成本,其斜率为负表明要增加该种产品的产量势必要减少另一种产品的产量。第四,具有凹性的生产可能性边界反映了"(机会)成本递增法则"。它是指随着资本品产量的增加,每增加一个单位的产量所需放弃的消费品产量呈递增的趋势,或者说,资本品的机会成本随其产量的增加而递增。第五,生产可能性边界还用来说明潜力与过度的问题。生产可能性边界以内的任何一点(如图1.1中 G 点),表示生产还有潜力,即还有资源未得到充分利用,存在资源闲置或浪费,如存在失业或经济缺少效率;只有生产可能性边界之上的点,才是

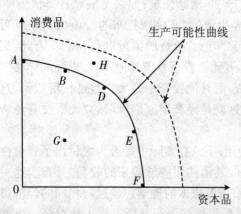

图 1.1 资本品和消费品的矛盾

资源配置最有效率的点。而生产可能性边界之外的任何一点(如图1.1中的 H 点),在现有资源和技术条件下是达不到的,只有增加资源数量或改进技术、实施制度创新等,生产可能性边界才会向外平行移动,达到图1.1中的虚线位置。如我国实施改革开放,大力引进外资,推动技术的进步和制度改革,使经济快速发展,生产能力大幅上升。

很显然,图1.1中 A、B、D、E、F 任一组合点,反映的是资源的配置问题,而生产量能否达到生产可能性边界则体现了资源是否被充分利用的问题。这都是经济学所要研究的内容。

【案例分析】1-2

机会成本与经济学思维

湖南省的一个农民甲以8000元购买了优质品种的A种母猪,目的是繁殖仔猪进行销售。但销售仔猪的农场以劣等的B种母猪冒充,价格相差4倍。后来甲购买的母猪所繁殖的仔猪无人购买,造成直接经济损失5万元,后发现是出售该种猪的农场以次充好,经过交涉未取得满意结果,甲告到法院要求农场赔偿损失5万元。农场认为当初双方的交易额是8000元,赔偿5万元是天方夜谭。你们怎么看呢?

解决这一问题的三种思维方式:

(1)民间传统思维:应该赔偿8000元,也就是骗人的骗多少就应该赔偿多少。

(2)法官思维:应赔偿所有直接损失,包括购买成本8000元,以及饲料、雇工工资、饲养场土地房舍等直接费用5万元。

(3)经济学思维:赔偿额要大于5万元。因为该农民除了直接费用开支外,还有一些间接的损失,例如,8000若不用于购买仔猪进行饲养,而存到银行可得到一定的利息,买了仔猪后这些存款的利息无疑遭到了损失,这个利息在经济学中被称为机会成本。按照这一思维方式,农场不仅要赔偿5万元,还要赔偿这5万元如果不用于购买这些仔猪进行饲养而用于其他投资可能取得的最大纯收入。

(资料来源:根据网络相关信息整理.)

四、资源配置

资源配置是指把资源分配到各种可供选择的用途中,以生产出能够满足人们不同需要的各种产品,使产出达到最大,产品合理分配使人们的需要获得最大限度的满足,使社会经济福利达到最大。

(一)资源配置需要解决的基本问题

一种资源有很多用途,如钢铁可以用来制造飞机、轮船、大炮等等;一片土地可以种粮食,也可以办养鸡场,还可以用于房地产开发等等。我们如何把资源配置到各种用途中呢?这里包括三个方面的问题:

1. 生产什么,生产多少(what)

人们的需求是无止境的,而且需求多样化,与资源的有限性形成了鲜明对比。我们生产了这种产品,就不能再生产那种产品;或者这种产品生产多了,那种产品就必须少生产。1吨钢铁生产什么,汽车还是飞机?若生产飞机,生产多少最合算?而且1吨钢材在制造汽车上用了多少,那么用在飞机上的钢材就会减少多少。因此,如何具体分配有限资源去生产什么产品或劳务及生产多少是必须做出选择的。

2. 如何生产(how)

每一种资源有很多用途,而每一种商品的生产也可以采取很多方法。例如种植蔬菜,可以选择使用大棚来生产,也可以选择传统的生产方法。建设一个发电厂,可以建设成资本技术密集型的现代发电厂,也可以建设成劳动密集型的传统发电厂。那么究竟采用什么方法生产呢?如何生产就是解决生产方式和生产效率问题。

3. 为谁生产(for whom)

显然,为谁生产是讨论生产的产品和劳务的消费者是谁。消费的数量如何配置是分配问题。生产出来的产品分配给谁、给多少,这涉及产品公平分配问题。产品的生产需要投入相应的要素,如土地、资本、劳动、企业家才能及相关公共资源,这些要素的所有者应该根据各自在生产中的贡献获取相应的报酬。谁得到报酬就意味着为谁生产。问题是各自贡献的份额如何确定?这涉及公平问题,是一个非常难但又普遍存在的问题。不同的经济学家从不同的角度进行了探讨,形成了各种各样的分配理论。

资源配置的优劣直接影响着一个社会的经济效率。一个社会若存在失业,则说明人力资源存在配置不当,资源没有得到充分利用。资源配置的目标是把有限的资源配置到社会最需要的方面去,最大限度地取得经济效率,因此必须建立一套资源配置制度,以求达到"人尽其才,物尽其用,地尽其利"。

以上是由资源配置而产生的三个基本经济问题。这三个问题,在不同的经济制度下,有着不同的解决方法。

(二) 基本经济问题的三种不同解决方式

1. 计划经济制度

计划经济也叫指令性经济,马克思在其经典著作《资本论》(1687)中认为,政府必须拥有所有生产资料,并由计划来决定资源的充分利用,即生产资料归国家所有,靠计划当局的指令性计划解决资源配置利用问题,决定生产什么、生产多少、如何生产及如何分配。计划当局像管理一个大公司那样管理一个国家的经济运行,计划经济的实质就是政府全面管制经济,推行按计划生产、按计划消费。在生产力不发达的情况下,计划经济有其必然性和优越性,可以集中有限的资源实现既定的经济发展目标。但在生产力越来越发达以后,人们的需求越来越多,计划经济的管理很难解决信息的传递问题和对经济主体的激励问题,效率不高。大多数实行计划经济的国家自20世纪80年代便开始了经济体制的改革。我国在1978年召开的十一届三中全会上提出了实行改革开放的战略决策,逐步实行由计划经济向中国特色的社会主义市场经济改革。

2. 市场经济制度

市场经济是一种主要由个人和私人企业决定生产和消费的经济制度。亚当·斯密(Adam Smith,1723～1790)在其经典著作《国富论》中,提出了通过市场这一"看不见的手"的调节来决定生产什么、生产多少、如何生产及为谁生产等。亚当·斯密深信价格信号和市场反应在资源配置方面比任何政府都做得更好。在这种经济制度中,每个人或者经济单位的基本经济活动不受政府控制,他们为追逐自身的利益而做出选择并在市场上相互作用。厂商生产什么产品,取决于消费者的货币选票,也就是取决于消费者的需求。如消费者喜欢史泰龙的动作片,好莱坞就会不停地拍摄类似的动作片,以赚取更多利润。如何生产取决于不同生产者的资源禀赋,在市场竞争中,生产成本低、效率高的生产方法必然取代成本高的生产方法。如在20世纪,日本的纺织工人每小时的工资在10美元以上,中国的纺织工人的工资相对低了很多,因此日本的纺织业应减少雇工人数,实行资本技术密集型的生产方式;而中国则适宜劳动密集型的生产方式。当然,随着中国经济的快速发展,劳动力成本不断上升,中国也必须发展资本和技术密集型的纺织业,这样才能实现成本最低。市场经济中分配的原则是按资本、劳动力、土地、企业家才能等要素分配。

3. 混合经济制度

传统经济学的一个核心命题就是自由市场经济能够实现资源的有效配置。市场上的商品需求是在消费者追求最大化效用的前提下得到的,商品的供给则是在生产者追求最大利润的前提下得到的。所以供求平衡时,供求双方都达到了各自的最大目标,这个结果对全社会来说都是满意的。在相当长的时间里,经济学家都醉心于这个理论逻辑,后来,特别是20世纪30年代的世界性大萧条发生之后,人们意识到市场经济不是万能的,市场机制也存在着缺陷,也存在"市场失灵"的现象,而政府干预可以在一定程度上弥补市场的不足。市场存在缺陷,政府也不是完美的,纯粹的计划经济和市场经济都各有利弊,所以现实中的经济制度大都是一种混合的经济制度。

世界上大多数国家都是通过市场和计划不同程度的结合来解决资源配置和利用问题。中国经济改革当中遇到的种种问题往往与计划和市场有关。在改革开放前,中国实行的是计划经济,政府全面管制经济。1978年改革开放后,中国不断引入市场机制,使中国经济焕发出无穷活力,迅速发展为世界最大的经济体之一。今天,中国经济的改革仍在为政府和市场划定边界,比如说,教育和医疗行业是不是应该市场化?国有企业的低效率是不是可以通过民营化改革而得到改进?对于政府和市场的边界划分是经济学的核心问题,有关市场缺陷和政府行为的研究构成了经济学较新的研究内容。

五、资源利用

资源利用,就是人类社会如何更好地利用现有的稀缺资源,生产出更多的物品。现实中,一方面资源稀缺,另一方面资源还得不到充分利用,如劳动者失业、生产设备闲置、自然资源浪费等是经常存在的现象。造成这些现象的原因是什么?如何才能充分利用这些资源生产出更多的产品呢?这就是资源充分利用问题,它涉及三个相关的问题:

(1) 为什么资源得不到充分的利用?例如"充分就业"(full employment)问题。

(2) 在资源既定的情况下,为什么产量有时高有时低,而不能始终处在生产可能线上?也就是说,现实经济为什么经常发生波动?如何实现经济的增长?也就是一般所说的"经济波动与经济增长"问题。

(3) 商品社会货币购买力的变动,对"消费与投资的矛盾"所引起的各种问题的解决都影响很大。也就是一般所说的"通货膨胀(紧缩)"(inflation,deflation)问题。

我们将在西方经济学(宏观部分)中一一回答这些问题。

【课堂讨论】 找一找你身边的资源是否有配置不当的,并说说能否有改进措施,以提高资源的利用效率。

第二节 经济学研究内容

1776年经济学鼻祖亚当·斯密的《国富论》出版标志着经济学作为一门独立的学科正

式成立。此后200多年的时间里,经济学理论经历了许多重大发展,时至今日,经济学理论已经发展成为一套严密完整的体系,并形成了各种研究不同问题的经济学分支,其中研究资源配置的微观经济学①与研究资源利用的宏观经济学是其他经济学分支的基础。

一、微观经济学

(一) 微观经济学的含义

微观经济学是以单个经济单位(厂商、居民、政府)为研究对象,通过研究单个经济单位的经济行为和相应的经济变量单项数值的决定来说明价格机制如何解决社会资源的配置问题。价格分析是微观经济学分析的核心,因此微观经济学也被称为价格理论。它"只见树木,不见森林",是所谓的"虫瞰"(worm's eye)。其核心问题是价格机制如何解决资源配置问题。

理解微观经济学必须注意以下几点:

1. 微观经济学研究的对象是单个经济单位,即家庭和厂商的经济行为

家庭是经济中的消费者和生产要素的提供者,它以实现效用(即满足程度)最大化为目标;厂商是经济中的生产者和生产要素的需求者,它以实现利润最大化为目标。

2. 微观经济学解决的问题是资源配置

资源配置问题即生产什么、如何生产和为谁生产的问题。解决资源配置问题就是要使资源配置达到最优化,即在这种资源配置下能给社会带来最大的经济福利。微观经济学从研究单个经济单位的最大化行为入手,来解决社会资源的最优配置问题。

3. 微观经济学的中心理论是价格理论

在市场经济中,家庭和厂商的行为要受价格的支配,生产什么、如何生产和为谁生产都由价格决定。价格像"一只看不见的手",调节着整个社会的经济活动,从而使社会资源的配置实现最优化。因此,价格理论是微观经济学的中心理论,其他内容则围绕这一中心理论展开。

4. 微观经济学的研究方法是个量分析

个量分析是对单个经济单位和单个经济变量的单项数值及其相互关系所作的分析。例如,某种商品的价格、某种产品的产量就属于价格和产量这类经济变量的单项数值。微观经济学就是分析这类个量的决定、变动及其相互之间的关系。

(二) 微观经济学的三个基本假定

假设是经济学理论形成的前提和条件。微观经济学理论是建立在以下三个基本假定基础上的。

1. 市场出清

商品价格具有充分的灵活性,使市场的需求与供给迅速达到平衡。

2. 完全理性

个体经济行为都是理性的。西方经济学家认为,人总是考虑自己的经济利益,在做出任何一项经济决策时,都会对各种方案进行比较,选择其中花费最少、获利最多的方案。这样的人就是"经济人",有理性的经济行为。理性的行为也可以表述为追求最优化的行为。一个经济社会可被抽象为三大行为人,他们的理性行为可表述为:

---

① 在对"西方经济学(微观部分和宏观部分)"相关概念进行介绍时,本书以"微观经济学""宏观经济学"代替。

(1) 消费者：花一定的收入进行消费，使自己获得最大的满足，即效用最大化。

(2) 生产者：投入一定生产要素进行生产，使自己获得最大的利润，即利润最大化。

(3) 政府：对既定目标寻求最优化决策。如政府建立社会保障体系，寻求如何以最少的投入让绝大多数人享受最大的保障，如何做到公平等等。

3. 完全信息

消费者和厂商可以免费、迅速、全面地获得各种市场信息。假设从事经济活动的主体对各种信息都充分了解。例如：消费者完全了解欲购商品的价格、质量以及使用后自己的满足程度等信息；生产者也完全掌握拟售商品的市场价格、质量及自己获利等信息。其主张是市场可以调节资源的配置。

这三个假设在现实中并非完全符合实际，人们的很多决策都是在不完全信息下完成的。那能不能说假设没有意义呢？并非如此，经济分析做出假定，是为了在影响人们经济行为的众多因素中，抽出主要的、基本的因素，在此基础上，可以提出一些重要的理论来指导实践。

(三) 微观经济学的理论体系框架

如图 1.2 所示，图中的左、右两个方框分别表示家庭（消费者）和生产者（厂商）。单个消费者和单个厂商分别以产品的需求者和产品的供给者的身份出现在产品市场上，又分别以生产要素的供给者和生产要素的需求者的身份出现在生产要素市场上。图 1.2 中的上、下两个椭圆框分别表示产品市场和生产要素市场。图 1.2 中的实线、虚线分别表示需求关系和供给关系。消费者和厂商的经济活动通过产品市场和生产要素市场的供求关系的相互作用而联系起来。消费者的经济行为表现为在生产要素市场上提供生产要素，如提供一定数量的劳动、土地等，以取得收入，然后在产品市场上购买所需的商品，进而在消费中得到最大的效用满足。厂商的经济行为表现为在生产要素市场上购买所需的生产要素，如雇佣一定数量的工人、租用一定数量的土地等，以进行生产，进而通过商品的出售获得最大的利润。据此，微观经济学的主要内容包括需求与供给理论、消费者行为理论、生产理论、成本理论、厂商均衡理论、收入分配理论以及福利经济学和一般均衡分析、市场失灵下的微观政策分析。

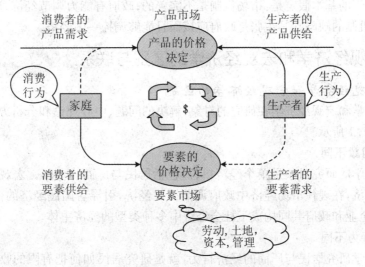

图 1.2　微观经济学的市场循环流动模型

二、宏观经济学

(一) 宏观经济学的含义

宏观经济学是以整个国民经济为研究对象,通过研究经济中各有关总量的决定及其变化,来说明社会资源如何才能够得到充分利用。它"只见森林,不见树木",是所谓的"鸟瞰"(bird's eye)。其核心问题是资源如何充分利用。

理解宏观经济学应注意以下几点:

1. 宏观经济学研究的对象是整个经济

也就是说,宏观经济学所研究的不是经济活动中的各个单位,而是由这些单位所组成的整体。这样,宏观经济学就要研究整个经济的运行方式与规律,从总体上分析经济问题。

2. 宏观经济学解决的问题是资源利用

宏观经济学把资源配置作为既定的前提,分析现有资源未能得到充分利用的原因、达到充分利用的途径以及如何增长等问题。

3. 宏观经济学的中心理论是国民收入决定理论

宏观经济学把广义国民收入作为最基本的总量,以国民收入的决定为中心来研究资源利用问题,分析整个国民经济的运行。因此,国民收入决定理论被称为宏观经济学的核心。其他理论则是运用这一理论来解释整体经济中出现的各种问题。

4. 宏观经济学的研究方法是总量分析

总量是指能反映整个经济运行情况的经济变量。这种变量有两类:一类是个量的总和,如国民收入是组成整个经济的各个单位的收入总和,总投资是各个企业的投资之和等等;另一类是平均量,如价格水平是各种商品与劳务的平均价格等等。总量分析就是分析这些总量的决定、变动及其相互关系,并通过这种分析说明经济的运行状况,决定经济政策。因此,宏观经济学也被称为总量经济学。

宏观经济学一般包括国民收入决定理论、就业理论、通货膨胀理论、经济周期理论、经济增长理论、财政与货币政策理论等。

(二) 宏观经济学的基本假定

宏观经济学的基本假定是:市场机制是不完善的;政府有能力调节经济;通过"看得见的手"纠正市场机制的缺陷。其主张是政府应该而且能够调控一国经济。

三、微观经济学和宏观经济学的区别与联系

(一) 微观经济学和宏观经济学的区别

微观经济学和宏观经济学在研究的对象、解决的问题、中心理论和分析方法上都有所不同,具体如表1.1所示。

1. 研究对象不同

微观经济学的研究对象是单个经济单位,包括居民与厂商(企业)。宏观经济学的研究对象是国民经济,在现代市场经济中政府调节国民经济,引导着国民经济的变化,政府是调节者。居民、企业和政府共同构成了社会经济中多种类型的经济主体。

2. 经济行为不同

微观经济学研究居民与厂商的经济行为,就是研究居民如何把有限的收入分配于各种物品的消费,以实现满足程度最大化,以及厂商如何把有限的资源用于各种物品的生产,以

实现利润最大化。宏观经济学研究政府的经济行为,就是研究政府如何调节经济使之实现社会总供求的总量和结构平衡。

表 1.1 微观经济学与宏观经济学的比较

	微观经济学	宏观经济学
研究对象不同	单个经济单位	整个国民经济
经济行为不同	消费者行为、生产者行为	政府行为
研究目标不同	资源配置	资源利用
研究中心不同	价格决定理论	国民收入决定理论
分析方法不同	个量分析	总量分析

3. 研究目标不同

微观经济学研究的目标是资源配置,即上文所说的生产什么、如何生产和为谁生产的问题。解决资源配置问题就是要使资源配置最优化。宏观经济学研究的目标是资源利用,它把资源配置作为既定的,研究资源未能得到充分利用的原因、达到充分利用的途径以及如何增长等问题。

4. 研究中心不同

微观经济学的研究中心是市场价格决定理论。在市场经济中,居民和厂商的行为要受到价格的支配,生产什么、如何生产和为谁生产都由价格决定。价格像一只"看不见的手",调节着整个社会的经济活动,通过价格调节,社会资源的配置实现最优化。宏观经济学的研究中心是国民收入决定理论。它把国民收入作为最基本的总量,以国民收入的决定为中心来研究资源利用问题,分析整个国民经济的运行。

5. 分析方法不同

微观经济学的研究方法是个量分析。个量分析是研究经济变量的单项数值如何决定的问题。宏观经济学的研究方法是总量分析。总量分析是反映整个经济行为情况的经济变量的分析,分析这些总量的决定、变动及其相互关系,并通过这种分析说明经济的运行状况,提出经济政策。

(二) 微观经济学和宏观经济学的联系

对于一个经济社会来说,不仅有资源配置问题,也有资源利用问题;只有把这两方面的问题都解决了,才能真正解决整个社会的经济问题。所以,微观经济学与宏观经济学作为经济学的不同组成部分,它们之间又有着密切的联系,主要表现三个方面:

1. 微观经济学与宏观经济学是互相补充的

经济学的目的是要实现社会经济福利的最大化。为了达到这一目的,既要实现资源的最优配置,又要实现资源的充分利用。

2. 微观经济学与宏观经济学都把社会经济体制作为既定的前提

忽略分析社会经济体制变动对经济的影响,也就是说,它们都是把市场经济体制作为一个既定的存在,分析这一经济体制下的资源配置与利用问题。

3. 微观经济学是宏观经济学的基础

单个经济单位之和构成整体经济,宏观经济学分析的经济总量就是由经济个量加总而成的,对宏观经济行为和经济总量的分析是以一定的微观经济学分析为基础的。

第三节 经济学产生与发展

"economy"一词,起源于古希腊的家政管理。古希腊著名哲学家和科学家亚里士多德(Aristotes,公元前384年~公元前322年,他的经济思想主要见于《政治学》和《伦理学》)认为"经济"一词应包括两方面内容:一是研究家庭关系,除夫妻关系外,主要是研究奴隶主与奴隶的关系;二是研究致富技术。作为一门学科,经济学的发展严格来讲经历了4个主要阶段:15~17世纪中期的重商主义时期;17世纪中期至19世纪70年代的古典经济学阶段;19世纪70年代至20世纪30年代的新古典经济学时期;20世纪30年代至今的宏观经济学分立与发展阶段。

一、重商主义

重商主义的发展经历了早期重商主义和晚期重商主义两个阶段,是经济学的萌芽时期。早期重商主义产生于15~16世纪中叶,以货币差额论为中心(即重金主义),强调少买,主要代表人物为英国的威廉·斯塔福德。重商主义主张采取行政手段,禁止货币输出,反对商品输入,以贮藏尽量多的货币。一些国家还要求外国人来本国进行交易时,必须将其销售货物的全部款项用于购买本国货物或在本国花费掉。

晚期重商主义产生于16世纪下半叶到17世纪,其中心思想是贸易差额论,强调多卖,代表人物为托马斯·孟。主张对外贸易必须做到商品的输出总值大于输入总值,即卖给外国人的商品总值应大于购买他们商品的总值,以增加货币流入量。早晚期重商主义的差别反映了商业资本不同历史阶段的不同要求。

重商主义的基本观点是:金银形态的货币是财富的唯一形态,一国的财富来自对外贸易,增加财富的唯一方法就是扩大出口、限制进口,这样就必须实行国家对经济的干预,即用国家的力量来扩大出口、限制进口。重商主义的这些观点,反映了资本原始积累时期资本主义经济发展的要求。重商主义仅限于对流通领域的研究,其内容也只是一些政策主张,并没有形成一个完整的经济学体系,只能说是经济学的萌芽时期。

二、古典经济学

古典经济学从17世纪中期开始,到19世纪70年代前为止,是经济学的形成时期。其主要代表人物有英国经济学家亚当·斯密、大卫·李嘉图、马尔萨斯,法国经济学家让·巴蒂斯特·萨伊、布阿吉尔贝尔、西斯蒙第等。

最重要、最杰出的代表人物是亚当·斯密,他是英国伦理学家、经济学家,集重农学派和重商主义理论之大成,为古典政治经济学理论体系的创立者,其代表作是1776年出版的《国民财富的性质和原因的研究》(简称《国富论》)。在《国富论》里他提出了著名的斯密信条——"看不见的手"原理:"每个人都在力图应用他的资本,使其生产的产品得到最大的价值。一般来说,他并不企图增进公共福利,也不知道他所增进的公共福利有多少,他所追求的仅仅是他个人的安乐,仅仅是他个人的利益。在这样做时,有一只看不见的手引导他去促进一种目标,而这种目标绝不是他所追求的东西,在追逐自己的利益的同时,他经常促进社会利益,其效果要比他真正想促进的社会利益所得到的效果还大。"斯密研究经济问题的出发点是"经济人",即人的利己本性。其"看不见的手"著名论断实质是价格规律。他指出经济人追求自己利益的同时,在价格规律的作用下,能达到社会的最大好处,能有效地促进社会的利益。

《国富论》的出版常被称为经济学史上的第一次革命。以亚当·斯密为代表的古典经济学家的贡献,是建立了以自由放任为中心的经济学体系。古典经济学研究的中心是如何增加国民财富。他们强调财富是物质产品,要增加国民财富就必须通过增加资本积累和分工来发展生产。因此,他们研究了经济增长、价值、价格和收入分配等广泛的经济问题。古典经济学反对政府干预经济,主张经济自由放任,主张通过价格这只"看不见的手"来调节经济的运行,使人们在追逐自己利益的过程中,实现社会资源合理而有效的配置。古典经济学自由放任的思想反映了自由竞争时期经济发展的要求。古典经济学家把经济研究从流通领域转到生产领域,使经济学成为一门真正独立的学科。

【资料链接】1-1

《国富论》

《国富论》于1776年发表,其作者为亚当·斯密,他通常被认为是微观经济学的创始人。亚当·斯密于1723年出生在苏格兰的克科底,青年时就读于牛津大学。1751年到1764年在格斯哥大学担任哲学教授期间发表了他的第一部著作《道德情操论》,确立了他在知识界的威望。但是他的不朽名声主要在于他在1776年发表的伟大著作《国家财富的性质和原因研究》(简称《国富论》)。他在《国富论》中认为人们总是依照利己主义来行事,而且这种个人的利己行为最终会有利于全社会的利益。斯密描绘了这一过程:"当每个人行事时,他想要的只是自己的利益……但……一只无形的手将最终带来一种个人预料不到的结果。"这种没有预料到的结果就是促进全社会的经济增长和人民生活水平的提高。

美国《独立宣言》也是1776年发表的。二者在同一年并非巧合,西方经济学是为当时新兴的资产阶级服务的,是随着资本主义制度的诞生而诞生的。我国当时是清朝兴旺期,斯密在《国富论》中谈到过中国。当时他就认为,中国的封建制度阻碍了经济的发展,中国的经济已经不可能再往高处走了。后来的事实证明了他的预言是非常准确的。

(资料来源:根据网络相关信息整理.)

三、新古典经济学

新古典经济学是19世纪70年代由"边际革命"开始而形成的一种经济学流派。它在继承古典经济学经济自由主义的同时,以边际效用价值论代替了古典经济学的劳动价值论,以需求为核心的分析代替了古典经济学以供给为核心的分析。19世纪70年代初,奥地利经济学家卡尔·门格尔、英国的威廉姆·斯坦利·杰文斯、瑞士的里昂·瓦尔拉斯几乎同时但又各自独立地提出了边际效用价值论,揭开了"边际革命"的序幕。边际效用价值论认为:效用是价值的源泉,而边际效用是衡量价值的尺度,物品的价值量则由该物品合理使用时产生的最小效用所决定。这里采用了一种新的分析方法,即边际分析法。正是这种分析方法使经济学进入了一个新的时期,标志着新古典经济学的开始。其后,1890年英国经济学家阿弗里德·马歇尔综合了当时的各种经济理论,出版了《经济学原理》一书。他把边际效用价值论和生产费用论等结合起来,应用供求均衡原理建立了一个以"均衡价格理论"为核心的经济学体系,奠定了现代微观经济学的理论基础。因此该书被称为新古典经济学理论的代表作,马歇尔则被认为是新古典经济学理论的主要代表和创始人。虽然新古典经济学的政策主张仍然是自由放任,但他们明确地把资源配置作为经济学研究的中心,论述了价格如何使社会资源配置达到最优化,从而在理论上证明了市场机制的完善性。但由于该体系是以完全竞争为前提的,所以在20世纪初出现垄断后便与现实发生了冲突。1933年,英国经济学家J·罗宾逊和美国经济学家E·张伯伦分别出版了《不完全竞争经济学》和《垄断竞争理论》,分析了不完全竞争或垄断竞争条件下的资源配置问题,对马歇尔所创立的微观经济学体系做了重要的补充,为微观经济学确立了完整的理论体系,是对微观经济学的重大发展。

【资料链接】1-2

马 歇 尔

马歇尔(1842～1924),英国人。马歇尔可以称得上新古典学派的标志性代表人物,他1890年发表的《经济学原理》成为西方经济学界的第二本教科书。在这本书中,他将古典经济学、马尔萨斯和萨伊的学说、约翰·穆勒的学说以及以庞巴维克为代表的奥地利学派、杰文斯为代表的数理学派、瓦尔拉斯为代表的洛桑学派等的理论兼收并蓄,集中了其中的所有精华,在融合了供求理论、生产费用理论、边际效用理论、边际生产力理论等的基础上,建立了以均衡价格论为核心的完整的经济学体系,从而建立了西方微观经济学的完整体系,至今仍占据主要地位,后面介绍的微观经济学的基本体系和理论都源于此。

(资料来源:根据网络相关信息整理.)

四、当代经济学

当代西方经济学是以20世纪30年代凯恩斯主义的出现为标志的,是宏观经济学的建立与发展时期。这一时期的经济学可以分为三个阶段:

(一)凯恩斯革命时期:20世纪30～50年代

1929～1933年,资本主义世界爆发了一场经济大危机。这场经济大危机一方面打破了新古典经济学关于资本主义自我调节的机制不会出现失业的神话;另一方面为避免资本主义社会崩溃,各国政府出手干预经济。传统的经济理论与经济现实发生了尖锐的冲突,经济学面临着有史以来的第一次危机。在此形势下,1936年英国经济学家J·M·凯恩斯(Keynes John Maynard)发表了《就业、利息和货币通论》(简称《通论》)一书。这本书从总需求的角度分析国民收入,并用有效需求不足来解释失业存在的原因。在政策上提出了国家干预经济的主张,并提出了一整套国家干预经济进行需求管理的办法。凯恩斯的这些观点被绝大部分西方经济学家所接受,他的政策主张也被西方发达国家的政府采纳,被认为是经济学史上的第三次革命——凯恩斯革命。这次革命所产生的以国民收入决定理论为中心,以国家干预为基调的理论和政策主张,形成了当代宏观经济学体系。因此,凯恩斯被称为当之无愧的宏观经济学之父。由凯恩斯开始,西方经济学便分为微观经济学和宏观经济学。

【资料链接】1-3

凯 恩 斯

凯恩斯（1883~1946），现代最有影响的英国资产阶级经济学家。他多次担任英国政府要职，曾任英财政部高级官员，主要著作为《就业、利息和货币通论》。针对资本主义社会周期性的经济危机，他提出了有效需求理论，认为有效需求不足是由于三大基本心理规律（消费倾向递减规律—导致消费需求不足，资本边际效率递减规律和流动偏好规律，即容易流动的资产为人们所偏好，因而喜欢以现金形式保存一部分资产—导致投资需求不足）。提出了投资"乘数"理论，认为如果投资支出或政府支出有一定增加，必定导致国民收入成倍增加。据此，凯恩斯强调实行国家宏观调控，通过货币政策和财政政策刺激消费、投资和提高资本边际效率，扩大商品与资本输出政策，加之福利政策等，以调节国内阶级利益矛盾，熨平周期性经济波动，促进资本主义持续稳定发展。

（资料来源：根据网络相关信息整理.）

（二）凯恩斯主义发展时期：20世纪50~60年代

第二次世界大战后，从20世纪50年代到60年代末，各国政府加强国家对经济的干预，国有制与私人所有制并存，使理论上将"看得见的手"与"看不见的手"相互结合。这一时期西方各国都加强了对经济的全面干预，凯恩斯主义得到了广泛的传播与发展。美国经济学家保罗·萨缪尔森等人把凯恩斯主义的宏观经济学与新古典经济学的微观经济学结合起来，建立一个适合于当代资本主义需要的、既有微观经济理论又有宏观经济理论的新体系，形成了新古典综合派。1948年，萨缪尔森的教科书著作《经济学》出版。截至2011年，这部世界上最为实用和畅销的经济学教科书已再版18次，销售量超过100万册。

在英国，以琼·罗宾逊为首的新剑桥学派主张以分配理论为中心完成凯恩斯革命，该分配理论的论述以李嘉图的劳动价值论为基础，皮罗·斯拉伐发展与完善了这种价值论，被认为是经济学史上的第四次革命——斯拉伐革命。

（三）自由放任思潮的复兴时期：20世纪70年代以后

凯恩斯主义的经济理论和政策在西方各国推行之后，引起了许多问题。20世纪70年代资本主义各国出现了经济停滞与失业和通货膨胀并存的"滞胀"局面，导致资本主义经济面临恶化。凯恩斯主义陷入困境，而以美国经济学家M·弗里德曼为首的货币主义所主张的自由放任思想却得以复兴。他们从不同的角度论述了市场机制的完善性，提出了减少国家干预、充分发挥市场机制作用的主张，货币主义的出现被认为是经济学史上的第五次革命——货币主义革命。20世纪70年代后期又出现了以美国经济学家卢卡斯为首的理性预期学派，以更彻底的态度拥护自由放任。该派的出现被称为经济学史上的第六次革命——理性预期革命。

20世纪80年代中期以后，新经济自由主义的理论和政策又受到人们的普遍怀疑和非难，国家干预主义又重新抬头。美国一些有主见的中青年学者——新一代凯恩斯主义者，如哈佛大学的曼昆、萨墨斯等，他们在继承凯恩斯主义传统和基本学说的基础上，从理论上和分析技术上改进原凯恩斯主义，对宏观经济学的微观基础进行了重新构建，提出了许多新的研究成果和实证结论，形成了标明"新凯恩斯主义经济学"的一个新学派，在西方经济学界崭露头角并迅速成为影响最大的学派之一。

五、经济学发展前沿及趋势☆

从经济学发展的历史脉络中,我们可以清楚地看出,经济学是为现实服务的,经济学的形成、确立与发展是与整个社会经济发展相适应的。随着社会的发展,经济学研究的领域也在不断拓宽。

(一)经济学发展前沿

1. 社会福利函数的发展

罗宾斯在1935年以效用不可用基数度量为依据,对庇古的认识论基础提出了严厉的批判。之后,希克斯在1939年以序数效用论为基础,引入帕累托最优配置,使社会福利函数迈入新的发展道路。

由伯格森在1938年引入,后经萨缪尔森在1947年给予发展的社会福利函数,力图说明"分配问题应该如何解决",从而给经济政策提供一种量化的福利函数。阿罗本想通过大量的论证对伯格森、萨缪尔森等人的社会福利函数进行修残补缺,但客观上却证明了不可能从个人偏好次序达到社会偏好次序,也就是不可能得出包括社会经济所有方面的社会福利函数。阿罗的这一证明被称为"阿罗不可能定理",这一定理经受住了任何学术和技术的挑战,其基本理论的正确性毋庸置疑。近20年"不可能定理"成为微观经济学不可逾越的鸿沟。1970年阿马蒂亚·森发表了《集体选择和社会福利》一书,对"阿罗不可能定理"说不,巧妙地解决了"投票悖论"的难题。他提出全新的福利函数与贫困指数,弥补了以往福利函数中对贫困研究的不足。他在对饥荒形成机制的实证研究中提出:"发生饥荒不是因为没有粮食,而是因为贫困集体没有购买力"。1973年他在《论经济不公平》一书中论述了反公平现象,指出:"功利主义不是公平主义。"这些贡献使他在1998年获得了诺贝尔经济学奖。

2. 人力资本理论的产生

1979年诺贝尔奖得主西奥多·W·舒尔茨是公认的人力资本理论的构建者。1960年,他在美国经济协会的年会上以会长的身份做了题为《人力资本投资》的演说,阐述了许多无法用传统经济理论解释的经济增长问题,明确提出人力资本是当今促进国民经济增长的主要原因。人力资本理论主要包括以下几个内容:

(1) 人力资源是一切资源中最主要的资源,人力资本理论是经济学的核心问题。

(2) 在经济增长中,人力资本的作用大于物质资本的作用。人力资本投资与国民收入成正比,比物质资源增长的速度快。

(3) 人力资本的核心是提高人口质量,教育投资是人力投资的主要部分。不应当把人力资本的再生产仅仅视为一种消费,而应视为一种投资,这种投资的经济效益远大于物质投资的经济效益。教育是提高人力资本最基本最主要的手段之一,所以也可以把人力投资视为教育投资。技术知识程度高的人力带来的产出明显高于技术程度低的人力。

(4) 教育投资应以市场供求关系为依据,以人力价格的浮动为衡量标准。这一总结基本上给出了人力资本理论的框架。

3. 新厂商理论

传统的厂商理论研究的是一种原子式厂商,即把厂商当作一个具有利润最大化倾向的经济个体;换言之,把厂商当作一个"黑箱",一个最小的分析单位,所有的问题都抽象在生产函数之中。但现实与理论相距甚远,新厂商理论(现代企业理论)的形成正是对这一假设反思的结果。

(1) 企业的性质。这一问题的实质是分析企业存在的理由。最早提出并对其加以解释的是科斯。科斯从交易成本的角度,提出企业的存在是为了减少市场交易的成本,即市场交易成本的企业内部化。除科斯外,威廉姆森、克莱因、格罗斯曼和哈特等分别从资产专用性、不完全合约与纵向一体化等角度阐释了企业的本质。

(2) 最大化模型与委托-代理问题。委托-代理问题来源于对企业经理人员最大化行为的反思与分析。在一个企业中,所有权与经营权的分离是必须研究的问题。在正常情况下,企业经理依据其特定的信息和权能优势独享决策权,其行为对企业产生巨大影响。因此,在现代企业中,投资者或委托者与经理或代理者之间存在利益与目标的差异。委托-代理理论正是为解决经理人员对投资者利润最大化目标的偏离而发展起来的。这一理论的意义在于使企业不再作为最小的经济分析单位。

(3) 内部组织效率与非最大化厂商理论。如何激发员工的积极性和创造性,有效组织各种资源使企业有效运转,是企业的核心问题。阿尔钦和德姆塞茨(Alchian,Demsetz,1972)的团队理论成功地解释了这一问题。从管理角度来看,新古典"理性经济人"是其管理的立足点,即管理的"利益最大化激励",但现实中这种管理思想并非屡试不爽。针对这种情况,西蒙(H. A. Simon)提出个人有限理性和追求满意效用假说,利本斯坦(H. Leibenstein)提出"X-非效率理论",从而形成非最大化厂商行为理论。它的意义在于从微观角度分析研究资源配置和利用效率问题,成为"最大化理论"的重要补充。

4. 市场失灵论的发展

市场失灵论起源于微观非对称信息市场的研究。1970年阿克罗夫发表《柠檬市场(次品市场)产品质量的不确定性与市场机制》的论文,对"二手车市场"进行了研究,证明了信息非对称导致市场萎缩。即"假冒伪劣商品把优质商品驱逐出市场"或"假币驱逐良币"。1974年斯本斯出版了《市场的信号发送》一书,研究劳动力市场信息非对称,提出雇主要想得到优秀的雇员,需要信号发送系统。信号和信号发送概念的提出,为非对称信息经济学提供了有力的研究工具。斯蒂格利茨研究非对称信息市场中的委托代理问题,提出了"隐藏信息的逆向选择"和"隐藏性的道德风险"及如何设计一种模型来引导代理人为了实现自己利益最大化而朝着委托人设计的目标努力。他说:"我们要像经济学家那样思考而不是成为经济学家。"这三位大师当之无愧地在2001年获得诺贝尔经济学奖。

5. 博弈论的应用

微观经济学的另一令人瞩目的发展就是把博弈论引入到厂商的经济行为分析中。在这方面做出杰出贡献的是1994年诺贝尔经济学奖获得者纳什、泽尔滕和海萨尼。纳什均衡首先对亚当·斯密的"看不见的手"的原理提出挑战。按照亚当·斯密的理论,在市场经济中,每一个人都从利己的目的出发,而最终全社会达到利他的效果。从纳什均衡——囚徒困境引出了"看不见的手"原理的一个悖论:从利己目的出发,结果损人不利己,既不利己也不利他。从这个意义上说,纳什均衡提出的悖论实际上动摇了微观经济学的基石。

此外,从纳什均衡中还可以悟出一条真理:合作是有利的利己策略,但它必须符合以下黄金律:按照你愿意别人对你的方式来对别人,但只有他们也按同样方式行事才行。也就是中国人所说的"己所不欲,勿施于人",但前提是"人所不欲,勿施于我"。其次,纳什均衡是一种非合作博弈均衡,在现实中非合作的情况要比合作情况普遍。所以,纳什均衡是对冯·诺依曼和摩根斯特恩的合作博弈理论的重大发展,甚至可以说是一场革命。可以说博弈论改写了微观经济学,重塑了微观经济学的寡头理论。从古诺、博特兰到张伯伦,经济学家逐步认识到：现实中绝大多数市场竞争需要用寡头理论解释；但当经济学家掌握了纳什均衡和更多的博弈论知识后，古诺研究被继续推进了。他们不仅证实了古诺和博特兰均衡都是纳什均衡，而且在这两个模型的基础上发展了多种分析技术，如沉没成本、不完全信息模型和个体理性与集体理性等，使现代微观经济学的市场分析跃升到一个新的境界。

（二）经济学的发展趋势

1. 微观经济学假设条件出现多样化

"经济人"和"厂商追求最大利润"的微观经济学假设条件，在数百年的发展过程中得到了不断的完善和充实，在微观经济学中占据着主流位置。

可是，在现代微观经济学的发展中，"经济人"的假定条件也被不断修改和拓展，甚至受到批评和攻击。例如，西蒙认为"经济人"的计算能力是"有限理性"的，行为者无法在多种可能的选择中做出最优选择；贝克尔拓展了"经济人"的假设，认为个人效用函数中具有利他主义的因素，这才是人类行为的一般性；公共选择学派认为"经济人"在追求个人利益最大化时，并不能得出集体利益最大化的结论；新制度主义认为"经济人"除了物质经济利益以外，还有追求安全、自尊、情感、地位等社会性的需要。鲍莫尔主张"用最大销售收益来代替最大利润的目标函数"，因为实证经验表明经理层的薪金与销售收益的关系大于它与利润的相关程度。

2. 研究拓展到非经济领域

现代经济学在演变中出现的一个十分引人注目的现象是，其研究领域与范围开始逐渐超出传统经济学的分析范畴，经济分析的对象扩张到几乎所有的人类行为。以贝克尔为典型代表的经济学者认为，经济学本质上是一种思维方式，其核心是由"最优化行为、市场均衡和偏好稳定的假设"组合而成的（1976），这种经济学思维方法适用于人类行为更广阔的领域，包括通常认为不属于经济范畴的犯罪、婚姻、教育、政治等。正是这种分析方法，推动了经济学超出自己的传统领域，向社会学、政治学、人类学、法学、社会生物学等学科领域进行"帝国式"的扩张。这种"侵略"是沿着多条道路进行的，取得了令人瞩目的成就。贝克尔坚持用"经济人"假设逻辑解析全部人类经济行为。1992年，他因"把微观经济分析的领域推广到包括非市场行为的人类行为和相互作用的广阔领域"而获得诺贝尔经济学奖。

3. 研究方法趋于通俗易懂化

20世纪西方经济学中的"举例"，不仅发展到了"经典化"的地步，而且在有些定理中不举例已不足以说明问题，甚至所举的案例已具有不可替代性。这种案例的唯一性，既简单明了、通俗易懂，又可以几十年、上百年适用，代代相传，成为一种象征。被一些学者认为"博大精深""深奥无比"的科斯定理，是通过一个简单的"牛群到毗邻的谷地里吃谷"的故事来完成的；1977年诺贝尔奖获得者米德在论述外部性的发生与补偿时，讲述的是"蜜蜂与果园"的例子；同样在论述外部性时，庇古的举例更为浪漫与优美，是"火车与飞鸟"的故事……百年来，经济学家的笔下已为后人留下了许许多多的经典性"案例幽默"。再如一提起"灯塔"，人们就会知道是指公共物品消费中收费难的"搭便车"难题。最初举例"灯塔"的是1848年的穆勒，而在此后的一个半世纪里，"灯塔"便"常明不熄"一直传到今天，几十名著名的经济学家围绕着"灯塔"写出了许许多多的著名论文，甚至引出了科斯"偷看灯塔"等令人捧腹的幽默词句。"灯塔"既是经济学中一个经典性的象征，又给经济学留下了一个永恒的传统，使20世纪的经济学如诗如画，美不胜收。

4. 学科交叉渗透加强

随着经济学认识领域的拓宽和方法论的多元化,经济学与其他学科的交流和相互渗透得以大大加深,大量非经济学概念的引入使得当今的经济学与百年前相比大不相同。面对物理学、生物学等自然科学的挑战和哲学、精神分析学等人文社会科学诸多学派的"侵入",西方经济学的大家族中又派生出许多交叉学科和边缘学派,例如混沌经济学、不确定经济学、行为经济学、法律经济学、实验经济学……它们百花齐放,相得益彰,成为21世纪西方经济学的一大景观。

第四节 经济学研究方法

掌握经济学的研究方法,对于尽快打破思维定式、培养经济学思维、掌握经济学理论有事半功倍之效。

一、经济模型

一个理论的有效性取决于该理论能否成功地解释和预测一系列现象,经济学理论也不例外。为了实现这一目的,经济学家不断地用观察来检验经济学理论,同时,检验的结果使经济学理论得以完善和修正。所以,我们在评价经济学理论时,要始终明白经济学理论不总是很完美的。经济学理论在运用计量经济学和统计学的方法后,可以构造出经济学模型来进行定量预测。

经济模型是用来描述所研究经济现象的有关经济变量之间储存关系的理论结构。它一般采用语言文字、几何图形、数学符号三种表示方式。一个实证的经济模型主要由定义、假设、假说和预测四部分组成。

定义是指对经济学所研究的各种变量所规定的明确的含义。例如:在需求量与需求价格的关系中,需求量和需求价格的定义。变量是指一些可以取不同数值的量,例如:在需求量和需求价格关系的方程式 $Q_d = a - bP$ 中,Q_d 表示需求量,是因变量;P 表示需求价格,是自变量。经济学中的变量常有内生变量和外生变量、流量和存量之分。内生变量是指一种理论模型内所解释的变量。外生变量是指由理论模型以外的因素所决定的变量。流量是指一定时期发生的变量。存量是指一定时点发生的变量。

假设是指某一理论所适用的条件。任何理论都是有条件的、相对的,所以在理论的形成中假设非常重要。经济学家分析问题总是从假设开始,离开假设条件,分析和结论都是毫无意义的。

假说是对两个或两个以上的经济变量之间关系的阐述,也就是未经证明的理论。在理论形成中提出假说是十分重要的,这种假说往往是对某些现象的经验总结,但要经过验证才能说明它是否具有普遍意义。

预测是指根据假说对未来进行的经济预见。预测是否正确,是对假说的验证。正确的假说的作用就在于它能正确地预测未来。

经济理论是经济模型的文字表述和概括,是经济模型与现实世界之间的桥梁,是模型的概括。它可以使我们理解并解释过去以及预测未来。经济理论是在建立与检验经济模型的过程中发展形成的,检验经济模型就是检验它与现实世界中的实际事件是否一致。这就是说,模型用于对现实世界进行预测。模型的预测可能与事实一致,也可能不一致。通过比较模型的预测与事实,我们就可以检验模型,证明理论的正确性。

基于以上分析,我们可用经济模型来解释经济理论的形成过程,如图1.3所示。

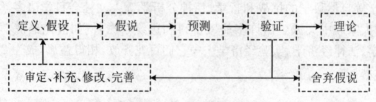

图1.3 经济理论的形成过程

二、实证分析和规范分析

微观经济学一方面要解释和预测实证问题,另一方面也要解决规范问题。实证经济学要回答"是什么"(the way things are; what is)的问题,涉及分析和预测人们经济行为的效果。规范经济学要回答"应该是什么"(what ought to be)的问题,涉及研究应该如何。

(一)实证经济学

实证经济学(positive economics),企图超脱或排斥一切价值判断,只研究经济本身的内在规律,并根据这些规律分析和预测人们经济行为的效果。它要回答"是什么"的问题,而不对事物的好坏做出评价。如政府采取什么样的政策会提高就业率？什么样的政策可以降低通货膨胀率？

(二)规范经济学

规范经济学(normative economics),是以一定的价值判断作为出发点,提出行为的标准,并研究如何才能符合这些标准。它说明的是"应该是什么"的问题,即价值判断问题。例如,政府应该关注通货膨胀多一些,还是关注失业率多一些？

实证分析为了解释生活中的各种现象,用观察来检验经济学理论,通过构造经济学模型来进行预测,这对一个厂商乃至政府来说都很重要。如政府的一项关于提高汽油税收的政策,会影响汽油的价格、消费者对汽车的偏好等。为了合理安排自己的生产活动,石油公司、汽车生产商和汽车的零部件生产公司都要了解税收政策对他们产生的影响有多大。同时,政府部门要对这项决策可能带来的影响进行预测,判断消费者所要承担的代价,对石油相关厂商利润的影响,以及对整个社会就业状况和政府本身税收大小的影响。

经济学家不仅仅满足于解释和预测,还会关心诸如"什么才是最优的"等问题。如果政府确实要改变税收政策,那么只有在平衡了收益和成本后,我们才会发现最佳的税收量应该是多少。

实证经济学要解决"是什么"的问题,即要确认事实本身,研究经济本身的客观规律与内在逻辑,分析经济变量之间的关系,并用于分析与预测;规范经济学要解决"应该是什么"的问题,即要说明事物本身是好还是坏,是否符合某种价值判断,或者对社会有什么积极意义。实证经济学的内容具有客观性,得出的结论可以根据事实来检验,不会以人们的意志为转移;规范经济学本身没有客观性,它所得出的结论受到不同价值观念的影响。

当你学习微观经济学时,要注意实证分析和规范分析的不同。经济学不仅仅是要解释和预测世界经济的运行,而且要改善世界经济的运行。微观经济学虽然没直接告诉我们最优的政策,但是在权衡中有助于决策争论的明朗化。

【案例分析】1-3

2014年我国的经济平稳快速增长：国内生产总值达到63.65万亿元，比上年增长7.4%。其中，第一产业增加值为5.8万亿元，增长4.1%；第二产业增加值为27.1万亿元，增长7.3%；第三产业增加值为30.7万亿元，增长8.1%。第一产业增加值占国内生产总值的比重为9.2%，第二产业增加值所占比重为42.6%，第三产业增加值所占比重为48.2%。经济总量上升到世界第二位；全国财政收入达到14.0万亿元，增长8.6%；外汇储备超过3.8万亿美元；居民消费价格比上年上涨2.0%。这些成就，标志着我国国民经济在新常态下平稳运行，结构调整出现积极变化，发展质量不断提高，民生事业持续改善，实现了经济社会持续稳定发展。

（资料来源：2014年国民经济和社会发展统计公报.）

【课堂讨论】 以上案例中属于描述事实和情况的有哪些？通过描述做出的判断有哪些？与上年的数据进行比较，属于什么分析方法？

三、均衡分析

均衡（equilibrium）这个概念来自物理学。物理学中的均衡是指一个物体受到大小相等、方向相反的力的作用时，该物体处于均衡状态。均衡状态下在经济学中表示在一定时期内没有变动发生的，或虽有变动但经济系统表现为受到大小相等、方向相反的两个作用因素（如供给和需求）所处的经济状态。西方经济学家把均衡看作是理想状态，总结出它存在的条件，然后用来分析现实中的经济现象，力求使社会经济的整体或局部由失衡转向均衡。在微观经济学中，消费者或生产者都是在获得最大满足或最大利润时，才不愿变动而处于均衡；作为生产要素的供给者和需求者，也是在这种条件下才愿意继续提供或购买相同量的要素。在完全竞争条件下，均衡价格的形成则是以供求相等为条件的。

从均衡分析的范围看，有局部均衡（partial equilibrium）分析和一般均衡（general equilibrium）分析之别。对单个经济单位和单个商品市场进行单独研究（即价格变化不在它们之间产生影响的），称为局部均衡分析。以单个经济单位和单个商品市场间的互相联系（即考虑到价格间互相关系）为前提，从经济体系的整体进行剖析的，称为一般均衡分析。在这种均衡状态下，每个经济主体都得到最大满足或最大利益，资源得到充分利用。

均衡分析涉及静态分析和动态分析。一般来说，不考虑时间因素，只确定一定时期内经济模型的状态，或未来时期内相同状态的分析方法，称为静态分析（static analysis）。这种相同的均衡状态称为静态均衡。对变量具有明确时间规定性的模型进行分析，就是动态分析（dinamie analysis）。凯恩斯的理论主要是短期的静态理论，而他的追随者对经济周期波动和经济增长理论的研究采用了动态分析方法，从而使凯恩斯的理论长期化和动态化。静态分析只有在均衡状态下才有意义，动态分析更适用于失衡状态，可以利用这种方法去研究一个模型从一个失衡状态到另一个失衡状态，直至最终均衡的过程。

如果从最初的均衡状态，利用已知变量的变动去确定未来新的均衡状态，并对新旧均衡加以比较和解释，那么这种分析方法称为比较静态分析（comparative static analysis）。如在供求均衡分析中可用到它。总之，均衡分析贯穿于经济学的始终。

【课堂讨论】 由于出现了人口老龄化问题，有人提出应该推迟退休年龄，缓解养老金的支付压力。请用"一般均衡"和"局部均衡"对此给予分析。

四、边际分析

这种分析方法似乎更能显示出微观经济学的特点。可以这样说,如果没有掌握这种方法,就很难看懂微观经济学的内容。边际(margin)就是边缘和界限的意思,在英语中还有差额、幅度的含义;在经济学中,有"增加"的意思。变量在变化过程中,因其影响因素一个单位的变动所引起的增量,称为边际量。用边际量进行分析和解释经济变量变化的趋势和寻求最佳状态的方法,称为边际分析方法。

其实,边际量就是总量的变化率或一阶导数,在学习高中物理时就接触过。如加速度 $a=\Delta v/\Delta t$ 就是边际量,当加速度为零时,表示速度达到了最大值。在以后的各章中,经常会碰到边际量,如边际效用、边际产量、边际成本、边际收益、边际产量收益、边际产量价值、边际要素成本、边际替代率、边际转换率等概念。寻求最佳决策时边际量等于零。总之,边际分析在微观经济学中有着非常重要的地位和作用。

五、数理化分析☆

第二次世界大战以来,数学在经济学中的应用是如此专门化、技术化、职业化,甚至到了登峰造极的程度,使经济学这个大厦更严密、表达更准确、思维更成熟。数学化成为经济学发展的主流趋势(可以看到获得诺贝尔经济学奖的经济学家80%的都是因为建构了实用的经济数学模型或建立了新的数学方法分析经济现象),主要表现在:数理经济学和统计学的结合导致计量经济学的崛起。

【资料链接】1-4

为什么要学习西方经济学?

"学习经济学的一条最重要的理由是,在你的一生中——从摇篮到坟墓——你都会碰到无情的经济学真理。作为一个选民,你要对政府赤字、税收、自由贸易、通货膨胀以及失业等问题做出判断,而对这些问题只有在你掌握了经济学基本原理之后,才能得以理解。"

——诺贝尔经济学奖获得者保罗·萨缪尔森

【资料链接】1-5

经济学的十大基本原理

1. 如何决策?

原理一:人们面临权衡取舍。当人们组成社会时,他们面临各种不同的权衡取舍。典型的是在"投资品与消费品"之间的选择。在现代社会里,同样重要的是清洁的环境和高收入水平之间的权衡取舍。认识到生活中的权衡取舍是重要的,因为人们只有了解了他们面临的选择,才能做出良好的决策。

原理二:某种东西的机会成本是为了得到它而放弃的东西。当做出一项决策,例如,是否上大学时,决策者应该认识到伴随着每一种可能的选择带来的机会成本。那些到了上大学的年龄的运动员如果退学,转而从事职业运动就可能赚几百万美元。因此他们上大学的机会成本极高,所以退学一点也不奇怪。

原理三：理性人考虑边际量。经济学家用边际变动（marginal change）来描述对现有行动计划的微小增量调整。个人和企业通过考虑边际量，将会做出更好的决策。而且，只有当一种行动的边际利益大于边际成本时，一个理性决策者才会采取这项行动。

原理四：人们会对激励做出反应。人们通常通过比较成本与利益，然后做出决策，所以，当成本或利益变动时，人们的行为也会改变。这就是说，人们会对激励做出反应。在分析任何一种政策时，我们不仅应该考虑直接影响，而且还应该考虑通过激励发生的间接影响。如果政策改变了激励，那就会使人们改变自己的行为。

2. 如何相互交易？

原理五：贸易能使每个人状况更好。也许你在新闻中听到过，在世界经济中日本人是美国人的竞争对手。实际上，两国之间的贸易可以使两个国家的状况都变得更好。从某种意义上说，经济中每个家庭都与所有其他家庭竞争。尽管有这种竞争，但把你的家庭与所有其他家庭隔绝开来并不会使大家过得更好。通过与其他人交易，人们可以以较低的成本获得各种各样的物品与劳务。

原理六：市场通常是组织经济活动的一种好方法。现在大部分曾经采用中央计划经济的国家已经放弃了这种制度，并努力发展市场经济（market economy）。在一个市场经济中，中央计划者的决策被千百万企业和家庭的决策所取代。这些企业和家庭在市场上相互交易，价格和个人利益引导着他们的决策。

原理七：政府有时可以改善市场结果。为什么我们需要政府呢？一种回答是："看不见的手"需要政府来保护它。只有产权得到保障，市场才能运行。但是，还有另一种回答。政府干预经济的原因有两类：促进效率和促进平等。尽管"看不见的手"通常会使市场有效地配置资源，但情况并不总是这样。经济学家用市场失灵（market failure）来说明市场本身不能有效配置资源的情况。我们说政府有时可以改善市场结果，并不意味着它总能这样。学习经济学的目的之一就是帮助你判断什么时候一项政府政策适用于促进效率与公正。

原理八：一国的生活水平取决于它生产物品与劳务的能力。世界各国生活水平的差别是惊人的。随着时间推移，生活水平的变化也很大。用什么来解释各国和不同时期生活水平的巨大差别呢？答案是几乎所有生活水平的变动都可以归因于各国生产率（productivity）的差别。生产率与生活水平之间的关系对公共政策也有深远的含义。在考虑任何一项政策如何影响生活水平时，关键问题是这项政策如何影响我们生产物品与劳务的能力。

3. 整体经济如何运行？

原理九：当政府发行了过多货币时，物价上升。什么引起了通货膨胀？在大多数严重或持续的通货膨胀情况下，罪魁祸首总是相同的——货币量的增长。当一个政府创造了大量本国货币时，货币的价值下降了。

原理十：社会面临通货膨胀与失业之间短期权衡取舍。当政府增加经济中的货币量时，一个结果是通货膨胀，另一个结果是至少在短期内降低失业水平。货币量增加，提升支出水平，从而刺激物品与劳务需求；长期的高需求引起高物价，继而引起企业更多的生产、更多的雇佣；更多的雇佣则意味着更少的失业。通货膨胀与失业之间存在短期权衡取舍。

（资料来源：根据网络相关信息整理.）

◆ **内容摘要**

1. 经济学是研究一个经济社会如何配置稀缺资源,以最低成本、最大限度地满足人们需要的一门社会科学。资源的有限性和人们需求的无限性,产生了经济学研究的基本问题,即生产什么(what)、如何生产(how)、为谁生产(for whom)。如何解决这三个问题?由此产生了三种经济制度:计划经济、市场经济和混合制经济。

2. 经济学把世界抽象为三类人,即消费者、企业和政府;将人的行为抽象为理性和非理性两类。

3. 经济学分为微观经济学和宏观经济学两个部分。微观经济学研究消费者、投资者、土地所有者和厂商等个体经济单位的理性经济行为。通过阐述这些经济单位为什么(what)和怎么样(how)做出经济决策来改善经济运行。宏观经济学研究整体经济的力量和趋势。

4. 从15世纪开始,伴随着世界经济的发展,经济学发展经历了不同的阶段,起始于重商主义,从古典经济学到新古典经济学再发展到现代经济学,经济学的发展脉络逐渐清晰,研究的领域和研究的视角也在不断拓宽。

5. 经济学研究方法体现了经济学的思维方式。经济学家们常用的研究方法有经济模型法、实证分析和规范分析法、均衡分析法、边际分析法和数理分析法。

◆ **关键词**

稀缺性　理性人　看不见的手　微观经济学　宏观经济学　均衡分析　边际分析　实证分析　规范分析

◆ **选择题**

1. 现有资源不能满足人们的欲望这一事实被称为(　　)。
   A. 经济物品　　　　　　B. 人类欲望的无限性
   C. 资源的稀缺性　　　　D. 机会成本

2. 经济学研究的基本经济问题包括(　　)。
   A. 生产什么、各生产多少　B. 如何生产
   C. 为谁生产　　　　　　D. 以上都是

3. 在一定的技术水平下,利用现有的资源所能生产的任意两种商品的最大组合的曲线是(　　)。
   A. 需求曲线　　　　　　B. 等产量线
   C. 无差异曲线　　　　　D. 生产可能性曲线

4. 生产可能性曲线内的一点表示(　　)。
   A. 资源得到了充分利用　B. 资源没有得到充分利用
   C. 可利用的资源稀缺　　D. 通货膨胀

5. 微观经济学是经济学的一个分支,主要研究(　　)。
   A. 市场经济　　　　　　B. 个体行为
   C. 总体经济活动　　　　D. 失业和通货膨胀等

6. 微观经济学解决的问题是(　　)。
   A. 资源配置　　　　　　B. 资源利用

    C. 市场出清   D. 完全理性

7. 以下问题中( )不属微观经济学所考察的问题。
    A. 一个厂商的产出水平
    B. 失业率的上升或下降
    C. 联邦货物税的高税率对货物销售的影响
    D. 某一行业中雇佣工人的数量

8. 宏观经济学的中心理论是( )。
    A. 失业理论   B. 通货膨胀理论
    C. 国民收入决定理论   D. 经济增长理论

9. 古典经济学家亚当·斯密所谓的"看不见的手"是指( )。
    A. 技术   B. 信息
    C. 价格   D. 行政命令

10. 关于实证经济学与规范经济学说法正确的是( )。
    A. 两者并不是绝对相互排斥的,而应当是相互补充的
    B. 规范经济学是以实证经济学为基础,而实证经济学则是以规范经济学作为指导的
    C. 一般来说,越是具体的问题,实证的成分越多,而越是高层次的、决策性的问题,就越具有规范性
    D. 以上说法都对

◆思考题

1. 你经常浏览哪些网站?这些网站最近关注的经济问题是什么?
2. 为什么说稀缺性的存在与选择的必要引起了经济学的产生?
3. 微观经济学的基本问题和研究内容有哪些?
4. 微观经济学的假定前提有哪些?
5. "消费品与资本品的矛盾"对我们来说有哪些启示?
6. 列举生活中你的两个重要的选择事件,说明你选择的机会成本是什么。
7. 下面的陈述哪个属于实证分析,哪个属于规范分析?
(1) 汽油配给制是一个糟糕的社会政策,因为它阻碍了市场体制的运转。
(2) 汽油配给制是一项使更多人失大于得的政策。
(3) 降低税率鼓励人们多工作和多储蓄。
(4) 社会应该要求福利领取者去找工作。
(5) 减少货币增长率将降低通货膨胀率。

◆案例题

关于占座现象的经济学分析

    占座这一现象在生活中时有发生,在大学校园里更是司空见惯。无论是三九严冬,还是烈日酷暑,总有一帮"占座族"手持书本忠诚地守候在教学楼或图书馆门前,大门一开,争先恐后地奔入,瞅准座位,忙不迭地将书本等置于桌上,方才松了一口气,不无得意地守护着自己的"殖民地"。后来之人,只能望座兴叹,屈居后排,上课的视听效果大打折扣,因而不免牢

骚四起,大呼"占座无理"。

问题:

(1) 大家为什么要提前花费这么多的时间占座?结合经济学的基本假设进行分析,并以此分析经济学的基本假设是否合理和必要。

(2) 分析占座是否符合经济效率?如果不符合,如何改进?

(3) 进一步思考:同一寝室的人是每天轮流去占座好,还是固定安排一人每天占座更有效率呢?又需要什么前提假设条件呢?

第二章 需求、供给和均衡价格

通过本章的学习,理解需求与供给、需求变动与供给变动、供求规律等概念;掌握商品的市场均衡价格是怎样形成的;理解弹性含义,理解市场机制中价格机制在资源配置中的调节作用,学会用均衡价格理论解释现实经济中各种商品的价格变动问题,熟悉弹性原理在现实中的应用。

中国的房价走势

国家统计局2014年2月份的统计数据显示,全国70个大中城市中新建商品住宅价格同比上涨的城市有69个,只有温州1个城市下跌。一、二线城市房价涨幅非常明显。其中,一线城市新建商品住宅价格同比上涨18%~20%,天津等31个二线城市同比上涨7%~10%,唐山等35个三线城市同比平均上涨6%左右。到了2015年2月,统计数据却显示,70个大中城市中66城房价环比下跌,总体降幅比上月扩大了0.1个百分点,4个一线城市中,除深圳上涨0.2%外,北京、上海、广州均有不同程度的下跌。

(资料来源:张棉棉.国家统计局公布2月70个大中城市房价数据 北上广均下降[EB/OL].[2015-3-18]http://china.cnr.cn/ygxw/20150318/t20150318_518033205.shtml.)

第一节 需　　求

在市场经济中,商品的购买者和销售者是一对相互矛盾又对立统一的双方,一种商品的市场价格就是在消费者的需求和生产者的供给相互作用下形成的。要说明一种商品的价格是如何形成的,必须先考察买卖双方的行为。本节从买方即消费者开始,探讨需求的概念及其变动规律。

一、需求的含义

需求(demand),是指在某一特定时期内,消费者在各种可能的价格(price)下愿意并且能够购买的某商品的数量。

在理解需求的含义时要注意以下几点:一是消费者对某种商品的需求必须同时具备两

个要义,即购买欲望和购买能力。购买欲望是主观上想买,购买能力是客观上有支付能力,需求是主观愿望和客观购买能力的统一,二者缺一不可。例如,校园周边的高档别墅,对大学生就不能构成需求,因为大学生没有购买能力。又如,食堂里的辣椒对不喜欢吃辣的同学就不能形成需求,因为这类同学没有购买欲望。二是对一种商品的需求并不是一次市场购买行为或某一次购买活动对应的购买量,而是在其他条件不变下,消费者针对一系列可能的价格,根据自身的意愿和购买条件制定的一个需求计划,是一种意愿购买而不是实际购买量。三是这里的消费者可以是个人,也可以是家庭,还可以是整个社会,因而需求又分为个人需求、家庭需求和社会需求。

二、需求的影响因素

在上述需求的定义中,我们发现影响消费者购买某商品的数量有很多因素。除了商品自身价格之外,还包括消费者偏好、收入、相关商品价格、人口规模和结构、消费者预期和政府政策等。

(一) 商品本身的价格(P)

一般来讲,需求量的多少与商品本身价格的高低成反比。商品本身价格越高,需求量越小;商品本身价格越低,需求量越大。例如:鸡蛋价格上涨,人们对鸡蛋的需求量就会减少,原来每月打算消费 5 千克的,现在只打算消费 3 千克了。

(二) 消费者的偏好(T)

偏好指消费者对某商品的喜好程度,它极大地影响着一个人的需求欲望。通常消费者对某商品偏好程度越强,对该商品的需求就越大。如越喜欢抽烟的人对香烟的需求就越大,越喜欢喝酒的人对酒的需求越大。当然,偏好本身会因人而异,也会因宗教传统、文化、广告或时尚而有差别,这些因素都会影响需求。当许多人对某一商品产生相同的偏好倾向时,就形成了某种消费风尚,将促使消费者在商品价格未发生变化的情况下增加对该商品的需求。例如,美国人较中国人更偏爱喝咖啡,对咖啡的需求相对较大,中国人则偏爱茶叶,茶叶的需求相对较大。

(三) 消费者的收入(I)

收入决定了消费者购买商品的支付能力,也就影响着对商品的需求量。一般而言,随着收入增加,消费者对商品的需求数量会增加,但消费者收入增加并不总能导致其对商品需求数量的增加,还要区分该商品是正常品(normal goods)还是低档品(inferior goods)。

正常品,指随消费者收入提高会增加其需求量的商品。我们日常生活中消费的大多数商品和劳务都具备这样的特征。但也有些商品,随着收入提高消费者会减少其需求量,这类商品称为低档品。如黑白电视机,随着人们收入水平的提高,对黑白电视机的需求在减少,则黑白电视机相对于现代人的收入水平来说就属于低档品。正常品和低档品的区分是依据消费者的收入水平而定的,同样的商品对某些消费者而言是正常品,对另一些消费者而言就可能是低档品;即使是同一个消费者,在一定的收入水平上,该商品是正常品,当其收入提高到另外一个高水平时,该商品可能就由正常品变为低档品了。例如,随着人们收入的提高,大量的家庭开始购买小汽车,对小汽车需求增加了,而对公交车的需求却减少了,这时小汽车就是正常品,而公共汽车就成了低档品。

(四) 其他相关商品的价格(P_r)

消费者在选择某种商品时,由于该商品和其他商品之间是相互联系的,因此,其他相关商品的价格也会影响消费者对这种商品的需求数量。根据不同商品之间的关系,将相关商品分为替代品和互补品。

替代品指两种(或两种以上)商品可以互相替代来满足同一种需要,这两种商品即为替代品,如鸡肉和猪肉,长虹彩电和康佳彩电。互补品指两种(或两种以上)的商品互相联合起来使用才能满足同一种需要,这两种商品称为互补品,如汽车和汽油,打印机和墨粉。

对于替代品来说,如果一种商品价格提高,消费者将减少该商品的购买,转而购买另外一种商品。例如:当我们研究消费者对长虹彩电的需求时,康佳彩电就是它的替代品。若康佳彩电(替代品)价格上涨,则长虹彩电的需求会增加;反之则相反,即消费者对一种商品的需求和其替代品的价格呈正相关。

对于互补品来说,由于二者联合使用才能满足同一种需求,因此,互补品价格提高时,消费者对原有商品的需求也会减少。如,当我们研究消费者对汽车的需求时,汽油就是它的互补品,若汽油(互补品)价格上涨,则小汽车的需求将会减少,反之则相反,即消费者对一种商品的需求和其互补品的价格呈负相关。

【案例分析】2-1

在商务谈判中如何避免互补品价格陷阱?

山东某企业需要进口一批精密机床,在众多的供应商中初步选中了三家,分别是美国供应商、德国供应商和日本供应商。经过几轮的讨价还价,三家最后报的单价分别是60万美元/台、70万美元/台和50万美元/台。该企业经过对三家供应商产品的实际考察,发现这三家的产品质量差不多,经过性价比等方面的考虑,最后选择性价比最高,且给予最大优惠的日本供应商的产品(承诺20年内日方给予上门维修服务)。当该企业将这批产品进口后使用了大约半年,发现该精密机床有3个易耗件磨损得很厉害,需要更换,于是要求日方供应商给予维修和更换。日方很快就答应上门维修,但发函回复说3个易耗件单价1000美元/件,山东企业认为该易耗件价格太高,要求将价格降低些,但日方坚决不降价,中方落入了日方给予的价格优惠陷阱。

(资料来源:根据网络相关信息整理.)

【课堂讨论】 当一种产品有互补品时,购置该种产品的时,在考虑其自身价格的同时,是否要考虑其配套的互补品价格?为什么?

(五)消费者的预期(P_e)

消费者会根据现有的信息对未来的事项进行预期,包括对商品价格的预期、对收入的预期等等。当消费者预期某商品价格会上涨时,他会增加当前的购买量;当消费者预期某商品价格会下降时,则会减少当前的购买量。

(六)政府政策(G)

一般来说,政府政策有刺激消费政策和压抑消费政策两种。刺激消费的政策主要通过鼓励消费的各种手段来实现,例如,降低房屋购买首付比例,允许信贷消费,减免税收等,刺激政策会使当前消费增加;反之,抑制政策会减少当前消费。

(七)人口规模和结构(N)

人口的总量和规模对家庭乃至整个社会的需求影响巨大。人口数量越多,相对来说其需求数量基数也会越大。人口的结构,如年龄结构、性别结构等特征也会影响商品的需求,如老年人口增多,则对医疗和保健类商品和劳务的需求会增加。

(八) 其他因素(α)

在实际生活中,某些特殊因素和不确定性因素,如宗教信仰、突发性的事件等也会对某商品的需求产生很大的影响。如禽流感使消费者对禽产品的需求减少,非典使整个社会对消毒液的需求增加等。

可见,消费者对某种商品的需求量的大小不仅取决于该商品的价格,还取决于许多别的因素,将以上这些影响因素和商品的需求量之间的关系构建成一个函数,即为广义的需求函数。它是反映商品需求与其影响因素之间变化关系的函数。

$$Q_d = f(P, I, P_r, P_e, T, G, N, \alpha)$$

式中,Q_d,商品的需求量;P,商品自身价格;I,消费者收入;P_r,相关商品价格;P_e,消费者的预期价格;T,消费者偏好;G,政府政策;N,人口数量;α,其他因素。

【案例分析】2-2

到非洲卖鞋

某制鞋公司派两名业务人员去非洲某国考察鞋子市场,由于该国地处热带,加上比较贫困,几乎没有穿鞋的。两个业务员回公司汇报工作,一个业务员说"这个国家太穷了,没有鞋子的市场",而另外一个业务人员却汇报说"太好了,这个国家的市场太大了,几千万的人口,几乎没有穿鞋的,要是让他们每个人穿上一双鞋子,那是一个多么大的市场!"于是该业务员根据此非洲国家的特点,运去大量价格低廉的塑料拖鞋,结果非常畅销,加上后续的宣传推广,该公司的其他鞋类也销售不错,为公司创造了非常可观的经济效益。该业务员也很快升职为公司出口部经理。

(资料来源:根据网络相关信息整理.)

【课堂讨论】 你认为非洲某国对鞋子有没有需求?若没有,原因何在?若有,哪些因素会影响他们对鞋子的需求?

三、需求的表示方法

影响需求的因素很多,为了简化分析,可以抓住主要矛盾,假定影响需求的其他因素都不变,仅分析商品本身价格与需求量之间的关系。我们可以用需求表、需求曲线和需求函数三种方式表示消费者对某种商品的需求。

(一) 需求表

需求表是指某商品各种可能的价格与相对应的需求量之间关系的数字序列表。表2.1给出了张女士8月份对某品牌冰激凌的需求表。表2.1中的数据表示,在其他因素都不变的前提下,如果冰激凌市场价格为1元/支,则张女士打算购买30支;如果价格上升为2元/支,她打算买25支,以此类推。从表2.1可看出,在每一个可能的价格下,张女士对冰激凌都有一个需求量。

表 2.1　张女士 8 月份对某品牌冰激凌的需求表

组合点	A	B	C	D	E	F
价格(元/支)	1	2	3	4	5	6
需求量(支)	30	25	20	15	10	5

从表 2.1 中我们可以直观地发现,冰激凌的价格和张女士打算购买的冰激凌数量之间呈反向变化关系,即冰激凌价格上升,张女士打算购买的数量减少。

(二) 需求曲线

消费者对某商品的需求还可用需求曲线表示。需求曲线是根据上述需求表中可能的价格和相应需求量之间的组合点,在坐标平面图中连接描绘出来的一条线,通常用 D 或 d 来表示,图 2.1 就是根据表 2.1 的需求表绘制出来的。

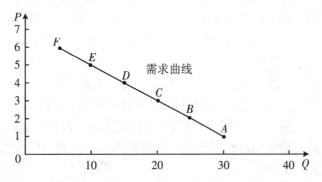

图 2.1　张女士 8 月份对某品牌冰激凌的需求曲线

在图 2.1 中,横轴表示张女士对冰激凌的需求量,纵轴表示冰激凌的价格,A 至 F 点分别表示消费者愿意且能够购买的数量与该价格的对应关系。这些点连成的一条线即为需求曲线。需求曲线能更为直观地反映需求数量和可能的价格之间的关系。

(三) 需求函数

在其他条件不变情况下,仅分析商品本身价格与需求量之间的关系,并以 P 表示价格,Q_d 表示消费者对商品的需求量,则需求函数可以表示为:$Q_d = f(P)$,其可称为狭义的需求函数。当需求函数为线性函数时,相应的需求曲线是一条直线,直线上各点的斜率是相等的;当需求函数为非线性函数时,相应的需求曲线是一条曲线,曲线上各点的斜率是不相等的。在微观经济学分析中,为了简化分析过程,在不影响结论的前提下,假设需求函数为线性需求函数,其表达式为:$Q_d = a - bP$(其中 a 和 b 为大于 0 的常数),其相应的需求曲线为一条直线。

四、需求规律

(一) 需求规律的内容

在其他条件不变时,消费者对某商品的需求量通常会随着该商品价格变动呈一定的规律性。一般来说,商品价格越高,消费者愿意且能够购买的数量就越少;反之,价格越低,愿意且能够购买的数量就越多,这一特征被称为需求规律。即在其他条件不变的情况下,需求量与商品自身价格之间呈反方向变动关系,这一规律反映在需求曲线上是曲线向右下方倾斜,曲线斜率为负值。至于商品的价格和需求量之间呈反方向变动的具体原因是什么,或者说,需求曲线为什么一般是向右下方倾斜的,将在本书第三章内容中解释。

(二) 对需求规律的理解

首先,需求规律是一个经验性法则,是人们长期观察得到的需求量与价格之间关系的经验性知识。其次,需求规律是在其他条件不变的假设条件下才成立,当其他条件发生变化时,需求规律就不一定起作用。例如,下雨天,雨伞价格提高了,但需求反而增加。第三,并不是每一种商品的购买都符合需求规律,在某些特殊条件下,商品的价格和需求量之间的反向变动关系就不成立,即需求规律也有例外。

(三) 需求规律的例外

1. 奢侈品的"凡勃伦效应"

对于正常商品,消费者购买它主要是用于日常的使用。但对奢侈品来说,消费者购买它主要是以奢侈品的高价格来炫耀其社会地位,这类消费品价格越高越能达到炫耀的目的,因此会加大购买;当价格降低时,无法显示其社会地位,因而会减少其购买量,如珠宝、文物、名画、名车等。所以,这类奢侈品的价格和需求量之间是同方向变动的关系,不符合需求规律。

2. 低档品的"吉芬效应"

1845年,英国统计学家吉芬发现,由于爱尔兰发生灾荒,土豆价格上涨,而土豆的需求量不但没有减少,反而增加了。这一现象与需求规律相矛盾,也很难用理性的行为解释,因而在当时被称为"吉芬之谜"。这种低档且占收入较大比重的商品也被称为"吉芬商品"。究其原因,在灾荒时期,低收入家庭在低档商品价格上涨后生活更加困难,更无法消费其他商品,只得增加低档食品的消费。

【资料链接】2-1

托斯丹·邦德·凡勃伦

托斯丹·邦德·凡勃伦(Thorstein B Veblen,1857~1929),伟大的美国经济学巨匠、制度经济学鼻祖。凡勃伦是作为一个辛辣的社会批评家而为一般公众所知的,他这一风格的代表作是《有闲阶级论》一书。但从职业上说,他是个经济学家,是《政治经济学》杂志的第一主编,并在经济学的方法论问题上有广泛著述。制度经济学是凡勃伦和约翰·R·康芒斯(John R. Commons)创立的,韦斯利·克莱尔(Wesley Clair)、约翰·莫里斯·克拉克(John Maurice Clark)等后来的凡勃伦追随者们形成了这一学派的特点。

(资料来源:根据百度百科词条信息整理. http://baike.baidu.com/view/1152713.htm.)

【资料链接】2-2

罗伯特·吉芬

罗伯特·吉芬(Sir Robert Giffen,1837~1910),英国经济学家,1837年生于英国拉纳克郡,1910年4月12日卒于苏格兰,是享有盛誉的一位财政新闻记者和统计学家。1879年吉芬投身于金融和统计事业,终其一生奋斗于此。1882年吉芬被任命为统计大臣秘书助理,1892年他成为英国主计长,1897年退休。在这期间,吉芬担任了政府统计顾问委员会主席。同时他又担任皇家统计学会会长,并成为英国皇家学会会员,获得了英国皇家学会最高金奖——盖伊奖。他出版有《经济调查学》《资本增长论》《投资发展》《财政评论》等。

在这期间,罗伯特·吉芬研究了爱尔兰土豆问题和伦敦雨伞等问题,并提出了著名的"吉芬现象"和"吉芬商品"理论。1845年,爱尔兰发生大饥荒。吉芬研究了当时土豆价格与人们的土豆消费量的关系,发现土豆价格虽然增高,然而人们的需求量反而增加了。罗伯特·吉芬由此观察到必需品在一定条件下提高价格然而需求却不降反升的现象,得出必然存在一种需求量和价格同方向变化的商品的结论,后人将其称作"吉芬之谜"和"吉芬商品"。

(资料来源:根据百度百科词条信息整理. http://baike.baidu.com/view/1959102.htm.)

五、需求量变动和需求变动

如前所述,影响商品需求数量的因素很多,除了商品本身的价格以外,还有消费者偏好、收入等其他因素。若要考察商品需求数量的变动是由什么样的影响因素引起的,就要区分需求量变动和需求变动两个概念。

(一)需求量变动

需求量变动是指在其他条件不变的情况下,由于商品自身价格变化所引起的该商品需求数量的变动,在几何图形中,它表现为同一条需求曲线上点的移动(move along the curve)。如图 2.2(a)所示,当价格为 P_1 时,需求量为 Q_1,当价格下降到 P_2 时,需求量由 Q_1 增加到 Q_2,在需求曲线上表现为从 a 点向 b 点移动。同一条需求曲线上从一点向左上方移动到另一点表示需求量的减少,向右下方移动到另一点表示需求量的增加。

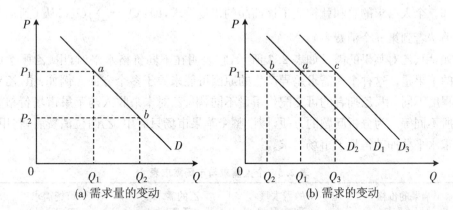

图 2.2 需求量的变动与需求的变动

(二)需求变动

需求变动是指除了价格以外的其他因素变化所引起的该商品需求数量的变动。这里的其他因素变动包括消费者收入水平的变动、相关商品价格的变动、消费者偏好的变动和消费者对商品价格预期的变动等。在几何图形中,需求的变动表现为整条需求曲线的位置移动(move of the curve)。如图 2.2(b)所示,在商品自身价格 P_1 保持不变的情况下,当收入减少时,需求曲线由 D_1 移动到 D_2,需求由 Q_1 减少到 Q_2;当收入增加时,需求曲线由 D_1 移动到 D_3,需求由 Q_1 增加到 Q_3。需求曲线向左移动是需求的减少,在不同价格水平需求量都会减少；需求曲线向右移动是需求的增加，在不同价格水平需求量都会增加。

总之，需求量的变动与需求的变动的引发因素不同，变化表现形式亦不同。例如，当苹果的价格上涨时，若其他条件不变，改变的只是苹果的需求量，苹果的需求并不发生变动；而苹果的替代品（如梨子）价格上升所带来的需求量的增加，就叫需求的变动。明确二者区别，便于正确理解政府的微观经济政策。比如政府规定"香烟包装必须明确标注'吸烟有害健康'"，这一政策将改变人们对香烟的需求，使其减少。又例如：某公司2014年彩电的销售量从50万台增加到80万台。企业考察这种销量的变化到底是彩电降价因素增加的购买量，还是由于人们收入提高或因素增加的购买量，若是由于彩电自身价格下降引起的需求数量的变动就叫需求量变动，若是由于其他因素变化引起的需求数量变动就叫需求变动。

需求量变动和需求变动的区别与联系如表2.2所示。

表 2.2 需求量变动和需求变动的区别与联系

	需求量变动	需求变动
变动原因	自身价格变化	除价格以外其他因素变化
变动形式	需求曲线上点到点的变动	整条需求曲线移动
变动结果	需求数量改变	需求数量改变
对企业的启示	价格策略	除价格以外的其他策略

六、个人需求与市场需求

按照消费者这个主体的范围不同，将需求分为个人（或家庭）需求和市场需求。个人（或家庭）需求指单个消费者（或家庭）对某种商品的需求；市场需求指消费者全体对某种商品需求的总和。个人需求的总和就构成了该商品的市场需求，即：$Q_d = \sum Q_{di}$（i从1到n，表示从第1个消费者到第n个消费者）。

例如：甲、乙对苹果的需求如表2.3所示，它表明在不同价格水平时，甲、乙愿意而且能够购买的苹果量。这种个人需求差异产生的原因可能来源于多个方面。例如：甲、乙对苹果的喜爱程度不同，甲、乙拥有的可支配货币量不同，甲、乙对未来收入与苹果市场价格变动的预期有所不同等。为分析问题的方便，假设整个苹果市场只有甲、乙两位消费者，将甲、乙的个人需求水平叠加就得到了市场需求。

表 2.3 个人需求与市场需求表

苹果的价格 （元/千克）	甲的需求量 （千克/月）	乙的需求量 （千克/月）	市场需求 （千克/月）
1	10	6	16
2	9	5	14
3	8	4	12
4	7	3	10

依据表2.3给定的数据，可以画出甲、乙的个人需求曲线以及整个市场的需求曲线，如图2.3所示，图2.3(a)为甲的个人需求曲线，图2.3(b)为乙的个人需求曲线，图2.3(c)为市

场需求曲线。从图 2.3 中可以看出,在苹果价格为 3 元/千克时,甲的需求量为 8 千克,乙的需求量为 4 千克,市场需求量为 12 千克。

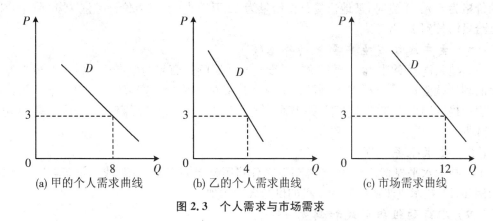

图 2.3 个人需求与市场需求

由于市场需求曲线是单个消费者(个人)需求曲线的水平加总,所以,如同单个消费者的需求曲线一样,市场需求曲线一般也是向右下方倾斜的。市场需求曲线表示某商品市场在一定时期内在各种不同的价格水平上所有消费者愿意而且能够购买的该商品的数量。该曲线上的每一点都表示在相应的价格水平下可以给全体消费者带来最大的效用水平或满足程度的市场需求量。

第二节 供　　给

除了买方的需求行为与价格相关以外,卖方的行为,即供给行为也是影响商品价格的重要方面。

一、供给的含义

供给(supply),指生产者在某一特定时期内,在各种可能的价格条件下,愿意并且能够提供的某商品的数量。与需求类似,在理解供给含义时同样要注意以下几点:一是供给也需要同时具备两个条件,即生产者愿意出售且生产者有供给能力,两者缺一不可;二是这里的供给并不是一次市场出售行为或某一次供给活动对应的售出量,而是针对一系列可能的价格,生产者根据自身的意愿和条件制定的一个供给计划,计划供给量不一定等于实际销售量;三是供给方既可以是一个企业,也可以是一个行业,因而供给分为单一厂商的供给和市场供给;四是供给不同于供给量,供给量是在某一既定的价格下,生产者愿意而且能够出售的数量,而供给则是不同价格下所对应的不同供给量的统称,即价格与其供给量之间的价格—数量组合关系。

二、供给的影响因素

现实中,除了商品的价格以外,其他许多因素都会对供给量产生影响。这些影响因素有经济因素,也有非经济因素,概括起来主要有:生产成本、技术水平、厂商的组织形式、相关商品的价格、预期和政府政策等。

(一) 商品本身的价格 (P)

一般来讲,商品本身价格越高,供给量越大;商品本身价格越低,供给量越小。例如,鸡蛋的价格为5元/千克时,某地市场月供给量为10万千克;当鸡蛋价格上涨为6元/千克时,月供给量增长到15万千克。

(二) 生产成本或生产要素的价格 (C)

在其他条件不变时,生产要素价格的变化直接影响到商品的生产成本。生产成本变高,厂商的利润就会减少,这样追求利润最大化的厂商将会减少生产,从而减少供给。例如,在葡萄酒价格等因素不变的条件下,如果葡萄的价格上涨,意味着厂商的生产成本增加,供给将会减少。

(三) 技术水平 (T)

生产技术水平提高,会使资源得到更充分利用且提高劳动效率,成本下降,从而增加供给。例如,IT技术进步使电脑和手机的供给大大增加。

(四) 厂商的组织形式和制度 (O)

厂商组织生产的方式和制度会影响其向市场提供的商品数量。先进的企业组织形式,如农业生产的大包干制度会增加供给;落后的组织形式则会减少供给。

(五) 相关商品的价格 (P_r)

这里的相关商品不同于需求理论中的相关商品,它源于资产的适用性。一种生产要素(或资源)既可以生产A产品,又可以生产B产品。A、B两种产品就构成了相关商品,如钢材既可以用来生产汽车,也可以用来建设房屋,这时汽车和房屋就构成了相关商品。假设房屋价格上涨,则该钢材将会更多地用于房屋的建设中去,而少用于汽车的建设中去,这样汽车的供给就会随着房价上涨而减少。

(六) 厂商对未来的预期 (P_e)

若厂商对未来持乐观态度,会增加供给和生产;若持悲观态度则会减少供给。若预期某商品价格会上涨,则会减少当前供给;预期价格会下跌将会增加当前供给。

(七) 其他条件 (β)

一些特殊因素、突发性事件等也会对某商品的供给产生影响。如非典时,消毒液的供给大量增加;地震后,救灾帐篷和棉被的供给也大量增加;旺季与淡季的水电供给不同,自然灾害造成农作物供给减少等现象。

总之,如果把影响供给的各种因素作为自变量,用$P, P_r, C, S, P_e, \beta, \cdots$表示,把供给作为因变量,用$Q_s$表示,则可以用函数关系来表示供给与其影响因素之间的关系,即广义的供给函数,它是反映商品供给量与其影响因素之间变化关系的函数。

$$Q_s = f(P, C, T, O, P_e, P_r, \beta)$$

式中,Q_s,商品供给量;P,商品自身价格;C,消费者收入;T,消费者偏好;O,厂商组织形式和制度;P_e,厂商对未来的预期;P_r,相关商品的价格;β,其他因素。

【案例分析】2-3

禽流感对禽类养殖的影响

2013年2月19日,国内首例H7N9禽流感病毒感染者发病,4月1日,H7N9禽流感感染人死亡被媒体广泛报道,引发关注。随后,全国各地关闭家禽市场,部分地区捕杀市场中的禽鸟。受此影响,消费者大大降低了对家禽类消费品的需求。国内众多家禽养殖企业遭受了较大的损失,纷纷降低家禽的养殖量。而近期 H7N9 禽流感的发生病例日趋减少,政府正在酝酿对家禽产业出台相关扶持政策,媒体也在宣传煮熟后的鸡肉是安全可食用的。特别是连日来,随着全国禽流感疫区的"解禁",老百姓对禽流感的恐惧心理有所减淡,家禽消费有所提升,禽类产品价格又出现了不同程度的上涨。

【课堂讨论】 随着禽流感疫情的减弱,导致禽类产品价格上涨的主要原因是什么?如果你是一位养殖业主,在禽流感发生期间,你选择增加还是减少禽类产品的养殖(供应)?为什么?

三、供给的表示方法

影响供给的因素很多,为了简化分析,我们可以抓住主要矛盾,假定影响供给的其他因素都不变,仅分析商品本身价格与供给之间的关系。供给可以用供给表、供给曲线和供给函数三种方式来表示。

(一) 供给表

供给表是表示该商品各种可能的价格与相对应的供给量的数字序列表。

表 2.4 给出了某电器公司 1 月份的电脑供给。表中数据表示,如果电脑市场价格为 2000 元/台,则该公司打算向市场提供 300 台,以此类推。从表 2.4 中可看出,在每一个可能的价格下,该公司都有一个电脑供应量,且电脑可能的价格和打算提供的数量之间呈同方向的关系,即价格越高,打算提供的数量越多。

表 2.4 某电器公司 1 月份电脑的供给表

组合点	A	B	C	D	E	F
价格(元/台)	2000	2500	3000	3500	4000	4500
供给量(台)	300	500	1000	1500	2000	2500

(二) 供给曲线

生产者对商品的供给还可以用供给曲线表示。供给曲线是根据供给表中可能的价格和相应的供给量的组合点,在坐标平面内连接描绘出来的一条线,通常用 S 或 s 来表示。图 2.4 是根据供给表(表 2.4)绘制出来的。

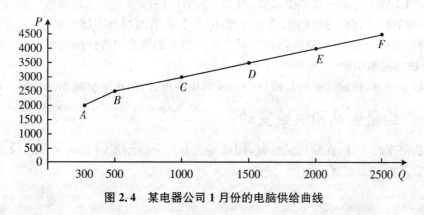

图 2.4 某电器公司 1 月份的电脑供给曲线

图 2.4 的横轴表示该公司的电脑供给量,纵轴表示电脑的价格,A 点到 F 点分别表示生

产者愿意且能够提供的数量与该价格的对应关系,这些点连成一条线即为供给曲线,供给曲线能直观地反映供给数量和可能的价格之间的关系。

(三) 供给函数

在其他条件不变的情况下,狭义的供给函数反映的是商品的供给数量和可能价格之间的对应关系,用 P 表示商品的价格,Q_s 表示厂商对商品的供给量,则生产者对该商品的供给函数表示为 $Q_s = f(P)$。为简单起见,其中,线性供给函数表达式为:$Q_s = -c + dP$,其中,c、d 为大于 0 的常数,相应的供给曲线为一条直线。

四、供给规律

(一) 供给规律的含义

生产者对某商品的供给量随着该商品价格的变动通常呈一定的规律性。一般来说,商品价格越高,生产者愿意且能够提供的数量就越多;反之,价格越低,生产者愿意且能够提供的数量就越少。这一特征被称为供给规律,即在其他条件不变时,供给量与商品自身价格之间呈同方向变动关系,这一规律反映在供给曲线上即曲线向右上方倾斜,斜率为正值。

(二) 对供给规律的理解

首先,供给规律是经验性法则,是人们长期观察得到的供给量与价格之间关系的经验性知识;其次,供给规律是在其他条件不变的假设条件下才成立,当其他条件发生变化时,供给规律就不一定成立;第三,并不是每一种商品的供给都符合供给规律,在某些特殊条件下,商品的价格和供给量之间呈同方向变动关系就不成立,即供给规律也有例外。

(三) 供给规律的例外

1. 无论商品的价格有多高,生产者只供给既定数量的商品

此时,供给曲线是一条垂直于供给量横轴的直线。通常,如果商品具有固定的数量,其供给曲线具有类似的形状,如土地或文物的供给就是一条垂直的直线。

2. 在一个特定的价格下,生产者愿意供给任意数量的商品

此时,供给曲线是一条平行于供给量横轴的直线。例如,按既定价格出售自来水的公司,其供给曲线就有这样的特征。

3. 随着商品价格的提高,生产者供给量减少

例如,当工资上升到一定程度之后,劳动者对劳动的供给就是这种情形。当劳动力的价格(工资)小幅度上涨时,劳动的供给会增加;但当工资增加到一定程度时,人们将会更加注重闲暇,劳动的供给会下降,这一问题在后面生产要素的供给中将详细说明。

4. 稀缺物品的供给

当价格上升时,稀缺物品的厂商将会出现惜售的行为,出现供给减少的状况。

五、供给量变动和供给变动

与分析需求时一样,在分析供给时,同样要注意区分供给量的变动与供给的变动,二者的区别与联系如表 2.5 所示。

表 2.5　供给量变动和供给变动的区别与联系

	供给量变动	供给变动
变动原因	自身价格变化	除价格外其他因素变化
变动形式	供给曲线上点到点的变动	整条供给曲线移动
变动结果	供给数量改变	供给数量改变

（一）供给量变动

供给量变动是指在其他条件不变的情况下，由于商品自身价格变化所引起的该商品供给数量的变动，它表现为同一条供给曲线上点的移动(move along the curve)。

（二）供给变动

供给变动是指除了价格以外的其他因素（如收入、相关商品价格）变化所引起的该商品供给数量的变动，它表现为整条供给曲线的移动(move of the curve)。

例如，鸡蛋价格上升了，生产者计划供给的鸡蛋量多了，这就是供给量增加了；但如果是养鸡技术提高了，同样价格的饲料能使鸡下更多的蛋，这就是供给增加了。供给量的变动与供给的变动，可以通过供给曲线进一步说明。图 2.5(a)所示为供给量的变动，在供给量曲线上有 A、B 两点，按照供给规律，当价格为 P_1 时，生产者的供给量为 Q_1；而当价格由 P_1 上升到 P_2 后，供给量从 Q_1 增加到 Q_2，在图形上表现为供给量曲线上从 A 点到 B 点的移动。图 2.5(b)所示为供给的变化，当某一商品的价格为 P_1 时，生产者的供给量为 Q_1，而当其他因素发生变化后，供给曲线从 Q_{s1} 的位置平行向右移动到 Q_{s2} 的位置，供给量从 Q_1 增加到 Q_2，此时的价格不变，仍为 P_1。这一变化是由非价格的其他因素的变动引起的，这就是供给的变化。反之，供给曲线由 Q_{s1} 向 Q_{s3} 平移，供给量从 Q_1 减少到 Q_3，说明除商品本身外的其他影响因素导致供给减少。

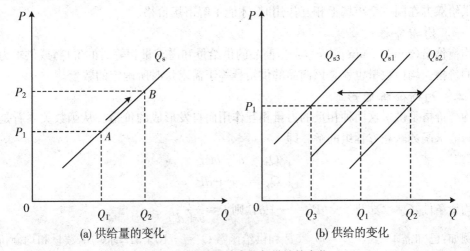

图 2.5　供给量的变化与供给的变化

六、单个生产者供给与市场供给

按供给者的主体范围不同，将供给分为单个供给和市场供给。单个供给是指单个生产者对某种商品的供给；市场供给是全体生产者对某一种商品供给的总和，用公式表示为：$Q_s =$

$\sum_{i=1}^{n}Q_{di}(i=1,2,\cdots,n,$ 共 n 个生产者),因而单个供给的总和就构成了该商品的市场供给。

例如:假设某蔬菜市场仅有甲、乙两个蔬菜专业户,他们的供给表如表 2.6 所示。

表 2.6 单个供给与市场供给表

蔬菜的价格 (元/千克)	甲的供给量 (千克/月)	乙的供给量 (千克/月)	市场供给 (千克/月)
0.8	10	50	60
1.0	20	70	90
1.2	30	90	120
1.4	40	110	150

根据表 2.6 的数据,就可绘出甲、乙的单个供给曲线以及整个市场的供给曲线。由于市场供给曲线是单个生产者供给曲线水平加总,所以,如同单个企业的供给曲线一样,市场供给曲线一般也是向右上方倾斜的。市场供给曲线表示某商品市场在一定时期内在各种不同的价格水平上所有生产者愿意而且能够提供的该商品的数量。

第三节 均衡价格理论

一、均衡价格及其形成

单方面考察需求或供给都无法说明某种商品的市场价格究竟是多少,只有同时考察需求和供给双方在同一个市场上相互作用时,才能了解市场价格。

(一) 均衡价格的含义

均衡价格(equilibrium price),是指商品的供给量和需求量相等时的价格,或供求力量相等时的价格。均衡数量也就是该商品的供给量等于需求量时所确定的数量。

(二) 均衡价格的形成

均衡价格是供求这两种相反的力量相互作用而自发形成的价格。从函数关系看是供给函数与需求函数联立方程组的解。即

$$\begin{cases} Q_d = a - bP \\ Q_s = -c + dP \end{cases}$$

均衡条件:$Q_d = Q_s$,即 $a - bP = -c + dP$ 则 $P = \dfrac{a+c}{b+d}$。

例如:已知需求函数 $Q_d = 50 - 5P$ 和供给函数 $Q_s = -10 + 5P$,求均衡数量和均衡价格。均衡条件 $Q_d = Q_s$,即 $50 - 5P = -10 + 5P$,所以均衡价格 $P = 6$,代入需求函数 $Q_d = 50 - 5P$,得 $Q = 20$。所以,均衡价格和均衡数量分别为 $P_e = 6$,$Q_e = 20$。

从图 2.6 上看均衡价格是指供给曲线和需求曲线相交的点所决定的价格。

假定 D 和 S 分别表示市场上的需求和供给曲线,交点 E 为均衡点,均衡点 E 对应的是均衡价格和均衡数量。即在均衡价格为 6 时,消费者的购买量和生产者的销售量是相等的;或者说,在均衡交易量为 20 时,消费者愿意支付的价格和生产者愿意接受的价格是相等的,

因此,这种状态是一种买卖双方均满意,并愿意持续下去的状态,即均衡状态。

均衡价格是市场上供求两种力量共同作用而自发形成的。当市场价格偏离均衡价格时,市场会出现供求不均衡的状态。一般来说,在市场机制的作用下,这种非均衡状态会自动消失,偏离的价格会自动恢复到均衡价格。

当一种商品市场价格高于均衡价格时,一方面,会使需求者减少对它的购买量,另一方面,会使生产者加大供给量,从而产生供给量大于需求量的产品过剩的市场状况,产品过剩使卖家之间相互竞争,争相出售自己的产品,迫使价格下降;当市场价格低于均衡价格时,大量的买者会增加该商品的购买,同时,生产者因为卖价低又减少生产,造成产品供不应求,即出现产品短缺的市场状况,产品短缺时,需求者想要买到自己需要的商品,会竞相抬高价格,一直到价格为均衡价格时为止,即当市场价格偏离均衡价格时,"看不见的手"(价格机制)会自动调节,使市场达到供求相等的均衡状态。

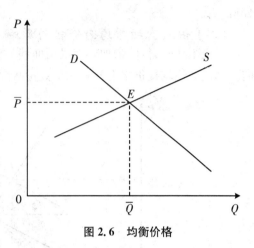

图 2.6 均衡价格

二、均衡价格的变动

由于均衡价格是由供求两种力量共同作用形成的,因此,需求或供给的变动都会使均衡价格发生变动。为使问题简化,我们先假设供给不变,分析需求的变动;然后再假设需求不变,分析供给的变动对均衡价格的影响。

(一) 需求变动对均衡价格的影响

在供给不变时,需求增加会使需求曲线向右移动,从而使均衡价格和均衡交易量都增加;反之,向左移动会使均衡价格和均衡数量都减少,如图 2.7 所示。

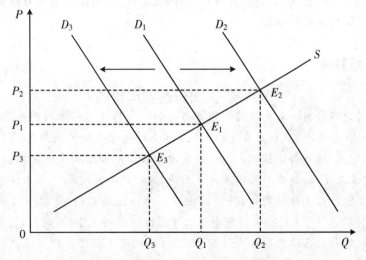

图 2.7 需求的变动对均衡价格的影响

假设 D_1 和 S 相交于 E_1 点,此时均衡价格与需求量分别为 P_1、Q_1,需求增加时,需求曲线右移至 D_2,D_2 与原 S 曲线相交于新的 E_2 点。在新均衡点上,均衡价格上升为 P_2,均衡数

量增加为 Q_2，即需求增加，均衡价格和均衡数量均增加；反之，从 D_1 移动至 D_3，请读者自己分析。

（二）供给变动对均衡价格的影响

需求不变时，供给增加会使供给曲线右移，从而使均衡价格下降，均衡数量增加；反之，向左移动会使均衡价格上升和均衡数量减少，如图 2.8 所示。

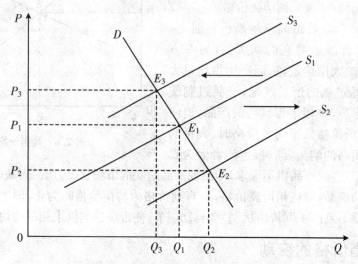

图 2.8　供给的变动对均衡价格的影响

假设 D 和 S_1 相交于 E_1 点，此时，均衡价格和均衡数量分别为 P_1、Q_1，当供给增加时，供给曲线右移至 S_2，S_2 与原 D 曲线相交于新的均衡点 E_2 点。在新均衡点上，均衡价格下降为 P_2，均衡数量增加为 Q_2，即供给增加，均衡价格下降，均衡数量增加。

以上供求两方面对均衡价格和均衡数量的影响，即为供求定理。

供求定理是指需求变动引起均衡价格和均衡数量同方向变化，即需求增加，均衡价格上升，均衡数量增加；供给变动引起均衡价格反方向变动，引起均衡数量同方向变动，即供给增加，均衡价格下降，均衡数量增加。

【案例分析】2-4

"国八条"是如何影响房价的？

近年来，房地产价格一直牵动着中国老百姓的心。为了进一步控制房价的上涨，国务院办公厅于 2011 年 1 月 26 日出台了《国务院办公厅关于进一步做好房地产市场调控工作有关问题的通知》的八条政策规定。该规定要求各地继续增加土地有效供应，进一步加大普通住房建设力度，特别是对已供房地产用地，超过两年没有取得施工许可证进行开工建设的，要求及时收回土地使用权，并处以闲置一年以上罚款；对贷款购买第二套住房的家庭，要求首付款不低于 60%，贷款利率不低于基准利率的 1.1 倍；同时，为进一步遏制投机性购房，该规定要求各地采取住房限购措施，对已拥有 1 套住房的当地户籍居民家庭限购一套住房。继续做好住房保障工作，全面落实好当年内开工建设保障性住房和棚户区改造住房的目标任务等八条规定。该八条政策规定出台后，在一定程度上遏制了房价的快速增长，提高了民众对住房价格稳定的信心。

【课堂讨论】 请你谈谈该八条规定主要是从哪些方面来影响房价的？你认为这些措施能够控制住不断上涨的房价吗？

三、干预价格

均衡价格是由供求双方在市场机制自发调节下形成的，通常这种价格是配置资源的基础，因此，市场经济是以价格机制配置资源为主的经济，但单纯依靠市场价格（供求关系）自发调节，结果具有不完善性，由供求关系所决定的价格在短期可能是合适的，在长期可能会对生产产生不利影响，由供求所决定的价格有时会产生负面影响。因此，政府有时会对市场价格进行干预，需要实施某些价格政策进行调整纠正。

（一）最低限价

最低限价是指政府为了支持某些行业发展而制定的该行业的最低价格，又叫支持价格。通常最低限价高于均衡价格。如图 2.9 所示，P_1 为最低限价，P_0 为市场均衡价格。

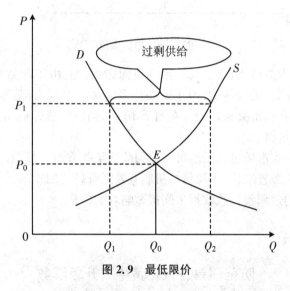

图 2.9　最低限价

那么实行最低限价会出现哪些问题呢？由于最低限价高于市场均衡价格，因此，在最低限价的价格下，市场需求量减少为 Q_1，市场供给量增加为 Q_2，市场上出现供大于求的状况，即产品过剩。因此在实行最低限价的同时，必须有效解决过剩问题，否则，在市场自发调节下，价格又会回到均衡价格，最低限价就无法实行。解决最低限价下的过剩问题的途径有：首先考虑增加需求，使供求平衡，一是将过剩产品全部由政府按最低限价购进，但这会增加财政负担；二是对按最低限价购买过剩产品的企业给予补贴（补贴额为最低限价与均衡价的差额），这同样也会增加政府的财政负担；三是通过本国产品出口解决国内过剩问题。其次，从供给层面减少供给使供求平衡。

（二）最高限价

最高限价是指政府为了抑制某些产品和服务的价格而规定该产品和服务的最高价格，又称限制价格，通常这一最高价格低于市场均衡价格。如图 2.10 所示，P_1 为最高限价，P_0 为市场均衡价格。

那么，实行最高限价会出现哪些问题呢？由于最高限价低于市场均衡价格，因此，在最高限价下市场需求量为 Q_2，市场供给量为 Q_1，出现了供小于求的产品短缺现象。因此要实行最高限价必须有效解决短缺问题,否则,在市场自发调节下,价格又会回到均衡价格状态,要解决短缺问题,可以从两个层面考虑:一是从需求层面减少需求,二是从供给层面扩大供给。

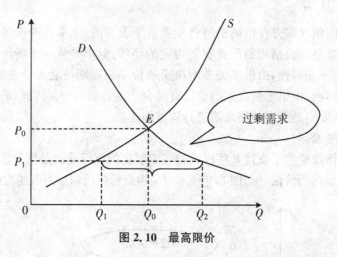

图 2.10 最高限价

若短缺问题无法有效解决,会出现一系列负面影响,如:由于产品短缺会造成产品和服务的质量低下,以次充好,假冒伪劣;由于短缺会造成排队或抢购,票证供应等行为;由于短缺还会产生权钱交易和黑市交易行为。在图 2.10 中,当供给量为 Q_1 时,黑市价格将会远远高于最高限价和均衡价格。

因此,政府直接干预市场价格虽然可以达到政府某些方面的目标,但会引起这样或那样的问题,对于资源最优配置来说,市场价格机制有着无可替代的作用。

此外,政府还可通过调整税收政策来间接影响均衡价格。

【资料链接】2-3

防范假票、打击"黄牛"、升级票务

春运在即,铁路"抢票大战"再次打响。制贩假票再次抬头,倒票的"黄牛党"难以禁绝,同时"铁老大"的售票服务仍然频遭吐槽。上海铁路警方日前在浙江嘉兴桐乡查获 3 名倒票嫌疑人,缴获准备用于高价倒卖的火车票 118 张,折款约 2.27 万元,身份证、户口本等证件 243 张;3 人使用亲友身份证件,在桐乡通过互联网大量套购囤积春节后云贵川方向至浙江的返程票,准备返回户籍地后在当地高价倒卖牟利。

2010 年,火车票实名制开始实行,这对"黄牛党"倒票几乎是釜底抽薪。2011 年,铁路部门开通网络购票渠道,各种刷票"神器"涌现,"黄牛党"也开始利用抢票软件,通过互联网囤票、倒票。随后,12306 网站通过验证码、图片识别等进行拦截。2014 年开始,铁路部门对每个账户名下的常用联系人进行了多次限制。此年春运前,铁路部门再次出台新措施,对注册用户进行手机双向验证。

铁路警方提醒,购买火车票一定要通过正规渠道购买,购买火车票之后要注意鉴别:一是通过手机二维码扫描后,看看显示的火车票号以及开车时间等相关购票信息是否与票面信息相符;二是注意查看票面信息,其中新版火车票在始发站和到达站的站名后均标注上了"站"字,乘车人身份证号和姓名并排标注;三是摸票面材质。真票手感平顺光滑,

假票手感粗糙有凸出感。

（资料来源：吴涛.春运铁路购票那些事：防范假票、打击"黄牛"、升级票务［EB/OL］.［2016-1-18］.http://news.xinhuanet.com/legal/2016-01/18/c_1117813669.htm.）

第四节 弹 性 理 论

通过前面的学习,我们已经知道价格、收入、相关商品价格等是影响需求数量的因素,同样,价格、成本等是影响供给数量的因素,但并没有分析这些影响因素对于需求量或供给量变动的影响程度,例如：当消费者收入增加10%时,商品的需求量会变动多少？当商品的价格下降10%时,这种商品的供给量和需求量分别会变动多少？对于这些问题的分析,需引入弹性理论。

一、弹性及弹性系数

弹性的概念来自于物理学,弹性指物体受到外力挤压发生形变的敏感程度,受到相同外力的挤压发生形变大的物体弹性大,发生形变小的物体弹性小。在经济学中引入弹性是用来描述某种商品的需求量（销售量）或供给量随其价格（还有相关产品的价格、国民收入、未来价格预期等）变化而变化的敏感程度。比如说,彩电和大米这两种商品价格都降价1%,彩电的需求量增加了2%,大米需求量增加了0.5%,这说明彩电的需求量随价格变化敏感,即弹性大,而大米不敏感,即弹性小。

用弹性系数来表达弹性的大小。只要两个经济变量之间存在函数关系,就可以用弹性系数来表示因变量对自变量变化的反应敏感程度。具体地说,它是这样一个数字：当一个经济变量 X 发生1%的变动时,由它引起的另一个经济变量 Y 变动的百分比。数学公式是

$$e = \frac{\frac{\Delta Y}{Y}}{\frac{\Delta X}{X}} = \frac{\Delta Y}{\Delta X} \cdot \frac{X}{Y} \quad （弧弹性）$$

或者当 $\Delta X \to 0$ 时

$$e = \lim_{\Delta X \to 0} \frac{\frac{\Delta Y}{Y}}{\frac{\Delta X}{X}} = \frac{\frac{dY}{Y}}{\frac{dX}{X}} = \frac{dY}{dX} \cdot \frac{X}{Y} \quad （点弹性）$$

式中,e 为弹性系数；Y 是 X 的函数；X 是自变量,Y 是因变量；ΔX 是 X 的改变量（增量）,ΔY 是 Y 的改变量（增量）。

二、需求价格弹性

需求方面的弹性主要包括需求的价格弹性、需求的交叉价格弹性和需求的收入弹性。其中,需求的价格弹性简称为需求弹性（或价格弹性）。

需求的价格弹性表示在一定时期内某一种商品的需求量变动对于该商品的价格变动的

反应程度,或者说,表示在一定时期内当一种商品的价格变化1%时所引起的该商品的需求量变化的百分比。其公式为

$$E_p = -\frac{\frac{\Delta Q}{Q}}{\frac{\Delta P}{P}} = -\frac{\Delta Q}{\Delta P} \cdot \frac{P}{Q}$$

式中,E_p 代表某商品的价格弹性系数;Q 代表某商品的需求量;P 代表某商品的价格;ΔQ 代表某商品需求变化量(需求增量);ΔP 代表某商品价格变化量(价格增量)。公式中的负号则是一个习惯性的约定,因为通常需求满足需求规律,需求量与价格之间呈反方向变动,故公式前面加一负号以保证系数值非负。

(一) 需求弹性系数的计算

与需求的价格弹性有关的另一个问题是弧弹性和点弹性问题。

1. 需求价格弧弹性

弧弹性表示的是价格在两点之间变动时,需求量对这一变动的反应程度。其计算公式为

$$E_p = -\frac{\frac{\Delta Q}{Q}}{\frac{\Delta P}{P}} = -\frac{\Delta Q}{\Delta P} \cdot \frac{P}{Q} \quad (弧弹性)$$

由于起点选择不同,计算出的弧弹性系数是不同的,为避免这一问题,经济学上一般用中点公式来计算弧弹性。弧弹性反映了需求曲线上两点之间那一段弧的弹性。假设价格由 P_1 变动到 P_2,相应的需求量由 Q_1 变动到 Q_2,弹性系数表示为

$$E_p = -\frac{\frac{\Delta Q}{\frac{Q_1+Q_2}{2}}}{\frac{\Delta P}{\frac{P_1+P_2}{2}}} = -\frac{\Delta Q}{\Delta P} \cdot \frac{P_1+P_2}{Q_1+Q_2}$$

2. 需求价格点弹性

点弹性表示的是价格在需求曲线上某一点附近无穷小的变动时,需求量对这一变动的反应程度。假设现有价格 P 的微小改变量 ΔP,导致需求量 Q 改变 ΔQ,计算公式为

$$E_p = -\frac{\frac{dQ}{Q}}{\frac{dP}{P}} = -\frac{dQ}{dP} \cdot \frac{P}{Q} \quad (点弹性)$$

式中,P 和 Q 一起对应着需求曲线上的既定点,而 $\frac{dQ}{dP}$ 是这个点上需求量关于价格的导数,即线性需求曲线的斜率,或非线性需求曲线上该点切线的斜率,所以上述弹性系数只与需求曲线上该点处的性质有关,故被称为需求价格点弹性。

点弹性的计算公式,有助于理解需求的价格弹性与需求曲线的倾斜程度之间的联系与区别。在同一条需求曲线上,弹性系数不仅取决于需求曲线的斜率,而且与需求曲线的特定点有关系。在 P 和 Q 给定的条件下,需求曲线的斜率的绝对值越大,即需求曲线越平坦,价格弹性系数就越大;反之需求曲线越陡峭,需求的价格弹性系数就越小。这适用于对过同一点的两条需求曲线的弹性进行比较。

需求价格弹性系数的大小还与价格高低有直接的关系,以线性需求函数为例,该需求在每一价格上都有相同的倾斜程度,即其斜率相同,但根据点弹性系数的计算公式,价格越高,弹性值越大;价格越低,弹性值越小。这说明,即使在倾斜程度都相同的线性需求曲线上,不同点的价格弹性系数也不相同。需求曲线是一条直线,随价格由低到高,需求的价格弹性系数将逐渐变大。

例如:假设某商品的价格由 5 元变化为 4 元,相应的需求量由 4 个单位变化为 8 个单位,价格在 4~5 元之间的弧弹性为

$$E_p = -\frac{\frac{\Delta Q}{\frac{Q_1+Q_2}{2}}}{\frac{\Delta P}{\frac{P_1+P_2}{2}}} = -\frac{8-4}{4-5} \times \frac{5+4}{8+4} = 3$$

又如某商品的需求函数为 $Q=20-2P$,在 $P=5$ 这点上点弹性为

$$E_p = -\frac{\frac{dQ}{Q}}{\frac{dP}{P}} = -\frac{dQ}{dP} \cdot \frac{P}{Q} = 2 \times \frac{5}{10} = 1$$

(二) 需求价格弹性的类型

根据需求弹性公式计算出的弹性系数的大小,可以将商品的弹性划分为五种类型:

1. 当 $E_p>1$ 时,富有弹性

富有弹性表示需求量的变化率大于价格的变化率,说明价格稍有变动就会引起需求量的较大变动。这种商品表现出的需求曲线比较平坦,如图 2.11(a)所示。如奢侈品、汽车、珠宝、国外旅游等,这些商品都富有弹性,它们的需求量对于价格变动的反应比较敏感。

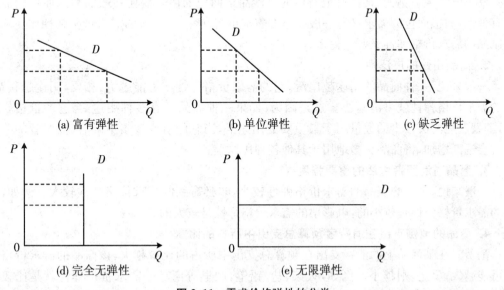

图 2.11 需求价格弹性的分类

2. 当 $E_p=1$ 时,单位弹性

单位弹性表示需求量的变化率等于价格的变化率,说明价格有多大的变动就会引起需

求量多大变动,如图 2.11(b)所示。

3. 当 $0<E_p<1$ 时,缺乏弹性

缺乏弹性表示需求量的变化率小于价格的变化率,说明价格的变动只会引起需求量的较小变动,这种商品表现出的需求曲线比较陡峭,如图 2.11(c)所示,如生活必需品、粮食、蔬菜等,这些商品都缺乏弹性,它们的需求量对于价格变动的反应不敏感。

4. 当 $E_p=0$ 时,为完全无弹性

完全无弹性表示无论价格如何变动,都不会引起需求量的变动,需求曲线为一条垂直线,如图 2.11(d)所示,如在胰岛素对糖尿病人来说是唯一治疗药品时,糖尿病人对胰岛素的需求则是无弹性的。

5. 当 $E_p=\infty$ 时,为无限弹性

无限弹性表示价格极小的变动也会导致需求量无限的变动,需求曲线为一条水平线,如图 2.11(e)所示。如政府规定银行必须以某个固定价格收购黄金时,黄金的需求价格弹性就是无限弹性,当黄金价格高于这个价格时,银行不会以此价格收购黄金,即对黄金的需求量迅速降为 0;也就是说,相对于无穷小的价格变化率,需求量的变化率是无穷大的。

(三) 影响需求价格弹性大小的因素

1. 商品的可替代性

一般来说,一种商品的可替代品越多,可代替品与其相近程度越高,则该商品的需求价格弹性往往就越大;相反,该商品的需求价格弹性往往就越小。例如,在苹果市场,当红富士苹果的价格上升时,消费者就会减少对红富士苹果的需求量,增加对相近的替代品如香蕉的购买,这样红富士苹果的需求价格弹性就比较大。又如,对于食盐来说,没有很好的可替代品,所以,食盐价格的变化所引起的需求量变化几乎等于零,它的需求价格弹性是极小的。

对一种商品所下的定义越明确越狭窄,与这种商品相近的替代品往往就越多,需求的价格弹性也就越大。例如,某种特定商标的豆沙甜馅面包的需求要比一般的甜馅面包的需求更有弹性,甜馅面包的需求又比一般面包的需求更有弹性,而面包的需求价格弹性比一般面粉制品的需求价格弹性又要大得多。

2. 商品用途的广泛性

一般来说,一种商品的用途越广泛,它的需求价格弹性就可能越大;相反,用途越狭窄,它的需求价格弹性就可能越小。这是因为,如果一种商品具有多种用途,当它的价格较高时,消费者只购买较少的数量用于最重要的用途上,当它的价格逐步下降时,消费者的购买量就会逐渐增加,将商品更多地用于其他各种用途上。

3. 商品对消费者生活的重要程度

一般来说,生活必需品的需求价格弹性较小,非必需品的需求价格弹性较大。例如,馒头的需求价格弹性是较小的,电影票的需求价格弹性是较大的。

4. 商品的消费支出在消费者预算总支出中所占的比重

消费者在某商品上的消费支出在预算总支出中所占的比重越大,该商品的需求价格弹性可能越大;反之,则越小。例如,火柴、盐、铅笔、肥皂等商品的需求价格弹性就是比较小的。因为,消费者每月在这些商品上的支出是很小的,消费者往往不太重视这类商品的价格变化。

5. 所考察的消费者调节需求量的时间

一般来说,消费者所考察的调节时间越长,则需求的价格弹性就可能越大。因为当消费者决定减少或停止对价格上升的某种商品的购买之前,一般需要花费时间去寻找和了解该商品的可替代品。例如,当石油价格上升时,消费者在短期内不会较大幅度地减少需求量;但在长期内,消费者可能找到替代品,于是,石油价格长期上升会导致石油的需求量较大幅度的下降。

需要指出的是,一种商品的需求价格弹性的大小是各种影响因素综合作用的结果。所以,在分析一种商品的需求价格弹性的大小时,要根据具体情况进行全面的综合分析。

三、弹性概念的拓展

根据弹性的一般定义,结合影响需求数量的因素和影响供给数量的因素,弹性可以分为两大类:需求弹性和供给弹性。需求弹性反映的是需求量(因变量)对各影响因素(自变量)变动的敏感程度。根据影响因素不同,需求弹性主要有:需求价格弹性、需求收入弹性、需求交叉弹性等;供给弹性主要有供给价格弹性、供给成本弹性、供给税收弹性等。在经济研究中读者可以根据自己研究的需要编制各类弹性,以反映两个相关联的经济变量之间的数量关系。需要注意的是两个没有关联的经济变量也可以计算出弹性系数,但并不能通过弹性系数的大小直接确定两个变量之间的关系。

(一) 需求收入弹性

需求收入弹性是建立在消费者的收入量和商品的需求量之间关系上的一个弹性概念,指商品的需求量的变化对于消费者收入变动的反应敏感程度。假定商品需求量 Q 是消费者收入 M 的函数,即 $Q=f(M)$,则该商品的需求收入弹性公式为

$$E_M = \frac{\frac{\Delta Q}{Q}}{\frac{\Delta M}{M}} = \frac{\Delta Q}{\Delta M} \times \frac{M}{Q}$$

根据需求收入弹性系数的大小可将商品分为两类,即正常品和劣等品,其中正常品是指需求量与收入呈同方向变化的商品,劣等品是指需求量与收入呈反方向变化的商品。然后将正常品再进一步区分为必需品和奢侈品两类,以上商品分类方法可以用需求收入弹性来表示。具体来说,$E_M>0$ 的商品为正常品,因为 $E_M>0$ 意味着该商品的需求量与收入水平呈同方向变化;$E_M<0$ 的商品为劣等品,因为 $E_M<0$ 意味着该商品的需求量与收入水平呈反方向变化。在正常品中 $E_M<1$ 的商品为必需品,$E_M>1$ 的商品为奢侈品。当消费者收入水平上升时,尽管消费者对必需品和奢侈品的需求量都会有所增加,但对必需品的需求量的增加是有限的,或者说是缺乏弹性的;而对奢侈品的需求量的增加是较多的,或者说是富有弹性的。

在需求收入弹性的基础上,如果具体地研究消费者用于购买食物的支出量对于消费者收入量变动的反应程度,就可以得到食物支出的收入弹性。西方经济学中的恩格尔定律指出:在一个家庭或在一个国家中,食物支出在收入中所占的比例随着收入的增加而减少。用弹性的概念表述就是:对于一个家庭或一个国家来说,富裕程度越高,则食物支出的收入弹性就越小,反之,则越大。

(二) 需求的交叉弹性

如前所述,一种商品的需求量受很多因素的影响,相关商品的价格就是其中一个因素。需求交叉弹性是指一种商品的需求量的变动对于它的相关商品的价格变动的反应程度;或者说,一种商品的价格变动 1% 所引起的另一种商品需求量变动的百分比。交叉弹

性系数是该商品的需求量变动率与它的相关商品的价格的变动率的比值。假定商品 A 的需求量 Q_A 是它的相关商品 B 的价格 P_B 的函数，即 $Q_A = f(P_B)$，则商品 A 的需求交叉弹性公式为

$$E_C = \frac{\frac{\Delta Q_A}{Q_A}}{\frac{\Delta P_B}{P_B}} = \frac{\Delta Q_A}{\Delta P_B} \cdot \frac{P_B}{Q_A}$$

交叉弹性系数的正负号取决于所考察的两种商品之间的相关关系。商品的相关关系有两种，一种是替代关系，另一种是互补关系。若 A、B 互为替代品，则交叉弹性系数为正值，如苹果和梨、海尔牌洗衣机和小天鹅牌洗衣机、康佳牌彩电和海信牌彩电，前者涨价（后者价格不变）后者销售量增加，反之亦然。若 A、B 为互补品，交叉弹性系数为负值，如录音机和磁带、VCD 和光盘、汽车和汽油，前者涨价（后者价格不变）后者需求量减少，反之亦然。交叉弹性为 0 时则表明 A、B 为不相关商品，即一种商品的需求量不会对另一种商品的价格变动做出反应，如茶叶与食盐。

商品的交叉弹性绝对值越大，说明该商品的市场竞争越激烈，产品的市场地位越脆弱。从微观来说，可以提示企业要尽量降低自己产品的交叉弹性，有能力的企业能把交叉弹性大的商品独自经营，从而可以抵御市场的激烈竞争。从宏观的角度，还可以为宏观管理部门提供参考，凡是交叉弹性大的产品之间关联程度也大，说明在经济上它们属于同一行业；交叉弹性小的产品之间关联度也低，属于不同行业，这样就便于管理。

（三）供给弹性及其他弹性

与研究需求的各种弹性相类似，供给的价格弹性表示在一定时期内一种商品的供给量的变动对于该商品的价格的变动的反应程度；或者说，在一定时期内一种商品的价格变化 1% 所引起的该商品的供给量变化的百分比。它是商品的供给量变动率与价格变动率的比值。与需求的价格弹性一样，供给的价格弹性也分为弧弹性和点弹性。供给的价格弧弹性表示某商品供给曲线上两点之间的弹性，供给的价格点弹性表示某商品供给曲线上某一点的弹性。通常情况下，供给弹性系数为正值。根据供给弹性系数的大小，将商品划分为五种类型，即供给完全无弹性、供给缺乏弹性、供给单位弹性、供给富有弹性和供给无限弹性。

弹性系数的大小主要受生产者调整供给的时间、所使用的技术类型、现有生产能力的利用程度等因素的影响。一般来说，能够进行供给调整的时间越长、生产技术越简单、拥有的生产能力越过剩等会使供给弹性越大。

前面讲过影响供给的因素很多，如产品成本、价格、相关产品的价格、未来价格的预期等，因此就有相应的供给的价格弹性、供给的成本弹性、供给的交叉弹性和供给的未来价格预期弹性等，其道理和需求弹性是一样的，这里不再赘述。

按照同样的思路还有供给的税收弹性、供给的要素价格弹性和供给的生产力弹性等。供给的税收弹性是当政府对厂商的税收变化 1% 时引起的厂商对产品的供给量变动的百分比；供给的要素价格弹性是要素价格变动 1% 时引起的供给量变动的百分比；供给的生产力弹性是当要素投入量变动 1% 时引起供给量变动的百分比。读者可以照着这个思路找出很多种弹性来。

【案例分析】2-5

金融危机中的不同命运

通用汽车公司(GM)成立于1908年9月16日,自从威廉·杜兰特创建了美国通用汽车公司以来,先后联合兼并了别克、凯迪拉克、雪佛兰、奥兹莫比尔、庞帝亚克、克尔维特等公司,拥有铃木(Suzuki)、五十铃(Isuzu)和斯巴鲁(Subaru)的股份。从1927年以来通用一直是全世界最大的汽车公司,公司下属的分部达20多个,拥有员工266000名。通用在全球35个国家和地区建立了汽车制造业务。2007年,通用汽车在全球售出近937万辆轿车和卡车。截至2007年,在财富全球500强公司营业额排名中,通用汽车排第五,第一名是沃尔玛(Wal-Mart)。沃尔玛公司由美国零售业的传奇人物山姆·沃尔顿先生于1962年在阿肯色州成立。经过40多年的发展,沃尔玛公司已经成为美国最大的私人雇主和世界上最大的连锁零售企业。截至2008年3月,沃尔玛在全球14个国家开设了7266家商场,员工总数达190多万人,每周光临沃尔玛的顾客有1.75亿人次。沃尔玛是全球500强榜首企业。

在2008年这场百年不遇的金融海啸中这两个财富巨人却遭遇了不同的命运,发生了戏剧性的变化。通用汽车的审计师2009年2月份公布该公司2008年亏损309亿美元,资金链断裂,公司无法运营,已经把破产纳入日程。与此同时,沃尔玛2009年2月份公布同店销售额较分析师预期值的两倍还高,虽然遇到金融危机,社会消费支出持续下滑,但是沃尔玛的销售业绩超过了市场预期。

分析:两个财富巨人戏剧性的表现,虽有其规模经济的问题,但更主要的是他们经营的产品的价格弹性、收入弹性以及交叉弹性的不同。汽车基本属于高档耐用品,无论是价格弹性和收入弹性的绝对值都大于1,尤其是在金融危机时期资金紧张,人们的收入减少,对汽车的需求大幅度的降低,这样使得生产的投入无法收回,更无法还贷,金融危机期间到银行贷款也无可能,从而导致这个巨人濒临倒下。沃尔玛就不同了,它是世界最大的零售商,拥有全球快捷的、成本最低的物流系统,经营着具有各种需求弹性的产品,那些收入弹性小的生活日用品,销售极好,正是这些产品的销售使其收入、利润两旺。这两个巨无霸在金融危机中的两种命运更加提醒厂商,应该经营收入弹性大和小的两类物品。收入弹性大的商品在经济繁荣时利于自己发展,收入弹性小的商品在经济危机时利于自己安全度过且能获利。

(资料来源:根据网络相关信息整理.)

四、弹性的应用

(一) 需求与收益

在经济生活中经常会遇到这样的现象,厂商为了增加其销售收入,有时采取降价策略,但有时又采取提价策略,何时采取降价策略、何时采取提价策略主要依赖于该商品的需求价格弹性。

厂商的销售收入等于商品的价格与商品销售量的乘积。假定商品销售量等于商品需求量,则 $TR = P \cdot Q$(TR表示销售收入,P表示商品的价格,Q表示商品需求量)。分析价格变化对销售收入的影响,则有

$$\frac{dTR}{dP} = \frac{d(P \cdot Q)}{dP} = Q + P \cdot \frac{dQ}{dP} = Q(1 - E_d)$$

由此可得出以下结论：

$E_d > 1$，价格与销售收入呈反向变动，即降价会增加销售收入，涨价会减少销售收入；

$E_d < 1$，价格与销售收入呈同向变动，即降价会减少销售收入，涨价会增加销售收入；

$E_d = 1$，价格变动对销售收入没有影响。

两种特殊情况：

$E_d = \infty$，由于在既定价格下收益可以无限增加，厂商因而不会降价，涨价会使销售收入减少为零；

$E_d = 0$，价格变动会使销售收入同比例同向变动。

当商品的价格弹性的绝对值 $E_d > 1$ 时，降价对厂商有益，可以大大提高收益；当商品的价格弹性的绝对值 $E_d < 1$ 时，涨价对厂商有益，可以大大提高收益。这就提示厂商，当经营的商品属于生活日用品，其价格弹性的绝对值是小于1的，对于这样的商品进行降价竞争是没有出路的。只有开发新产品，提高产品的品质，提高科技含量，才能使自己的产品涨价，从而获得高收益；否则，对产品盲目涨价会没有人买账。当 $E_d = 1$ 时，无论是涨价还是降价，收入为不变。

（二）弹性与税收负担

政府税收可分为两类：一类是直接税，税收完全由纳税人承担，无法转嫁出去，例如个人所得税、财产税；另一类是间接税，税收尽管由纳税人缴，但税收负担可以全部或部分转嫁出去，例如销售税由生产者或经营者缴纳，但可以全部或部分地转嫁给消费者。

当政府决定对一种商品征税时，谁是该项税收的实际负担者？是消费者还是生产者，抑或是出售者？如果由生产者和消费者共同分担税收负担，那么，他们之间是如何确定分摊比例的？税收在经营者和消费者之间的分割称为税收负担，税收负担最终由谁承担称为税收归宿，即税收归宿研究的是谁来实际承担税收负担的问题。税收归宿并不取决于向谁征税，而是取决于需求弹性和供给弹性，即税收负担将更多落在缺乏价格弹性的市场交易者一方。

现在分析对香烟的销售征税，地方政府通过法律要求香烟卖者每卖一包香烟必须向政府交纳1元的税，这1元税是由销售者全部承担吗？

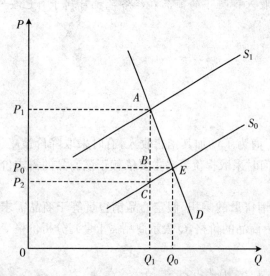

图 2.12　需求弹性、供给弹性和税收负担

由于香烟对吸烟者来说是缺乏弹性的，但生产者可以调整产量，即供给是富有弹性的。如图 2.12 所示，需求曲线 D 比较陡峭，表示需求缺乏弹性，供给曲线比较平坦，表示供给富有弹性，当没有征税时，香烟价格为 P_0，均衡数量为 Q_0。在政府征税之后，由于并不向买者征税，所以需求曲线不变，对卖者征税使销售香烟的厂家在每一价格水平下的获利减少了，因此供给曲线向左移动。由于厂商必须向政府交纳1元的税收，为了诱使卖者供给任何既定的数量，现在香烟的市场价格必须提高1元，以弥补税收的损失，即供给曲线必须向上移动1元的垂直距离。此时，消费者支付的价格为 P_1，生产者

得到的价格为 P_2,P_1 和 P_2 的价格差为 1 元,即图中的 AC 的距离作为税收被政府收取。无税收时,均衡数量为 Q_0,在征税后均衡数量为 Q_1,政府得到的税收总量为消费者支付价格与生产者支付价格之差乘以交易量(均衡数量),在图上表现为矩形 P_2CAP_1 的面积。其中,消费者和生产者各承担多少?由于消费者购买价格由 P_0 增加到 P_1,所以消费者承担的税收为矩形 P_0BAP_1 的面积,而生产者销售价格由 P_0 减少到 P_2,所以生产者承担的税收为矩形 P_2CBP_0。显然税收主要由消费者承担,且需求曲线越陡峭,供给曲线越平坦,消费者承担得越多,生产者承担得越少。

【案例分析】2-6

美国的奢侈品税为何很快就取消了?

1990 年美国政府开始对私人游艇、私人飞机、皮衣、珠宝和豪华轿车征收奢侈品税,由于这些商品的消费者几乎都是富人,所以这类税收的目的就是向富人征税来帮助穷人。但运用经济学知识对这项税收的真实归宿进行分析就会发现,富人们对奢侈品的需求相对于生产企业对奢侈品的供给来说更富有弹性,当游艇大幅度涨价时,富人们可以选择其他消费活动,如购买海滨别墅、饲养名贵马匹、探险等,但制造私人游艇的工厂却无法轻易转产,建造私人游艇的工人也无法像改变消费决策那样轻易地转到其他企业工作。结果是税收负担主要由供给者即建造私人游艇的企业和工人承担了。因此,在征收奢侈品税以后,游艇的市场价格虽然上升了,但上升幅度较税收规模小,生产者的实际价格还下降了,税收在卖者得到的价格和买者支付的价格之间打入了一个"楔子"。由于市场价格的变化,游艇的产量下降了,工人的工资率也下降了。我们知道,生产奢侈品的工人是穷人而不是富人,所以针对富人的板子最后落在穷人身上的要多于落在富人身上的。美国政府最终认识到了这个问题,于 1993 年取消了大部分的奢侈品税。

第五节 蛛 网 模 型☆

本章第三节已经说明,供求的变动可以使价格偏离原有的均衡点,并且在一定条件下,供求水平的变动所引起的均衡点的变动呈现一定的规律性。本节的蛛网模型通过引入时间变化的因素,连续考察属于不同时期的需求量、供给量和价格之间的相互作用,用动态分析的方法论述诸如农产品、畜牧产品这类生产周期较长的商品的产量和价格在偏离均衡状态以后的实际波动过程及其结果。

一、蛛网模型的基本假设

蛛网理论(cobweb theorem)是 20 世纪 30 年代年由美国的舒尔茨、荷兰的 J·丁伯根和意大利的里奇各自独立提出的,1934 年由英国的卡尔多引进英语国家并定名为蛛网理论,目的是解释生猪之类的农产品的价格波动。由于在该模型中,产量和价格的变化路径形成了一个蜘蛛网似的图形,所以称之为蛛网模型(cobweb model)。

蛛网模型考察的是价格波动对下一期产量的影响,以及由此产生的均衡变动,它通常用来分析市场经济中某些产品价格与产量之间的关系。蛛网模型是一种动态均衡分析。古典经济学理论认为,如果供给量和价格的均衡被打破,经过竞争,均衡状态会自动恢复。蛛网理论却证明,按照古典经济学静态下完全竞争的假设,均衡一旦被打破,经济系统并不一定自动恢复均衡。这种根据的假设前提是:从开始生产到生产出产品需要一定时间,生产规模在此期间内无法改变,并且本期产量决定本期价格,本期价格决定下期产量。根据反映在模型上的需求曲线和供给曲线的陡峭程度不同,均衡价格和数量的变化呈现出一定规律,形成收敛型、发散型和封闭型三种形式的蛛网。

二、三种类型的蛛网模型

(一) 收敛型蛛网

收敛型蛛网模型中,需求曲线比供给曲线平缓。当供给变动对价格变动的反应程度小于需求变动对价格变动的反应程度时,即价格变动对供给的影响小于需求时,价格波动对产量的影响越来越小,价格波动与产量的波动越来越弱,最后自发地恢复到原来的均衡点。

如图 2.13 所示,假设 Q_1 为第一期的产量,根据需求曲线,消费者愿意支付 P_1 的价格购买全部的产量 Q_1,于是第一期的产量决定了第一期的价格为 P_1。而第一期的价格又决定了第二期的产量,根据第一期较高的价格水平 P_1,按照供给曲线,生产者将第二期的产量增加至 Q_2,这又决定了第二期的价格 P_2,第二期的价格 P_2 决定了第三期的产量 Q_3,如此循环,可以看出,其变化的路径形成了一个逐渐收敛的蛛网,即所谓的收敛型蛛网模型。

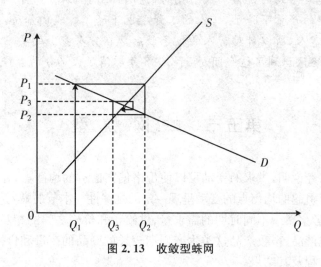

图 2.13　收敛型蛛网

(二) 发散型蛛网

发散型蛛网模型中,需求曲线比供给曲线陡峭。当供给变动对价格变动的反应程度大于需求变动对价格变动的反应程度时,即价格变动对供给的影响大于需求时,价格变动对产量的影响越来越大,价格与产量的波动越来越强,最后远离均衡点。农产品期货市场就是为了避免农产品产量和价格的发散型蛛网。

如图 2.14 所示,假设 Q_1 为第一期的产量,根据需求曲线,消费者愿意支付 P_1 的价格购买全部的产量 Q_1,第一期的价格水平 P_1 会决定第二期的产量 Q_2,而其又决定了第二期的价格 P_2,第二期的价格 P_2 决定了第三期的产量 Q_3,如此循环,可以看出,其变化的路径形成了一个逐渐发散的蛛网,并且其变化路径逐渐远离均衡点。

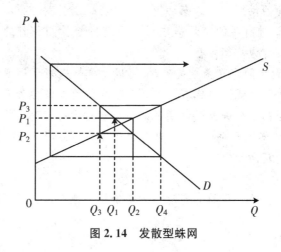

图 2.14 发散型蛛网

(三) 封闭型蛛网

封闭型蛛网模型中,需求曲线和供给曲线一样陡峭。当供给变动对价格变动的反应程度等于需求变动对价格的反应程度时,即价格变动对供给和需求的影响相同时,价格和产量偏离原有的均衡状态后,其波动将按照同一幅度进行下去,既不远离均衡点,也不趋向均衡点。如图 2.15 所示,其过程和前面相同,这里不再赘述。

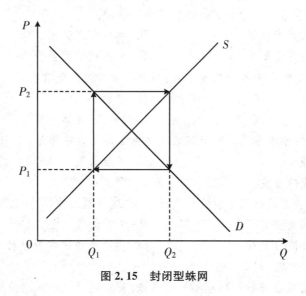

图 2.15 封闭型蛛网

◆内容摘要

1. 需求指消费者在一定时期内在各种可能的价格水平上愿意而且能够购买的某商品的数量。商品的需求由许多因素共同决定。需求变动是指在某商品价格不变的条件下,由于其他因素变动所引起的该商品需求量的变动。需求量变动是指在其他条件不变时,由某种商品的价格变动所引起的该商品需求数量的变动。

2. 供给指生产者在一定时期内在各种可能的价格水平上愿意而且能够提供的某种商品的数量。商品供给由许多因素共同决定。供给变动是在某商品价格不变的条件下,由其他因素变动所引起的该商品供给量的变动。供给量变动指在其他条件不变时,由某商品的价格变动所引起的该商品供给数量的变动。

3. 均衡价格是指该种商品的市场需求量和市场供给量相等时的价格。在均衡价格水平下相等的供求数量被称为均衡数量。

4. 当两个经济变量之间存在函数关系时,可以用弹性来表示因变量对于自变量变化的反应程度。弹性可以表示为弧弹性或者点弹性。需求的价格弹性表示商品需求量对于价格变动的反应程度。供给的价格弹性表示商品的供给量对于价格变化的反应程度。

5. 商品的需求弹性影响厂商的行为,对富有弹性的商品,厂商通常会采取薄利多销,而对缺乏弹性的商品则会定高价。

◆关键词

需求　需求变动　供给　供给的变动　均衡价格　需求价格弹性　供给价格弹性　低档物品

◆选择题

1. 下列(　　)体现了需求规律。
   A. 药品的价格上涨,使药品质量得到了提高
   B. 汽油的价格提高,小汽车的销售量减少
   C. 丝绸的价格提高,游览公园的人数增加
   D. 照相机价格下降,导致销售量增加

2. 所有下列因素除(　　)外都会使需求曲线移动。
   A. 消费者收入变化　　　　　　B. 商品价格变化
   C. 消费者偏好变化　　　　　　D. 其他相关商品价格变化

3. 消费者预期某物品未来价格要上升,则对该物品当前需求会(　　)。
   A. 减少　　　　　　　　　　　B. 增加
   C. 不变　　　　　　　　　　　D. 上述三种都可能

4. 描述在不同价格水平上厂商出售的商品数量的曲线被称为(　　)。
   A. 需求曲线　　　　　　　　　B. 供给曲线
   C. 生产可能性曲线　　　　　　D. 预算约束

5. 假如生产某种物品所需原料价格上升了,则这种商品的(　　)。
   A. 需求曲线向左方移动　　　　B. 供给曲线向左方移动
   C. 需求曲线向右方移动　　　　D. 供给曲线向右方移动

6. 均衡价格是(　　)。
   A. 供给与需求相等时的价格　　B. 需求超过供给时的价格
   C. 支持价格　　　　　　　　　D. 限制价格

7. 均衡价格随着(　　)。
   A. 需求和供给的增加而上升　　B. 需求和供给的减少而上升
   C. 需求的减少和供给的增加而上升　　D. 需求的增加和供给的减少而上升

8. 在下列价格弹性的表述中,正确的是(　　)。
   A. 需求量变动对价格变动的反应程度
   B. 价格变动的绝对值对需求量变动的绝对值的影响
   C. 价格的变动量除以需求的变动量

D. 需求的变动量除以价格的变动量

9. 假定玉米市场的需求是缺乏弹性的,玉米的产量等于销售量且等于需求量,恶劣的气候条件使玉米产量下降20%,在这种情况下,(   )。

A. 玉米生产者的收入减少,因为玉米产量下降20%
B. 玉米生产者的收入增加,因为玉米价格上升低于20%
C. 玉米生产者的收入增加,因为玉米价格上升超过20%
D. 玉米生产者的收入增加,因为玉米价格上升等于20%

10. 如果商品 X 和商品 Y 是替代的,则 X 的价格下降将造成(   )。

A. X 的需求曲线向右移动   B. X 的需求曲线向左移动
C. Y 的需求曲线向右移动   D. Y 的需求曲线向左移动

◆思考题

1. 请你运用供求定理判断以下商品的价格变动方向。
(1) 发生自然灾害对粮食价格有何影响?怎样影响?
(2) 禽流感会使猪肉的价格如何变动?
(3) 成语故事"洛阳纸贵"如何解释?

2. 指出发生下列几种情况时某种蘑菇的需求曲线的移动方向,是左移、右移,还是不变?为什么?
(1) 卫生组织发布一份报告,称这种蘑菇会致癌。
(2) 另一种蘑菇价格上涨了。
(3) 消费者收入增加了。
(4) 培育蘑菇的工人工资增加了。

3. 请简要说明影响需求曲线变动的因素。

4. 如果两种商品的需求交叉弹性系数是负值,它们是什么关系?

5. 俗话说"谷贱伤农",即粮食丰收反而会带来农民收入的下降,请分析其背后的经济学原因,并说明政府在农业领域可以发挥哪些作用。

◆计算题

1. 2012 年 A 制衣公司的衬衫以每件 200 元的价格每月售出 9000 件,2013 年 1 月竞争者 B 公司将其衬衫从每件 220 元降到 180 元,这个月 A 公司只售出了 8000 件衬衫。
(1) 计算 A 公司衬衫的需求交叉弧弹性。
(2) 如果 A 公司衬衫的需求价格弹性为 -2,又设其竞争者衬衫的价格保持在 180 元的水平上,要使得 A 公司衬衫恢复到每月销售 9000 件的水平,价格要降低多少?

2. 某种产品的需求函数为 $Q_d = 40 - 2P$,供给函数为 $Q_s = 15 + 3P$。求:
(1) 市场的均衡价格与均衡交易量各是多少?
(2) 如果最低限价(价格管制)$P = 4$ 元,市场是否保持均衡?如果不是,短缺多少?
(3) 假定这种商品不再流行,$Q_d = 20 - 2P$,此时最低限价是否起作用?
(4) 如果向厂商征收每单位产品 1 元的税,消费者和生产者各自承担多少税收?
(5) 如果向消费者征收每单位产品 1 元的税,消费者和生产者各自承担多少税收?
(6) 如果向生产者每单位产品补贴 1 元,均衡价格和均衡交易量各是多少?

◆案例题

在电动车市场中,各商家之间"挥泪大甩卖""赔本跳楼价"的价格战屡见不鲜;而随着消费者对这种营销策略持有的不信任态度越来越高,商家的营销策略也在不断地变化。特别是随着电动自行车逐渐成为工薪阶层的主要代步工具,商家经常举行"电动车以旧换新"活动。这种活动的意思是,如果你买电动车时将你的旧电动车给商家的话,新电动车的价格往往会比原价格低300~500元不等;如果直接买新电动车,往往只能按照原定价格购买。这一种促销方式,让人觉得好奇,是不是商家加入了什么基金会或者商家和电动车生产商有什么协定,回收旧电动车可以让店家收回一定成本,因此才有这种优惠呢?

你是如何看待这种促销策略的?商家是否是为了收回一些成本,所以采用以旧换新抵扣价格的呢?

第二篇
行为者理论

"经济自由的必不可少的组成部分之一是自由选择如何使用我们的收入：多少用在我们自己身上，花在什么项目上；多少存起来，用什么方式；多少给别人，给谁。"

——米尔顿·弗里德曼

第三章 消费者效用论

通过本章的学习,熟悉基数效用、序数效用、偏好、边际替代率、预算线、消费者剩余等概念;理解边际效用递减规律、边际替代率递减规律;掌握消费者均衡的计算;能够运用消费者行为理论解释消费行为,明确消费者效用最大化的原则,并从对消费者行为的分析中推导出需求曲线;了解正常物品、低档物品和吉芬物品的替代效应和收入效应。

选择的原因

小李、小吴、小丁和小张是多年的同学和邻居,现在他们都已大学毕业了,并都找到了工作,拿到了第一个月的工资。小李把第一个月的工资拿出来请同学们看了一场电影,小吴用第一个月的工资给他的妈妈买了一个名牌的钱包,小丁用第一个月的工资请他心爱的女朋友吃了一顿饭,小张用第一个月的工资到著名的景点旅游了两天。

试想都是第一个月的工资,为什么有不同的消费选择呢？他们的消费选择背后的原因是什么呢？

在第二章中我们只介绍了需求曲线和供给曲线的基本特征,并没有说明形成这些特征的原因是什么。在微观经济学中,需求曲线和供给曲线的形成是分别以对消费者行为和生产者行为的分析为依据的。本章将分析需求曲线背后的消费者行为,并从对消费者行为的分析中推导出需求曲线。

第一节 效   用

一、幸福方程式

人的一生从摇篮到坟墓都要进行消费,消费是人类社会最基本的经济活动之一。消费的目的是什么？通常认为,作为一个理性消费者,消费是为了追求最大的幸福,经济学家保罗·萨缪尔森提出了一个"幸福方程式",即

$$幸福 = \frac{效用}{欲望}$$

在这个方程式中,分母欲望,是指一种缺乏的感觉与求得满足的愿望,是一种心理感受。在第一章中曾说过,人的欲望是无穷无尽的,永远也不会得到满足。如图3.1所示,美国著名的心理学家亚伯拉罕·马斯洛把人的欲望划分为五个层次:第一层次是人的基本生理需要,是指对衣、食、住、行等基本生存条件的需要,这是人类首先要满足的基本欲望;第二层次是安全需要,是指人类对现在与未来生活保障的需要,这种欲望实际上是生理需要的延伸;第三层次是归属和爱的需要(即社会需要),这是一种作为社会人的精神层次的需要,主要指在自己的团体里求得一席之地,建立与家人、朋友之间的友情,这种欲望产生于人的社会性;第四层次是尊重的需要,包括自尊与来自别人的尊重,自尊包括对获得信心、能力、本领、成就、独立和自由等的愿望及来自他人的尊重,包括威望、承认、接受、关心、地位、名誉和赏识,这是人更高层次的社会需要;第五层次是自我实现的需要,这种需要包括对真、善、美的追求,对完善自己的追求,以及实现自己理想与抱负的欲望,这是人类最高层次的欲望。

图 3.1 马斯洛需求层次理论

马斯洛认为,人的需要是按这五个从低到高的层次组织起来的,只有当较低层次的需要得到某种程度的满足时,较高层次的需要才会出现并渴望得到满足。

作为理性的消费者,谁都想追求最大幸福。在决定幸福的方程式中我们可以假定:尽管人的欲望是无限的,但在某一时期在一定的收入约束条件下,欲望又是既定的,这样,幸福就取决于效用了。消费者追求最大幸福就转化为追求商品或劳务的最大效用了。效用理论就是研究在消费者收入既定条件下如何实现效用的最大化,或者说消费者如何把有限的收入分配在各种商品的购买中以获得最大的效用。因其分析的是消费者的行为,所以效用理论也被称为消费者行为理论。

二、效用的概念

效用是消费者从某种物品或劳务的消费中所得到的满足程度。效用这一概念是和人联系在一起的,是人们对商品满足自己欲望的程度或满足能力的主观评价。

在理解效用的概念时,还要注意以下几点:

(一)主观性

效用和欲望一样,是一种心理感受。某种物品效用的大小没有客观标准,完全取决于消费者在消费某种物品时的主观感受。同样的物品对不同的人而言,所带来的效用是不同的。例如,香烟对于吸烟者来说,效用很大;而对不吸烟的人来说,效用可能为零,甚至是负数。另外,效用来源于使用价值,但又不同于使用价值。使用价值是物品本身所具有的属性,由物品本身的物理或化学性质所决定,它是客观存在的,不以人的感受为转移。例如,粉笔的使用价值是能在黑板上写字,这是它的客观属性。无论消费者是否需要在黑板上写字,粉笔的使用价值都是客观存在的。但效用强调的是消费者对某种物品带来满足程度的主观感受。所以,粉笔对需要在黑板上写字的老师来讲是有效用的,但对于不在黑板上写字的人来说基本是没有效用的。也就是说不同的人对效用评价是不同的,效用因人而异。

(二)相对性

对同一个人而言,同一种物品在不同的时间与地点,它的效用可能是不同的。例如,同一件棉衣,在冬天和寒冷地区给人带来的效用很大,但在夏天或热带地区也许只能带来负效用。陆游的诗句"书到用时方恨少"也是这个道理。效用因时、因地而异。

(三) 递减性和再生性

例如,如果一个人连续消费面包,第一块感觉很好吃,效用很大;第二块感觉较好吃,效用较大;第三块感觉就一般了,效用在递减。但是,我们也可以发现,如果一段时间没有吃面包,再吃面包又会恢复到吃第一块的那种感觉了。

【案例分析】3-1

最好吃的东西

兔子和猫争论,世界上什么东西最好吃。兔子说:"世界上萝卜最好吃。萝卜又甜又脆又解渴,我一想起萝卜就要流口水。"猫不同意,说:"世界上最好吃的东西是老鼠。老鼠的肉非常嫩,嚼起来又酥又松,味道美极了!"兔子和猫争论不休、相持不下,跑去请猴子评理。猴子听了,不由得大笑起来:"瞧你们这两个傻瓜蛋,连这点儿常识都不懂!世界上最好吃的东西是什么?是桃子!桃子不但美味可口,而且长得漂亮。我每天做梦都梦见吃桃子。"兔子和猫听了,全都直摇头。那么,世界上到底什么东西最好吃?

这个故事说明效用具有主观性,同样的物品对不同的人而言,所带来的效用是不同的。

(资料来源:根据网络相关信息整理.)

三、效用的两种理论

效用具有主观性,那么如何去衡量效用的大小呢?在这一问题上,西方经济学家假定效用可以度量,并先后提出了基数效用和序数效用的概念。在此基础上,形成了分析消费者行为的两种方法:基数效用论的边际效用分析法和序数效用论的无差异曲线分析法。

基数和序数这两个术语来自数学。基数是指1、2、3、…,基数是可以加总求和的。序数是指第一、第二、第三、…,序数只表示顺序或等级,不能加总求和。19世纪末到20世纪初期,西方经济学家普遍使用基数效用的概念。基数效用论者认为:效用如同长度、重量一样,是可以计量并加总求和的,因此,效用的大小可以用基数(1、2、3、…)来表示,正如长度单位可以用米来表示一样,消费者消费某一物品所得到的满足程度可以用效用单位来进行衡量。例如,我们可以说某消费者喝一瓶饮料所得到的满足程度是3个效用单位,看一场电影所得到的满足程度是6个效用单位。那么,这两种物品对该消费者来说,提供的总满足程度就是9个效用单位,且后者的效用是前者效用的2倍。

到了20世纪30年代,序数效用的概念为大多数西方经济学家所使用。序数效用论者认为:效用作为一种心理感受是无法计量的,更不能加总求和。效用只能用序数(第一、第二、第三、…)来表示。仍就上面的例子来说明,消费者在消费饮料和电影的过程中,其得到的效用无法衡量,也无法加总求和,更不能用基数来表示,但可以比较两种消费哪个排在第一位,哪个排在第二位。如果消费者认为看电影所带来的效用大于喝饮料所带来的效用,那么就可以说,电影的效用是第一,饮料的效用是第二。

【资料链接】3-1

效用理论的发展

现代效用理论源于功利主义。功利主义是近两个世纪以来西方理性思潮的一大主流。1700年,数理概率学的基本理论开始发展后不久,效用这一概念便产生了。一位聪明的瑞士数学家丹尼尔·伯努利(Daniel Bernoulli)在1738年观察到,人们似乎是在按下列方式行动:在一场公平的赌博中,他们认为所赢到的1美元的价值小于他们所输掉的1美元的价值。这就意味着:人们厌恶风险,并且相继增加的新的财富给他们带来的是越来越少的真实效用。早期,将效用概念引入社会科学的人是英国的哲学家吉米·边沁(Jeremy Bentham,1748～1832)。在研究了法律理论并受到亚当·斯密学说的影响后,他转入研究制定社会立法所必需的法则。他建议,社会应该按"效用原则"组织起来,他把效用原则定义为"任何客体所具有的可以产生满足、好处或幸福,或者防止……痛苦、邪恶或不幸……的性质"。根据边沁的理论,所有立法都应该按照功利主义原则来制定,从而促进"最大多数人的最大利益"。

边沁关于效用的观点对于今天的许多人来说似乎是很简单的。但是在200年前,这些观点却颇具革命性,因为他们强调社会和经济政策的制定应能取得一定的实际效果。而在此之前,制定政策的正当理由和根据却是基于传统、君主的意志或宗教教义。今天,许多政治思想家正是以什么会使最大多数人的境况变好的功利主义观念为基础,来为他们提出的立法建议作辩护。在效用理论的发展过程中,新古典经济学家,如威廉·斯坦利·杰文斯推广边沁的效用概念,用以解释消费者行为。杰文斯认为,经济理论是一种"愉快与痛苦的计算",他认为理性的人们应以每一物品所能增添的效用(边际效用)为基础来做出他们的消费决策。19世纪的许多功利主义者都相信效用是一种心理上的实际存在,可直接以基数加以衡量,像长度和温度一样。他们通过反观自己的感觉和情绪来断定边际效用递减规律的成立。

(资料来源:[美]保罗·萨缪尔森.经济学[M].18版.北京:人民邮电出版社,2008.)

第二节 基数效用论

既然基数效用论者认为效用可以度量并能累加,那么就有总效用和边际效用等概念。

一、总效用与边际效用

总效用(total utility,TU),是指消费者消费一定数量的某种物品或劳务所获得的满足程度的总和。例如消费者消费5个单位的食品,其获得总的满足程度就是总效用。

边际效用(marginal utility,MU),是指消费者从增加一单位某种物品或劳务消费中所得到的满足程度增加量。例如,一个人吃面包,从第一个吃到第五个,每一个给他带来的满足程度增加量是不一样的,每一个单位面包所带来的效用增量即为边际效用。

假定消费者对某种物品的消费数量为Q,则总效用函数为

$$TU = f(Q) \tag{3.1}$$

相应的边际效用函数为

$$MU = \frac{\Delta TU}{\Delta Q} \qquad (3.2)$$

当商品的增加量趋于无穷小,即 $\Delta Q \to 0$ 时有

$$MU = \frac{dTU}{dQ} \qquad (3.3)$$

这里需要指出的是,边际量是微观经济学中的一个很重要的基本概念,它包括一系列的概念,这里的边际效用是最先介绍的。那么一般的边际量的含义可以定义为一单位的自变量的变化量所引起的因变量的变化量。用公式可以表示为

$$边际量 = \frac{因变量的变化量}{自变量的变化量}$$

以消费者消费面包为例,我们可以用表3.1和图3.2来表示总效用、平均效用和边际效用的关系。从表3.1和图3.2中可以看出,当张三消费第1单位面包时,总效用为10个效用单位,边际效用为10个效用单位。当消费2单位面包时,总效用为18个效用单位,由消费1单位面包到消费2单位面包,消费量增加了1单位,总效用从10个效用单位增加到18个效用单位,所以,边际效用为8效用单位。以此类推,消费第3单位面包的边际效用为6个效用单位。当消费第6单位面包时,他感觉已经吃饱了,满足程度并没有继续增加,消费第6单位商品与消费第5单位商品的总效用是相同的,都是30个效用单位。这时,由于消费者已经不想再消费面包了,所以总效用达到了最大值。相应地,第6单位的边际效用,即总效用的增量就是0。如果消费者再消费第7单位面包,总效用从30个效用单位下降到28个效用单位,则边际效用为-2个效用单位;即增加第7个单位面包的消费给消费者带来的是负效用。由此可以看出,总效用与边际效用的关系是:当边际效用为正数时,总效用是增加的;当边际效用为零时,总效用达到最大值;当边际效用为负数时,总效用减少。即:当$MU>0$时,TU上升;当$MU=0$时,TU达到最大值;当$MU<0$时,TU下降。

表 3.1 张三消费面包的效用表

消费量(Q)	总效用(TU)	边际效用(MU)
0	0	—
1	10	10
2	18	8
3	24	6
4	28	4
5	30	2
6	30	0
7	28	-2

二、边际效用递减规律

从图3.2中可以直观看出,MU曲线是向右下方倾斜的,同时TU曲线是以斜率递减的规律先上升后下降的。MU曲线向右下方倾斜,也就意味着边际效用是递减的,这种情况普遍存在于物品或劳务的消费中,所以被称为边际效用递减规律。这一规律可以表述如下:在一定时间内,在其他商品的消费数量保持不变的条件下,随着消费者对某种商品

消费量的增加,消费者从该商品连续增加的每一消费单位中所得到的效用增量即边际效用是递减的。

边际效用递减规律可以从以下两个方面来解释:

(一) 生理或心理的原因

人们的消费行为会对人的生理和心理产生刺激,人们获得欲望的满足,即获得效用是对这种刺激的反应。人们消费一种物品的数量越多,即某种刺激越多,会使人们生理上的满足和心理上的反应减少,从而满足程度减少。例如当一个人饥饿的时候,吃第一个面包给他带来的效用是很大的,随着这个人所吃的面包数量连续增加,虽然在他吃饱以前总效用在不断增加,但每增加一个面包给他带来的效用增量即边际效用却是递减的。当他完全吃饱时,面包的总效用达到最大值,而边际效用却降为零。如果他还继续吃,就会感到不适,这意味着面包的边际效用进一步降为负值,总效用开始下降。

(二) 物品本身用途的多样性

每一种物品都有多种用途,不同用途的重要性是不同的。消费者总是先把物品用于最重要的用途,而后用于次要的用途。当他有若干这种物品时,把第一单位用于最重要的用途,其边际效用就大,把第二单位用于次重要的用途,其边际效用就小了。以此类推,用途越来越不重要,边际效用就递减了。例如,某消费者有三块巧克力,他会把第一块用于最重要的充饥,满足生理需要;把第二块用于馈赠朋友,满足爱的需要;把第三块用于施舍,满足自我实现中对善的追求。由于这三块巧克力的重要性依次递减,因而其边际效用也是递减的。由此看来,边际效用递减规律是符合实际情况的。

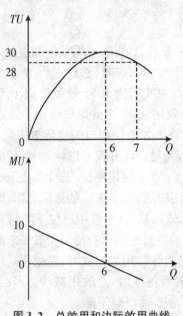

图 3.2 总效用和边际效用曲线

【案例分析】3-2

生活中的边际效用递减规律

美国总统罗斯福连任三届后,曾有记者问他有何感想。总统一言不发,只是拿出一块三明治面包让记者吃,这位记者不明白总统的用意,又不便问,只好吃了。接着总统拿出第二块,记者还是勉强吃了。紧接着总统拿出第三块,记者为了不撑破肚皮,赶紧婉言谢绝。这时罗斯福总统微微一笑:"现在你知道我连任三届总统的滋味了吧。"这个故事揭示了经济学中的一个重要的原理——边际效用递减规律。

基数效用论者还认为,不仅商品的边际效用是递减的,货币收入的边际效用也是递减的。货币收入的边际效用是指每增加一单位的货币收入所增加的效用。这就意味着,一方面随着某消费者货币收入的逐步增加,每增加一元钱给消费者所带来的边际效用是越来越小的;另一方面增加同样数量的货币收入,对穷人和富人来讲,其边际效用存在着很大的差别。这是因为富人收入水平比穷人高得多,也就是我们常说的"富人的钱不值钱,穷人的时间不值钱"。但是在分析消费者行为时,基数效用论者通常假定货币的边际效用是不变的。

因为,在一般情况下,消费者的收入是给定的,而且,单位商品的价格只占消费者总货币收入量中的很小部分,所以,当消费者对某种商品的购买量发生很小的变化时,所支出的货币的边际效用的变化是非常小的。对于这种微小的货币的边际效用的变化,可以略去不计。这样,货币的边际效用便是一个不变的常数。

三、消费者均衡

消费者均衡研究的是单个消费者如何把有限的收入分配在各种商品的购买中以获得最大的效用。这里均衡是指消费者效用最大化,其既不想增加也不想减少任何商品的购买数量。消费者在既定的收入条件下,购买或消费物品是要追求效用最大化的,如何才能达到最大化效用呢?根据边际效用递减规律,很显然,若消费者只消费一种商品,随着对这种商品消费数量的增加,该商品给消费者带来的边际效用是递减的,当消费到该商品的边际效用为零时,此时消费者便不再消费,达到均衡,总效用最大。而当消费多种商品时,我们假定消费者的偏好一定,商品价格一定时,则消费者效用最大化的均衡条件是:消费者用全部收入所购买的各种物品所带来的边际效用,与购买这些物品所支付的价格之比相等。消费者之所以在这一条件下达到效用最大化,是因为在收入既定的条件下,多购买甲商品就要少购买乙商品,随着甲商品数量的增加,它的边际效用递减,而随着乙商品数量的减少,它的边际效用递增。为了使所购买的甲与乙商品的组合能带来最大总效用,消费者就要调整他所购买的甲与乙商品的数量。当他购买的最后1单位甲商品带来的边际效用与价格之比,等于购买的最后1单位乙商品带来的边际效用与价格之比时,总效用达到最大。这时,消费者不再调整购买的甲与乙商品的数量,处在一种相对静止的状态,从而实现了消费者均衡。简单来说,在你收入既定、商品价格既定的情况下,花钱得到的满足程度最大时就实现了消费者均衡,此时,自己所购买的各种商品的边际效用与价格之比相等,或者说自己花费在各种商品购买上的最后1元钱所带来的边际效用相等。每1元钱用在不同商品上的边际效用相等,这说明消费者把每1元钱都花在刀刃上,获得了最大效用。我们可以通过以下的分析来获得以上的结论:

假定消费者用既定的收入 I 购买 n 种商品,P_1、P_2、$\cdots$、P_n 分别为 n 种商品的既定价格,λ 为不变的货币的边际效用。以 X_1、X_2、$\cdots$、X_n 分别表示 n 种商品的数量,MU_1、MU_2、$\cdots$、MU_n 分别为 n 种商品的边际效用,则上述的消费者效用最大化的均衡条件可以用公式表示为

$$P_1 X_1 + P_2 X_2 + \cdots + P_n X_n = I \tag{3.4}$$

$$\frac{MU_1}{P_1} = \frac{MU_2}{P_2} = \cdots = \frac{MU_n}{P_n} \tag{3.5}$$

式(3.4)是约束条件,式(3.5)是约束条件下消费者实现效用最大化的均衡条件。我们在分析问题的时候可以先简化分析,以两种商品为例,再扩展到多种商品上。以消费者购买两种商品为例,我们可以得到消费者均衡即效用最大化的均衡条件。与式(3.4)和式(3.5)相对应,在购买两种商品情况下的消费者效用最大化的均衡条件为

$$P_1 X_1 + P_2 X_2 = I \tag{3.6}$$

$$\frac{MU_1}{P_1} = \frac{MU_2}{P_2} \tag{3.7}$$

为什么说只有当消费者实现了 $\frac{MU_1}{P_1} = \frac{MU_2}{P_2}$ 的均衡条件时,才能获得最大的效用呢?理

由在于只有满足 $\frac{MU_1}{P_1} = \frac{MU_2}{P_2}$，消费者才能实现花在每种商品上的每1元钱所获得的边际效用都相等，即获得最大的消费满足。这里我们可以考虑不等的情况，首先当 $\frac{MU_1}{P_1} < \frac{MU_2}{P_2}$ 时，我们拿1元钱分别购买商品1和商品2，这时对于消费者来说，1元钱用来购买商品1所带来的边际效用小于1元钱用来购买商品2的边际效用。所以对于消费者来说，应该增加对商品2的购买，减少对商品1的购买；根据边际效用递减规律，商品1带来的边际效用递增，商品2带来的边际效用递减，所以不等式趋于相等。其次当 $\frac{MU_1}{P_1} > \frac{MU_2}{P_2}$ 时，我们拿1元钱分别购买商品1和商品2，这时对于消费者来说，1元钱用来购买商品1所带来的边际效用大于1元钱用来购买商品2的边际效用。所以对于消费者来说，应该增加对商品1的购买，减少对商品2的购买；根据边际效用递减规律，随着商品1购买的增加，商品1带来的边际效用递减，而商品2的边际效用递增，所以不等式趋于相等。

四、单个消费者的需求曲线

消费者消费某种商品的数量较少时，对该商品的边际效用的评价很高，他为购买该商品愿意支付的货币也很多，该商品价格就高。随着消费该商品的次数不断增加，边际效用不断下降，他为购买该商品而愿意支付的货币就会越来越少，则该商品价格越来越低。可见，商品的价格不是由商品的总效用决定的，而是与商品的边际效用有关。这一理论很好地解释了价值悖论。价值悖论(paradox of value)，是亚当·斯密在200多年前提出的，又称价值之谜，指有些东西效用很大，但价格很低；有些东西效用不大，但价格却很高。这种现象与传统的价格理论矛盾。直至边际效用理论提出后才有了一个令人满意的解答。如水要比宝石有用得多，但也便宜得多。如何解释这一矛盾的现象呢？水对人来说，其总效用要比宝石大得多，人没有水不能生存，没有宝石可以生存。但是水的边际价值却比宝石小得多，这是因为水很多，人们能够以很少的代价得到水，因此我们可以多用一些水去浇花，把水用到别处并不会使人渴死。而宝石稀缺，因此只有在极少数最有价值的场合中使用。为得到宝石就要比得到水花费更多的钱。可见，价格并不取决于商品价值，而是取决于商品的边际价值。

结合消费者均衡理论，可以解释需求曲线向右下方倾斜的原因。根据边际效用递减规律，当消费者购买某商品的数量增加时，该商品的边际效用必然递减，因而该商品价格也要相应递减。就是说，消费者买得越多，价格就会越低。这样就得到了每个消费者的向右下方倾斜的需求曲线。进一步从消费者均衡条件方面推导：对于任何一种商品来说，随着需求量的不断增加，边际效用 MU 是递减的，于是，为了保证 $\frac{MU}{P} = \lambda$ 这一均衡条件的实现，在货币的边际效用 λ 不变的前提下，商品的需求价格 P 必然同比例随 MU 的递减而递减。这样，我们就得到了以下的结论：商品的需求曲线向右下方倾斜即商品的需求量与商品的价格呈反方向的变动，而且需求曲线上的每一点都是满足消费者效用最大化均衡条件的商品的价格—需求量组合点。

【案例分析】3-3

边际效用与价格

一个农民某年生产了五袋粮食,他要安排这五袋粮食的用途。他按照重要性从大到小的顺序安排:第一袋粮食用于吃,它对农民的效用最大,若让他卖,他要收取最高的价格,比如100元;第二袋用于酿酒,因为他要喝酒,它对农民的效用要小一些,能接受的价格也低一些,比如80元;依次类推,第三袋是60元,第四袋是40元,第五袋对它的效用最小,假设用于养宠物,如果让农民出手,只要20元就可以。但是如果他要出手全部五袋粮食,每一袋的价格应该是一样的,那这个价格又是多少呢?是100元,还是80元、60元、40元、20元?假设这个农民很不幸,丢了一袋粮食,请问,他要放弃哪种效用?肯定是放弃养宠物。也就是说,丢失的那一袋粮食对他的影响,或者说他失去的效用,就是养宠物给他带来的快乐,所以这袋粮食只值20元。问题在于,养宠物的这一袋粮食,不是五袋中特定的一袋,而是其中的任何一袋。所以,当他有五袋粮食的时候,每一袋粮食就仅仅值20元。如果他又丢了一袋,他失去的效用就不是20元,而是40元了。也就是说,当他只有四袋粮食的时候,每一袋粮食值40元。依次类推,当他有三袋粮食时候,每袋粮食的价值就是60元。当他有两袋时,就值80元;当只有一袋粮食的时候,这个价格就是100元了。所以,当有五袋粮食的时候,每袋粮食的价格由第五袋的效用决定;有四袋的时候,由第四袋决定;等等。可见,无论什么时候,都是由最后一袋决定每袋的价格,也就是边际决定,而不是平均决定。这也就是说,消费最后一个单位物品时,边际价值正好与该物品的价格相等。所以当你按照自己的意愿购买到足够的商品时,商品的边际价值就正好等于该商品的价格。

(资料来源:根据网络相关信息整理.)

五、消费者剩余

消费者剩余(consumers' surplus,CS)是消费者在购买一定数量的某种商品时愿意支付的最高总价格和实际支付的总价格之间的差额。马歇尔在《经济学原理》中为"消费者剩余"下了这样的定义:"一个人对一物所付的价格,绝不会超过而且也很少达到他宁愿支付而不愿得不到此物的价格;因此,他从购买此物所得的满足,通常超过他因付出此物的代价而放弃的满足;这样,他就从这种购买中得到一种满足的剩余。他宁愿付出而不愿得不到此物的价格,超过他实际付出的价格的部分,是这种剩余满足的经济衡量。这个部分可以称为消费者剩余。"消费者剩余的存在是因为消费者购买某种商品所愿支付的价格取决于边际效用,而实际付出的价格取决于市场上的供求状况,即市场价格。消费者剩余是买者在购买过程中从市场上得到的名义收益,其公式表示为

消费者剩余 = 买者的效用评价 − 买者的实际支付

消费者剩余可以用图3.3来表示。

从图3.3中看,消费者剩余是消费者需求曲线以下、市场价格线以上的面积,如图3.3中的阴影部分面积所示。在图3.3中,产量0到Q_0之间,

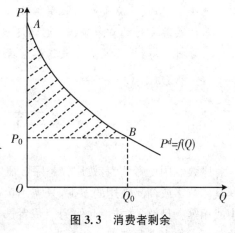

图3.3 消费者剩余

消费者需求曲线以下的部分相当于消费者购买 Q_0 数量的商品所愿意支付的最高总价格,即图3.3中的面积 $OABQ_0$;而实际支付的总价格相当于图中的矩形面积 OP_0BQ_0,这两块面积的差额对应着图形中的阴影部分,就是消费者剩余。

消费者剩余也可以用数学公式来计算。令反需求函数 $P^d = f(Q)$,价格为 P_0 时的消费者的需求量为 Q_0,则消费者剩余为

$$CS = \int_0^{Q_0} f(Q) dQ - P_0 Q_0 \tag{3.8}$$

式中,CS 为消费者剩余的英文简写;公式右边的第一项即积分项,表示消费者愿意支付的总金额(效用评价);第二项表示消费者实际支付的总金额。

消费者剩余是消费者的主观心理评价,它反映消费者通过购买和消费商品所感受到的状态的改善。因此,消费者剩余通常被用来度量和分析社会福利问题。

【课堂讨论】 你在商场买了一件新衣服,可第二天发现该衣服在该商场内打折销售。说说此时你的心理感受。

【案例分析】3-4

张三的消费者剩余

张三一直喜欢喝茶,当茶叶价格为每克20元时,张三只愿买1克;如果价格下降为14元/克时,他将买2克;如价格再下降为10元/克时,他将买3克;价格为6元/克时,他将买4克;价格为4元/克时,他将买6克;价格为2元/克时,他将买7克。随着价格下降,张三的购买量将不断增加。也就是说,这是他在各种可能价格下的意愿购买量,或者说是张三对每克茶叶的效用评价。在茶叶价格为每克20元时,张三只愿买1克,这表明他从购买1克茶叶中所得到的满足和把20元用于购买其他商品所得到的满足是相等的。当茶叶市场价格从20元/克下降为14元/克时,他买了2克茶叶。在他看来,他花了28(14+14)元至少得到了34(20+14)元的满足,他的消费者剩余是6(34-28)元。当市场价格为10元/克时,他买3克,这就是说,张三用30元购买了3克茶叶。在他看来,其中第1克茶叶值20元,第2克值14元,第3克值10元,3克的总效用为44(20+14+10)元,而他实际只花了30元。这时他的消费者剩余为14元。以此类推,当市场价格为2元/克时,他买7克,这7克茶叶的效用总额为59(20+14+10+6+4+3+2)元。这个总额(59元)与他实际支付的货币额(14元)的差额45元,就是他的消费者剩余。

(资料来源:根据网络相关信息整理.)

第三节 序数效用论

序数效用论者认为,效用仅是序数概念,而不是数量概念,在分析商品效用时,无需确定其具体数字或商品效用的多少,只需用第一、第二、第三等序数来表示各种商品效用谁大谁小或相等就足够了,并由此作为消费者选择商品的依据。序数效用论主要采取无差异曲线的分析方法来考察消费者的行为。

一、关于偏好的假定

俗话说"萝卜白菜,各有所爱",这就是偏好。它是指人们在产生某种欲望之后,通过某种行为表现出来的一种内在的心理倾向,具有一定的趋向性和规律性。这种倾向受多种因素的影响,比如年龄、性别、文化、职业、民族、收入等。

序数效用论关于消费者偏好有以下三个假定:

(一)偏好的完全性

偏好的完全性指消费者总是可以比较和排列所给出的不同商品组合。对于任何两个商品组合 A 和 B,消费者总是可以做出而且也仅仅只能做出以下三种判断中的一种:对 A 的偏好大于对 B 的偏好;对 A 的偏好等于对 B 的偏好;对 A 的偏好小于对 B 的偏好。

(二)偏好的可传递性

偏好的可传递性指对于任何三个商品组合 A、B、C,对 A 的偏好大于对 B 的偏好,如果消费者对 B 的偏好大于对 C 的偏好,那么消费者对 A 的偏好必定大于对 C 的偏好。

(三)偏好的非饱和性

假定两个商品组合的区别仅在于其中一种商品的数量不同,那么消费者总是偏好于含有这种商品数量较多的那个商品组合,即"多比少好"。

以上三个假定奠定了序数效用论的基础。

二、无差异曲线

无差异曲线(indifference curve, IC),表示对消费者来说能产生相同满足程度的各种不同商品组合点的轨迹。无差异曲线是序数效用论分析的基础方法,我们可以通过以下分析来理解:

假定甲消费者对两种商品 X_1、X_2 有不同的消费组合系列(a、b、c),在各系列里有对于商品 X_1、X_2 的不同数量组合,其对消费者来说效用是相同的、无差异的,具体如表3.2所示。

表 3.2 甲消费者的无差异曲线

商品组合	a 系列		b 系列		c 系列	
	X_1	X_2	X_1	X_2	X_1	X_2
A	20	130	30	120	50	120
B	30	60	40	80	55	90
C	40	45	50	63	60	83
D	50	35	60	50	70	70
E	60	30	70	44	80	60
F	70	27	80	40	90	54

在 a 系列中,有5个关于商品消费的组合,每个组合中商品 X_1、X_2 的数量不同,但其对于甲消费者的效用是相同的。同理在 b 系列和 c 系列中,每个组合中商品 X_1、X_2 的数量不同,但其对于甲消费者的效用也是相同的。而 a 系列、b 系列和 c 系列三者各自所代表的效用水平是不同的。

表 3.2 反映了无差异曲线情况,其中的 a、b、c 分别对应于图 3.4 中无差异曲线 u_1、u_2、

u_3,通过图 3.4 我们可以清楚地看到无差异曲线形状。实际上除了这三条无差异曲线之外，还可以做出无数条无差异曲线。只要对表中的商品组合进行仔细观察和分析，就可以发现，根据偏好的非饱和性假设，或者说，根据商品数量"多比少好"的原则，可以得出结论：a 所代表的效用水平 u_1 低于 b 系列的效用水平 u_2，而 b 系列的效用水平 u_2 又低于 c 系列的效用水平 u_3。

图 3.4 中与某一条无差异曲线相对应的效用水平对应的效用函数可以表示为

$$U = f(X_1, X_2) = U_0 \tag{3.9}$$

式中，U_0 为一个常数，表示一个不变的效用水平。效用函数表示某一系列商品组合给消费者带来的某个效用水平，图 3.4 中的每条无差异曲线对应着一个效用函数。

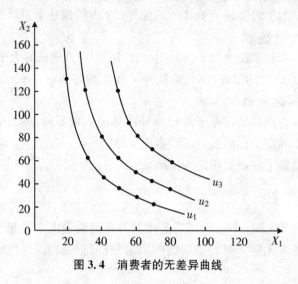

图 3.4　消费者的无差异曲线

（一）无差异曲线的基本特征

1. 同一平面图上可以有无数条无差异曲线，离原点越远所对应的效用水平越高

由于通常假定效用函数是连续函数，即在同一坐标平面上的任何两条无差异曲线之间，存在着无数条无差异曲线。根据消费者偏好的非饱和性假设，所有这些无差异曲线之间的相互关系是：离原点越远的无差异曲线代表的效用水平越高，离原点越近的无差异曲线代表的效用水平越低。

2. 同一坐标平面上的任意两条无差异曲线不会相交

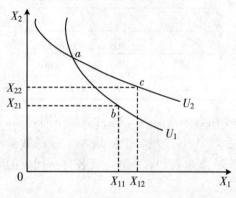

图 3.5　违反偏好假定的无差异曲线

这一点可以用图 3.5 来说明。其理由在于：不同的无差异曲线代表着不同的效用水平，根据无差异曲线的定义，由无差异曲线 U_1 可得 a、b 两点的效用水平是相等的，由无差异曲线 U_2 可得 a、c 两点的效用水平是相等的。于是，根据偏好可传递性的假定，必定有 b 和 c 这两点的效用水平相等。但是，观察和比较图 3.5 中 b 和 c 这两点的商品组合，可以发现 c 组合中的每一种商品的数量都多于 b 组合，于是，根据偏好的非饱和性假定，必定有 c 点的效用水平大于 b 点的效用水平。这违背了偏好的假定，由此证明：对于任何一个消费者来说,两条无差异曲线不能相交。

3. 无差异曲线是凸向原点的

无差异曲线的这一特点系由商品的边际替代率递减规律决定的。关于这一点,将在下面进行详细的说明。

(二)无差异曲线的特殊形状

无差异曲线的特殊形状对应的是完全替代品和完全互补品。

1. 完全替代

完全替代品是指两种商品之间的替代比例固定不变。在此情况下,两商品之间的边际替代率 MRS 就是一个常数,相应的无差异曲线就是一条斜率不变的直线。反映在图中,无差异曲线是一条线性的无差异曲线,商品的边际替代率 MRS 为一常数。例如,在某消费者看来,一杯牛奶和一杯咖啡之间是无差异的,两者总是可以以 1:1 的比例相互替代,相应的无差异曲线如图 3.6(a) 所示。

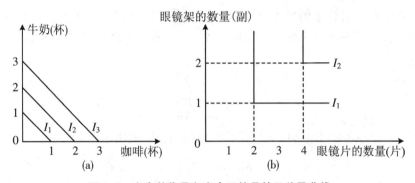

图 3.6 完全替代品和完全互补品的无差异曲线

2. 完全互补

完全互补品是指两种商品必须按固定不变的比例同时被使用。在一种商品的数量不变的情况下,增加或减少另外一种商品的数量是不会改变效用水平的,因此反映在图中,无差异曲线为直角形态的形状,通常消费者最优的选择是角点。对于完全互补品只有采取固定比例的组合才能产生一定水平的效用。例如,一副眼镜架必须和两片眼镜片同时配合,才能构成一副可使用的眼镜,相应的无差异曲线如图 3.6(b) 所示。图 3.6(b)中水平部分的无差异曲线部分表示,对于一副眼镜架而言,只需要两片眼镜片即可,任何超量的眼镜片都是多余的。换言之,消费者不会放弃任何一副眼镜架去换取额外的眼镜片,所以,相应的 $MRS=0$。图 3.6(b)中垂直部分的无差异曲线表示,对于两片眼镜片而言,只需要一副眼镜架即可,任何超量的眼镜架都是多余的。换言之,消费者会放弃所有超量的眼镜架,只保留一副眼镜架与两片眼镜片相匹配,所以,相应的 $MRS=\infty$。

三、商品的边际替代率

(一)边际替代率

在同一条无差异曲线上,不同的点代表不同的数量组合。当一个消费者沿着一条既定的无差异曲线上下滑动的时候,两种商品的数量组合不断地发生变化,而效用水平却保持不变。这说明,在维持效用水平不变的前提条件下,消费者在增加一种商品的消费数量的同时,必然会放弃一部分另一种商品的消费数量,即两种商品的消费数量之间存在着替代关系,由此,经济学家提出商品边际替代率(MRS)概念。商品边际替代率指在维持效用水平或满足程度不变的前提下,消费者增加一单位某种商品 X_1 的消费时所需放弃的另一种商品 X_2 的消费数量。以 MRS 表示商品的边际替代率,则商品 X_1 对商品 X_2 的边际替代率公式为

$$MRS_{12} = -\frac{\Delta X_2}{\Delta X_1} \qquad (3.10)$$

式中,ΔX_1 和 ΔX_2 分别为商品 X_1 和商品 X_2 的变化量。由于 ΔX_1 和 ΔX_2 的正负号肯定是相反的,为了使商品的边际替代率取正值以便于比较,所以在公式中加了一个负号。当商品数量的变化趋于无穷小时,则商品的边际替代率公式可以表示为

$$MRS_{12} = \lim_{\Delta x \to 0} -\frac{\Delta X_2}{\Delta X_1} = -\frac{dX_2}{dX_1} \qquad (3.11)$$

由上述公式,我们可以得到商品边际替代率的几何意义,即无差异曲线上任一点的边际替代率都是该点切线斜率的负值。

进一步理解边际替代率的概念,在维持效用水平或满足程度不变的前提下,消费者增加一单位某种商品的消费所带来的效用增量和放弃另一种商品的消费带来的效用减少量应该相等,所以有

$$\Delta X_1 \cdot MU_1 = -\Delta X_2 \cdot MU_2 \qquad (3.12)$$

$$-\frac{\Delta X_2}{\Delta X_1} = \frac{MU_1}{MU_2}$$

因此,边际替代率的绝对值也可以表示成两种商品的边际效用之比。即

$$MRS_{12} = \frac{MU_1}{MU_2} \qquad (3.13)$$

(二) 边际替代率递减规律

在两种商品的替代过程中,普遍存在商品的边际替代率递减规律。该规律是指在维持效用水平不变的前提下,随着一种商品消费数量的连续增加,消费者为得到每一单位的这种商品所需要放弃的另一种商品的消费数量是递减的。其原因在于,随着一种商品消费数量的逐步增加,消费者想要获得更多的这种商品的愿望就会递减,从而他为了多获得一单位的这种商品而愿意放弃的另一种商品的数量就会越来越少。而正是由于边际替代率递减规律,决定了无差异曲线的斜率绝对值是递减的,所以决定了无差异曲线是凸向原点的。如图 3.7 所示,ΔX_1 是 X_1 商品的增加量,假设每次增加 5 个单位,ΔX_2 是 X_2 的减少量。在保证消费者效用不变的前提下,商品组合方式由 A 组合转换到 B 组合,消费者为了增加 5 单位 X_1 商品的消费,就必须放弃 12 单位 X_2 商品的消费,这时的边际替代率 $MRS = \frac{\Delta X_2}{\Delta X_1} = \frac{12}{5} = 2.4$。由 B 组合方式转换到 C 组合方式,边际替代率递减到 1。也就是说,在保证效用不变的前提下,继续增加 X_1 商品的消费所必须放弃的 X_2 商品的消费数量减少了。以此类推,当消费组合方式由 E 组合

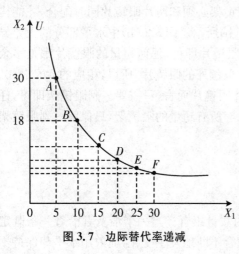

图 3.7　边际替代率递减

转换到 F 组合时,边际替代率减少到 0.2。

四、预算线

预算线(budget line,BL),又称消费可能性曲线(consumption possibility line)或价格线(price line)。预算线表示在消费者收入和商品价格既定的条件下,消费者的全部货币收入所能购买到的所有商品数量组合的集合,如 3.8 图中的 AB 线所示。

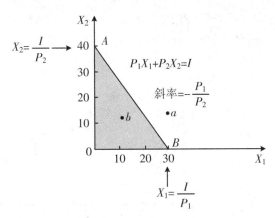

图 3.8　消费者的预算线

假定消费者将其全部货币收入 I 用于购买两种商品 X_1、X_2,X_1 商品的价格是 P_1,X_2 商品的价格是 P_2,则消费者的预算线方程可表示为

$$I = P_1 X_1 + P_2 X_2 \tag{3.14}$$

该式表示,消费者的全部收入 I 等于其购买商品 1 的支出与购买商品 2 的支出的总和,其中 X_1 表示商品 1 的购买数量,X_2 表示商品 2 的购买数量。由式(3.14)可得,消费者全部收入购买商品 1 的数量为 $\frac{I}{P_1}$,它是预算线在横轴的截距;消费者全部收入购买商品 2 的数量为 $\frac{I}{P_2}$,它是预算线在纵轴的截距。式(3.14)的预算线方程也可改写为

$$X_2 = \frac{I}{P_2} - \frac{P_1}{P_2} \cdot X_1 \tag{3.15}$$

式(3.15)中,$\frac{P_1}{P_2}$ 为预算线的斜率,$\frac{I}{P_2}$ 为预算线在纵轴的截距,$\frac{I}{P_1}$ 为预算线在纵横的截距。

预算空间(budget space,BS)是消费者花费其全部收入或部分收入后所能购买的商品量的集合,如图 3.8 中的阴影部分所示。图中的预算线 $I = P_1 X_1 + P_2 X_2$ 与预算线以下的阴影部分构成预算空间,唯有预算线上的点,才是消费者的全部收入刚好花完所能购买到的商品组合点。而预算线 AB 以外的区域中的任何一点,如 a 点,是消费者利用全部收入都不可能实现的商品购买的组合点。预算线 AB 以内的区域中的任何一点,如 b 点,表示消费者的全部收入在购买该点的商品组合以后还有剩余。

图 3.8 中的预算线是在消费者的收入和商品价格既定条件下得出的,如果消费者的收入和商品的价格改变了,则预算线就会变动。预算线的变动可以归纳为以下四种情况:

第一种:P_1 和 P_2 都不变,收入 I 发生变化。这时,相应的预算线会发生平移。P_1 和 P_2

都不变,意味着预算线的斜率保持不变$\left(\frac{P_1}{P_2}\text{为预算线的斜率}\right)$,所以这里预算线的变动就是平移。如果消费者收入增加,则使预算线 AB 向右平移,相反,如果收入减少则预算线向左平移。

第二种:收入 I 不变,P_1 和 P_2 同比例同方向变化。这时,相应的预算线会发生平移。P_1 和 P_2 同比例同方向变化,意味着预算线的斜率保持不变$\left(\frac{P_1}{P_2}\text{为预算线的斜率}\right)$。所以随着 P_1 和 P_2 同比例同方向变化,预算线的变动就是平移。如图 3.9(a)所示,两种商品的价格 P_1 和 P_2 若同比例下降,使预算线 AB 向右平移到 $A'B'$;相反,两种商品的价格 P_1 和 P_2 若同比例上升,则预算线 AB 向左下方平行移动到 $A''B''$。

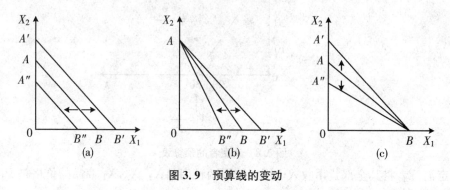

图 3.9 预算线的变动

第三种:收入 I 不变,P_1 发生变化而 P_2 保持不变。这时,预算线的纵截距 $\frac{I}{P_2}$ 保持不变,预算线以纵截距的交点为原点,发生转动。同理如果收入 I 不变,P_2 发生变化而 P_1 保持不变。这时预算线的横截距 $\frac{I}{P_1}$ 保持不变,预算线以横截距的交点为原点,发生转动。如图 3.9(b)所示,P_1 下降,使得消费可能性线由 AB 移动到 AB',它表示消费者的全部收入用于购买商品 X_1 的数量因 P_1 下降而增加,但全部收入用来购买商品 2 的数量并未受到影响。相反,P_1 上升,使得预算性线由 AB 移动到 AB''。它表示消费者的全部收入用来购买商品 1 的数量因 P_1 的上升而减少,但全部收入用来购买商品 2 的数量并未受到影响。

同理,在图 3.9(c)中,若商品 1 的价格不变,仅商品 2 的价格的下降与上升,将分别引起消费可能性线由 AB 移至 $A'B$ 和 $A''B$。

第四种:收入 I 与 P_1 和 P_2 都同比例同方向变化,这时预算线不发生变化。因为这时预算线的斜率、纵截距和横截距都不变化。

五、消费者均衡

序数效用论是将无差异曲线与预算线结合在一起来分析消费者均衡这一问题的。消费者的最优购买行为必须满足两个条件:第一,最优的商品购买组合必须是能够给消费者带来最大效用的商品组合;第二,最优的商品购买组合点必须位于给定的预算线上。如图 3.10 所示,预算线 AB 上哪一点才是均衡点呢?

在消费者收入与商品价格给定的情况下,预算线 AB 和无差异曲线 U_2 相切的 E 点就是消费者均衡点。这是因为,就无差异曲线 U_3 来说,虽然它代表的效用水平高于无差异曲线 U_2,但它与既定的预算线 AB 既无交点又无切点。这说明消费者在既定的收入水平下无法实现无差异曲线 U_3 上的任何一点的商品组合的购买。就无差异曲线 U_1 来说,虽然它与既定的预算线 AB 相交于 a、b 两点,这表明消费者利用现有收入可以购买 a、b 两点的商品组合。但是,这两点的效用水平低于无差异曲线 U_2,因此,理性的消费者不会用全部收入去购买无差异曲线 U_1 上 a、b 两点的商品组合。事实上,就 a 点和 b 点来说,若消费者能改变购买组合,选择 AB 线段上位于 a 点右边或 b 点左边的任何一点的商品组合,则都可以得到比 U_1 更高的无差异曲线,从而获得比 a 点和 b 点更大的效用水平。这种沿着 AB 线段由 a 点往右和由 b 点往左的运动,最

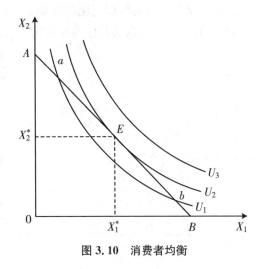

图 3.10 消费者均衡

后必定在 E 点达到均衡。显然,只有当既定的预算线 AB 和无差异曲线 U_2 相切时,消费者才能在既定的预算约束条件下获得最大的满足。故 E 点就是消费者实现效用最大化的均衡点。

只有预算线和无差异曲线的相切点,才是消费者在给定的预算约束下能够获得最大效用的均衡点。此时,预算线恰好是无差异曲线的切线,其斜率为 $-\dfrac{P_1}{P_2}$,而无差异曲线的切线斜率,可以用无差异曲线的边际替代率来表示,所以满足公式:$MRS = \dfrac{P_1}{P_2}$。它表示:在一定的预算约束下,为了实现最大的效用,消费者应该选择最优的商品组合,使得两商品的边际替代率等于两商品的价格之比。此时消费者处在一种既不想再增加也不想再减少任何一种商品购买量的均衡状态。消费者获得了最大满足。

前面,我们曾推导了 $MRS_{12} = \dfrac{MU_1}{MU_2}$。因此,在均衡状态时,必然有

$$MRS_{12} = \dfrac{MU_1}{MU_2} = \dfrac{P_1}{P_2}$$

从均衡公式可看出,基数效用论和序数效用论虽然分别用边际效用分析方法和无差异曲线分析方法研究消费者行为,但两者所得出的消费者均衡条件实质是相同的。

第四节 消费者均衡的变化

我们在商品的价格和消费者收入水平给定的情况下,得到了消费者的均衡。若商品价格和消费者收入先后发生变化,必然对消费者均衡产生影响,由此可推导出消费者的需求曲线和恩格尔曲线。

一、价格-消费曲线

价格变化对消费者均衡变化的影响,通常用价格-消费曲线来分析。价格-消费曲线是在消费者的偏好、收入以及其他商品价格不变的条件下,与某一种商品的不同价格水平相联系的消费者效用最大化的均衡点的轨迹。如图 3.11(a)所示,如果消费者的货币收入不变,X_1 商品的价格 P_1 发生变化会导致预算线发生转动,追求最大效用的消费者便会沿着价格—消费曲线做出自己的购买选择,以实现效用最大化。

由消费者的价格-消费曲线可以推导出消费者的需求曲线。如图 3.11 所示,将(a)图中均衡时 X_1 商品的需求量和价格,单独反映在(b)图中,就成了消费者的需求曲线,即把每一个 P_1 数值和相应的均衡点上的 X_1 数值绘制在商品的价格-数量坐标图上,便可以得到单个消费者的需求曲线。推导出的需求曲线是向右下方倾斜的,表明价格与需求量呈反方向变动的关系。

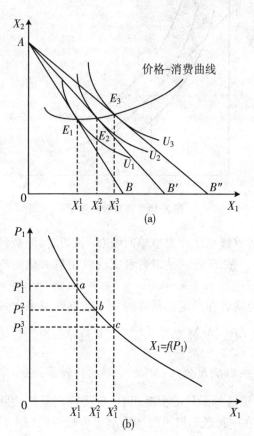

图 3.11 价格消费曲线和消费者的需求曲线

二、收入-消费曲线

收入-消费曲线是在消费者的偏好和商品的价格不变的条件下,与消费者的不同收入水平相联系的消费者效用最大化的均衡点的轨迹。如图 3.12 所示,随着收入水平的增加,消费者对商品 1 和商品 2 的需求量都是上升的,所以两种商品都是正常品。在图 3.12(a)中,随着收入水平的不断增加,预算线由 AB 平移至 $A'B'$,再平移至 $A''B''$,于是,形成了三个不同的消费者效用最大化的均衡点 E_1、E_2 和 E_3。如果收入水平的变化是连续的,则可以得到无数个这样的均衡点的轨迹,这便是图 3.12(a)中的收入-消费曲线。在图 3.12(b)中,收入-消费曲线在一定程度下出现了向左弯曲。这说明,随着收入的增加,刚开始对商品 1 的需求量是增加的,但当达到一定收入水平之后,对商品 1 的需求量反而减少了,即在一定的收入水平上,商品 1 由正常品变成了劣等品。

三、恩格尔曲线

恩格尔曲线表示消费者在每一收入水平对某商品的需求量。由消费者的收入-消费曲线可以推导出消费者的恩格尔曲线。图 3.12 所示的收入-消费曲线反映消费者的收入水平和商品的需求量之间存在着一一对应的关系:以商品 1 为例,当收入水平为 I_1 时,商品 1 的需求量为 X_1^1;当收入水平增加为 I_2 时,商品 1 的需求量增加为 X_1^2;当收入水平增加为 I_3 时,商品 1 的需求量变为 X_1^3,把这种一一对应的收入和需求量的组合描绘在相应的平面坐标图中,便可以得到相应的恩格尔曲线,如图 3.13 所示。在图 3.13(a)中,商品 1 是正常品,商品 1 的需求量随着收入水平的提高而增加。在图 3.13(b)中,商品 1 在较低的收入水平下是正常品,在较高的收入水平下则变成了劣等品。

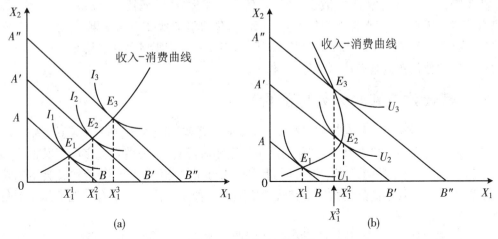

图 3.12　收入-消费曲线

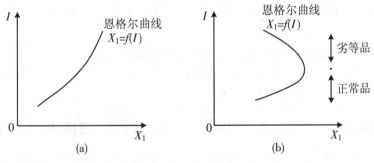

图 3.13　恩格尔曲线

19 世纪德国统计学家恩格尔(Ernst Engel)发现,家庭对不同商品的支出比例与家庭收入高低之间有着非常明显的关系。在低收入家庭中,食物的支出占收入的绝大部分,当收入逐渐增加时,食物支出占收入的比例则逐渐缩小,此种现象普遍存在于不同国家,我们将之称为恩格尔定律。食物支出与收入之比称为恩格尔系数,所以恩格尔定律也可表述为随着收入的提高,恩格尔系数递减。恩格尔系数可以反映一国或一个家庭的生活水平。一般来说,恩格尔系数越高,生活水平越低;恩格尔系数越低,生活水平越高。当前世界上的发展中国家的恩格尔系数大多在 0.4 左右,而发达国家的恩格尔系数大多在 0.2 左右。

第五节　收入效应和替代效应

当一种商品的价格发生变化时,会同时对消费者产生两种影响:一是商品的相对价格发生改变,即一种商品的价格变动了,会导致同类商品的价格相对变动,进而导致需求量变动。例如,农产品市场中猪肉价格由每千克 16 元上涨到 20 元,而牛肉的价格每千克 18 元没变,则相对于涨价后的猪肉,牛肉的价格下降了,原来打算消费猪肉的用户会选择消费牛肉,使牛肉的需求量增加,此时,只是用牛肉替代了猪肉,消费者效用没变。二是消费者实际收入水平发生变化,即一种物品价格下跌,意味着人们口袋里的钱能消费更多的该物品,对该物品的需求量增加,效用增加;反之,一种物品价格上涨,就意味着人们口袋里的钱不值钱,实际收入下降,对该商品的需求量减少,效用降低。例如你有20元钱,水果每千克5元,你原来可以消费4千克,但当水果涨到每千克10元时,你只能消费2千克水果了。此时,名义上你虽然仍是20元钱,但只相当于过去的10元了,很显然你获得的效用也降低了。经济学中用收入效应和替代效应来表述这两种影响。

一、替代效应和收入效应的含义

替代效应是指在商品相对价格发生变化,而消费者实际收入不变的情况下商品需求量的变化。当一种商品价格上升时,其他商品价格则相对便宜了,消费者会多购买其他商品而少购买这种商品;当一种商品价格下降时,其他商品价格便相对昂贵了,消费者会增加这种商品的购买而减少其他商品的购买。替代效应强调一种商品价格变动对其他商品相对价格水平的影响。

收入效应则是指由商品价格变动引起实际收入水平变动,进而由实际收入水平变动所引起的商品需求量的变动。当一种商品价格上升时,消费者实际收入减少,商品购买量随之而减少;当一种商品价格下降时,消费者实际收入增加,商品购买量随之而增加。收入效应强调价格变动对实际收入水平的影响。

综上所述,一种商品价格变动对该商品需求量变动的总效应可以分解为替代效应和收入效应两个部分,即总效应=替代效应+收入效应。收入效应表示消费者的效用水平发生变化,替代效应则不改变消费者的效用水平。

二、正常物品、低档物品和吉芬物品的替代效应和收入效应分解

依据物品的收入效应与价格的变动方向关系,物品可以划分为正常商品、劣等商品、吉芬商品。

(一) 正常物品

正常物品的特点是商品的需求量与消费者的收入水平呈同方向变动,即正常物品的需求量随着消费者收入水平的提高而增加,随着消费者收入水平的下降而减少。如图3.14(a)所示,最初的消费可能性线为AB,与效用曲线U_1相切于E_1点,当商品X的价格下降后,消费可能性线移到AB'的位置,与更高效用水平的U_2曲线相切于E_2点,比较E_1、E_2两个均衡点,商品X的需求量的增量为X_1X_2,这便是商品X的价格下降所引起的总效应。这个总效应可以分解为替代效应和收入效应两部分。

先分析替代效应。在图3.14(a)中,由于商品X的价格下降,消费者的效用水平提高了。为了得到替代效应,我们必须剔除实际收入水平提高的部分,使消费者回到原来的效用水平,即回到初始的无差异曲线I_1上来,于是引入了补偿预算线FG。补偿预算线是用来表示以假设的货币收入的增减来维持消费者的实际收入水平不变的一种分析工具。FG平行于商品X价格下降后的消费可能性线AB',这表示FG与AB'的斜率相同,即商品X和商品Y的价格之比$\frac{P_X}{P_Y}$相等,而且这个相对价格是商品X的价格下降后的价格;另外,FG与初始的无差异曲线I_1相切,这表示假设的消费者的货币收入减少刚好能使消费者回到原有的效

用水平。FG 与 I_1 相切于均衡点 E_3，与原来的均衡点 E_1 相比，需求量的增加量为 X_1X_3，这个增量就是在剔除了实际收入水平变动以后的替代效应。在这里，X_1X_3 是正值，也就是说正常物品的替代效应与价格呈反方向变动。

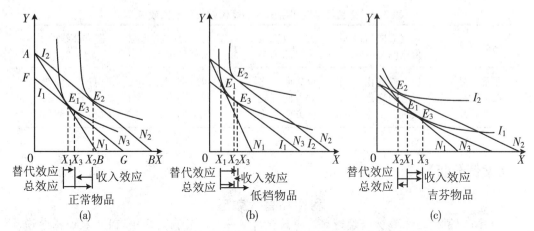

图 3.14　正常物品、低档物品和吉芬物品的替代效应和收入效应

再分析收入效应。收入效应是总效应的另一个组成部分。如果把补偿预算线 FG 再推回到 AB' 的位置，均衡点 E_3 与 E_2 之间的需求量的增量 X_3X_2 就是收入效应。在这里收入效应也是正值，也就是说正常物品的收入效应与价格呈反方向变动。

综上所述，对于正常物品来说，替代效应与价格呈反方向变动，收入效应也与价格呈反方向变动，在它们的共同作用下，总效应必定与价格呈反方向变动。因此，正常物品的需求曲线是向右下方倾斜的。

（二）低档物品

低档物品的特点是商品的需求量与消费者的收入水平呈反方向变动，即低档物品的需求量随着消费者收入水平的提高而减少，随着消费者收入水平的下降而增加。

如图 3.14(b)所示，对于低档商品来说，商品 X 的价格下降引起商品 X 相对于商品 Y 的价格发生变化，使消费者的均衡点由 E_1 移动到 E_3，相应的需求量的增量为 X_1X_3，这就是替代效应，X_1X_3 为正值说明低档物品的替代效应与价格呈反方向变动。而商品 X 价格下降引起的消费者的实际收入水平的变动使消费者的均衡点由 E_3 移动到 E_2，需求量由 X_3 减少到 X_2，这就是收入效应，X_3X_2 为负值，说明低档物品的收入效应与价格呈同方向的变动。这是由低档物品的特点决定的，当消费者的实际收入水平提高时，会使消费者减少对低档物品的需求量。因此，图 3.14(b)中的 E_2 点一定落在 E_1 和 E_3 点之间。

综上所述，低档物品的替代效应与价格呈反方向变动，收入效应与价格呈同方向变动，而且，大多数低档商品中，替代效应的作用大于收入效用的作用。因此，总效应与价格也呈反方向的变动。相应的需求曲线是向右下方倾斜的。

（三）吉芬商品

吉芬商品是低档物品中的特殊商品，这是由英国人吉芬于 1845 年发现的。当时爱尔兰发生灾荒，土豆价格上升，但是土豆的需求量反而增加了。这种需求量与价格呈同方向变动的特殊商品被称为吉芬商品。

如图 3.14(c)所示，对于吉芬商品来说，替代效应与价格呈反方向变动，收入效应则与价格呈同方向变动。而吉芬商品的收入效应作用很大,以至于超过了替代效应的作用,从而使得总效应与价格呈同方向变动,这导致吉芬物品的需求曲线呈现出向右上方倾斜。

这三种物品价格变化引起的替代效应和收入效应如表3.3所示。

表 3.3 商品价格变化所引起的替代效应和收入效应

商品类别	替代效应与价格的关系	收入效应与价格的关系	总效应与价格的关系	需求曲线的形状
正常物品	反方向变化	反方向变化	反方向变化	向右下方倾斜
低档物品	反方向变化	同方向变化	反方向变化	向右下方倾斜
吉芬物品	反方向变化	同方向变化	同方向变化	向右上方倾斜

【案例分析】3-5

利率和替代效应

利率降低时,现在减少储蓄增加消费的代价——利息的损失变小,因此人们愿意增加现在消费替代未来消费,这就是降息的替代效应。为了刺激消费,拉动内需,从而带动经济增长,在1998~1999年我国实施的6次降息的货币政策,正是基于以上原理而提出的,但事实证明这一政策的效果并不明显。究其原因,其中之一就是利息率的降低不仅存在刺激当前消费的替代效应,还存在收入效应,即利息率的降低减少了居民储蓄的利息收入,从而减少了居民的长期总收入。一般而言,收入决定消费,因而利息率的下降最终会降低当前消费。当利息率的收入效应超过替代效应时,即利息率的总效应为负,利率降低就会减少当前消费。这与政府通过降息来拉动内需的想法恰恰相反。由于当时我国居民储蓄额高达6万亿人民币,因此,当定期利息率由十多个百分点下降到二三个百分点时,引发的利息收入的减少是不容忽视的。另外,居民消费还受到示范作用、传统文化、生活方式、消费观念以及流动性约束和预期的不确定性、社会保障体系的健全与否、政策的稳定与否的影响,使得我国居民对未来消费的贴现率很低,推迟消费的损失很小。在这种背景下,降息的替代效应很小,收入效应就更大了,导致以降息来拉动内需的效果受到收入效应的限制。

(资料来源:根据网络相关信息整理.)

第六节 不确定性和风险☆

本节之前的分析都是确定情况下的消费者行为,没有涉及不确定情况下的消费者行为。然而,现实生活中存在着各种不确定性,在充满不确定性的经济活动中,如何探讨消费者的行为,就是本节的内容。

一、不确定性

不确定性就是行动者事先无法确定行动的结果。比如,你本来要购买的是甜苹果,但事实上买到的是酸苹果;购买彩票的人希望中奖,但结果令人失望;你购买了一座房子,不久之后,房子出人意料地涨价了。

经济学家奈特(Knight)把不确定性大致分为两类:一类是概率已知的不确定性,也被称作可度量的不确定性;另一类是概率未知的不确定性,也称作不可度量的不确定性。他还把概率已知的不确定性称作风险。下面,我们要讨论的是概率已知的不确定性。概率已知的不确定性描述的是这样一种情况:我们知道一类事件中各种结果出现的概率,但我们无法确定一次观察中具体出现什么结果。让我们看个例子:一座房子有可能遭受台风破坏,损失10000元,如果不发生这类灾害,这座房子价值35000元,假设灾害发生的概率是$\pi=0.01$,那么,拥有这座房子的人将以1%的概率拥有25000元的财产,以99%的概率拥有价值35000元的财产。在一个有可能遭受台风袭击的地区,没有人能确定一座房子是否会在某个时期内遭台风破坏,但是,根据过去的经验,我们可以估计这个地区的房子遭台风破坏的比例,并推断在未来某个时期内,一座房子遭台风破坏的概率。根据概率论中的大数定律,当观察到的事例足够多时,这样的推断是很可靠的。

二、消费者的风险态度

不确定条件下的消费者选择是指在充满不确定因素的经济活动中,消费者面对各种风险时如何进行消费选择。在有风险的情况下,每个消费者对风险的态度是不同的,可大体分为三类:风险回避者、风险爱好者和风险中立者。

(一) 风险回避者

当消费者可能获得的确定性收入效用大于有风险条件下的期望收入效用,或者两者相等时,消费者偏好确定性收入所得的效用,这时消费者成为风险回避者。图3.15(a)说明了这种情况,该图效用曲线是下凹的,即递减的,$U(100)=10$,$U(200)=20$,$U(100+200)=U(150)=18>U(200)+U(100)=15$,即$A$点表示的确定性收入效用高于$D$点表示的期望收入效用,这时消费者会选择$A$点而不选择$D$点。

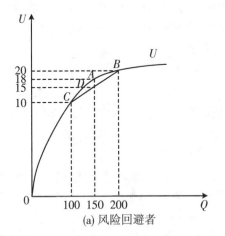
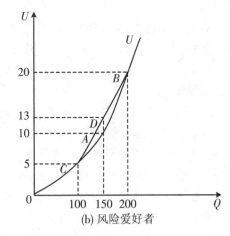

图3.15 风险回避者和风险爱好者选择

(二) 风险爱好者

当消费者可能获得的确定性收入效用小于有风险条件下的期望收入效用,或者两者相等时,消费者偏好风险收入所得的效用,这时消费者成为风险爱好者。图3.15(b)说明了这种情况,该图效用曲线是下凸的,即递增的。$U(100)=5$,$U(200)=20$,$U(100+200)=$

$U(150)=10<U(200)+U(100)=13$，表示确定性收入效用小于期望收入效用，这时消费者会选择 D 点而不会选择 A 点。

（三）风险中立者

一般消费者在无风险条件下确定收入的效用水平和有风险条件下的期望收入效用水平相等时，消费者为风险中立者。此时的效用曲线为直线。

在现实生活中，多数人是风险回避者，会以各种方式回避风险，主要有三种形式：风险分散化；即采取多样化行动以减少损失、增加收入、提高效用水平；购买保险，消费者放弃一部分现在收入作为保险金；购买财产或其他保险，一旦出现问题就能得到补偿，获得更多的信息，信息获得多，便于做出较为准确的判断以避免风险。

消费者行为理论是以消费者具有完全的理性和完全的自由为假设前提的，但事实上，消费者既不可能有完全的理性，也不可能有完全的自由。在现实生活中，消费者由于受修养、文化、习俗、思想意识等影响，并不可能具有完全的理性，也不能自觉地来追求满足程度的最大化。他们的消费行为受到许多因素的影响。在市场中消费者是弱小的，消费者的利益总是要受到这样或那样的损害。所以，为了指导消费者的消费行为，并保护消费者的利益，就需要政府有各种保护消费者的政策。例如，对价格的管制；政府及有关组织颁布商品的质量标准，规定任何商品都必须符合相应的质量标准；对广告进行限制，要求商品广告和商品说明书必须真实可靠；禁止不正确的消费，包括禁止出售枪支和毒品，禁止出售给未成年人一些不健康的玩具或书刊等；对提供某些劳务的劳动者的素质进行必要的限制，包括对提供医疗服务的医生、提供法律服务的律师和提供教育服务的教师资历和素质做出规定，并进行考核，考核合格方可从事这类职业；建立非官方"消费者协会"这类组织，保护消费者的利益等。

这些政策措施，对保护消费者的利益、指导正确消费起到了积极作用。但是，这些政策的实施也会有不利的影响。例如政府为此要有一定的支出，企业受的限制较多会不利于生产效率的提高等等。可见，个人消费不仅仅是个人问题，而且是整个社会的问题，如何既能尊重消费者的个人自由，又能维护整个社会的利益，是一个非常重要的理论与政策问题。

【课堂讨论】 你认为政府应该有哪些保护消费者的政策。

◆内容摘要

1. 效用理论的研究对象是消费者，效用被看成是消费者对物品或劳务满足自己欲望程度的主观评价。效用理论分为基数效用理论和序数效用理论，两种理论分别用边际效用分析方法和无差异曲线方法研究消费者均衡。

2. 基数效用论运用边际效用的分析方法得到了消费者均衡。根据边际效用递减规律，消费者为了实现效用最大化应该使自己所购买的各种商品的边际效用与价格之比相等。

3. 序数效用论把无差异曲线和预算线结合在一起来说明消费者的均衡。假设消费者收入与商品价格、消费者偏好既定，理性消费者应该选择最优的商品组合，使得两商品的边际替代率等于两商品的价格之比。由于边际替代率的绝对值也可以表示成两种商品的边际效用之比。基数效用论与序数效用论二者的结论实际上也是相通的。消费者均衡用公式表示为：$\dfrac{MU_1}{P_1}=\dfrac{MU_2}{P_2}$。

4. 在消费者的偏好、收入以及其他商品价格不变的条件下,与某一种商品的不同价格水平相联系的消费者效用最大化均衡点的轨迹为价格—消费曲线,由消费者的价格—消费曲线可以推导出消费者的需求曲线。

5. 一种商品价格的变化会引起该商品的需求量的变化,而这可以划分为替代效应和收入效应。正常商品、低档商品和吉芬商品的价格变化引起的替代效应和收入效应不同。

◆**关键词**

基数效用　序数效用　消费者均衡　边际效用递减规律　边际替代率递减规律　替代效应　收入效应　恩格尔系数　正常物品　低档物品　吉芬物品

◆**选择题**

1. 经济学家所说的"效用"是指(　　)。

　　A. 人们对某种商品的消费

　　B. 某种商品的消费量

　　C. 人们从消费一种商品中得到的满足程度

　　D. 人们消费商品的总成本

2. 关于基数效用论,不正确的是(　　)。

　　A. 基数效用论中效用可以以确定的数字表达出来

　　B. 基数效用论中效用可以加总

　　C. 基数效用论和序数效用论使用分析工具完全相同

　　D. 基数效用论认为消费一定量的商品的总效用可以由增加一个单位的消费所增加的效用加总得出

3. 当总效用增加时,边际效用应该(　　)。

　　A. 为正值,但不断减少　　　　　　B. 为正值,且不断增加

　　C. 为负值,且不断减少　　　　　　D. 以上都不对

4. 对于消费两种商品的消费者来说,实现效用最大化的均衡条件是(　　)。

　　A. $\dfrac{MU_1}{P_1} > \dfrac{MU_2}{P_2}$　　　　　　B. $\dfrac{MU_1}{P_1} < \dfrac{MU_2}{P_2}$

　　C. $\dfrac{MU_1}{P_1} = \dfrac{MU_2}{P_2}$　　　　　　D. $MU_1 = MU_2$

5. 消费者为某物实际支付多少钱和愿意为之付多少钱之间的差额叫(　　)。

　　A. 总效用　　　　　　　　　　　B. 边际效用

　　C. 消费者需求　　　　　　　　　D. 消费者剩余

6. 无差异曲线的形状取决于(　　)。

　　A. 消费者收入　　　　　　　　　B. 所购商品的价格

　　C. 消费者偏好　　　　　　　　　D. 商品效用水平的大小

7. 若无差异曲线上任何一点的斜率 $\dfrac{dy}{dx} = -\dfrac{1}{2}$,这意味着消费者有更多的 X 商品时,他愿意放弃(　　)单位 X 而获得一单位 Y。

　　A. $\dfrac{1}{2}$　　　　　　　　　　B. 2

　　C. 1　　　　　　　　　　　　　D. 1.5

8. 某消费者需求曲线上的各点(　　)。
   A. 表示该消费者的效用最大点　　B. 不表示效用最大点
   C. 有可能表示效用最大点　　　　D. 无法判断
9. 当吉芬物品的价格上升时,应该有(　　)。
   A. 替代效应为负值,收入效应为正值,且前者的作用小于后者
   B. 替代效应为正值,收入效应为负值,且前者的作用小于后者
   C. 替代效应为负值,收入效应为正值,且前者的作用大于后者
   D. 无法判断
10. 恩格尔曲线从(　　)导出。
    A. 价格-消费曲线　　　　　B. 收入-消费曲线
    C. 需求曲线　　　　　　　D. 无差异曲线

◆思考题
1. 试述基数效用论与序数效用论有何异同?
2. 边际效用递减规律的内容是什么?为什么边际效用会递减?
3. 钻石用处极小价格昂贵,必不可少的水却非常便宜,请用边际效用的概念加以解释。
4. 如果你有一辆需要四个轮子才可以开动的车有了三个轮子,那么当你有第四个轮子时,这第四个轮子的边际效用似乎超过第三个轮子的边际效用,这是不是违反了边际效用递减律?
5. 结合图形,说明价格下降时正常商品的收入效应和替代效应。
6. 商品的边际替代率(MRS)的含义是什么?为什么它是递减的?
7. 用替代效应和收入效应之间的关系解释低档商品与吉芬商品之间的区别。
8. 某人每月有120元可花费在 X 和 Y 两种商品上,他的效用函数为 $U=XY$, $P_X=2$ 元, $P_Y=4$ 元。要求:
(1) 为获得最大效用,他应购买多少单位 X 和 Y?
(2) 货币的边际效用和总效用各是多少?

◆案例题
我国许多大城市,由于水源不足,自来水供应紧张,请根据边际效用递减原理,设计一个方案供政府来缓解或消除这个问题,并请回答这种措施:
(1) 对消费者剩余有什么影响?
(2) 对生产资源的配置有何有利或不利影响?
(3) 对于城市居民的收入分配有何影响?有什么补救的办法?

第四章 厂商生产论

通过本章的学习,了解厂商的概念、组织形式、本质及其追求的目标;理解生产函数的含义、长期和短期的区别及规模报酬的含义及其分类;掌握短期生产函数中三条产量曲线的关系及生产的三个阶段;掌握两要素边际技术替代率递减规律及要素最优组合的原则;掌握运用等产量线和等成本线分析要素最优组合和利润最大化问题。

大和小谁更美好?

德国经济学家舒马赫曾写过一本《小的是美好的》的书,主张企业不要过大。然而,实践中许多大企业成绩显赫,成为世界 500 强。我们到底应该把企业做大还是做小呢?

其实正如我们所分析的,企业大有大的好处,小也有小的好处,关键要具体情况具体分析。从客观条件来说,要分析本行业的生产技术特点和市场需求特点,有些行业越大越好,但有些行业规模小可以适应需求复杂的条件,经营就会更有利。此外要根据具体条件分析自己的资金与人员实力,有些企业的确是越大越好,跨行业越多越有利,但如果企业筹资能力有限,或者管理能力不够,做得越大反而越困难。

我国经济在过去强调各地区的独立发展,许多地方不顾实际情况建立钢铁厂、化工厂、汽车厂(所谓"五小企业"),结果规模都不大,效益差。而一些分散、灵活的企业,如商业、服务业等反而做得很大。在市场经济的今天,仍然有一些人不顾一切想把企业做大,包括人为强迫企业合并,或者不顾条件限制进行多元化经营。其实企业大小也是市场竞争的结果,人为干预只会违背经济规律。

第一节 厂商、生产和生产函数

一、厂商或企业

(一) 厂商的组织形式

西方经济学使用厂商这一概念来分析生产者的行为,生产者亦称为企业或厂商,是指可以对生产和销售做出统一决策的经济单位。厂商不仅是生产产品的企业,也是提供服务的企业。随着厂商在市场经济中的不断发展和完善,厂商的组织形式主要有三种类型:个人业主制企业、合伙制企业和公司制企业。

1. 个人业主制企业

个人业主制企业是最原始的企业组织形式,是指由个人出资兴办、完全归个人所有和个人控制的企业。这种企业在法律上称为自然人企业,是最早产生的也是最简单的企业形态。个人业主制企业的优点是:一般结构简单、规模较小,开设、转让与关闭等行为仅需向政府登记即可,手续非常简单;利润全归个人所得,不需与别人分摊;经营制约因素较少,经营方式灵活;易于保护技术、工艺和财务秘密;企业主可以获得个人满足。同时个人业主制企业也有如下不足:往往责任无限,一旦经营失误,将面临资产抵押、家产抵押、人身抵押等困境;一般规模有限,企业的发展往往受到两方面因素的限制,一是个人资金的限制,二是个人管理能力的限制;企业寿命有限,企业与业主同存同亡,业主的死亡、破产、犯罪或转业都可能使企业不复存在。因此,企业的雇员和债权人不得不承担较大的风险。债权人往往要求企业主进行人身保险,以便当企业主死亡时可以用保险公司支付的保险金抵付债务。

2. 合伙制企业

合伙制企业是由两个以上的企业主共同出资,为了利润共同经营,并归若干企业主共同所有的企业。合伙人的出资可以是资金、实物或是知识产权。合伙企业的资金来源较广,信用能力较大,才智与经验更多,发展余地更大。然而,合伙企业产权转让须经所有合伙人同意方可进行,所以产权转让较为困难。由于大多数合伙制企业具有无限责任,所以企业一旦亏损且无力偿还时,即使投资份额只有一点点也要负有全部债务的连带责任。

3. 公司制企业

公司制企业是指依法设立,具有法人资格,并以盈利为目的的企业组织。公司是法人,在法律上具有独立的人格,是能够独立承担民事责任、具有民事行为能力的组织。公司制企业是现代企业的主要组织形式。公司为股东所有,公司的控制权是董事监督下的总经理。在资本市场上,公司企业是一种非常有效的融资组织形式,主要利用发行债券和股票来筹集资金。债券所有人不是公司的所有者,也不参加管理。公司股票是由公司发行的一定数量的具有一定票面价值的投资凭证。股票所有者是公司的股东,股东是公司的所有者,股东有权利参加公司的管理和索取公司利润,也有义务承担公司的损失。由于公司制企业能够通过发行债券和股票的形式筹集大量的资金,所以,公司制企业的资金雄厚,有利于实现规模生产,也有利于进一步强化分工和专业化。而且公司的组织形式相对稳定,有利于生产的长期发展。但公司组织可能由于规模庞大,内部的管理协调存在一定的困难。公司所有权和管理权的分离,也会带来一系列的问题,特别是管理者在经营上能否符合所有者意愿的问题。

(二)企业的本质

1937年,美国经济学家罗纳德·哈理·科斯(R. H. Coase)发表了《企业的本质》一文,开始对"企业的本质是什么"这一问题进行探讨。一些西方经济学家认为,企业作为生产的一种组织形式,在一定程度上是对市场的一种替代。市场与企业是两种可以相互替代的资源配置方式:市场交易主要是多个经济主体通过价格机制,通过外部调节形成的购买交易合约;而企业则是对市场交易的"内部化",在内部进行调节以降低交易成本。什么是交易成本呢?任何交易都可以看成是交易双方所达成的一项契约。所谓的交易成本可以看成是围绕交易契约所产生的成本。根据科斯等人的观点,一类交易成本产生于签约时交易双方面临的偶然因素所带来的损失,这些偶然因素由于事先不可能被预见而未写进契约,或者虽然能被预见到,但由于因素太多而无法写进契约。另一类交易成本是签订契约,以及监督和执行契约所花费的成本。

企业内部交易成本低于市场交易成本,则企业便有了存在的必要。可以设想两种极端的情况。在一种极端的情况下,每一种生产都由一个单独的人来完成,如一个人制造一辆汽车。这样,这个人就要和很多的中间产品的供应商进行交易,而且还要和自己的产品的需求者进行交易。在这种情况下,所有的交易都通过市场购买并在很多的个人之间进行。在另一种极端的情况下,经济中所有的生产都在一个庞大的企业内部进行,如完整的汽车在这个企业内部被生产出来,不需要通过市场进行任何中间产品的交易。由此可见,同一笔交易,既可以通过市场的组织形式来进行,也可以通过企业的组织形式来进行。企业之所以存在,或者说,企业和市场之所以同时并存,是因为有的交易在企业内部进行成本更小,而有的交易在市场中进行成本更小。

市场主要有哪些优势呢?就在市场上购买中间产品而言,由于大量的厂商一般都从少数几个供应商那里买货,这就有利于这几个供应商实现生产上的规模经济和成本降低。而且,中间产品供应者之间的市场竞争压力,也迫使供应商努力降低生产成本。此外,当少数几个供应商面对众多的中间产品的需求者时,这几个供应商可以避免由于销路有限而造成需求不稳定所可能带来的损失,从而在总体上保持一个稳定的销售额。

企业主要有哪些优势呢?首先,厂商在市场上购买中间产品是需要花费交易成本的,它包括企业在寻找合适的供应商、签订合同及监督合同执行等方面的费用。如果厂商能够在企业内部自己生产一部分中间产品,就可以消除或降低一部分交易成本,而且,还可以更好地保证产品的质量。其次,如果某厂商所需要的是某一特殊类型的专门化设备,而供应商一般不愿意在只有一个买主的产品上进行专门化的投资和生产,因为这种专门化投资的风险比较大。因此,该厂商就需要在企业内部解决专门化设备的问题。最后,厂商雇用一些具有专门技能的员工,如专门的产品设计、成本管理和质量控制等人员,并与他们建立长期的契约关系。这种办法要比从其他厂商那里购买相应的服务更为有利,从而也消除或降低了相应的交易成本。

西方经济学家进一步指出,导致交易成本在市场和企业这两个组织之间不相同的主要因素在于信息的不完全性。由于信息的不完全性,契约的任何一方都会努力收集和获取自己所没掌握的信息,去监督对方的行为,并设法在事先约束和在事后惩罚对方的违约行为等等。所有这些做法,都会产生交易成本。

尽管企业的内部交易会消除或降低一部分市场交易成本,但是,与此同时也带来了企业所特有的交易成本。导致企业这一缺陷的主要原因同样在于信息的不完全性。具体来说,首先,企业内部存在着各种契约关系,其中包括企业与劳动者的契约关系、企业与管理者的契约关系等。企业要对其雇用的工人、产品推销员、经理等各类人员的工作进行监督,同时还要诱导他们为企业努力工作。所以,企业要在签订契约以及在监督和激励方面花费成本。其次,企业决策者往往要从下级获取信息,企业上层的决策信息又要通过向下级传递而得到实现。这两个不同方向的信息传递,都会因企业规模扩大带来的隶属层次的增多而被扭曲,从而导致企业效率的损失。再次,企业的下级往往出于利己的动机向上级隐瞒或传递错误的信息,以使上级做出有利于下级的决策;或者,下级对上级的决策仅传递或执行对自己有利的部分,这些都将导致企业效率的损失。由此可见,企业的扩张是有限制的。根据科斯的理论,企业的规模应该扩张到这样一点,即在这一点上再多增加一次,内部交易所花费的成本与通过市场进行交易所花费的成本相等。

(三) 厂商的目标

利润最大化是企业最基本的目标。因为在竞争激烈的市场环境中,企业只有靠利润才能生存,才能寻求发展所需的资金。利润对所有企业来说是一种最强有力的刺激。但在现实生活中厂商的目标可能存在多种形式。例如:有的企业以追求销售收入最大化为目标,因为销售收入的多少在一定程度上反映了企业在市场上的竞争地位和实力,在销售额排行榜中名列前茅的企业一般被认为是一个充满生机和活力的企业,是一个经营良好的企业;有的企业以追求市场份额最大化为目标,因为市场份额是衡量一个企业在本行业中地位和作用的重要指标;有的企业更注重社会责任与道义,能够主动承担一些社会责任,积极实现与社会的和谐发展;有的企业则把稳定与增长作为目标,追求的是适度利润。当然,也有企业在一定时期是以追求亏损最小化为目标的。而在公司制企业里,所有者与经营者分离,经营者往往会追求自身效用的最大化,而不是公司利益的最大化。管理学家彼得·德鲁克(P. F. Drucke)认为企业的目标有三个:获得经济利润、承担经济责任和帮助成员实现理想和事业。

虽然企业的目标各有不同,但实现利润最大化能够在一定程度上解释和预测企业的经济行为。因此,本书中我们假定追求利润最大化是企业的主要目标。

二、生产与生产要素

生产是创造供人们购买的物质资料或劳务的行为,是对各种要素进行组合制成产品的过程,即劳动力和生产资料相结合创造使用价值的过程。其中生产产品所投入的经济资源(劳动力和生产资料)即为生产要素。

在西方经济学中,生产要素一般可以概括为以下四类:劳动、土地、资本和企业家才能。劳动是人类为了进行生产或者为获取收入而提供的劳务,包括体力劳动与脑力劳动。无论是建筑工人还是程序员,无论是物质生产还是生活服务,这些付出都是劳动的表现。土地属于劳动的对象,它不仅指土地本身,还包括地上和地下的一切自然资源,如森林、江河湖泊、海洋和矿藏等。资本包括实物资本和货币资本。实物资本主要有厂房、机器设备、动力燃料、原材料等;货币资本指以货币形式存在的资本,如开办或维持企业经营的资金。企业家才能指经营管理企业的能力和创新能力。在竞争激烈的市场经济中,企业家才能对一个企业的运营状态至关重要,甚至决定着企业的兴衰。

三、生产函数

生产过程中生产要素的投入量和产品的产出量之间的关系,可以用生产函数来表示。生产函数表示在一定技术条件下,生产要素投入量与它所能生产的最大产量之间的关系;或者说,是一组既定的投入与之所能生产的最大产量之间的依存关系。

假定 $X_1, X_2, \cdots, X_n$ 依次表示某产品生产过程中所使用的 n 种生产要素的投入数量,Q 表示所能生产的最大产量,则生产函数可以写成

$$Q = f(X_1, X_2, \cdots, X_n) \tag{4.1}$$

该生产函数表示在既定的生产技术水平下生产要素组合$(X_1, X_2 \cdots, X_n)$在每一时期所能生产的最大产量为Q。在经济学的研究中,为便于分析和理解,我们假设生产要素有两种,L表示劳动投入数量,K表示资本投入数量,则生产函数写为

$$Q = f(L, K) \quad (4.2)$$

在经济生产过程中,生产要素投入量与其所能生产的最大产量之间的这种依存关系普遍存在。无论是汽车的生产还是学校的教学,其投入与产出之间都存在着某种特定的函数关系。生产函数有多种多样的形式,在经济学分析中比较常见的形式如下:

(一) 固定替代比例的生产函数

该函数表示在每一产量水平上任何两种要素之间的替代比例都是固定的。假设生产过程中,只使用劳动和资本两种要素,则固定替代比例的生产函数的表达形式为

$$Q = aL + bK \quad (常数\ a、b > 0) \quad (4.3)$$

式中,Q 表示产量,L 和 K 分别表示劳动和资本的投入量,常数 a、$b>0$。与这一线性生产函数相对应的等产量曲线是一条直线,即增加一单位劳动投入,就必须放弃 $\frac{a}{b}$ 单位资本。

(二) 固定投入比例的生产函数(里昂惕夫生产函数)

该函数表示在每一个产量水平上任何一对要素投入量之间的比例都是固定的。假定生产过程中只使用劳动和资本两种要素,则固定投入比例生产函数的表达形式为

$$Q = \min\left\{\frac{L}{u}, \frac{K}{v}\right\} \quad (4.4)$$

式中,Q 表示产量,L 和 K 分别表示劳动和资本的投入量,常数 u、$v>0$,分别为固定的劳动和资本的生产技术系数,即分别表示生产一单位产品所需要固定的劳动投入量和固定资本投入量。在该生产函数中,一般又通常假定生产要素投入量 L、K 都满足最小的要素投入组合的要求。所以有

$$Q = \frac{L}{u} = \frac{K}{v} \quad (4.5)$$

产量 Q 取决于 $\frac{L}{u}$ 和 $\frac{K}{v}$ 这两个比值中较小的那一个,即使其中一个比例数值较大,那也不会提高产量 Q。如图 4.1 所示,生产要素的投入都是选择如 a、b、c 那样的角点。

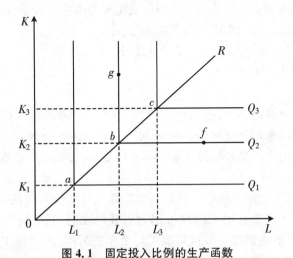

图 4.1 固定投入比例的生产函数

由图 4.1 可知,横轴和纵轴分别表示劳动和资本的投入数量,各自以 a、b、c 为顶点的三条折线依次表示生产既定的产量 Q_1、Q_2 和 Q_3 的生产要素组合。以 Q_2 为例,生产产量 Q_2 的最优生产要素组合点为 b 点,同一产量水平下,g 点资本投入过多,f 点劳动力投入过多。

同理，a、c 点分别为 Q_1、Q_3 产量水平下的最小要素投入量组合。射线 OR 上的点为固定投入比例生产函数的所有产量水平的最小要素投入量组合。

日常生活中，我们通常遇到固定投入比例的生产函数关系，例如：一台拖拉机工作时只要一个驾驶员。

（三）柯布-道格拉斯生产函数

在 20 世纪 30 年代初，美国数学家 C·柯布与经济学家 P·道格拉斯根据美国 1899～1922 年的工业生产统计资料，计算出这一时期美国的生产函数为：$Q=1.01L^{0.75}K^{0.25}$，它说明，在这一期间的总产量中，劳动份额的贡献率为 75％，资本份额的贡献率为 25％。这就是著名的柯布-道格拉斯生产函数。该生产函数的一般形式为

$$Q = f(L,K) = AL^\alpha K^\beta (A、\alpha 和 \beta 为三个参数, A>0, 0<\alpha, \beta<1) \tag{4.6}$$

式中，α 和 β 分别表示劳动和资本在生产过程中的相对重要性，α 为劳动所得在总产量中所占的份额，β 为资本所得在总产量中所占的份额。

另外，当 K 和 L 都增加 λ 倍时

$$A(\lambda L)^\alpha (\lambda K)^\beta = \lambda^{\alpha+\beta} AL^\alpha K^\beta \Rightarrow f(\lambda L_1 \lambda K) = \lambda^{\alpha+\beta} f(L,K)$$

因此，规模报酬状况取决于 $\alpha+\beta$ 与 1 之间的大小关系：若 $\alpha+\beta>1$，规模报酬递增；若 $\alpha+\beta=1$，规模报酬不变；若 $\alpha+\beta<1$，则规模报酬递减。

四、短期与长期

根据企业能否调整生产要素的投入，生产函数可以分为短期生产函数与长期生产函数。经济学中的短期与长期不是指一个具体的时间跨度，而是指能否使厂商来得及调整生产规模所需要的时间长度。

短期是指在这段时期内，生产者来不及调整全部生产要素的数量，至少有一种生产要素的数量是固定不变的。就是说，在短期内，企业的生产要素分为可变投入与固定投入。可以变动的那部分要素投入叫可变投入，无法变动的那部分要素投入叫固定投入。在短期内，企业的产量将随可变投入的变动而变动。生产中最重要的两种投入是劳动和资本，分析中，通常假定资本不变动，因此，短期生产函数可以表示为

$$Q = f(L, \overline{K})$$

由于 $\overline{K}$ 不变，所以可以简写成

$$Q = f(L)$$

长期是指在这段时期内，所有投入的生产要素（L，K 等）都是可以变动的，没有可变与不变之分。生产者可以根据企业的经营状况，缩小或扩大生产规模，甚至可以加入或退出一个行业。因为在长期内生产要素的投入量全部是可变的，长期生产函数可以表示为

$$Q = f(L, K)$$

需要注意的是，西方经济学所说的短期和长期并不是一段规定的时期（如 1 年、10 年），而是以能否变动全部生产要素投入的数量作为划分标准的，其时间长短视具体情况而定。例如，要想改变钢铁厂的炼钢设备数量可能需要 2 年的时间；而增加 1 家饮食店，并对其进行全新装修则只需几个月。

第二节 短期生产函数

一、短期生产函数的含义

短期生产函数(一种可变生产要素的生产函数)是指在技术水平不变的条件下,至少有一种要素投入是固定不变的,其他要素投入是变动的生产函数。一种可变生产要素的生产函数表示产量 Q 随一种可变投入要素的变化而变化的关系。它的函数形式为

$$Q = f(X) \tag{4.7}$$

若假设仅使用劳动与资本两种要素,并设资本要素不变,劳动要素可变,则有函数

$$Q = f(L, \overline{K}) \tag{4.8}$$

或短期生产函数可简记为

$$Q = f(L) \tag{4.9}$$

二、总产量、平均产量和边际产量

(一) 总产量、平均产量和边际产量的含义

短期产量分析是建立在一种可变生产要素的变动所引起的产量的变动的基础上进行的总产量、平均产量和边际产量分析。其中,可变生产要素(劳动)投入量是自变量,产量是因变量。由此,我们可以得到劳动的总产量、劳动的平均产量和劳动的边际产量这三个概念。

总产量(total products, TP_L),是在资本投入既定的条件下,与一定可变生产要素劳动的投入量相对应的最大产量总和。公式为

$$TP_L = f(L) = Q \tag{4.10}$$

平均产量(average products, AP_L),是指平均每个单位可变生产要素劳动所能生产的产量。公式为

$$AP_L = \frac{TP_L}{L} = \frac{Q}{L} \tag{4.11}$$

边际产量(marginal product, MP_L),是指每增加一单位可变要素劳动的投入量所引起的总产量的增加量。公式为

$$MP_L = \frac{\Delta TP_L(L)}{\Delta L} \quad \text{或} \quad MP_L = (TP)' = \frac{\mathrm{d}TP_L}{\mathrm{d}L} \tag{4.12}$$

例如,在一个食品厂中投入 10 个工人的劳动,生产出 100 千克糖果,则 100 千克糖果就是投入 10 个工人的劳动总产量。平均产量是指平均每单位生产要素所生产出来的产量。在上例中,每千克糖果的平均产量就是 10 千克(100/10=10)。边际产量是指每增加一单位生产要素所增加的产量。在上例中,如果在 10 个工人劳动的基础上再增加 1 个工人,糖果产量就可以增加 2 千克,则这 2 千克糖果就是第 11 个工人的边际产量。

现假定在某产品生产使用的生产要素是资本和劳动,其中资本的投入量是固定不变的,劳动的投入量是可变的,如表 4.1 所示。

表 4.1 劳动投入与总产量、平均产量、边际产量之间的关系

资本量(K)	劳动投入量(L)	总产量(TP)	平均产量(AP)	边际产量(MP)
100	0	0	0	—
100	1	5	5.00	5
100	2	20	10.00	15
100	3	45	15.00	25
100	4	75	18.75	30
100	5	106	21.20	31
100	6	135	22.50	29
100	7	160	22.86	25
100	8	175	21.88	15
100	9	175	19.44	0
100	10	160	16.00	−15

根据表 4.1，可以做出图 4.2。

横轴表示可变要素劳动的投入数量 L，纵轴表示产量 Q，TP_L、AP_L 和 MP_L 三条曲线依次表示劳动的总产量曲线、劳动的平均产量曲线和劳动的边际产量曲线。这三条曲线都是先呈上升趋势，达到各自的最高点后，再呈下降趋势，如图 4.2 所示。

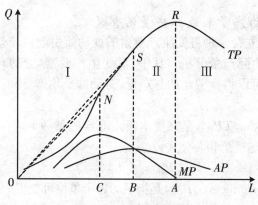

图 4.2 短期产量曲线

由图 4.2 可以得到，总产量曲线呈现以下的特点：初期随着可变投入的增加，总产量递增的增长率上升，然后以递减的增长率上升，达到某一极大值后，随着可变投入的继续增加反而下降。平均产量变动呈现以下的特点：初期随着可变要素投入的增加，平均产量不断增加，到一定点达到极大值，之后随着可变要素投入量的继续增加，转而下降。而边际产量曲线变动呈现以下的特点：边际产量在开始时，随着可变要素投入的增加不断增加，到一定点达到极大值，之后开始下降，边际产量可以下降为零，甚至为负。边际产量是总产量增量的变动情况，它的最大值在 TP 由递增上升转入递减上升的拐点处。

（二）总产量、平均产量和边际产量之间的关系

实际上，总产量、平均产量和边际产量相互之间存在着相互对应的关系。

1. 边际产量和总产量之间的关系

由 $MP_L = \dfrac{dTP_L(L,K)}{dL}$ 可以推知，过 TP_L 曲线任何一点的切线的斜率就是相应的 MP_L 值。只要边际产量是正的，总产量总是增加的；只要边际产量是负的，总产量总是减少的；当边际产量为零时，总产量达最大值。边际产量曲线先上升，达到最大值后再下降，相应的总

产量曲线的切线的斜率先是递增,在拐点后递减,即边际产量曲线的最大值点和总产量曲线的拐点相互对应。

2. 平均产量和总产量之间的关系

由 $AP_L = \dfrac{TP_L(L,K)}{L}$ 可以推知,连接 TP_L 曲线上任何一点和坐标原点的线段的斜率,就是相应的 AP_L 值。因而,当 AP_L 曲线达最大值点时,TP_L 曲线必然有一条从原点出发的最陡的切线。由图4.2可知,直线 OS 过原点与 TP_L 总产量曲线相切于 S 点,这条线是所有原点和 TP 曲线的连线中斜率最大的一条,该点对应着平均产量曲线 AP_L 的最高点。在 O 到 B 之间,随着劳动投入的增加,平均产量不断增加;在 B 点,平均产量达到最大值;在 B 点以后,随着劳动投入的继续增加,平均产量开始减少。

3. 边际产量和平均产量之间的关系

MP_L 曲线与 AP_L 曲线相交于 AP_L 曲线的最高点,相交前,MP_L 曲线在 AP_L 曲线上方,MP_L 曲线将 AP_L 曲线拉高;相交后,MP_L 曲线低于 AP_L 曲线,MP_L 曲线将 AP_L 曲线拉低。即当 $MP_L > AP_L$ 时,平均产量曲线上升;当 $MP_L < AP_L$ 时,平均产量曲线下降;当 $MP_L = AP_L$ 时,平均产量曲线达到最高点。不管是上升还是下降,MP_L 曲线的变动都快于 AP_L 曲线的变动。

实际上,就任何一对边际量和平均量而言,只要边际量大于平均量,边际量就把平均量拉高;只要边际量小于平均量,边际量就把平均量拉低,边际量相交于平均量的极值点。举一个简单的实际例子:假定某班级学生的平均身高为1.80米,如果新加入的一名学生的身高为1.90米(相当于边际量),那么整个班的平均身高就会增加;相反,如果新加入的一名学生的身高为1.75米(相当于边际量),那么整个班的平均身高就会下降。

三、边际报酬递减规律

对一种可变生产要素的生产函数来说,边际产量表现出的先上升而最终下降的特征,被称为边际报酬递减规律,有时也被称为边际产量递减规律或边际收益递减规律。边际报酬递减规律是指在技术水平不变的条件下,在连续等量地把某一种可变生产要素添加到其他一种或几种数量不变的生产要素过程中,当这种可变生产要素的投入量小于某一特定值时,增加该要素投入所带来的边际产量是递增的;当这种可变要素的投入量连续增加并超过这个特定值时,增加该要素投入所带来的边际产量是递减的。这个规律强调的是边际产量最终必然会呈现出递减的特征。

边际报酬递减规律产生的原因可归为:对于任何产品的短期生产来说,可变要素投入和固定要素投入之间都存在着一个最佳的数理组合比例。在开始时,由于不变要素投入量给定,而可变要素投入量为零,因此,生产要素的投入量远没有达到最佳的组合比例。所以,随着可变要素投入量的逐渐增加,相应的可变要素的边际产量呈现出递增趋势。一旦生产要素的投入量达到最佳的组合比例,可变要素的边际产量达到最大值,在这一点之后,可变要素的边际产量便呈现出递减的趋势了。

【课堂讨论】 举例说明什么是边际报酬递减规律?它带给我们什么启示?

【案例分析】4-1

边际实物报酬是怎样递减的?

某工厂要用4台机床生产汽车零件。开始时,工厂雇佣了4名工人,一人一台机床。由于每个人既要操作机床,又要做些必要的辅助工作(如卡零件、借用工具、相互传递等),使机床的生产效率无法得到充分发挥,结果日总产量为32件,人均产量只有8件。为增加产量,厂长决定再多雇佣一个人,这样就有一个人可以专门做辅助工作,其他4个人能够把大部分时间用在机床上,这时日总产量增加到41件,人均产量为8.2件,边际产量为9件。现在再多雇佣一个人,绝大部分辅助工作就能由2人完成,其余4人盯住机床,充分发挥了设备的效率,日总产量又增加到54件,人均产量为9件,边际产量为13件。这就是边际实际报酬的递增阶段,总产量以递增的速度增加。如果此时,厂长再多雇佣一个人,由于新投入的第三个人只能担负一部分辅助工作,有一部分时间没活干,因此日总产量会增加到63件,但平均产量保持不变,边际产量反而下降。此后,随着投入的劳动力进一步增加,不但剩余时间越来越多,而且互相干扰,废品率也相应上升,结果平均产量不断下降,边际产量下降更快。这就是边际实物报酬递减阶段,总产量以递减的速度增加。

(资料来源:根据网络相关信息整理.)

在理解这一规律的时候,我们还要注意:这一规律发生作用的前提是技术水平不变;生产中使用的生产要素分为可变的与不变的两类,即技术系数是可变的。根据边际报酬递减规律,通常把一种生产要素增加所引起的产量或收益的变动分为三个阶段,即总产量和边际产量都增加阶段,总产量增加边际产量递减阶段,总产量和边际产量都减少阶段。

【资料链接】4-1

马尔萨斯人口论与边际报酬递减规律

经济学家马尔萨斯(1766~1834)的人口论的一个主要依据便是报酬递减定律。他认为,随着人口的膨胀,越来越多的劳动为耕种土地,地球上有限的土地将无法提供足够的食物,最终劳动的边际产出与平均产出下降,但由于有更多的人需要食物,因而会产生大的饥荒。幸运的是,人类的历史并没有按马尔萨斯的预言发展(尽管他正确地指出了"劳动边际报酬"递减)。在20世纪,技术发展突飞猛进,改变了许多国家(包括发展中国家,如印度)的食物的生产方式,劳动的平均产出因而上升。这些进步包括高产抗病的良种、更高效的化肥、更先进的收割机械。在第二次世界大战结束后,世界上总的食物生产的增幅总是或多或少地高于同期人口的增长。粮食产量增长的源泉之一是农用土地的增加。例如,1961~1975年,非洲农业用地所占的百分比从32%上升至33.3%,拉丁美洲则从19.6%上升至22.4%,在远东地区,该比值则从21.9%上升至22.6%。但同时,北美的农业用地则从26.1%降至25.5%,西欧由46.3%降至43.7%。显然,粮食产量的增加更大程度上是由于技术的改进,而不是农业用地的增加。在一些地区,如非洲的撒哈拉,饥荒仍是个严重的问题。劳动生产率低下是其原因之一。虽然其他一些国家存在着食物剩余,但由于食物从生产率高的地区向生产率低的地区的再分配存在困难,且生产率低的地区收入也低,饥荒仍威胁着部分人群。

(资料来源:根据网络相关信息整理.)

四、短期生产的三个阶段

根据短期生产的特点,我们可以将短期生产划分为三个阶段,每个阶段呈现出不同的变化特征,如图4.3所示。

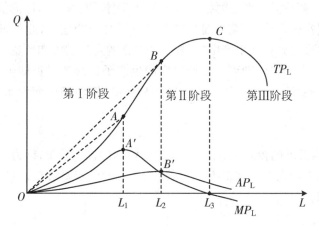

图4.3 一种可变生产要素的生产函数的产量曲线

(一)第Ⅰ阶段(OB)

这一阶段的主要特征为 AP_L 产量递增,即 AP_L 从0增到其最大值点。在这一阶段,随着劳动投入的不断增加,总产量在不断增加,平均产量也在不断增加。说明在这一阶段,相对于不变的资本量而言劳动投入量不足,所以劳动投入量的增加可以使资本利用效率越来越高,不但总产量增加,而且劳动生产率,也就是劳动的平均产量也是递增的。由此看来,劳动投入量不应该停止在第一个阶段,而至少要增加到 B 点为止。否则,资本的利用效率就不充分。

(二)第Ⅱ阶段(BC)

这一阶段的主要特征是 AP_L 产量递增,但 MP_L 从大于零减少到零。在这一阶段,随着劳动投入的不断增加,不变的资本越来越接近被充分利用。然而,由于劳动生产率在这一阶段开始下降,平均产量则开始递减。在这一阶段,虽然边际产量继续下降,但还是正值,因而总产量还是在不断增加,只是增加的幅度越来越小。在劳动量增加到 C 点时,总产量可以达到最高。

(三)第Ⅲ阶段(C以上)

这一阶段的主要特征是 AP_L 产量继续下降,MP_L 为负值,TP_L 也呈现下降的趋势。在这一阶段,随着劳动投入的继续增加,不变的资本被完全充分利用,已经不再有增加产量的潜力。在这一阶段,不但平均产量在继续下降,而且边际产量已成为负值,也就是总产量开始绝对减少。很显然,劳动投入量超过 C 点之后是不利的。

综上所述,生产要素的合理投入区间应该是第Ⅱ阶段,即平均产量最大值点至总产量最大值点。任何理性的生产者既不会将生产停留在第Ⅰ阶段,也不会将生产扩张到第Ⅲ阶段,所以,生产只能在第Ⅱ阶段进行。在生产的第Ⅱ阶段,生产者可以得到由第Ⅰ阶段增加可变要素投入所带来的全部好处,又可以避免将可变素投入增加到第Ⅲ阶段带来的不利影响。因此,第Ⅱ阶段是生产者进行短期生产的决策区间。至于在生产的第Ⅱ阶段,生产者所应选择的利润最大化的最佳投入数量究竟在哪一点,这一问题还需结合成本、收益和利润进行深入的分析。

第三节 长期生产函数

短期生产中,厂商只需要考虑要投入多少劳动;而长期生产中,厂商能改变所有要素,则其需要考虑什么呢?很显然,厂商要对生产要素进行合理的配置,此外,还要考虑企业的生产规模。下面我们来讨论长期生产中,可变生产要素的合理配置和产量之间的关系。

为了简化分析,下面以两种可变生产要素的生产函数来考察长期生产问题。假定生产者使用劳动和资本两种可变生产要素来生产一种产品,则两种可变生产要素的长期生产函数可以写为

$$Q = f(L,K) \tag{4.13}$$

式中,L 为可变要素劳动的投入量;K 为可变要素资本的投入数量;Q 为产量。

长期生产函数表示在技术水平不变的条件下,两种可变要素投入量的组合与能生产的最大产量之间的依存关系。

一、等产量曲线

等产量曲线表示其他条件不变时,为生产一定的产量所需投入的两种生产要素的各种可能组合点的轨迹。若有资本与劳动两种生产要素,有 A、B、C、D 四种组合方式,这四种组合方式都可以达到相同的产量,如表 4.2 所示。

表 4.2 生产要素投入组合表

组合方式	劳动量(L)	资本量(K)	产量(Q)
A	10	20	200
B	20	10	200
C	25	8	200
D	40	5	200

根据表 4.2,可做出图 4.4,横轴代表劳动量,纵轴代表资本量,Q 为等产量线,即该线上任何一点所表示的资本与劳动数量的组合,都能生产出相等的产量。

等产量曲线的特征如下:

第一,距原点越远的等产量曲线表示的产量水平越高;反之,则越低。

第二,同一平面坐标上的任何两条等产量曲线不会相交,因为每一条产量曲线代表着不同的产量水平。

第三,等产量曲线上任何一点的边际技术替代率为负,因此曲线向右下方倾斜。这意味着在产量水平一定时,要增加某一要素投入量,就要减少另一要素投入量。如果等产量曲线斜率为正,表明资本和劳动同时增加或减少,才可以维持总产量不变。这意味着,其中一种生产要素的投入量达到饱和状态,再增加这一要素的投入量,其边际产量反而为负值,这时为了保持总产量

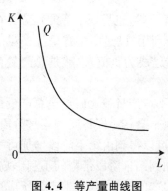

图 4.4 等产量曲线图

不变,只有增加另一种要素的投入量。例如,化肥的过多使用会使农产品产量减少,只有增加劳动才能弥补由此造成的损失。

第四,等产量线凸向原点,这是因为等产量曲线的边际技术替代率递减。

二、边际技术替代率

边际技术替代率是与等产量曲线相联系的一个重要概念,正是由于边际技术替代率递减使等产量曲线凸向原点。边际技术替代率(marginal rate of technical substitution,MRTS),是指在维持产量水平不变的条件下,增加一单位某种生产要素投入量所能替代的另一种生产要素的投入量。用公式表示为

$$MRTS_{LK} = -\frac{\Delta K}{\Delta L} \tag{4.14}$$

式中,ΔK 和 ΔL 分别表示资本投入量的变化量和劳动投入量的变化量,式中加负号是为了使 $MRTS_{LK}$ 为正值,以便于比较。

如果要素投入量的变化量为无穷小,式(4.14)变为

$$MRTS_{LK} = \lim_{\Delta L \to 0} -\frac{\Delta K}{\Delta L} = -\frac{dK}{dL} \tag{4.15}$$

上式说明等产量曲线上某一点的边际技术替代率就是等产量曲线上该点斜率的绝对值。

边际技术替代率为负值,给定产量的等产量曲线上的点作为代表一种技术上有效率的组合,意味着为生产同一产量,增加 L 的使用量,就必须减少 K 的使用量,二者呈反方向变化。

边际技术替代率与边际产量也存在着对应的关系,即边际技术替代率(绝对值)可以表示为两种要素的边际产量之比,具体推导如下:

设生产函数为 $Q = f(L, K)$,则

$$dQ = \frac{dQ}{dL} \cdot dL + \frac{dQ}{dK} \cdot dK = MP_L \cdot dL + MP_K \cdot dK$$

由于同一条等产量线上产量不变,即 $dQ = 0$,则上式变为

$$MP_L \cdot dL + MP_K \cdot dK = 0$$

即

$$-\frac{dK}{dL} = \frac{MP_L}{MP_K}$$

由边际技术替代率的定义公式可知

$$MRTS_{LK} = \frac{MP_L}{MP_K} \tag{4.16}$$

上述关系是因为边际技术替代率是建立在等产量曲线的基础上的,所以对于任意一条给定的等产量曲线来说,当用劳动投入代替资本投入时,在维持产量水平不变的前提下,由增加劳动投入量所带来的总产量的增加量和由减少资本量所带来的总产量的减少量必然相等。

边际技术替代率存在着递减的规律:在维持产量不变的前提下,当一种要素的投入量不断增加时,每一单位的这种要素所能代替的另一种生产要素的数量是递减的。

边际技术替代率递减的原因在于任何一种产品的生产技术都要求各要素投入之间有适当的比例,这意味着要素之间的替代是有限制的。简单地说,以劳动和资本两种要素投入为

例,在劳动投入量很少和资本投入量很多的情况下,减少一些资本投入量可以很容易地通过增加劳动投入量来弥补,以维持原有的产量水平,即劳动对资本的替代是很容易的。但是,在劳动投入增加到相当多的数量和资本投入量减少到相当少的数量的情况下,再用劳动去替代资本就很困难了。边际技术替代率递减规律决定了等产量曲线的斜率的绝对值递减,即边际技术替代率递减规律使得向右下方倾斜的等产量曲线必然凸向原点。

三、等成本线

在生产要素市场上,厂商对生产要素的购买支付,构成了厂商的生产成本。成本问题是追求利润最大化的厂商必须要考虑的一个经济问题。等成本线(isocost line),是指在一定时期内,在既定的成本和既定的生产要素价格条件下,厂商可以购买到的两种生产要素所有可能的组合,其公式表达式称为成本方程,也称为厂商的预算限制线,表示厂商对于两种生产要素的购买不能超出总成本支出的限制。

等成本线的公式为

$$C = w \cdot L + r \cdot K \tag{4.17}$$

由此推导出 $K = -\frac{w}{r}L + \frac{C}{r}$,由公式可得等成本线的斜率为 $-\frac{w}{r}$。

如图4.5所示,等成本线在纵轴上的截距 $\frac{C}{r}$ 表示全部成本支出用于购买资本时所能购买的资本数量,等成本线在横轴上的截距 $\frac{C}{w}$ 表示全部成本支出用于购买劳动时所能购买的劳动数量,等成本线的斜率为 $-\frac{w}{r}$,其大小取决于劳动和资本两要素相对价格的高低。

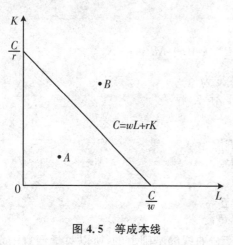

图4.5 等成本线

在图4.5中,等成本线以内的区域,其中的任意一点(如A点)表示购买该要素组合后既定的总成本仍有剩余;等成本线以外的区域,其中的任意一点(如B点)表示既定的成本不够购买该点的劳动和资本的组合;等成本线上的任意一点表示既定的全部成本刚好能购买的劳动和资本的组合。

当某投入的要素价格发生变化,而成本和另一要素不变时,等成本线发生转动。比如,当资本价格不变,而劳动价格发生变化时,会使等成本线左右旋转;如果两种生产要素的价格不变,等成本线可因总成本的增加或减少而平行移动,等成本线的斜率不会发生变化,在同一平面上,距离原点越远的等成本线代表成本水平越高;生产者的成本和要素价格同时发生变化时,生产者的成本和要素价格同时发生变化,这时情况比较复杂,要根据变化后的具体情况进行分析。

四、生产要素的最优投入组合

最优的生产要素组合,对于生产者来说要么是既定成本条件下的产量最大,要么是既定产量条件下的成本最小。在长期生产中,任何一个理性的生产者都会选择最优的生产要素组合进行生产,从而实现利润的最大化。生产要素的最优组合也称为生产者的均衡。生产者的均衡存在着严格的假设条件,即在一定的技术条件下,厂商只使用两种可变生产要素劳动和资本,且劳动的价格和资本的价格给定。事实上在厂商的成本既定或是产量既定的情况下,达到生产者的均衡时,厂商也实现了利润的最大化。下面分两种情况来分析:

(一) 关于既定成本条件下的产量最大化

结合图 4.6 来看,只有唯一的等成本线和无数条等产量曲线中的某一条相切的切点 E,才是既定成本条件下的产量最大化的均衡点。Q_1 产量虽然与等成本线有两个交点,但其产量水平明显小于 Q_2;Q_3 产量水平最高,但其与给定的等成本线没有交点,所以只有 Q_2 产量与等成本线的切点 E,才是既定成本条件下的产量最大化。

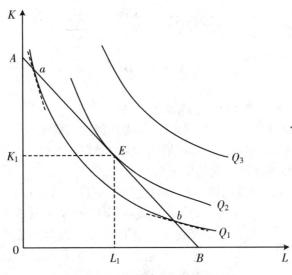

图 4.6 既定成本条件下产量最大化

等产量线 Q_1 与等成本线交于 a、b 两点,在 a 点由于等产量曲线的斜率的绝对值大于等成本线的斜率的绝对值,即 $MRTS > \frac{w}{r}$,假定 $MRTS_{LK} = -\frac{dK}{dL} = \frac{4}{1}$,$\frac{w}{r} = \frac{1}{1}$。从不等式的左边看,在生产过程中,厂商放弃 1 单位的资本投入量时,只需加 0.25 单位的劳动投入量,就可以维持产量不变;从不等式的右边看,在生产要素市场上,厂商在不改变成本总支出的情况下,减少一单位的资本购买可以增加 1 单位的劳动购买,这样厂商在减少 1 单位资本投入量的情况下,可以因为多得到 0.75 单位的劳动投入量而使总产量增加,所以只要 $MRTS_{LK} > \frac{w}{r}$,厂商就会在不改变总成本支出的情况下,通过不断地用劳动代替资本而使总产量增加。同样道理,可以分析 b 点的厂商的行为。在 b 点时,由于等产量曲线的斜率的绝对值小于等成本线的斜率的绝对值,即 $MRTS_{LK} < \frac{w}{r}$,同样假定 $MRTS_{LK} = -\frac{dK}{dL} = \frac{4}{1}$,$\frac{w}{r} = \frac{1}{1}$,则此时厂商在减少 1 单位的劳动投入量时只需增加 0.25 单位的资本投入量,就可以维持原有的产量水平;而要素市场上减少 1 单位劳动的购买量可多购买 1 单位的资本,因此厂商在减少 1 单位劳动投入量的情况下,就可因为多得到 0.75 单位的资本投入量而使总产量增加,所以,只要 $MRTS_{LK} < \frac{w}{r}$,厂商就会在不改变总支出的条件下,不断地用资本代替劳动而使总产量增加。因此,厂商不会在 a、b 两点达到均衡。

等产量线 Q_2 与等成本曲线相切于 E 点,此时等成本线斜率的绝对值与等产量曲线斜率的绝对值相等,即 $MRTS_{LK}=\frac{w}{r}$,此时无论厂商减少劳动投入量还是减少资本投入量,在维持产量不变的情况下,都不可能多得到另一种生产要素的投入量,因此也不能使总产量增加,所以此时厂商不再变动生产要素组合,实现了生产者均衡,也达到了生产要素的最优组合。所以达到生产要素最优组合的条件是

$$MRTS_{LK}=\frac{w}{r} \tag{4.18}$$

由于已经推导出边际技术替代率与边际产量的关系,所以,均衡条件还可以表示为

$$MRTS_{LK}=\frac{MP_L}{MP_K}=\frac{w}{r} \tag{4.19}$$

即

$$\frac{MP_L}{w}=\frac{MP_K}{r} \tag{4.20}$$

(二) 关于既定产量条件下的成本最小化

厂商在给定产量的条件下如何使成本最小,即如何达到最优要素的组合(生产者均衡)。结合图 4.7 来进行分析,只有唯一的等产量线和无数条等成本线中的某一条相切的切点 E,才是既定产量条件下的成本最小化的均衡点。

$A'B'$ 等成本线与等产量线的切点 E,在既定产量下成本最小;AB 等成本线虽然与给定的等产量线有两个交点,但其成本水平明显大于 $A'B'$ 等成本线;$A''B''$ 等成本线虽然成本最小,但其与给定的等产量线没有交点,达不到该产量。因此厂商最优生产要素组合的约束条件是

$$MRTS_{LK}=\frac{w}{r}$$

同样,由于已经推导出边际技术替代率与边际产量的关系,所以,均衡条件还可以表示为

$$MRTS_{LK}=\frac{MP_L}{MP_K}=\frac{w}{r}$$

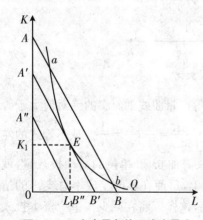

图 4.7 既定产量条件下成本最小

即

$$\frac{MP_L}{w}=\frac{MP_K}{r}$$

该式表示厂商应该选择最优的生产要素组合,使得两要素的边际技术替代率等于两要素的价格之比,从而实现在既定产量条件下成本最小。上式说明如果劳动和资本可以实现替代,那么生产要素最优组合比例不仅要视它们各自的生产力而定,而且要视它们各自的价格而定。

既定成本条件下的产量最大化与既定产量条件下的成本最小化所推导出的两要素的最优组合原则是一致的。

五、最优生产要素的组合点与利润最大化

最优的生产要素组合点也是厂商获得最大利润的均衡点,这一点可以用数学方法证明。因利润等于销售收入减去成本,即 $\pi=P\cdot Q-TC$。对利润函数求一阶导数,并令其分别等于零即可得出最优生产要素组合。具体的分析过程如下

$$\pi(L,K) = P \cdot f(L,K) - (wL + rK)$$

利润最大化的一阶条件为

$$\frac{\partial \pi}{\partial L} = P\frac{\partial f}{\partial L} - w = 0$$

$$\frac{\partial \pi}{\partial K} = P\frac{\partial f}{\partial K} - r = 0$$

整理即得

$$\frac{\frac{\partial f}{\partial L}}{\frac{\partial f}{\partial K}} = \frac{MP_L}{MP_K} = \frac{w}{r}$$

综合以上公式可知,各条件下的最优生产要素组合的条件是相同的。这说明,追求利润最大化与追求生产要素的最优组合是统一的。

六、扩展线

在消费者行为理论中,当均衡点建立后,一旦商品的价格或消费者的收入发生变化,将会导致均衡点的变化。我们曾经分别用收入—消费线与价格—消费线分析了商品价格的变化以及消费者收入的变化所引起的消费者效用最大化均衡点的变化。关于厂商生产理论也存在着类似的分析。若生产要素的价格或厂商成本开支发生了变化,将会引起最优要素组合均衡点发生变化。

在生产要素的价格、生产技术和其他条件不变时,如果厂商改变成本,等成本线就会发生平移;如果厂商改变产量,等产量曲线也会发生平移,这些不同的等产量曲线将与不同的等成本线相切,形成一系列不同的生产均衡点,这些生产均衡点的轨迹就是扩展线。

扩展线表示在生产要素的价格、生产技术和其他条件不变时,当生产的成本或产量发生变化时,企业必然会沿着扩展线来选择最优的生产要素组合,从而实现既定成本条件下的最大产量,或实现既定产量条件下的最小成本,如图4.8所示。扩展线是企业长期进行生产计划时必须遵循的路线。

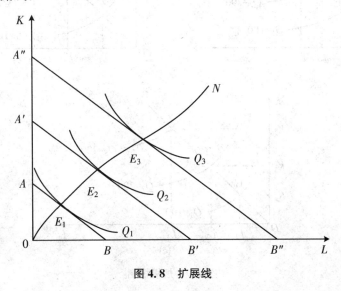

图4.8 扩展线

第四节 规模报酬理论

规模报酬理论研究的是所有的生产要素按相同比例变动所引起的产量变动。长期中，厂商对两种要素同时进行调整，则引起规模改变。随着规模的变化，产量也相应发生变化，其变化规律涉及规模报酬问题。

一、规模报酬

生产规模变动与所引起的产量变化的关系即为规模报酬问题。企业生产规模的改变，一般是通过各种要素投入量的改变实现的。各种要素在调整过程中，可以以不同组合比例同时变动，也可以按固定比例变动。在生产理论中，常以全部生产要素以相同的比例变化来定义企业的生产规模变化，因此，所谓规模报酬是指在其他条件不变的情况下，各种生产要素按相同比例变动所引起的产量变动。根据产量变动与投入变动之间的关系可以将规模报酬分为三种：规模报酬递增、规模报酬不变和规模报酬递减。

规模报酬递增是指产量或收益增加的比例大于各种生产要素投入增加的比例，即劳动和资本扩大一个很小的倍数就可以导致产出扩大很大的倍数。如图 4.9(c) 所示，当劳动和资本分别投入 L_1、K_1 单位时，产出为 100 个单位，但生产 200 单位产量所需增加的劳动和资本投入比例小于产量的增加比例，产出是原来的两倍，投入却不到原来的两倍，从 O 点到 C 点，相同产量间隔的等产量线越来越密集，$OA>AB>BC$。规模报酬递增也可以用公式来表示，对于生产函数 $Q=f(L,K)$ 而言，$f(\lambda L,\lambda K)>\lambda f(L,K)$。

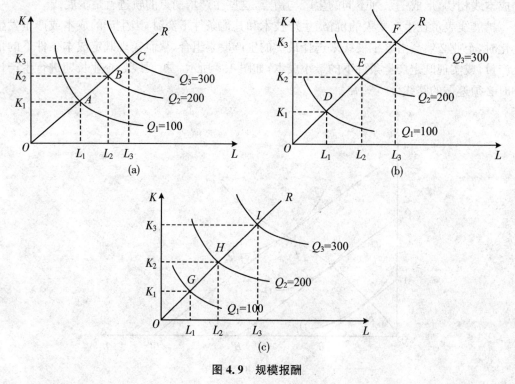

图 4.9 规模报酬

规模报酬不变是指产量或收益增加的比例等于各种生产要素增加的比例。如图 4.9(b)所示,当劳动和资本分别投入 L_1、K_1 单位时,产出为 100 个单位,生产 200 单位产量所需的劳动和资本投入分别等于 L_2、K_2 单位,产出是原来的两倍,投入也是原来的两倍,$OD=DE=EF$。规模报酬不变可以用公式来表示,对于生产函数 $Q=f(L,K)$ 而言,$f(\lambda L,\lambda K)=\lambda f(L,K)$。

规模报酬递减是指产量或收益增加的比例小于各种生产要素增加的比例。劳动与资本扩大一个很大的倍数,而产出只扩大很小的倍数。如图 4.9(c)所示,当劳动与资本的投入为 L_1、K_1 个单位时,产出为 100 个单位;但当劳动与资本分别投入为 L_2、K_2 个单位时,产出为 200 个单位,投入是原来的两倍,但产出却不及原来的两倍,$OG<GH<HI$,相同产量间隔的等产量线越来越稀疏。规模报酬递减可以用公式来表示,对于生产函数 $Q=f(L,K)$ 而言,$f(\lambda L,\lambda K)<\lambda f(L,K)$。企业规模报酬问题与企业的内在环境有关。

二、内在经济与内在不经济

内在经济(规模内在经济)是指厂商在扩大生产规模时由自身所引起的产量或收益的增加。一般内在经济的现象发生在企业生产扩张的开始阶段。引起内在经济的原因主要有:先进的机器设备的使用;专业化生产;管理效率的提高;对副产品进行综合利用。例如王永庆的台塑创业初期并不很赚钱,但他发现并不是因为市场供大于求,而是由于成本过高的缘故。于是他开始扩大生产规模,扩大产量,从而降低了成本,使得销售量剧增。

内在不经济(规模内在不经济)是指厂商由于本身生产规模过大引起的产量或收益的减少。引起内在不经济的原因主要是:管理效率的降低、生产要素价格与销售费用增加等。例如通用电气由于过于多元化,规模过大,信息传递缓慢,成本骤增,濒临破产,后来进行缩减规模,重组后才得以重生。

三、外在经济与外在不经济

外在经济是指整个行业生产规模的扩大,给个别厂商带来的产量与收益的增加(是由于厂商的生产活动所依赖的外界环境得到改善而产生的)。外在经济的经典例子是果园旁边的蜜蜂养殖场。蜜蜂在果园里四处飞舞采集花蜜,不仅使养殖者得到收益,而且也为果树传播了花粉,从而提高了果园的产量。

外在不经济是指一个行业的生产规模过大,也会使个别厂商的产量与收益减少,如果厂商的生产活动所依赖的外界环境恶化了就会表现为外在不经济。引起外在不经济的主要原因是:整个行业的生产规模过大,加剧了同行业各厂商之间的激烈竞争,各厂商往往要在扩大市场销售份额、争夺生产要素市场等方面付出更高的代价。此外,整个行业的扩大,也会使环境污染问题严重,造成交通紧张,因此个别厂商为此也需承担更高代价。

由以上分析可以看出,企业规模的扩大既会带来好处,也可能会带来不利的影响。在长期生产中企业调整各种生产要素时,要实现适度规模。适度规模就是使两种生产要素的增加,即生产规模的扩大正好使产量达到最大。当收益递增达到最大时就不再增加生产要素,并使这一生产规模维持下去。对于不同行业的企业来说,适度规模的大小是不同的,并没有一个统一的标准。

【课堂讨论】 义乌商品市场全球有名,可我国其他地方建的义乌商贸城大多以失败告终,为什么?

【案例分析】4-2

多大生产规模好呢？

一位通用公司的前总裁对通用公司的雪佛兰分公司做了如下评论：雪佛兰是如此庞然的大物，以至于你拧一下它的尾巴，几个月都毫无动静。它实在太大了，根本无法真正管理它。可见通用公司的巨大规模成了一种负担。这个企业比福特大三分之一，比克莱斯勒大四倍，比丰田和尼桑加起来还大。与这些国内竞争对手相比，通用公司的成本劣势相当大，长期市场份额不断下降。尽管在现代化设备上投资了上百亿美元，但生产率仍是行业中最低的，单位成本则是最高的。为减少规模不经济，通用公司采取了许多措施。它与国外较小的竞争对手，如丰田公司建立起合资企业，成立独立的 Saturn 公司，并给予其五个汽车产品部门（雪佛兰、别克、Pontiac、Oldsmobile、卡迪拉克）在款式、发动机和营销上的更大自主权，以减少决策过程中的管理审批程序。最后，它通过重组成立了小型车集团、中型车集团和高档车集团，试图以此削减成本并更快将新车型引入市场。

1994年，我国汽车总产量140万辆，而汽车制造厂却多达130多家，其中80%厂家的年产量不足1000辆，年产量超过万辆的汽车厂也只有6家。但是在国外，汽车年产量超过百万量的企业有12家，这12家企业的产量占到世界总产量的一半以上。其中通用、雪佛兰、福特3家企业的总产量占了美国全国汽车产量的90%；日本汽车总量也集中在5家大型汽车企业。目前，同类质量的国产车与进口比较，在成本方面，国产车甚至是外国同类车的几倍。为什么会出现这种情况呢？其中一个主要原因是外国厂家的规模达到了规模经济的要求，大大降低了生产成本，在市场竞争中获得了优势并创造了可观的利润。

（资料来源：陈仲常. 经济学理论与实践[M]. 重庆：重庆大学出版社，2002.）

◆ 内容摘要

1. 厂商的生产可以分为短期生产和长期生产。这里的短期指在生产中至少有一种生产要素来不及调整的时期；长期指所有的生产要素厂商都可以进行调整的时期。

2. 短期生产基本规律是边际报酬递减规律。短期总产量、平均产量和边际产量存在联系。总产量最大时，边际产量为零，边际产量变动快于平均产量，边际产量相交于平均产量的最大值点；短期生产常被划分为三个阶段，厂商短期生产的决策区间为第二阶段。

3. 长期生产运用等产量曲线和等成本线来分析最优生产要素组合，最优生产要素组合点出现在等产量曲线和等成本线的切点上。用公式表示为：$MRTS_{LK}=\dfrac{MP_L}{MP_K}=\dfrac{w}{r}$。

4. 规模报酬属于长期生产的概念。规模报酬包括规模报酬递增、规模报酬不变和规模报酬递减三种情况。它与企业生产的内在经济与内在不经济有关。

◆ 关键词

生产者　短期生产　长期生产　边际报酬递减规律　规模报酬　等产量曲线　等成本线

◆ 选择题

1. 在经济学中，短期是指(　　)。

　　A. 一年或一年以内的时期

　　B. 在这一时期内所有投入要素均是固定不变的

C. 在这一时期内所有投入要素均是可以变动的

D. 在这时期内,生产者来不及调整全部生产要素的数量,至少有一种生产要素的数量是固定不变的

2. 当总产量达到最大时( )。

A. 边际产量为正　　　　　　B. 边际产量为负

C. 边际产量为零　　　　　　D. 边际产量递增

3. 当边际产量大于平均产量时( )。

A. 平均产量递增　　　　　　B. 平均产量递减

C. 平均产量不变　　　　　　D. 平均产量先递增后递减

4. 边际收益递减规律发生作用的前提条件是( )。

A. 连续地投入某种生产要素而保持其他生产要素不变

B. 生产技术不变

C. 按比例同时增加各种生产要素

D. A 和 B

5. 依据生产三阶段论,生产应处于( )阶段。

A. 边际产量递增,总产量递增　　B. 边际产量递增,平均产量递增

C. 边际产量为正,平均产量递减　　D. 以上都不是

6. 等产量线上某一点的切线的斜率等于( )。

A. 预算线的斜率　　　　　　B. 等成本线的斜率

C. 边际技术替代率　　　　　　D. 边际报酬

7. 在生产的有效区域内,等产量曲线( )。

A. 凸向原点　　　　　　　　B. 不能相交

C. 斜率为负　　　　　　　　D. 上述说法都对

8. 如果以横轴表示劳动,纵轴表示资本,则等成本曲线的斜率为( )。

A. $\dfrac{-P_L}{P_K}$　　B. $\dfrac{P_L}{P_K}$　　C. $\dfrac{P_K}{P_L}$　　D. $\dfrac{-P_K}{P_L}$

9. 若厂商增加使用一个单位劳动,减少两个单位的资本,仍能生产相同产量,则 $MRTS_{LK}$ 是( )。

A. $\dfrac{1}{2}$　　B. 2　　C. 1　　D. 4

10. 下列的说法中正确的是( )。

A. 生产要素的边际技术替代率是规模报酬递减规律造成的

B. 边际收益递减规律是规模报酬递减规律造成的

C. 规模报酬递减是边际收益递减规律造成的

D. 生产要素的边际技术替代率递减是边际收益递减规律造成的

◆思考题

1. 一个企业主在考虑再雇佣一个工人时,在劳动的边际产量和平均产量中更关注哪一个?

2. 为什么说扩展线上的任何一点都是生产者均衡?

3. 怎样区分固定比例生产函数和规模报酬不变的投入与产出之间的数量关系?

4. 生产为什么要以企业形式来进行？其主要原因是什么？

5. 如何理解边际报酬递减规律？试用该规律简要说明我国企业剩余劳动力转移的必要性。

6. 比较消费者行为理论与生产者行为理论异同。

7. 试运用生产理论说明理性的厂商如何组织生产？

8. 试阐明资源最佳配置的含义及其实现条件。

9. 画图说明厂商在既定成本条件下是如何实现最大产量最优要素组合的。

◆案例题

大企业的低价

在现实经济中，有许多大大小小的企业生机勃勃地存活在市场经济的沃土里，而且每一天都有无数小企业如雨后春笋般诞生。但是小企业并不是适合于任何行业和任何门类的。在市场中大企业具有绝对的价格优势。比如，湖南有一家"老百姓大药房"，开业的时候对外宣称，5000多种药品的价格，将比原来国家核定的零售价降低45%，有的降价竟达到了60%以上。一般的小药店能和它们比吗？同样的，在很多大型超市里，它们的商品价格的确很低，它们出售的商品甚至比其他一些商家的进货价格还要低。

小企业在价格上为什么竞争不过大企业呢？请结合规模经济，加以解释。

第五章　厂商成本论

通过本章的学习，掌握成本概念、成本函数以及各种短期成本曲线和长期成本曲线；能够解释短期、长期各种成本之间及生产与成本之间的对应关系；理解各种成本、收益和利润之间的关系；了解利润最大化的基本原则；掌握厂商实现利润最大化的条件。

门面房是应出租还是自己经营？

假设你有一个门面房，你自己用它开了一家小商店，一年下来你算账的结果是挣了6万块人民币，你觉得很高兴。但若用经济成本分析你恐怕就高兴不起来了，因为，你没有把隐性成本算进去。现假设门面房出租的市场价是一年2万，你原来有工作，年收入是3万，从经济学角度来看，这5万是你提供了自有生产要素房子和劳务所理应得到的正常报酬，也称隐性成本，这部分在会计账目上是无法反映出来的，因为你不会每月给自己发工资交房租。但若把这部分隐性成本减去，你一年就不是挣6万，而是1万了。如果再加上自己经营的小商店一年需要20万的资金进货，而这20万存入银行的存款利息有1万，这1万也是隐性成本。这样一算你自己经营就非常不划算了，而应该出租门面房，因为你并没赚钱，即利润为零。当然，如果你也找不到年工资高于3万的工作，还是自己经营为好。

经济学家研究企业如何做出生产和定价决策，因此，当他们衡量成本时包括隐性成本。而会计师的工作是记录流入和流出企业的货币，因此，他们只衡量直接的支出，即显性成本。

经济学是从稀缺资源配置的代价而不是从会计学的意义上来考察成本的概念，所以从显性成本和隐性成本来分析厂商的生产成本。

第一节　成本的概念

成本，是生产中所使用的各种生产要素的支出，是指在一定时期内厂商为生产一定数量的产品而购买生产要素的总费用。然而，西方经济学家指出，在经济学的分析中，仅从这一角度来理解成本的概念是远远不够的，为此，我们提出了几组不同的成本概念。

一、经济成本与会计成本

由于出发点不同,经济学家和企业会计人员对成本的看法也大不相同。会计人员必须按照税法和企业会计准则的要求,把与企业发生的一切经济活动的有关实际支付、费用等计入成本,以客观公正地反映企业的财务状况和经营成果。这种财务会计意义上的成本称为会计成本(accounting cost)。

与企业会计人员习惯于回顾企业的财务状况不同,经济学家是前瞻的,他们更为关注企业的经济前景,希望通过优化资源配置来提高经济效益。为此,经济学家非常重视机会成本(opportunity cost)。例如,当一个厂商决定利用自己所拥有的经济资源生产一辆汽车时,这就意味着该厂商不可能再利用相同的经济资源来生产 200 辆自行车。于是,生产一辆汽车的机会成本是放弃生产的 200 辆自行车的价值。假定 200 辆自行车的价值为 10 万元,如果用货币数量来代替对实物商品数量的表述,则可以说,一辆汽车的机会成本是价值为 10 万元的其他商品。在第一章中,我们曾讲过机会成本,使用一种资源的机会成本是指把该资源投入某一特定用途以后所放弃的在其他用途中所能获得的最大收益。在理解机会成本的时候要注意,机会成本不等于实际成本。它不是做出某项选择时实际支付的费用或损失,而是一种概念上的成本或损失。

人们在进行任何决策时都要使收益大于或至少等于机会成本,如果机会成本大于收益,则这项决策从经济学的观点看就是不合理的。因此,在西方经济学中,企业的生产成本应该从机会成本的角度来理解。所以在经济学中,我们可以说机会成本是一种经济学意义上的成本概念,也就是说,它是一种经济成本(economic cost)。

为了加深对经济成本与会计成本的区别,我们举一个固定资产折旧的例子。某企业花费 10 万元购入 1 辆货车,预计使用寿命为 10 年,每年折旧 1 万元,到第 10 年底,这辆货车的会计账面价值减为零。假设此时发现该货车仍可延续使用 1 年,或者可以用 5000 元的价格转让给另一企业。在会计人员看来,既然货车的账面价值为零,因而这额外 1 年的使用成本就是零。但是,对经济学家来说,如果继续使用,就放弃了转让获利的机会,因而货车这 1 年的使用成本等于转让费 5000 元。为得出更有意义的结论,我们进一步假定如果企业留用这辆高龄货车,可以从使用中获益 3000 元,在这种情况下,企业应该如何决定该辆货车的去留呢?显然,企业应当决定把这辆货车转让出去,理由是继续使用这辆货车的机会成本(5000 元)大于收益(3000 元),而转让的收益(5000 元)却大于机会成本(3000 元)。注意,如果企业以会计成本作为决策的依据,就会得出继续使用可获净收益 3000 元的结论,从而做出留用的决定。同样道理,考虑到资金的机会成本,企业只有当某项目的利润率高于银行利息率时,才应投资该项目。如果一个项目的利润是正的,但却小于相同的钱在同期可获得的利息,那这个项目就是"明赢暗亏"的。从这些例子中我们可以认识到,企业的经营决策者在分析成本时应充分重视经济成本这一概念的运用。

二、显性成本与隐性成本

显性成本(explicit cost)与隐性成本(implicit cost)是企业成本分析中非常重要的一对概念,它们的含义与经济成本、会计成本紧密相关。

显性成本是指企业在生产要素市场上购买或租用他人所拥有的生产要素的实际支出。如厂商雇佣一定数量的工人所需支付的工资,从银行取得了一定数量的贷款所需支付的利息,租用了一定数量的土地的地租,以及购买原材料或机器设备、工具和支付交通能源的费用,这些支出便构成了该厂商生产的显性成本。由于显性成本涉及企业对与之有经济往来的企业或个人的直接支付,这些支出在会计账目上作为成本项目记入各项费用支出,因而它包含在会计成本中。

在生产过程中,隐性成本是相对于显性成本而言的。企业生产的隐性成本是指厂商本身所拥有的且被用于该企业生产过程中的那些生产要素的总价格。这些费用并没有在企业的会计账目上反映出来,所以称为隐性成本。例如,为了进行生产,一个厂商除了雇用一定数量的工人、从银行取得一定数量的贷款和租用一定数量的土地之外(这些均属于显性成本),还动用了自己的资金和土地,并亲自管理企业。西方经济学家指出,既然借用他人的资本需付利息,租用他人的土地需付地租,聘用他人来管理企业需付薪金,那么,同样道理,在这个例子中,当厂商使用了自有生产要素时,也应得到报酬。所不同的是,现在厂商是自己向自己支付利息、地租和薪金,所以,这笔价值就应该计入成本之中。由于隐性成本没有牵涉现金支出,因而它在决策时常常被人忽略。在理解隐性成本时,我们必须从机会成本的概念出发才可以看清楚。在经济学上涉及的任何成本都是机会成本,各种名称的成本只是从不同角度进行分类的结果,比如显性成本加上隐性成本是总成本,不变成本加可变成本也是总成本,这些成本都是机会成本。

必须强调,企业进行成本分析时,显性成本与隐性成本都要予以考虑,只有将它们均计入成本,企业才能正确估计自己的经营成果,判断是否获得了正常利润,从而做出正确的管理决策。

企业从事一项经济活动,不仅要能够弥补显性成本,还要能够弥补隐性成本。

三、增量成本与沉没成本

增量成本与沉没成本也是企业进行决策分析时需要谨慎对待的两个成本概念,对它们处理的正确与否将直接影响企业决策的正确性。

增量成本(incremental cost),是指一项经营管理决策所引起的总成本的增加量。例如,某企业决定增设一条电视机生产线以扩大产量,由此需引进设备、雇佣工人、增加购买原材料等,所有这些经济活动都会增加企业的总成本,其增加量就是增量成本。既然增量成本由企业决策决定,因而我们也可以把它理解为随决策而变动的成本。

正确估计增量成本对企业的经济决策至关重要,过大的偏差将导致决策的失误。增量成本的高估,会使企业错以为决策不可行,从而放弃本可获取利润的机会;而增量成本的低估,会令企业的决策者盲目乐观,看不到可能造成亏损的危险,从而做出不应做出的决策。这里举一个增量成本被低估的例子加以说明。假设市场对电视机的需求增加,可在原价2000元的价位上增加1万台电视机的消费。某电视机生产厂以目前的成本作为参照,预计增产1万台电视机只会增加总成本1200万,从而可以净获利800万。因此,该厂决定增产并与销售商订下供货合同。可是,由于对市场的调研不充分,企业没有预料到原材料价格的连续上涨,使总成本实际增加到2010万元,该厂因此净亏损10万元,其亏损的直接原因就在于过低地估计了增产决策的增量成本。

沉没成本(sunk cost),是指已经发生且无法收回的费用。由于它是无法收回的,因而不应影响企业的决策。例如,某百货公司打算购买一幢大楼,为此,它花100万元订金取得了甲区一幢标价8000万元大楼的优先购买权。若最终成交,需补交购楼款7900万元,若不成交,订金不予归还。在这种情况下,由于不管今后买不买这幢楼,已经付出的订金都不能收回,因而这 100 万元订金是沉没成本,而买楼需补交的 7900 万元则是决定成交的增量成本。假设后来该百货公司又在乙区发现一幢位置同样理想的大楼,标价是 7950 万元。此时,该公司应决定购买哪一幢楼?比较一下两种决策的增量成本:决定购买甲楼的增量成本是 7900 万元,而决定购买乙楼的增量成本是 7950 万元,所以应该购买甲楼。可能犯的错误是,把订金计入决定购买甲楼的增量成本之中,从而得出购买乙楼划算的结论。这里我们还需弄清楚的是,订金乃前期决策的产物,它是沉没成本,因而不应影响企业本期的决策。

关于成本,经济学中还根据承担主体的不同,将成本分为私人成本和社会成本,它与经济的外部性有关,我们放在最后一章分析。

【课堂讨论】 算一算你上大学的机会成本是多少。

【案例分析】5-1

既成的事实都是已经沉淀掉的

妈妈花了 1500 元给乐乐买了一架电子琴,可乐乐生性好动,对音乐没有什么兴趣,电子琴渐渐落了灰。不久,乐乐的妈妈听一位同事说,有一位音乐学院毕业的老师可以给乐乐当家教。于是,妈妈不假思索地就给乐乐请了这个家教。妈妈的理由很简单,电子琴都买了,当然要好好学,请一个老师教教,不然这架琴就浪费了!于是,每个月 800 元的家教费又持续了半年,但最终还是以放弃收场。为了不浪费 1500 元的电子琴,乐乐妈妈继续浪费了 4800 元的家教费。可见,让过去的成为过去吧,不要沉浸于对沉没成本的哀怨和惋惜之中。对于沉没成本,理性的经济人在进行决策时就不应该再将其纳入成本—收益分析之中了。

第二节 短期成本

成本作为厂商要素投入的货币表现,其变动通常要受到两方面因素的影响:其一是要素投入价格的变动,其二是产出水平的不同。不同的产量水平需要不同的要素投入,从而产生不同的成本支出。当要素投入的价格既定不变时,成本的变动显然主要依据产出水平的变动而变动。所以成本函数,就是对厂商的成本与产量之间相互关系的一种数学描述,可表示为 $TC=f(Q)$。它表明了在要素价格既定的条件下,随着产出水平的变动,生产特定产量所需的最低成本变动的规律性。

由于生产函数分为短期和长期,所以成本函数也分为短期成本函数和长期成本函数。这里,我们重点分析各种短期成本函数及短期成本与产量的关系。

厂商根据不同产量水平的要求,来确定相应的劳动投入量,假定要素市场上劳动的价格 ω 和资本的价格 r 是给定的,则厂商在每一产量水平上的短期总成本可以表示为

$$STC(Q) = \omega \cdot L(Q) + r \cdot \bar{K} \tag{5.1}$$

式中,$\bar{K}$ 表示资本的投入量不变;$L(Q)$ 表示劳动的投入量随产量变动而变化。

一、短期成本的分类

(一) 固定成本、可变成本和总成本

1. 固定成本(fixed cost, FC)

第四章曾描述过"短期是指企业至少有一种投入要素固定不变"。也就是说,短期内无论企业是否生产,也不管其生产多少,发生在这些固定要素上的支出都不可变动,这种不随产量增减而变动的成本就是固定成本。由于在短期内不管企业的产量为多少,这部分不变要素的投入量都是不变的,所以固定成本是一个常数,它不随产量的变化而变化,厂商即使在产量为零时也必须支付这部分费用。如图 5.1(a)所示,横轴 Q 表示产量,纵轴 C 表示成本,固定成本曲线是一条水平线,它表示在短期内,无论产量如何变化,固定成本是固定不变的。

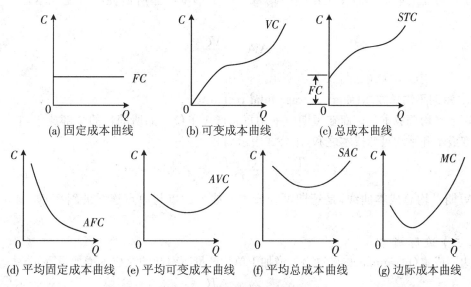

图 5.1　各类短期成本曲线

2. 可变成本(variable cost, VC)

可变成本是厂商在短期内生产一定数量的产品对可变生产要素支付的成本,是随产量变动而变动的成本。例如,厂商对原材料、燃料和工人工资的支付等。随着产量的增加,可变成本也在上升。短期中,企业只能通过增减可变要素的投入量来调整产量,这就产生了可变成本函数。它描述了任一产量水平所需的最低可变成本。短期成本函数取决于生产函数和生产要素的价格这两项内容。可变成本曲线如图 5.1(b)所示,它是一条由原点出发向右上方倾斜的曲线。

需要强调的是,在计算固定成本和可变成本时,生产要素的成本必须用它们的机会成本加以衡量,也就是说,显性成本和隐性成本也需要计入生产成本。

3. 短期总成本(short total cost, STC)

短期总成本是厂商在短期内为生产一定数量的产品对全部生产要素所支出的总成本。如图 5.1(c)所示。它是固定成本和可变成本之和,即

$$STC = VC + FC = \omega \cdot L(Q) + \gamma \cdot \overline{K} = f(Q) + C \tag{5.2}$$

式(5.2)中,$\gamma \cdot \overline{K}$ 是固定成本,是常数。可见,和可变成本函数一样,总成本函数也是产量的函数,它们变化的方向与幅度完全一致,区别只是总成本函数多了一项常数(固定成本)。

企业在很多决策分析中(如价格、产量决策)都要用到生产成本,在短期决策中,企业尤其要注意固定成本和可变成本之分。

(二) 平均成本

1. 平均固定成本(average fixed cost, AFC)

平均固定成本是单位产品所分摊的固定成本,它等于固定成本除以总产量,用公式表示为

$$AFC = \frac{FC}{Q} \tag{5.3}$$

平均固定成本曲线如图5.1(d)所示,它是一条向两轴渐近的双曲线。AFC曲线表示,在固定成本的前提下,随着产量的增加,平均成本越来越小。

2. 平均可变成本(average variable cost, AVC)

平均可变成本是厂商在短期内平均每生产1单位产品所消耗的可变成本,用公式表示为

$$AVC = \frac{VC}{Q} \tag{5.4}$$

平均可变成本曲线如图5.1(e)所示。

3. 短期平均总成本(short average total cost, SAC)

短期平均总成本是厂商在短期内平均每生产1单位产品所消耗的全部成本,它等于平均不变成本和平均可变成本之和,用公式表示为

$$SAC = \frac{TC}{Q} = \frac{VC + FC}{Q} = AFC + AVC \tag{5.5}$$

短期平均总成本曲线,是短期可变成本曲线上的点与原点连线的斜率,如图5.1(f)所示。

(三) 边际成本

边际成本(marginal cost, MC)是增加1单位产量所引起的总成本增加量,用公式表示为

$$MC = \frac{\Delta TC}{\Delta Q} \tag{5.6}$$

由于固定成本不随企业产出水平的变化而变化($\Delta FC = 0$),因此,边际成本也就是增加1单位产量所引起的可变成本的增加量,用公式表示为

$$MC = \frac{\Delta(VC + FC)}{\Delta Q} = \frac{\Delta VC}{\Delta Q} \tag{5.7}$$

边际成本曲线,是短期可变成本曲线上各切线的斜率,如图5.1(g)所示。图5.1(e)~(g)这三条曲线都呈现出"U"形的特征。它们表示:随着产量的增加,平均可变成本、平均总成本和边际成本都是先递减,在各自达到最低点之后再递增。

边际成本告诉企业要增加多少成本才能增加1单位的产出。边际成本是成本理论中非常重要的一个概念,同边际收益一起决定了企业最优生产经营规模的大小。

为了加深对各种成本函数的理解并分析它们之间的关系,我们举一个具有典型意义的有关企业短期成本函数的例子。表5.1描述了一个固定成本为55万元的企业,其可变成本和总成本随着产量的增加而增加。

表 5.1 某企业的短期成本函数

(单位:万元)

(1) 产量 Q	(2) 总固定成本 FC	(3) 总可变成本 VC	(4) 总成本 STC	(5) 平均固定 成本 AFC	(6) 平均可变 成本 AVC	(7) 平均总 成本 SAC	(8) 边际成本 MC
0	55	0	55	—	—	—	—
1	55	30	85	55	30	85	30
2	55	55	110	27.5	27.5	55	25
3	55	75	130	18.33	25	43.33	20
4	55	105	160	13.75	26.25	40	30
5	55	155	210	11	31	42	50
6	55	225	280	9.167	37.5	46.67	70

总成本(第 4 列)是固定成本(第 2 列)与可变成本(第 3 列)之和。如 $Q=3$ 时,总成本 $TC=FC+VC=55+75=130$。第 5、6、7 列中的平均成本函数分别由第 2、3、4 列中相应的总量成本函数除以第 1 列的总产量得到。第 8 列是边际成本函数,它既可以由第 4 列的总成本函数,也可由第 3 列的可变成本函数得到。如产量由 2 单位增加到 3 单位时,$MC=\dfrac{\Delta TC}{\Delta Q}=\dfrac{20}{1}=20$。

二、短期成本的变动规律及其关系

我们可以把表 5.1 表示的短期成本函数用图像直观地描绘出来,这样就可以得出各类短期成本的变动规律及其关系。具体如下:

(一) 短期总成本、固定成本与可变成本的变动规律

1. 固定成本的变化规律

固定成本不随产量的变动而变动,因此,在图形上,固定成本表现为一条在纵轴上固定截距为 55,与横轴(产量轴)平行的直线,如图 5.2 所示。

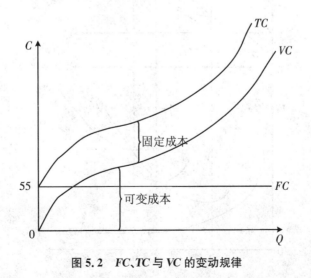

图 5.2 FC、TC 与 VC 的变动规律

2. 可变成本的变动规律

可变成本曲线从原点出发,表示没有产量时就没有可变成本,该曲线向上方倾斜,且随着产量的增加而递增。开始时,由于投入的可变要素与固定要素的效率未得到充分发挥,因此,可变要素投入的增加幅度要大于产量的增加幅度;随着可变投入的继续增加,投入的可变要素与固定要素的效率得到充分发挥,可变成本的增加幅度小于产量的增加幅度;最后,当要素投入增加到一定程度后,由于边际报酬递减规律的作用,要素的边际产量开始递减,从而使产量增加的幅度开始小于要素投入成本的增加幅度。因此,在图形上,可变成本的变动经历了三个过程,VC 是一条由原点开始的陡峭—平坦—陡峭的曲线,如图 5.2 所示。

3. 短期总成本的变动规律

短期总成本由固定成本和可变成本两部分组成,其中,固定成本 55 是不变的,不因产量的变化而变化,表明即使没有进行生产,FC 也存在。所以 TC 不是从原点出发,而是从固定成本出发,如图 5.2 所示。

由于固定成本不变,TC 随着可变成本的变化而变化,即是随产量的增加而增加的。因此,在图形上,TC 与 VC 形状完全相同,说明 TC 与 VC 的变动规律相同,且 TC 和 VC 之间只差 FC。

(二) 短期平均成本、平均固定成本与平均可变成本的变动规律

1. $AFC\left(AFC=\dfrac{FC}{Q}\right)$

如图 5.3 所示,AFC 是随着产量的增加而持续下降的,它越来越接近于横轴,但绝不会与横轴相交。这表明,随着产量的增加,分摊到每 1 单位产品上的固定成本就越来越少,但不会为零。

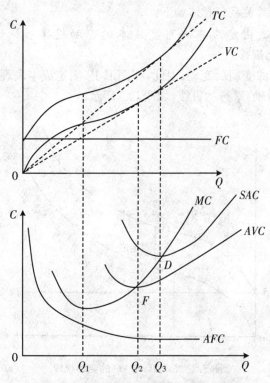

图 5.3 SAC、AFC 与 AVC 的变动规律

2. $AVC\left(AVC=\dfrac{VC}{Q}\right)$

如图 5.3 所示，AVC 是一个"U"形的曲线。AVC 最初递减然后递增，是因为产量增加到一定数量之前，每增加 1 个单位的可变要素所增加的产量超过先前每单位可变要素的平均产量，这表现为平均可变成本随产量的增加而递减，当产量超过一定数量之后，随着投入可变要素的增加，每增加 1 单位可变要素所增加的产量小于先前的可变要素的平均产量，因而 AVC 曲线开始递增。基于同样的道理，平均总成本曲线也呈"U"形。

3. $SAC\left(SAC=\dfrac{TC}{Q}=\dfrac{(FC+VC)}{Q}=AFC+AVC\right)$

SAC 的变动规律由平均可变成本与平均固定成本的变动规律决定。开始时，AFC 迅速下降，AVC 也下降，从而 SAC 也下降；到了一定阶段后，随着产量的增加，每单位产品分摊的固定成本越来越少，因此 AFC 在决定 SAC 走向中的作用越来越小，SAC 开始随着 AVC 的变动而变动，因此，SAC 也是先下降后上升，也呈"U"形。

由 5.3 图可以看出，除了 SAC、AVC 呈"U"形，边际成本 MC 也呈"U"形，这是什么原因呢？下面我们从生产要素的边际报酬先递增而后递减的规律来说明。

（三）短期成本变动的决定因素

边际报酬递减规律是短期生产的一条基本规律，它决定了短期成本曲线的特征。

边际报酬递减规律是指在短期生产过程中，在其他条件不变的前提下，随着一种可变要素投入量的连续增加所带来的边际产量先递增，达到最大值以后再递减。关于这一规律，我们也可以从产量变化所引起的边际成本变化的角度来理解：假定生产要素的价格是固定不变的，在开始时的边际报酬递增阶段，增加 1 单位可变要素投入所产生的边际产量递增，这意味着在这一阶段增加 1 单位产量所需要的边际成本是递减的。在以后的边际报酬递减阶段，增加 1 单位可变要素投入所产生的边际产量递减，即增加 1 单位产量所需要的边际成本是递增的。显然，在边际报酬递减规律作用下，短期边际产量和短期边际成本之间存在一定的对应关系。这种对应关系可以简单地表述为：在短期生产中，边际产量的递增阶段对应的是边际成本的递减阶段，边际产量的递减阶段对应的是边际成本的递增阶段，与边际产量的最大值相对应的是边际成本的最小值。正因为如此，在边际报酬递减规律作用下的边际成本 SMC 曲线表现出先降后升的"U"形特征。

从边际报酬递减规律决定的"U"形 SMC 曲线出发，可以解释其他的短期成本曲线的特征以及短期成本曲线相互之间的关系。

1. MC 与 SAC 的关系

从图 5.3 可以看出，"U"形 SAC 曲线与"U"形 MC 曲线相交于 SAC 曲线的最低点 D。在 SAC 曲线的下降阶段，即 D 点以前，MC 曲线在 SAC 曲线的下方，在 SAC 曲线的上升阶段，即在 D 点以后，MC 曲线在 SAC 曲线的上方。

2. MC 与 AVC 的关系

从图 5.3 可以看出，"U"形 AVC 曲线与"U"形 MC 曲线相交于 AVC 曲线的最低点 F。在 AVC 曲线的下降阶段，即 F 点以前，MC 曲线在 AVC 曲线之下，在 AVC 曲线的上升阶段，即在 F 点以后，MC 曲线在 AVC 曲线之上。而且，不管是下降还是上升，MC 曲线的变动都快于 AVC 曲线的变动。这个特征是由边际量与平均量的关系所致。

比较 SAC 曲线和 MC 曲线的交点 D（SAC 曲线的最低点）与 AVC 曲线和 MC 曲线的交

点 F(AVC 曲线的最低点)可以发现,前者的出现慢于后者,并且前者的位置高于后者。这是因为,在平均总成本不仅包括平均可变成本,还包括平均固定成本,由于平均固定成本是递减的,所以 SAC 曲线的最低点 D 的出现慢于 AVC 曲线的最低点 F。

三、短期产量曲线与短期成本曲线之间的关系

前面我们已经指出,短期生产的边际报酬递减规律决定了短期成本曲线的特征。在此,我们将进一步分析短期生产条件下的生产函数和成本函数之间的对应关系,或者说,分析短期产量曲线和短期成本曲线之间的关系。

(一) 边际产量和边际成本之间的关系

短期生产开始时,由于可变要素投入量相对于不可变要素投入量而言明显不足,所以边际报酬是递增的,即增加 1 单位可变要素劳动的投入所生产的边际产量是递增的,由于新增劳动力是企业增加产出的成本,所以 1 单位产出所需增加的劳动力减少了,即这一阶段增加 1 单位产量所需的边际成本是递减的。因此在该阶段,劳动的边际产量上升,边际成本递减。由于总产量上各点的斜率是边际产量,所以总产量以递增的速度增加,同理,总成本上各点的斜率是边际成本,所以总成本曲线以递减的速度增加。

随着可变生产要素的持续增加,由于任何产品的生产,其可变要素和不可变要素之间都有一个最佳配合比例,当超过这个临界点后,边际报酬递减规律发生作用,即增加 1 单位可变要素投入所带来的边际产量是递减的(总产量曲线以递减的速度增加),即 1 单位产出所需要的劳动力增加了,由于劳动是企业的成本支出,所以每增加 1 单位产量所需要的边际成本增加了。因此,边际产量曲线下降,同时,边际成本递增。

从图 5.4 中可看出边际量和平均量的关系:只要边际量大于平均量,平均量上升;反之,只要边际量小于平均量,平均量下降。

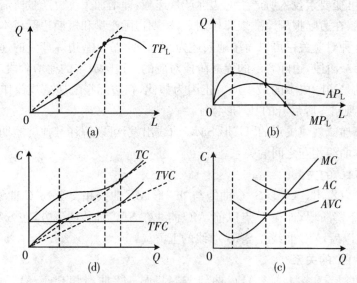

图 5.4 短期生产函数和短期成本函数之间的对应关系

也可以用数学方法证明产量函数与成本函数之间的关系:
假定短期生产函数为

$$Q = f(L, \overline{K}) \tag{5.8}$$

短期成本函数为

$$TC(Q) = VC(Q) + FC \tag{5.9}$$
$$VC(Q) = w \cdot L(Q) \tag{5.10}$$

且假定生产要素劳动的价格ω是给定的。

根据式(5.9)和式(5.10)可知

$$TC(Q) = VC(Q) + FC = w \cdot L(Q) + FC \tag{5.11}$$

式中，FC 为常数。

由式(5.11)可得

$$MC = \frac{dTC}{dQ} = w\frac{dL}{dQ} + 0 \tag{5.12}$$

即

$$MC = \frac{w}{MP_L} \tag{5.13}$$

由此可得出以下两点结论：

第一，式(5.13)表明边际成本 MC 和边际产量 MP_L 两者的变动方向是相反的。具体地讲，由于边际报酬递减规律的作用，可变要素的边际产量 MP_L 先上升，达到一个最高点以后再下降，所以，边际成本 MC 先下降，达到一个最低点以后再上升。这种对应关系如图 5.4 所示，MP_L 曲线的上升段对应 MC 曲线的下降段；MP_L 曲线的下降段对应 MC 曲线的上升段；MP_L 曲线的最高点对应 MC 曲线的最低点。

第二，由以上边际产量和边际成本的对应关系可以推知，总产量和总成本之间也存在着对应关系。当总产量曲线下凸时，总成本曲线和总可变成本曲线是下凹的；当总产量曲线下凹时，总成本曲线和总可变成本曲线是下凸的；当总产量曲线存在一个拐点时，总成本曲线和总可变成本曲线也各存在一个拐点。

（二）平均产量和平均可变成本之间的关系

根据式(5.11)有

$$AVC = \frac{VC}{Q} = w \cdot \frac{L}{Q} = \frac{w}{AP_L} \tag{5.14}$$

由此可得出以下两点结论：

第一，式(5.14)表明平均可变成本 AVC 和平均产量 AP_L 两者的变动方向是相反的。前者递增时，后者递减；前者递减时，后者递增；前者的最低点对应后者的最高点。

第二，由于 MC 曲线与 AVC 曲线交于 AVC 曲线的最低点，MP_L 曲线与 AP_L 曲线交于 AP_L 曲线的最高点，所以，MC 曲线和 AVC 曲线的交点与 MP_L 曲线和 AP_L 曲线的交点是对应的。

第三节 长 期 成 本

一、长期生产的经济性

上面考察厂商的短期成本时，实际上是假定某些生产要素不变。厂商根据产品的销售情况，通过调整可变要素的投入量来调整其产量。当产量超过一定限度后，正是不变要素的存在导致其他要素的收益递减并因此导致边际成本递增。在长期中,厂商的成本中不存在固定成本与可变成本的区别。长期中所有生产要素的投入量均可变动,这给企业以极大的灵活性,使其既可以根据计划产量来合理配置各种要素,也可以设计自己的生产规模,从而以比短期中更低的平均成本进行生产。我们用等产量曲线来对此进行阐述。

图 5.5 中的 Q_1、Q_2 是某企业的等产量曲线,假定短期内其资本投入量固定在 K_1 水平。对该企业而言,要生产 Q_1 数量的产品,其可变要素劳动的最优投入量为 L_1 单位,此时等成本线与等产量线 Q_1 相切,因而成本最小。

假设市场对产品的需求增大,企业因此决定增产至 Q_2。短期之内,受固定要素资本的限制,要达到增产的目的,企业只有将可变要素劳动的投入量增加到 L_3,即在 D 点进行生产,这令其生产成本上升到等成本线 A_3B_3 所代表的水平。在长期,情况就大不一样了,企业可以在增加劳动投入的同时增加资本的投入,以最优的要素组合 (L_2, K_2) 在 E 点继续生产,这也是生产 Q_2 成本最低的方

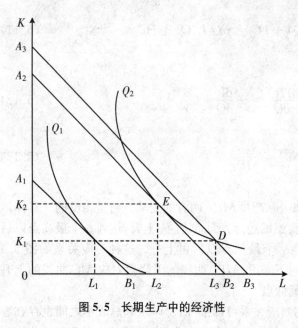

图 5.5 长期生产中的经济性

法(其等成本线 A_2B_2 与等产量线 Q_2 相切)。比较一下等成本线 A_2B_2 与等成本线 A_3B_3,显然前者代表的成本更低,这说明相对于短期而言,长期内的生产更具有经济性。

二、长期总成本

(一) 长期总成本的含义

由于在长期中,生产者可以调整生产规模,从理论上说,对于某一产量,生产者可以采用无数种生产规模来生产,即可以用较大成本的规模来生产,也可以用较小成本的规模来生产。但生产者为了追求利润最大化,一定会选择最小成本的最优生产规模来生产。因此,长期总成本是指厂商在长期中,在每一个产量水平上通过选择最优的生产规模所能达到的最低总成本。相应地,长期总成本函数可写成

$$LTC = LTC(Q) \qquad (5.15)$$

长期总成本曲线如图 5.6 所示。

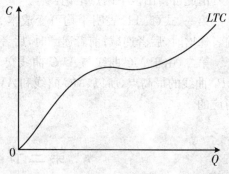

图 5.6 长期总成本曲线

(二) 长期总成本曲线的推导

1. 扩展线推导法

生产同一产量,长期成本之所以会低于短期成本,是因为企业在长期可以沿着扩展线用最优的投入要素组合进行生产。找出要素的最优投入量,结合其价格,我们就能求出生产一定产量所需的最低长期总成本。用此方法,即可用扩展线推导出企业的长期总成本曲线。

图 5.7(a)显示了企业的扩展线 OE,OE 上的 A 点是生产 Q_1 的最优要素投入组合点,资本和劳动的投入量各为 3 个单位。假设资本租金率 r 与劳动工资率 w 均等于 10 元,那么生产 Q_1 产量的最低总成本就等于 60 元($LTC=rL+wK=3\times10+3\times10=60$)。把它描绘到图 5.7(b),即长期总成本—产量图上,得到点 A',同理可以得到长期总成本曲线上的其余各点。由于在长期不存在固定成本,因而产量为零时,长期总成本为零,长期总成本曲线经过原点。需要强调的是,长期总成本曲线上的任意一点都代表了长期内生产一定产量的最低总成本。

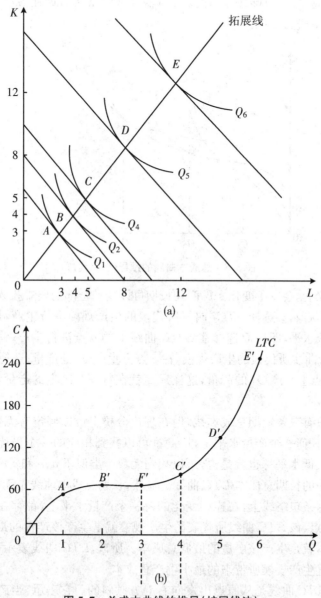

图 5.7 总成本曲线的推导(扩展线法)

2. 包络线推导法

根据对长期总成本函数的规定,可以由短期总成本曲线出发,推导长期总成本曲线。

在图 5.8 中,有三条短期总成本曲线 STC_1、STC_2 和 STC_3,它们分别代表三个不同的生产规模。由于短期总成本曲线的纵截距表示相应的总不变成本 TFC 的数量,因此,从图 5.8 中三条短期总成本曲线的纵截距可知,STC_1 曲线所表示的总不变成本小于 STC_2 曲线,STC_2 曲线所表示的总不变成本又小于 STC_3 曲线,而总不变成本的多少(如厂房、机器设备等)往往表示生产规模的大小。因此,从三条短期总成本曲线所代表的生产规模看,STC_1 曲线最小,STC_2 曲线居中,STC_3 曲线最大。

假定厂商生产的产量为 Q_2,那么厂商应该如何调整生产要素的投入量以降低总成本呢?在短期内,厂商可能面临 STC_1 曲线所代表的过小的生产规模或 STC_3 曲线所代表的过大的生产规模,于是,厂商只能按较高的总成本来生产产量 Q_2,即在 STC_1 曲线上的 d 点或 STC_3 曲线上的点 e 进行生产。

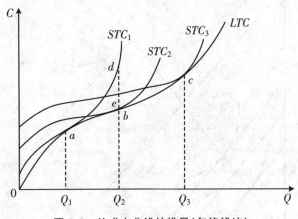

图 5.8 总成本曲线的推导(包络线法)

但在长期,情况就会发生变化。厂商在长期可以变动全部的要素投入量,选择最优的生产规模,于是,厂商必然会选择 STC_2 曲线所代表的生产规模进行生产,从而将总成本降低到所能达到的最低水平,即厂商选择在 STC_2 曲线上的 b 点进行生产。类似地,在长期内,厂商会选择 STC_1 曲线所代表的生产规模,在 a 点上生产 Q_1 的产量;选择 STC_3 曲线所代表的生产规模,在 c 点上生产 Q_3 的产量,这样厂商就在每一个既定的产量水平实现了最低的总成本。

虽然在图中只有三条短期总成本线,但在理论分析上可以假定有无数条短期总成本曲线。这样一来,在任何一个产量水平上,厂商都可以找到相应的一个最优的生产规模,都可以把总成本降到最低水平。也就是说,可以找到无数个类似于 a、b 和 c 的点,这些点的轨迹就形成了图 5.8 中的长期总成本 LTC 曲线。显然,长期总成本曲线是无数条短期总成本曲线的包络线。在这条包络线上,在连续变化的每一个产量水平上,都存在着 LTC 曲线和一条 STC 曲线的切点,该 STC 曲线所代表的生产规模就是生产该产量的最优生产规模,该切点所对应的总成本就是生产该产量的最低总成本。所以,LTC 曲线表示长期内厂商在每一产量水平上由最优生产规模所带来的最小生产总成本。

长期总成本 LTC 曲线是从原点出发向右上方倾斜的。它表示:当产量为零时,长期总成本为零,以后长期总成本随着产量的增加而增加。而且,长期总成本 LTC 曲线的斜率先递减,经拐点之后,又变为递增。

三、长期平均成本

(一) 长期平均成本的含义

长期平均成本(long-run average cost, LAC)表示厂商在长期内按产量平均计算的最低总成本。长期平均成本函数可以写为

$$LAC(Q) = \frac{LTC(Q)}{Q} \tag{5.16}$$

(二) 长期平均成本曲线的推导

在分析长期总成本曲线时指出,厂商在长期是可以实现每一个产量水平上的最小总成本的。因此,根据式(5.16)便可以推知,厂商在长期实现每一产量水平的最小总成本的同时,必然也实现了相应的最小平均成本。所以,长期平均成本曲线可以根据长期总成本曲线画出。具体的做法是:把长期总成本 LTC 曲线上每一点的长期总成本值除以相应的产量,便得到这一产量上的长期平均成本值,再把每一个产量和相应的长期平均成本值描绘在产量和成本的平面坐标图中,便可得到长期平均成本 LAC 曲线。

在图 5.9 中有三条短期平均成本曲线 SAC_1、SAC_2 和 SAC_3,它们各自代表了三个不同的生产规模。在长期,厂商可以根据产量要求,选择最优的生产规模进行生产。假定厂商生产 Q_1 的产量,则厂商会选择 SAC_1 曲线所代表的生产规模,以 OC_1 的平均成本进行生产。而对于产量 Q_1 而言,平均成本 OC_1 是低于其他任何生产规模下的平均成本的;假定厂商生产的产量为 Q_2,则厂商会选择 SAC_2 曲线所代表的生产规模进行生产,相应的最小平均成本为 OC_2;假定厂商生产的产量为 Q_3,则厂商会选择 SAC_3 曲线所代表的生产规模进行生产,相应的最小平均成本为 OC_3。

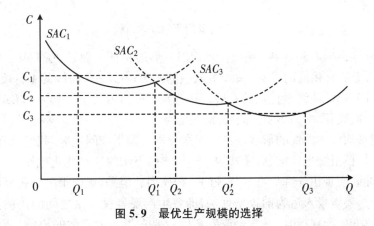

图 5.9 最优生产规模的选择

如果厂商生产的产量为 Q_1',则厂商既可选择 SAC_1 曲线所代表的生产规模,也可选择 SAC_2 曲线所代表的生产规模。因为,这两个生产规模都以相同的最低平均成本生产出同一个产量。这时,厂商有可能选择 SAC_1 曲线所代表的生产规模,因为,该生产规模相对较小,厂商的投资可以少一些。厂商也有可能考虑到今后扩大产量的需要,而选择 SAC_2 曲线所代表的生产规模。厂商的这种考虑和选择,对于其他类似的两条 SAC 曲线的交点,如 Q_2' 的产量,也是同样适用的。

在长期生产中,厂商总是可以在每一产量水平上找到相应的最优的生产规模进行生产。而在短期内,厂商做不到这一点。假定厂商现有的生产规模由 SAC_1 曲线代表,其需要生产

的产量为 OQ_2，那么，厂商在短期内就只能以 SAC_1 曲线上的 OC_1 的平均成本来生产，而不可能是 SAC_2 曲线上的更低的平均成本 OC_2。

由以上分析可见，沿着图 5.9 中所有的 SAC 曲线的实线部分，厂商总是可以找到长期内生产某一产量的最低平均成本。由于在长期内可供厂商选择的生产规模很多，在理论分析中，假定生产规模可以无限细分，从而有无数条 SAC 曲线，于是得到图 5.10 所示的长期平均成本 LAC 曲线。显然，长期平均成本曲线是无数条短期平均成本曲线的包络线。在这条包络线上，在连续变化的每一个产量水平，都存在 LAC 曲线和一条 SAC 曲线的切点，该 SAC 曲线所代表的生产规模就是生产该产量的最优生产规模，该切点所对应的平均成本就是相应的最低平均成本。LAC 曲线表示厂商在长期内在每一产量水平上，通过选择最优生产规模所实现的最小的平均成本。

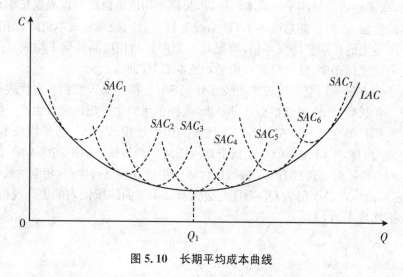

图 5.10　长期平均成本曲线

从图 5.10 还可以看到，LAC 曲线呈现出"U"形的特征。而且，在 LAC 曲线的下降段，LAC 曲线相切于所有相应的 SAC 曲线最低点的左边；在 LAC 曲线的上升段，LAC 曲线相切于所有相应的 SAC 曲线最低点的右边。只有在 LAC 曲线的最低点上，LAC 曲线才相切于相应的 SAC 曲线（图中为 SAC_3 曲线）的最低点。

关于长期平均成本曲线的形状。在第四章分析长期生产问题时，我们已经指出，企业长期生产表现出规模报酬先递增、后递减的规律。规模报酬的这种变化规律，也是造成长期平均成本 LAC 曲线表现出先降后升的特征的一种原因。但是，规模报酬分析是以厂商以相同的比例变动全部要素投入量为前提条件的，即各生产要素投入量之间的比例保持不变。而事实上，厂商改变生产规模时，通常会改变各生产要素投入量之间的比例。所以，在一般情况下，厂商的长期生产技术表现出由规模经济到规模不经济的过程。更确切地说，规模经济和规模不经济的分析包括了规模报酬变化的特殊情况。因此，从更普遍的意义上，我们说长期生产技术的规模经济和规模不经济是长期平均成本 LAC 曲线呈"U"形特征的决定因素。在企业生产扩张的开始阶段，厂商由于扩大生产规模而使经济效益得到提高，这叫规模经济。当生产扩张到一定的规模以后，厂商继续扩大生产规模，就会使经济效益下降，这叫规模不经济。或者说，厂商产量增加的倍数大于成本增加的倍数，为规模经济；相反，厂商产量增加的倍数小于成本增加的倍数，为规模不经济。显然，规模经济和规模不经济都是由厂商变动自己的企业生产规模所引起的，所以，也被称为内在经济和内在不经济。在上一章我们已经分析其原因。一般来说,在企业的生产规模由小到大的扩张过程中,会先后出现规模经济和规模不经济。因而,长期平均成本 LAC 曲线表现出先下降后上升的"U"形特征。

至于长期平均成本 LAC 曲线的位置变化,则需要用企业的外在经济和外在不经济的概念来解释。企业外在经济是由于厂商的生产活动所依赖的外界环境得到改善而产生的。例如,整个行业的发展,可以使行业内的单个厂商从中受益。相反,如果厂商的生产活动所依赖的外界环境恶化了,则是企业的外在不经济。例如,整个行业的发展,使得生产要素的价格上升,交通运输紧张,从而给行业内的单个厂商的生产带来困难。外在经济和外在不经济是由企业以外的因素所引起的,它影响厂商的长期平均成本曲线位置的上下移动。

这里只是在理论上分析企业长期成本的一般特征,现实中不同行业的企业成本随着规模变化也会呈现不同的特征。

四、长期边际成本

长期边际成本(long-run marginal cost, LMC)是指在长期中每增加 1 单位产量所增加的成本。其公式为

$$LMC = \frac{\Delta LTC}{\Delta Q} \tag{5.17}$$

或

$$LMC(Q) = \frac{\mathrm{d}LTC(Q)}{\mathrm{d}Q} \tag{5.18}$$

因为 $LMC(Q) = \frac{\mathrm{d}LTC(Q)}{\mathrm{d}Q}$,所以,只要把每一个产量水平上的 LTC 曲线的斜率值描绘在产量和成本的平面坐标图中,便可得到长期边际成本 LMC 曲线。

长期边际成本 LMC 曲线也可以由短期边际成本 SMC 曲线得到。

LTC 是无数条 STC 的包络线。在长期的每一个产量水平,LTC 曲线都与一条代表最优生产规模的 STC 曲线相切,这说明这两条曲线的斜率是相等的。由于 LTC 曲线斜率是相应的 LMC 值(因为 $LMC(Q) = \frac{\mathrm{d}LTC(Q)}{\mathrm{d}Q}$),STC 曲线的斜率是相应的 SMC 值(因为 $LMC(Q) = \frac{\mathrm{d}LTC(Q)}{\mathrm{d}Q}$),因此可以推知,在长期内的每一个产量水平上,LMC 值都与代表最优生产规模的 SMC 值相等。根据这种关系,便可以由 SMC 曲线推导出 LMC 曲线。但是,与长期总成本曲线和长期平均成本曲线的推导不同,长期边际成本曲线不是短期边际成本曲线的包络线。它的推导如图 5.11 所示。

图 5.11 中,在每一个产量水平上,代表最优生产规模的 SAC 曲线都有一条相应的 SMC 曲线,每一条 SMC 曲线都过相应的 SAC 曲线最低点。在 Q_1 的产量上,生产该产量的最优生产规模由 SAC_1 曲线和 SMC_1 曲线代表,相应的短期边际成本由 P 点给出,PQ_1 既是最优的短期边际成本,又是长期边际成本,即有 $LMC = SMC_1 = PQ_1$。或者说,在 Q_1 的产量上,长期边际成本 LMC 等于最优生产规模的短期边际成本 SMC_1,它们都等于 PQ_1 的高度。同理,在 Q_2 的产量上,有 $LMC = SMC_2 = RQ_2$。在 Q_3 的产量上,有 $LMC = SMC_3 = SQ_3$。在生产规模可以无限细分的条件下,可以得到无数个类似于 P、R 和 S 的点,将这些点连接起来便可得到一条光滑的长期成本 LMC 曲线。

如图 5.11 所示,长期边际成本曲线呈"U"形,它与长期平均成本曲线相交于长期平均

成本曲线的最低点。其原因是：根据边际量和平均量之间的关系，当 LAC 曲线处于下降段时，LMC 曲线一定处于 LAC 曲线的下方，也就是说，此时 LMC<LAC，LMC 将 LAC 拉低；相反，当 LAC 曲线处于上升段时，LMC 曲线一定位于 LAC 曲线的上方，也就是说，此时 LMC>LAC，LMC 将 LAC 拉高。因为 LAC 曲线在规模经济和规模不经济的作用下呈先降后升的"U"形，LMC 曲线也必然呈先降后升的"U"形，并且，两条曲线相交于 LAC 曲线的最低点。进一步地，根据 LMC 曲线的形状特征，可以解释 LTC 曲线的形状特征。因为 LMC 曲线呈先降后升的"U"形，且 LMC 值又是 LTC 曲线上相应的点的斜率，所以，LTC 曲线的斜率必定要随着产量的增加表现出先递减达到拐点以后再递增的特征。

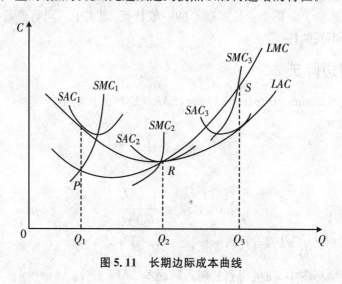

图 5.11　长期边际成本曲线

【案例分析】5-2

王永庆的成功之路

台塑集团老板王永庆被称为"主宰台湾的第一大企业家""华人经营之神"。王永庆的事业是从生产塑胶粉粒 PVC 开始的。当时名不见经传的王永庆像吃了豹子胆似的，筹借 50 万美元，创建了台湾第一家塑胶公司。塑胶原料生产出来了，但是日本的同类产品物美价廉，充斥着台湾市场，因此王永庆的产品严重滞销，仓库爆满，王永庆几乎陷入绝境。王永庆认为，自己的产品卖不出去，是因为自己的产品售价高，售价高是由于产品成本过高，而成本高是由于企业的产量太少。当时王永庆的企业每月产量只有 100 吨，规模是很小的，所以成本高。这实际上是一个恶性循环：产量越低成本越高，越打不开市场；越打不开市场，产量越低成本越高。王永庆知道，要降低 PVC 的成本只有扩大产量，所以扩大产量、降低成本是成功的关键。于是，他冒着产品积压的风险，把产量扩大到 1200 吨，并以低价格迅速占领了世界市场。事实证明，王永庆的决定是正确的。王永庆虽然没有学过经济学，却利用经济学中规模经济的道理获得了成功。

第四节　成本、收益与利润最大化

厂商生产的目的是追求最大限度的利润。那么,在什么条件下才能实现利润最大化呢?这就需要对成本与收益进行比较分析,前三节,我们对成本进行了考察,现在需要对收益进行分析,然后从二者的比较中求得实现利润最大化的条件。

一、总收益、平均收益与边际收益

收益是生产者出售产品的收入,包括成本和利润。下面通过收益的三个基本概念理解收益:总收益(TR)、平均收益(AR)和边际收益(MR)。

(一) 总收益

总收益(TR)是生产者销售一定数量产品所得到的全部收入,计算公式为

$$总收益 = 产品单价 \times 产品销售数量$$
$$TR = PQ \tag{5.19}$$

(二) 平均收益

平均收益(AR)是指厂商出售单位产品的收益,等于总收益与产品销售数量之比,计算公式为

$$平均收益 = \frac{总收益}{产品销售数量}$$
$$AR = \frac{TR}{Q} = \frac{PQ}{Q} = P \tag{5.20}$$

式(5.20)表明,平均收益等于单位产品的卖价。

式(5.20)通过变换,还可以得出

$$TR = P \cdot Q = AR \cdot Q \tag{5.21}$$

即总收益等于平均收益与产品销售数量之积。

(三) 边际收益

边际收益(MR)是指厂商每增加1个单位产品销售数量所引起的总收益的增量,计算公式为

$$边际收益 = \frac{总收益增量}{产品销售数量增量}$$
$$MR = \frac{\Delta TR}{\Delta Q} \tag{5.22}$$

当产品销售数量增量 ΔQ 趋于无穷小时

$$MR = \lim_{\Delta Q \to 0} \frac{\Delta TR}{\Delta Q} = \frac{\mathrm{d}TR}{\mathrm{d}Q} \tag{5.23}$$

从式(5.23)可以看出,边际收益即是产品销售数量的函数,同时也是总收益函数的一阶导数。

(四) 边际收益与平均收益的关系

(1) 假设单个厂商的产量或销量与市场价格无关,则

$$MR = \frac{\mathrm{d}TR}{\mathrm{d}Q} = \frac{\mathrm{d}PQ}{\mathrm{d}Q} = P$$

则有 $MR=AR=P$,此时,厂商的平均收益曲线和边际收益线重合。

(2) 假设厂商生产的产品数量与市场价格存在线性函数关系,即厂商面临的市场需求规律是线性的,即 $P=a-bQ$,则有

$$TR = PQ = (a-bQ)Q$$
$$AR = a-bQ$$
$$MR = \frac{\mathrm{d}TR}{\mathrm{d}Q} = a-2bQ$$

此时,MR 的斜率是 AR 的两倍,其余参数都一样,即由 AR 函数就可得 MR 函数;反之亦然。

二、利润

企业的所有显性成本和隐性成本之和构成总成本。表面看来,利润是收益与成本之差,但由于成本的概念不同,在不同场合,利润的含义是有区别的。

会计学从实际支出的角度考察成本,收益与会计成本之差称为会计利润。会计利润反映的是厂商进行生产活动在账面上的实际盈亏,这里包含厂商投入的自有要素的隐性成本。一方面,厂商将自有要素投入生产,理应获得一份报酬,否则就不会将自有要素投入到该项生产中;另一方面,这些要素投入到这项生产中,就失去了将其投入其他领域的可能。后者表现为进行这项生产不得不付出的代价。因此,厂商通过投入自有要素产生的报酬,对要素的所有者来说,表现为正常利润;而对参与的生产者来说,表现为生产的代价,即隐性成本,它是机会成本的一部分。

经济学从资源使用的角度考察成本,企业的所有显性成本和隐性成本之和构成总成本。收益与总成本之差就是经济利润。企业的经济利润指企业的总收益和总成本之间的差额,简称企业的利润。企业所追求的最大利润,指的就是最大的经济利润,经济利润也被称为超额利润。

经济利润真实地反映了生产活动的实际盈亏,是有利于厂商获得最大利润的决策工具。如果生产某种产品的经济利润为零,这就表示把要素投入到这项生产和投入其他生产的获利是一样的,则这项选择是可行的;如果经济利润大于零,这就表示这项选择比其他任何选择的获利更大,则这项选择更可行;如果经济利润小于零,这就表示其他选择的获利更大,则这项选择是不可行的。除了经济利润以外,西方经济学中还有正常利润这一概念。正常利润是指厂商对自己提供的生产要素的报酬支付。正常利润是以隐性成本计入到厂商的生产成本中去的,因此,经济利润并不包括正常利润。当厂商的经济利润为零时,厂商仍然能获得正常利润。而我们在后面所讲的厂商获得利润,不仅说明它能获得正常利润,而且还能获得超额利润。

经济利润 = 总收益 − 总成本
     = 总收益 − (显性成本 + 隐性成本)
     = (总收益 − 显性成本) − 隐性成本
     = 会计利润 − 隐性成本 = 会计利润 − 正常利润

三、利润最大化原则

所谓利润最大化原则,是指在什么条件下,总收益与总成本之间的差额最大。由于价格

和产量的变化,影响着边际收益和边际成本的变化,从而支配着总收益和总成本的变化,所以,西方经济学家从边际收益和边际成本的关系中寻找利润最大化的条件。当边际收益等于边际成本时,总收益与总成本之间的差额最大,即利润最大化的条件是:边际收益等于边际成本。

(一) 数学推导

如果用 π 表示厂商的利润,则 $\pi = TR - TC$。所谓利润最大化就是使 TR 与 TC 之间的差额最大。因为 TR 与 TC 都是产量的函数,都随产量的变化而变化,所以 π 也是产量的函数。厂商要实现利润最大化,就是要确定一个适当的产量,在这一产量水平上,TR 与 TC 之间的差额最大,也就是求 π 的极大值问题。用 π_{max} 表示最大利润,Q_0 表示此时的产量水平,则

$$\pi_{max} = TR(Q_0) - TC(Q_0) \tag{5.24}$$

厂商在追求利润最大化的过程中,受到以下两个原则的制约:

1. 利润最大化原则

由 $\dfrac{d\pi}{dQ} = 0$,可得利润最大化的必要条件

$$\frac{d\pi}{dQ} = \frac{d(TR - TC)}{dQ} = \frac{dTR}{dQ} - \frac{dTC}{dQ} = 0 \tag{5.25}$$

$$\frac{dTR}{dQ} = MR, \quad \frac{dTC}{dQ} = MC \tag{5.26}$$

$$MR = MC \tag{5.27}$$

即厂商利润最大化的必要条件是 $MR = MC$。如果 $MR > MC$,则厂商每增加 1 单位产量所带来的收益大于生产这 1 单位产量的成本,所以厂商增加产量有利于厂商利润总额的提高;反之,如果 $MR < MC$,则厂商每增加 1 单位产量所能带来的收益小于生产这 1 单位产量的成本,所以厂商增加产量将导致利润总额减少;当 $MR = MC$ 时,虽然最后 1 单位产量的收支相似,无利润可赚,但以前生产的产量使总利润达到最大。因此,$MR = MC$ 是厂商利润最大化的基本原则。但仅满足这一条还不行,还必须保证厂商的损失最小,即第二个原则。

2. 损失最小化原则

这是利润最大化的充分条件。在短期生产中,厂商有时盈亏平衡,甚至亏损也会生产,因为短期若不生产,仍然有固定成本损失。因此,只要投入生产的平均收益大于生产时的平均可变成本($AR > AVC$),厂商都会生产,这时不仅可收回全部可变成本,还可收回部分固定成本,从而减少自己的经济损失。

而在长期中全部成本都是可变的,只有当平均收益大于或等于平均成本($AR \geqslant AC$)时,厂商才会生产,否则厂商就会离开该行业。从以上两个原则可以看出,厂商进行生产首先要满足利润最大化的原则,其次再按损失最小化原则调整到最佳生产规模,以实现最大利润。

【案例分析】5-3

该不该签这个合同?

话说某一制造"变形金刚"玩具的玩具商,固定投入 10 万元,玩具在市场的售价为 20 元一个,每个玩具的变动成本是 5 元。由于经济不景气,该厂商的产品市场销售量骤减。圣诞节来临,一个港商给这个玩具商发来一个订单,要求按 10 元的价格购买 1 万个玩具,

如果高于这个价格就另寻他家。该企业的一位会计经过计算认为,1万个玩具的平均固定成本是10元,每个玩具的变动成本是5元,一个玩具总成本是15元,他们要10元来买,我们不就赔了吗?经理说:"我们不赔!我们考虑的是贡献利润,按每个10元的价格我们得到的贡献利润是5元,一共是5万元的贡献利润,为什么不签这个合同?如果我们每次都考虑贡献利润,只要有贡献利润就签订销售合同,有这么几次固定成本就能收回了,然后再收回的贡献利润就是纯利润了。"在日常经营决策时,考虑的是变动成本而不是总成本,进一步说就是不考虑固定成本,因为固定成本一般都是沉没成本,即一去不复返的成本。如果我们考虑了固定成本,也就失去了收回5万元钱的机会。

(二) 图形分析

图5.12中,$MR=AR=P$,是一条水平线,MC曲线先下降后上升,两线相交时$MR=MC$,为厂商利润最大化的均衡点。

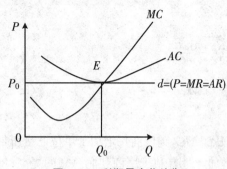

图5.12 利润最大化均衡

图5.12中的E点,$MR=MC$。在E点的左边,$MR>MC$,表示增加单位产量可使增加的收益大于增加的成本,从而增加厂商的利益,厂商将扩大产量,使利润进一步增加。而在E点的右边,$MR<MC$,此时增加单位产量使得成本的增加大于收益的增加,利润下降,厂商会减少产量。只有在E点,$MR=MC$,才是利润最大化的均衡点。

必须明确:虽然$MR=MC$是利润最大化原则,但必须在考虑AR与AC的情况下,才能判断是否有利润。实现$MR=MC$,可使厂商处于有利状态,但并不意味着必定保证获得经济利润(前面已经证明),可能盈利,也可能亏损。可以确定的是:若厂商有盈利,按此原则确定产量,一定是利润最大;若厂商有亏损,按此原则确定产量,一定亏损最小,总是处于最优状态。

由于利润最大化的条件是边际收益等于边际成本,因此,厂商要实现利润最大化的目标,其经营必须根据市场状况调节供给。在边际收益大于边际成本时,扩大产量;在边际收益小于边际成本时,减少产量,以使边际收益等于边际成本。

以上所介绍的是利润最大化的一般原则。因为边际收益等于边际成本总是在一定的价格和某一产量水平上达到的,而价格和产量的变化又因市场类型的不同而有所差异,因此需要结合市场竞争类型做具体分析。

◆内容摘要

1. 成本,是生产中所使用的各种生产要素的支出,是指在一定时期内厂商为生产一定数量的产量而购买生产要素的总费用。然而,在经济学的分析中,仅从这一个角度来理解成本的概念是远远不够的。经济学意义上的成本指的是机会成本,是资源使用的成本,它与我们日常生活中听到的实际支出不同。在经济学中,我们应该理解经济成本与会计成本、显性成本与隐性成本、增量成本与沉没成本等多种成本的含义。

2. 企业生产过程有长期和短期之分,短期内企业有固定成本和可变成本,长期内企业所有成本都是可变的。

3. 短期边际成本曲线的形状一般呈"U"形,边际成本曲线必定穿过平均总成本和平均可变成本的最低点。边际成本曲线的特征反映了边际报酬递减规律的作用。

4. 长期平均成本曲线是由在不同时点上的相应的短期成本曲线最低点包络而成,最后的形状也呈"U"形,最低点代表了长期最优的生产规模。

5. 收益减去成本等于利润,由于多种成本的概念差异,利润又可分为正常利润、经济利润或超额利润。实现利润最大化的一般原则是 $MR=MC$。该原则是厂商最优产量决策的依据。

◆ **关键词**

成本　短期成本　长期成本　收益　利润最大化

◆ **选择题**

1. 正常利润是(　　)。
   A. 经济利润的一部分　　　　B. 经济成本的一部分
   C. 隐性成本的一部分　　　　D. B和C都对

2. 随着产量的增加,短期平均固定成本(　　)。
   A. 一直趋于增加　　　　　　B. 一直趋于减少
   C. 在开始时减少,然后趋于增加　D. 在开始时增加,然后趋于减少

3. 在从原点出发的射线与 STC 曲线相切的切点上,SAC(　　)。
   A. 是最小　　　　　　　　　B. 等于 SMC
   C. 等于 $AVC+AFC$　　　　　D. 上述都正确

4. 短期中,边际成本低于平均成本时,(　　)。
   A. 平均成本上升　　　　　　B. 平均可变成本可能上升也可能下降
   C. 平均成本下降　　　　　　D. 平均可变成本上升

5. 下面关于平均成本和边际成本的说法中哪一个是正确的(　　)。
   A. 如果平均成本上升,边际成本可能上升或下降
   B. 在边际成本的最低点,边际成本等于平均成本
   C. 如果边际成本上升,则平均成本一定上升
   D. 在平均成本曲线的最低点,边际成本等于平均成本

6. 对应于边际报酬的递增阶段,SMC 曲线(　　)。
   A. 以递增的速率上升　　　　B. 以递增的速率下降
   C. 以递减的速率上升　　　　D. 以递减的速率下降

7. 随着产量的增加,长期平均成本的变动规律是(　　)。
   A. 先减少而后增加　　　　　B. 先增加而后减少
   C. 按一固定比率减少　　　　D. 按一固定比率增加

8. 长期平均成本曲线和长期边际成本曲线一定相交于(　　)。
   A. 长期平均成本曲线的最低点　B. 长期边际成本曲线的最低点
   C. 长期平均成本曲线的最高点　D. 长期边际成本曲线的最高点

9. LAC 曲线同 LMC 曲线之间关系正确的是(　　)。
   A. $LMC<LAC$,LAC 上升　　B. $LMC<LAC$,LAC 下降
   C. $LAC=LMC$,LAC 最大　　D. LAC 随 LMC 的上升而上升

10. 企业使其利润最大意味着（　　）。

　　A. 使它的亏损最小化

　　B. 使总的收益和总的成本之间的差额最大

　　C. 根据边际收益和边际成本相等来决定产出的水平

　　D. 以上都是

◆思考题

1. 试比较消费者行为理论和生产者行为理论。
2. 谈谈你对边际收益递减规律的理解。
3. 简要说明短期和长期平均成本曲线呈"U"形的原因。
4. 经济利润为零是否意味着正常利润也为零？
5. 通过图形说明短期成本曲线之间的关系。
6. 如果某厂商雇佣正处于失业的工人，试问劳动的机会成本是否为零？
7. 经济学中所研究的成本和利润的概念与会计学中所谈的成本和利润有什么不同？为什么？
8. 为什么 $MR=MC$ 是厂商追求最大化利润确定产量的基本原则？
9. 假设你到市里的一个特色餐馆，点了 100 元的大盘龙虾。吃到一半时，你就感觉差不多饱了。你的女友劝你吃完，因为你无法拿回家，而且也因为"你已经为此花了钱"。你该吃完吗？为什么？

◆案例题

泛美国际航空公司的倒闭

　　1991 年 12 月 4 日，世界著名的泛美国际航空公司关门倒闭。这家公司自 1927 年投入飞行以来，曾经创造了辉煌的历史，其公司的白底蓝色标志是世界上最广为人知的企业标志之一。然而，对于熟悉内情的人来说，这家公司的倒闭是意料之中的事，那么是什么支撑了这个航空业巨子这么多年呢？整个 20 世纪 80 年代，除了一年之外，这家公司年年都在亏损，亏损总额将近 20 亿美元。1991 年 1 月，该公司正式宣布破产，然而这个日子距离公司关闭的日子又将近一年。究竟是什么力量支撑垂死的巨人又多活了一段时间？而且，该公司在 1980 年出现首次亏损后，为什么不会马上停止业务？又是什么因素使得这家公司得以连续亏损经营 12 年之久？请运用经济学理论加以分析。

第三篇
市场结构与竞争策略

"每个人都力图用他好的资本,使其产出能实现最大的价值。一般来说,他既不企图增进社会公共福利,也不知道他能够增进多少。他所追求的仅仅是一己私利。但是,在他这样做的时候,有一只看不见的手在指引着他去帮助实现另外一个目标,尽管这目标并非他的本意。追逐个人利益的结果,使他经常地增进了社会福利,其效果要比他真实想要增进的社会福利更好。"

——亚当·斯密

第六章　完全竞争市场

通过本章的学习,了解市场的类型及各种市场的特征;明确完全竞争市场的特征,掌握完全竞争厂商的需求曲线和收益曲线;掌握完全竞争厂商的短期均衡和长期均衡的条件,加深对市场效率的理解,并清楚这类市场价格的典型特征。

政府办养鸡场为什么赔钱?

20世纪80年代,许多大城市实施了"菜篮子"工程,即由政府投资修建大型养鸡场,结果失败者居多。原因何在呢?

从经济学的角度看,鸡蛋市场有许多买者和卖者。每一个生产者,包括大型养鸡场,在市场上所占的份额都是微不足道的,难以通过产量来控制市场价格。而且,鸡蛋是无差别产品,企业不能以产品差别形成自己的垄断地位,只能接受市场供求决定的价格,即市场价格高时就能按高价出售,市场价格低时也只好降价出售。鸡蛋市场没有任何进入障碍,投资小,技术难度不高,谁想进入都可以,这些特点决定了鸡蛋市场是一个接近完全竞争的市场。

在这样的鸡蛋市场上,当价格高时,许多养鸡户就会迅速进入养鸡行业,政府投资的大型养鸡场则难以迅速扩大。众多养鸡户的迅速进入使短暂的盈利机会消失,大型养鸡场则难以利用这个机会。而当产品价格很低时,养鸡专业户可以把成本压得很低,而政府办的大型养鸡场的成本则压不下来,因为养鸡场鸡舍大,且有一批固定的管理人员,还要长期向工人支付工资。高额的固定成本使政府建养鸡场的成本大大高于行业平均成本,养鸡场的破产就是必然的了。

政府出资兴办大型养鸡场的动机或许是好的,但鸡蛋市场不需要政府办这样的"庞然大物"。鸡蛋市场的行业技术特点决定了中小规模、低成本是该市场合理的企业组织方式。现在政府不再干预鸡蛋市场,市民们反而吃到了物美价廉的鸡蛋。

(资料来源:梁小民. 微观经济学纵横谈[M]. 上海:三联书店,2008.)

作为商品生产者与供给者的厂商,在选择生产规模、价格水平、营销策略时,除了考虑技术条件及相应的成本条件之外,还必须认真分析企业的外部环境对厂商生产和销售的影响。本章将分析不同类型市场中商品的均衡价格和均衡数量的决定,即生产者在具体的市场中是如何决策从而达到短期和长期均衡的。

第一节 市场类型

一、市场和行业

企业的生存与发展都离不开市场。什么是市场？市场是指从事物品买卖的交易场所或接洽点。市场可以是一个有形的买卖物品的交易场所，也可以是利用现代化通信工具进行物品交易的接洽点。从本质上讲，市场是物品买卖双方相互作用并得以决定其交易价格和交易数量的一种组织形式或制度安排。

市场是随着商品经济的发展而产生的。在原始社会末期，由于生产力和社会分工的发展，出现了商品交换。早期商品交换没有固定的地方。随着商品经济的发展，相对固定的市场逐渐产生，并出现了专门从事买卖的商人。随着商品经济的发展，市场范围和规模不断扩大，从最初的一域一地扩大到全国乃至全世界。投放在市场上的商品，从少数产品发展到消费资料、生产资料、劳动力、资金等。市场也不断发展，从商品市场发展到包括消费资料、生产资料市场，以及金融、劳动力、技术、信息等生产要素市场。例如，石油市场、粮食市场、服装市场、电子产品市场、土地市场、劳动力市场、资本市场等。我们可把经济中所有的可交易的物品分为生产要素和商品这两类，相应地，经济中的所有市场可以分为商品市场和生产要素市场这两类。这里我们将研究商品市场，后面还会研究要素市场。

与市场这一概念相对应的另一个概念是行业。行业是指为同一个商品市场生产和提供商品的所有厂商的总体。市场和行业的类型是一致的。如完全竞争市场对应的是完全竞争行业，垄断市场对应的是垄断行业等。

二、市场类型的划分

市场类型取决于市场结构，市场结构是指某一个行业中厂商数量的多少以及市场垄断与竞争的程度。在不同市场结构之中，厂商之间的竞争具有不同的特性，不同的竞争手段在不同市场结构中也会产生不同的反应，获得不同的效果。

经济学家将市场结构分成两大类：完全竞争市场和不完全竞争市场。不完全竞争市场又包括垄断竞争市场、寡头市场和垄断市场。表 6.1 列出了各种市场结构的简明特征，以后对每一类市场进行考察时，再进一步对每一类市场的特征进行详细的分析。

表 6.1 各类市场结构的简明特征

市场类型	完全竞争市场	垄断竞争市场	寡头市场	垄断市场
厂商数目	很多	很多	几个	唯一
产品差别程度	完全无差别	有差别	有差别或无差别	唯一产品，无相近的替代品
对价格控制的程度	没有	有一些	相当程度	很大程度，但经常受到管制
进出一个行业的难易程度	很容易	比较容易	比较困难	很困难，几乎不可能
接近哪种商品市场	部分农产品、金融产品	部分轻工业品、零售业	钢、汽车、石油	公用事业，如水、电

【课堂讨论】 为什么在经济学研究中要区分不同的市场结构？

我们可以从以下4个方面来划分市场的类型：

(一) 市场上交易者的数量多少

市场上对某种商品的需求者和供给者的数量多少与市场竞争程度的高低有很大关系。因为参与者数量很多的市场，每个参与者的交易数量占整个市场交易的份额很小，对整个市场的影响几乎可以忽略，是市场价格的接受者。参与者越多，厂商之间的竞争相对就越激烈，否则竞争程度就可能很低。

(二) 产品相似程度的高低

产品相似程度主要取决于同种产品在质量、形式、包装等方面的差异，也取决于产品的作用、售后服务以及外观形象等方面。产品之间的差异越小甚至相同，相互之间的替代品越多，竞争程度就越强。

(三) 进入或退出市场的难易程度

进入市场会有来自社会的各方面的限制，主要有自然原因和立法原因。自然原因主要来自两个方面：一是资源控制，如果行业内的某个企业控制了这个行业的重要资源，其他企业很难得到这种资源，因而进入该行业极为困难；二是规模经济，规模经济是指该行业需要在很大规模上才能运行，投入资本很大，而且该市场的某大型企业产量大且平均成本很低，这就使新企业进入市场后，失去了价格上的竞争力，收益很少，因此很难立足于市场。立法原因是来自于法律对进入某些行业的限制。这种立法限制主要采取三种形式：一是特许经营，二是许可制度，三是专利制。

(四) 市场信息传播的通畅程度

市场参与者对供求关系、产品质量、价格变动、销售方法、广告效果等经济与技术的过去、现在和未来的信息资料了如指掌，市场竞争程度就高；否则市场竞争程度就低。

三、完全竞争市场的含义及基本假定

(一) 完全竞争市场的含义

完全竞争(perfect competition)，又称为纯粹竞争。完全竞争市场是指竞争充分而不受任何阻碍和干扰的一种市场结构。在这样一个市场上，任何企业和消费者所占的市场份额都很小，无法影响市场价格。例如，在小麦市场上，有成千上万小麦的供给者和小麦产品的消费者。因此，没有一个供给者和需求者可以影响小麦的市场价格，每个人都是市场价格的接受者。完全竞争市场学说最早产生于英国经济学家亚当·斯密的《国富论》，他发现了竞争性市场经济的一个重要特征，即"看不见的手"调节经济的规律，为完全竞争市场学说打下了坚实的基础。

(二) 完全竞争市场的基本假定

符合以下四个基本假设的市场就是完全竞争市场。

1. 市场上有大量的供给者和需求者

作为众多参与市场经济活动的经济单位的个别厂商或个别消费者，单个的销售量和购买量都只占很小的市场份额，其供应能力或购买能力对整个市场来说是微不足道的。这样，无论供给方还是需求方都无法控制市场价格，只能被动接受市场价格。显然，在交换者众多的市场上，若某厂商要价过高，顾客可以从别的厂商购买相同的商品或劳务，同样，如果某顾客压价太低，厂商可以拒绝出售给顾客而不怕没有别的顾客光临。例如：农民在农贸市场上销售鸡蛋,有众多的农民和购买鸡蛋的消费者,若某农民提高价格,购买鸡蛋的消费者会立即转向购买其他农民的鸡蛋。

2. 参与经济活动的厂商出售的产品具有同质性

这里的产品同质不仅指商品之间的质量、性能等无差别,还包括销售条件、包装等方面是相同的。因为产品是相同的,消费者购买谁的商品都是一样的,因此不存在消费者偏好。同样对于厂商来说,没有任何一家厂商拥有市场优势,它们将以市场的价格出售自己产品。例如:农贸市场上普通鸡蛋的价格都相同,都没有商标和品牌,也不能从鸡蛋中看到商品的差别,它们是无差别的商品。

3. 厂商可以无成本地进入或退出这个行业

即所有的资源都可以在各行业之间自由流动。劳动可以随时从一个岗位转移到另一个岗位,或从一个地区转移到另一个地区;资本可以自由地进入或撤出某一行业。资源的自由流动使得厂商总是能够及时地向获利的行业运动,也能及时退出亏损的行业。这样,效率较高的企业可以吸引大量的投入,缺乏效率的企业会被市场淘汰。资源的流动是促使市场实现均衡的重要条件。

4. 参与市场活动的经济主体具有完全信息

市场中的每一个卖者和买者都掌握与自己决策、与市场交易相关的全部信息,这一条件保证了消费者不可能以较高的价格购买,生产者也不可能以低于现行价格出卖,每一个经济行为主体都可以根据所掌握的完全信息,确定自己最优购买量或最优生产量,从而获得最大的经济利益。

这四个假设条件可以简单表述成:价格既定、产品同质、要素自由、信息充分。显然,在现实的经济中没有一个市场能同时满足这么严格的四个条件。某些农产品市场通常被看成是比较接近的完全竞争市场。

但是完全竞争市场作为一个理想经济模型,有助于我们了解经济活动和资源配置的一些基本原理,解释或预测现实经济中厂商和消费者的行为。

第二节 完全竞争厂商的短期均衡和供给曲线

经济学家指出,完全竞争市场是一个非个性化的市场。市场价格由整个行业的供求关系所决定,一旦决定,对每一个需求者和供给者来说这一价格就是既定的,他们都是市场价格的接受者,而且行业中每一个成员都不会改变也没有能力去改变市场的价格;每个厂商生产的产品都是同质的,毫无个性;所有资源都能自由流动,不存在价格的差异;市场中的信息是完全的,都是完全知晓的。也就是说每个厂商生产的产品在市场中都是无足轻重的。完全竞争市场中不存在现实生活中那种真正意义上的竞争。

一、完全竞争厂商的需求曲线

在完全竞争市场,由于企业是价格的接受者,因此,市场价格是在市场的背后,在众多厂商(行业)和众多消费者的竞争中自然而然产生的。在任何一个商品市场中,市场需求是针对市场上所有厂商组成的行业而言的,众多消费者对整个行业所生产的商品的需求称为行业所面临的需求,相应需求曲线称为行业所面临的需求曲线,也就是市场的需求曲线,它一般是一条从左上方向右下方倾斜的曲线。图6.1(a)中的D曲线就是一条完全竞争市场的需求曲线,是向右下方倾斜的,图6.1(a)中的S曲线是行业内所有厂商生产的商品供给曲线,二者共同作用形成市场均衡价格P_e。

消费者对行业中的单个厂商所生产的商品的需求量,称为厂商所面临的需求量,相应的需求曲线称为厂商所面临的需求曲线,简称为厂商的需求曲线。在完全竞争条件下,厂商是市场价格的接受者,因此所面临的需求曲线是一条由既定的市场均衡价格出发的水平线。图6.1(b)中的d曲线就是一条完全竞争厂商的需求曲线,是一条与横轴平行的水平线。

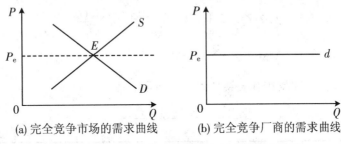

图 6.1 完全竞争市场和完全竞争厂商的需求曲线

假设某家厂商把价格定得略高于市场价格,由于产品具有同质性,且消费者有完备信息并可以自由流动,那么将没有人购买该厂商的产品。也就是说,厂商一旦涨价,它所面临的需求会下降为零。如果厂商的价格等于市场价格,根据厂商数目众多的条件,一个厂商的供应是无足轻重的,无论厂商供应多少,价格都维持不变,或者说在既定的市场价格下,厂商可以销售掉任意数量的商品。厂商会不会把价格降到市场价格以下呢?降价原本是为了刺激需求,既然每个厂商在市场价格下可以供应任意数量,那又何必降价呢?因此,在完全竞争市场上,厂商既不能提高价格,又不愿降低价格,只能是市场价格接受者。从需求的角度看,完全竞争厂商所面临的需求曲线是水平的,水平需求的弹性无穷大。图6.1(b)中的厂商的需求曲线d是相对于图6.1(a)中的市场需求曲线和市场供给曲线共同作用所决定的均衡价格P_e而言的。

完全竞争厂商是市场价格的接受者,但并不意味着完全竞争市场的价格固定不变。当整个市场需求与行业供给发生变化时,就会影响市场供求曲线的位置,从而形成市场的新的均衡价格,相应地,便使单个完全竞争厂商面临新的需求曲线。图6.2(a)中的市场需求曲线和市场供给曲线发生移动时,图6.2(b)中便会形成另一条从新的均衡价格出发的呈水平线的厂商的需求曲线。

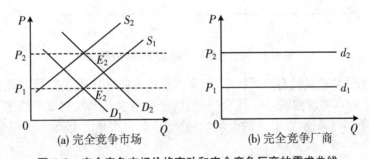

图 6.2 完全竞争市场价格变动和完全竞争厂商的需求曲线

二、完全竞争厂商的收益曲线

企业的收益取决于市场对其产品的需求状况,或者说,取决于企业产品面临的市场需求曲线的特征。在不同市场类型中,企业的需求曲线具有不同的特征。对于完全竞争企业来说,在每一个销售量上,厂商的销售价格是固定不变的,若假定企业的生产量等于市场对其的需求量,则企业的平均收益必然等于边际收益,且等于既定的市场价格,即 $AR=MR=P$。

$$AR(Q) = \frac{TR(Q)}{Q} = \frac{P \cdot Q}{P} = P$$

$$MR(Q) = \lim_{\Delta Q \to 0} \frac{\Delta TR(Q)}{\Delta Q} = \frac{\mathrm{d}TR(Q)}{\mathrm{d}Q}$$

$$MR = \frac{\mathrm{d}TR}{\mathrm{d}Q} = \frac{\mathrm{d}(P \cdot Q)}{\mathrm{d}Q} = P$$

企业的各种收益之间的相互关系如表 6.2 所示。

表 6.2　企业收益表

(单位:元)

产品价格	销售量	总收益	平均收益	边际收益
1	0	0	0	—
1	10	10	1	1
1	20	20	1	1
1	30	30	1	1
1	40	40	1	1
1	50	50	1	1
1	60	60	1	1

根据表 6.2 的数据可以做出图 6.3^①。

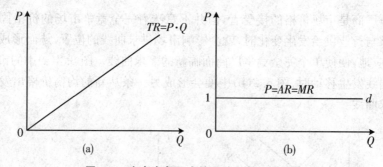

图 6.3　完全竞争厂商的总收益与边际收益

图 6.3 中的收益曲线具有如下特点:完全竞争厂商的平均收益曲线(AR 曲线)、边际收益曲线(MR 曲线)和需求曲线 d 三线合一,用既定价格水平出发的水平线来表示。这是因为对于完全竞争厂商来说,在既定的市场价格下,任何销售量上都有 $AR=MR=P$,而完全

---

① 在图 6.3 中,纵轴表示价格,由于价格 P 是货币数量,所以,它可以同时用来表示收益、成本、利润等。

竞争厂商所面临的需求曲线是一条由既定的市场价格水平出发的水平线。总收益曲线是一条由原点出发的斜率不变的上升的直线，即随着销售量的增加而增加。

【案例分析】6-1

感情也有收益——英国经济学家给亲情估价

亲情和友情给人带来的感情收获能用金钱来衡量吗？英国经济学家别出心裁地对这个问题展开研究，并"估算"出英国人的日常生活给他们带来的"隐性收支"。据英国《每日邮报》2007年4月30日报道，英国社会经济学研究人员此前以8000名来自英国各地的居民为调查对象，研究了各种社会现象对他们的快乐程度的影响。

如果每天都可以看到家人与朋友，那么你一年的"感情收益"相当于年薪增长8.5万英镑；如果经常和邻居聊天，那么你将获得3.7万英镑"加薪"；如果这一年你结婚了，其快乐程度相当于又获得5万英镑的奖励，而这一数字通常已经超过了结婚的经济成本。不过研究报告说，虽然英国人获得的"感情收益"很多，但相对来说的"感情损失"数目也同样惊人。举例来说，如果你突然被炒鱿鱼，即使不算上你的物质损失，你的"感情损失"也相当于弄丢了14.3万英镑；而一个人如果患上严重疾病，则他们一年的"感情损失"至少为48万英镑。主持研究的伦敦大学教育学院教授纳塔弗·波塔维认为，相比较而言，个人收入的变化则不大容易改变人们的快乐程度。对于这份研究报告，《每日邮报》做出这样一番解读：如果一个人每天都与家人朋友面对面交流，而另一个人平时很少见到亲友，那么前者只要一年拿1万英镑薪水，就可以与一年拼命工作赚9.5万英镑的后者获得同样的快乐。

你怎么看待这一问题呢？

三、完全竞争厂商的短期均衡

在完全竞争市场中，厂商只能被动接受市场价格而不能左右市场价格。但短期内市场供求可能会发生变化，市场价格可能会发生波动，而短期厂商生产规模是给定的，厂商在这一期限内并不能根据市场需求情况来调整全部生产要素。厂商只能通过变动可变要素的投入量来调整产量，从而通过对产量的调整来实现 $MR=SMC$ 的利润最大化均衡条件。在 $MR=SMC$ 条件下，企业虽实现利润最大化下的最优产量点，但如果短期内价格低于企业平均可变成本，企业就会亏损；如果价格高于平均可变成本，企业可能盈利。因此在短期内，企业出售产品可能处于盈利、盈亏平衡或亏损等不同状态。下面用图形来说明：

（一）行业供给小于需求时

行业供给小于需求，市场价格高，厂商有超额利润（$P=AR>SAC$）。

当厂商带着产品进入市场，发现自己的产品先于同行业竞争对手进入市场，市场价格较高，达到图6.4(a)中 P_1，面临的需求曲线为 d_1，厂商狂喜，便不断增加产品投放，直到到达由 $MR=SMC$ 的利润最大化原则确定的 Q_1 点时，SMC 曲线与 MR_1 曲线相交于点 E_1，即为厂商的短期均衡点。这时平均收益为 OP_1，平均成本为 Q_1F，单位产品获得的利润为 E_1F，总收益为 $OQ_1 \times OP_1$，总成本为 $OQ_1 \times Q_1F$，利润总量为 $HF \times E_1F$，即图中矩形 HP_1E_1F 的面积。如果产量超过 OQ_1，$MC>MR_1$，增加产量会降低总利润；若产量小于 OQ_1，增加产量都能增加总利润，只有使产量确定在 OQ_1，$MR=P=SMC$，此时，厂商获得最大的利润，即矩形

HP_1E_1F 的面积。

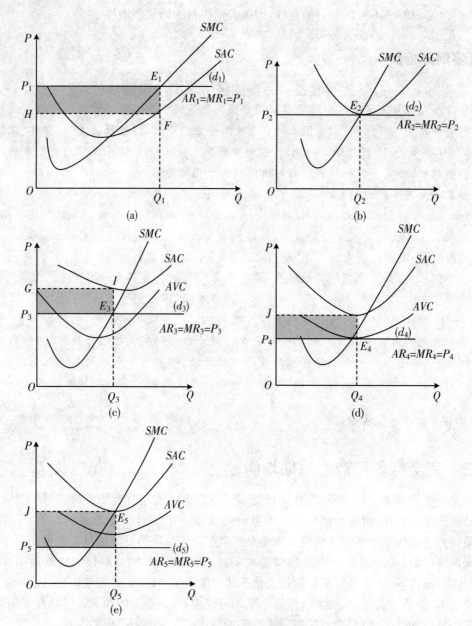

图 6.4 完全竞争厂商的短期均衡

(二) 行业供给等于需求时

行业供给等于需求,市场价格降到与企业平均成本相等,厂商的经济利润恰好为零($P=AR=SAC$),处于盈亏平衡。

当厂商带着产品进入市场,发现市场价格为 P_2,面临的需求曲线为 d_2,根据 $MR=SMC$ 的利润最大化原则,厂商不断增加产品投放,直到达到图 6.4(b)中的 Q_2 点时,平均收益等于平均成本,总收益也等于总成本,即图 6.4(b)矩形 $OP_2E_2Q_2$ 的面积,此时厂商的经济利润为零,但实现了全部的正常利润。由于在该点上,厂商既无经济利润又无亏损,所以也把 SMC 与 SAC 的交点称为"盈亏平衡点"或"收支相抵点"。

(三)行业供给大于需求时

行业供给大于需求,市场价格低,厂商亏损($AVC<P<SAC$)。因存在沉没成本,厂商还应继续生产。

当厂商带着产品进入市场,发现市场价格为P_3,面临的需求曲线为d_3,此时厂商的平均总成本已经高于产品的市场价格,整个平均总成本曲线SAC处于价格P_3线之上,出现了亏损。此时,即便不生产,短期内厂商仍然要支付沉没的固定成本(即$SAC-AVC$部分),为收获边际贡献并使亏损达到最小,理性的厂商短期内只好继续维持生产,投放产量由$SMC=MR_3$的均衡点E_3决定,即在Q_3的均衡产量上,平均收益为OP_3,平均成本为OG,总成本与总收益的差额构成厂商的总亏损量,即图6.4(c)中矩形P_3GIE_3的面积。这里我们假定厂商的固定成本是沉没成本,当价格或平均收益介于平均总成本和平均可变成本之间时,虽然出现亏损,厂商仍会继续生产,因为此时厂商获得的全部收益,不仅能够弥补全部的可变成本,还能够抵消一部分固定成本。在现实生产中,厂商一般都存在沉没成本,所以$AVC<P<SAC$时,厂商虽然亏损,但仍应继续生产,因为生产要比不生产强;或者说,此时按$MR=MC$提供产量亏损最小。

(四)行业供给严重大于需求时

行业供给严重大于需求,价格超低,平均收益等于平均可变成本($P=AR=AVC$),厂商处于亏损状态,此时,处于生产与停产的临界点。

当厂商带着产品进入市场,发现价格为P_4,面临的需求曲线为d_4,此时需求曲线线恰好切于平均可变成本AVC曲线的最低点,SMC曲线也交于该点。根据$MR_4=SMC$的利润最大化原则,这个点就是厂商短期均衡点E_4,决定的均衡产量为Q_4。在Q_4产量上,平均收益小于平均总成本,必然是亏损的。同时平均收益仅等于平均可变成本,这意味着厂商进行生产所获得的收益,正好用于支付可变成本,而不能收回任何的不变成本,生产与不生产对厂商来说,结果是一样的。所以,SMC曲线与SVC曲线的交点是厂商生产与不生产的临界点,也称为停止营业点或关闭点。

(五)行业供给远远超过需求时

行业供给严重过剩,价格超低,企业平均可变成本超过市场价格($AR<AVC$),厂商处于亏损状态,且停止生产。

当价格进一步下降至图6.4(e)中的P_5时,面临的需求曲线为d_5,MR_5曲线与SMC曲线相交之点为短期均衡点E_5,相对应的产量为Q_5。在这一产量上,平均收益已小于平均可变成本,意味着厂商若生产的话,所获得的收益连支付可变成本都不够,更谈不上收回固定成本了,所以厂商停止生产。

上述分析表明,完全竞争厂商短期均衡的条件是:短期内,在完全竞争的市场条件下,无论市场价格怎样变化,由于厂商不能根据市场需求情况来调整全部生产要素,厂商只能按$AR\geqslant AVC$,$SMC=MR$原则来调整自己的产量点。即:$P=AR\geqslant AVC$,$SMC=MR$。

也就是说,在上面所说的企业的最佳产量点Q_1、Q_2、Q_3、Q_4上,厂商要么可以获得最大利润,要么利润为零,要么蒙受最小亏损。

【案例分析】6-2

生意冷清的餐馆和淡季小型高尔夫球场

你是否曾走进一家餐馆吃午饭时,发现里面没有人?几个顾客带来的收入不可能弥补餐馆的经营成本,你会问为什么这种餐馆还要开门呢?

在做出是否经营的决策时,餐馆老板必须记住固定成本与可变成本的区分。餐馆的成本——租金、厨房设备、桌子、盘子和餐具等的费用都是固定的。在午餐时停业并不能减少这些成本。换一句话说,在短期中这些成本是沉没的。当老板决定是否提供午餐时,只有可变成本——增加的食物价格和额外的服务员工资等才是相关的。只有在午餐时从顾客得到的收入少到不能弥补可变成本时,餐馆老板才会在午餐时关门。

夏季度假区小型高尔夫球场的经营者也面临类似的决策。由于不同季节收入变动很大,企业必须决定什么时间开门经营和什么时间停止营业。高尔夫球场的固定成本——购买土地和建高尔夫球场的成本,是无关的。只要在一年的时间里,收入大于可变成本,小型高尔夫球场就应开业经营。

四、完全竞争厂商的短期供给曲线

前面已经论证了完全竞争厂商的短期均衡过程,借助于短期均衡综合图说明了这一过程完全遵循边际收益等于边际成本原则。再进一步分析,短期均衡的综合图——短期边际成本曲线完全可以看成是完全竞争厂商的短期供给曲线。为什么这么说呢?我们换一个角度看,短期内给定一个价格 P_i,完全竞争厂商就有一个按 $MR=SMC=P$ 原则决定的产量 Q_i;在每一个短期均衡点上,厂商的产量与价格之间都存在着一种对应关系。在短期均衡点上商品价格与厂商最优产量之间的对应关系可以明确地表示为

$$Q_s = f(P)$$

式中,P 表示商品的市场价格,Q_s 表示厂商的最优产量或供给量。

将 (P_i,Q_i) 在另一坐标图中描出,形成的曲线就是完全竞争厂商的短期供给曲线。只不过它必须满足 $P_i \geqslant AVC$ 这一条件,这是厂商的停止生产点。同时,在图 6.5 中还可以看到,根据 $MR=SMC=P$ 的短期均衡条件,商品的价格和厂商的最优产量的组合点或均衡点 E_1、E_2、E_3、E_4,都出现在厂商的边际成本 SMC 曲线上。我们知道,边际成本曲线穿过平均可变成本的最低点,价格低于这一点时,厂商关闭,产量为零;价格超过这一点时,产量与价格的关系由边际成本曲线所决定。既然是通过边际成本曲线来确定厂商在该价格下的产量,因此边际成本曲线反映了产量与市场价格之间的关系。

基于以上分析,可以得到如下结论:完全竞争厂商的短期供给曲线,就是完全竞争厂商的短期边际成本 SMC 曲线上等于和高于平均可变成本 AVC 曲线最低点的部分。即,完全竞争厂商的短期供给函数为 $P=MC(P \geqslant AVC)$。毫无疑问,完全竞争厂商的短期供给曲线是向右上方倾斜的。图 6.5 中实线部分所示即为完全竞争厂商短期供给曲线。

完全竞争厂商短期供给曲线说明了厂商的产量是如何随着价格变化而变化的,但是只有作为价格接受者的厂商的产量才随着价格变化而变化。厂商若是价格设定者,则价格和产量都是厂商的决策变量。这时问"给定某一价格,企业将生产多少"是没有意义的。因此只有价格接受者才有供给函数。

在对完全竞争厂商短期供给曲线的推导过程中,可以清楚地看到供给曲线背后的生产

者追求最大利润的经济行为。供给曲线不仅仅表示在其他条件不变的条件下,生产者在每一价格水平愿意而且能够提供的产品的数量,更重要的是,生产者所提供的产品数量是在既定价格水平下能够给其带来最大利润或最小亏损的产品数量。

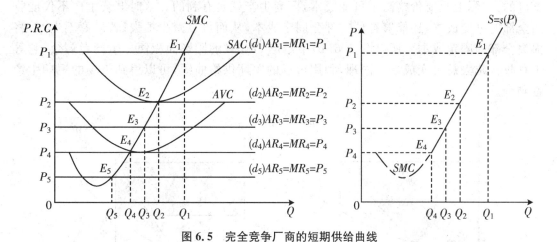

图 6.5 完全竞争厂商的短期供给曲线

在各种价格水平上,完全竞争行业的供给量应等于行业内所有厂商的供给量之和。据此,假定生产要素的价格不变,则一个行业的供给曲线是该行业内所有厂商的短期供给曲线的水平加总,即 $S(P) = \sum_{i=1}^{n} S_i(P)$;且行业的供给曲线也是向右上方倾斜的,表示市场的产品价格和市场的短期供给量呈同方向变动。

五、生产者剩余

与消费者剩余相对应,这里介绍生产者剩余,这两个概念结合在一起,是分析经济效率和社会福利的十分有用的工具。

生产者剩余指厂商在提供一定数量的某种产品时实际接受的总支付与愿意接受的最小总支付之间的差额。已知厂商从事生产或经营,总是追求利润最大化,而保证利润最大化的条件就是要使 $MR=MC$,由于在完全竞争市场里,$MR=P$,因此只要价格 $P=MC$(厂商的供给曲线),厂商都愿意生产(愿意接受的最小总支付)。因此只要厂商在进行生产时,$P>MC$,就可以得到生产者剩余。此时厂商实际接受的总支付就是价格线以下的总收益,而厂商愿意接受的最小总支付便是边际成本线以下的总边际成本。用图形来表示,生产者剩余则是价格直线和厂商的短期供给曲线(边际成本曲线)所围成的面积,如图 6.6(a)中阴影部分的面积。

由此,生产者剩余也可以用数学公式定义。令反供给函数 $PS=f(Q)$,价格为 P_0 时的生产者需求量为 Q_0,则生产者剩余为

$$PS = P_0 Q_0 - \int_0^{Q_0} f(Q) \mathrm{d}Q$$

式中,PS 为生产者剩余的英文简写,式子右边的第一项表示总收益,即厂商实际接受的总支付,第二项表示厂商愿意接受的最小总支付。这里 $f(Q)=SMC(Q)$。

此外,在短期内,生产者剩余还可以用厂商的总收益与总可变成本的差额来衡量。因为在短期内,厂商的固定成本是无法改变的,总边际成本必然等于总可变成本。当产量为1

时,可变成本即是边际成本,即 $VC(1)=MC(1)$;当产量为 2 时,$VC(2)=MC(1)+MC(2)$;以此类推,$VC(Q)=MC(1)+MC(2)+\cdots+MC(Q)$。表明可变成本可以用边际成本曲线与横轴之间的面积来表示。此外在短期内厂商无论生产还是不生产,固定成本都是要支付的,实际上只要价格高于可变成本,厂商生产就是有利的。这时继续生产不仅能收回全部的可变成本,还能够补偿一部分固定成本,从而可以减少损失;若厂商不生产,将损失全部的固定成本。所以图 6.6(b)中矩形 $CPEB$ 的阴影面积便是生产者剩余,它等于总收益减去总可变成本。同理,利用市场的短期供给曲线,可以得到市场的短期生产者剩余。

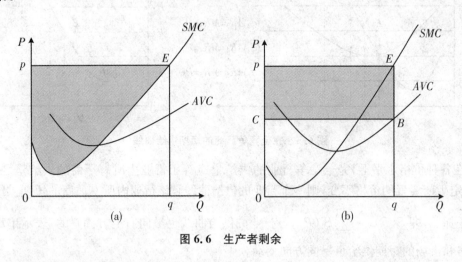

图 6.6 生产者剩余

第三节 完全竞争厂商的长期均衡

完全竞争厂商在短期内,因为时间过短,厂商来不及调整规模,新厂商也来不及加入该行业,厂商的规模和厂商的数量都是不变的。而在长期内,所有的生产要素都是可变的,不仅厂商的规模可以调整,而且厂商的数量也是可以增减的。因此,在完全竞争市场价格给定的条件下,完全竞争厂商在长期中可通过对全部生产要素的调整,来实现其利润的最大化。对生产要素的调整表现为两方面:一是厂商自身对最优生产规模的调整;二是厂商进入或退出一个行业的决策,即行业中厂商数量的调整。

一、完全竞争厂商自身对最优生产规模的调整

在短期内,如果厂商能够获得利润,它会进一步加以调整,以得到更多的利润。从图 6.7 可以看到,假定产品的市场价格为 P_0,且既定不变,短期内厂商已拥有的生产规模以 SAC_1 曲线和 SMC_1 曲线代表。在短期内厂商生产规模给定,只能在既定的生产规模下进行生产,此时,单位成本可能较高,单位产品可能赚得不多。根据利润最大化均衡条件 $MR=SMC_1$,厂商选择的最优产量为 Q_1,所获得的利润为图 6.7 中 P_0E_1GF 的面积。但是,在长期内,厂商会调整生产规模,努力降低单位产品成本。假设厂商将生产规模调整为 SAC_2 曲线和 SMC_2 曲线所代表的最优生产规模进行生产,按照 $MR=LMC$ 的利润最大化原则,相应的最优产量达到 Q_2,此时厂商获得的利润增大为图 6.7 中 P_0E_2IH 所示的面积。很显然,在长

期内,厂商通过对生产规模的调整,能够获得比在短期所能获得的更大的利润。

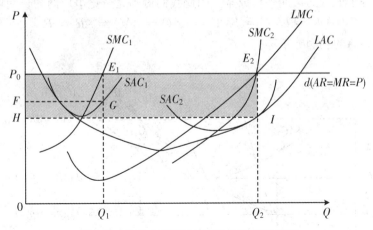

图 6.7 长期内厂商对最优生产规模的调整

这里是假定产品的市场价格始终不变。但实际上,如果市场需求不变的话,各个厂商自身都会调整规模,即使厂商数量没有变化,整个行业的产量也会相应地发生变化,随着整个市场供给量的增加,必然会引起市场价格下降。

二、行业中厂商数目的调整

前面已经指出,在完全竞争市场,要素可以在不同部门之间自由流动,或者说厂商可以自由进入或退出一个行业。实际上生产要素总是会流向能获得更大利润的行业,也总是会从亏损的行业退出。具体来看,如果某一行业开始时的产品价格较高为 P_1,厂商根据利润最大化均衡条件,将选择最优生产规模进行生产,如图 6.8 中的 Q_1 产量,此时厂商获得了利润。这会吸引一部分厂商进入该行业,随着行业内厂商数量的增加,市场上的产品供给就会增加,在市场需求相对稳定的情况下,市场价格就会不断下降,单个厂商的利润随之逐步减少,厂商也将随着价格的变化进一步调整生产规模。只有当市场价格水平下降到使单个厂商的利润减少为零时,新厂商的进入才会停止,至此厂商的生产规模调整至 Q_2 产量。可见,正是由于行业之间生产要素的自由流动或厂商的自由进出,导致了完全竞争厂商长期均衡时的经济利润为零。

相反,如果市场价格较低为 P_3,厂商根据 $MR=MC$ 的条件,相应的最优生产规模选择在 Q_3 产量上。此时,厂商是亏损的,这会使得行业内原有厂商中的一部分退出该行业的生产,随着行业内厂商数量的逐步减少,市场上产品的供给就会减少,若市场需求相对稳定,产品的市场价格就会上升,单个厂商的利润又会随之逐步增加。只有当市场价格水平上升到使单个厂商的亏损消失即利润为零时,厂商的退出才会停止。

总之,不论是新厂商的加入,还是原厂商的退出,最终这种调整将使市场价格达到等于长期平均成本最低点的水平,如图 6.8 中的价格水平 P_2。在这一水平,行业中的每个厂商既无利润也无亏损,但都实现了正常利润,实现了长期均衡。

图中 E_2 点是完全竞争厂商的长期均衡点。在这个长期均衡点上,LAC 曲线达到最低点,代表最优生产规模的 SAC_2 曲线相切于该点,相应的 SMC_2 曲线和 LMC 曲线都从该点通过,厂商面对的需求曲线与 LAC 曲线相切于这一点。总而言之,完全竞争厂商的长期均衡出现在 LAC 曲线的最低点。此时不仅生产的平均成本降到长期平均成本的最低点,而且商品的价格也等于最低的长期平均成本。因此我们得到完全竞争厂商的长期均衡条件为

$$MR = LMC = SMC = LAC = SAC = AR = P$$

此时单个厂商的利润等于零。

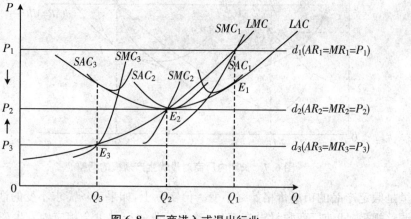

图 6.8　厂商进入或退出行业

在理解长期均衡时,我们要注意两点:

(1) 长期均衡点 E 就是收支相等点。这时,成本与收益相等。厂商所能获得的只是作为生产要素之一的企业家才能的报酬——正常利润。

(2) 长期均衡点就是平均成本与边际成本相等点,即 $LAC=MC$。也就是这两曲线相交时,平均成本一定处于最低点。这也就说明了在完全竞争条件下,可以实现成本最小化,也就是经济效率最高。

【案例分析】6-3

为什么他们还继续经营?

企业生产是为了获取利润。如果企业的长期利润为零,为什么它们还继续经营?

我们回想一下零利润的前提条件,利润等于总收益减去总成本,而这里的成本是机会成本,显然已经包括了企业所有者用于经营的时间机会成本和金钱的机会成本。在企业实现零利润时,企业的收益应该补偿所有者期望的用于本企业的时间和金钱的机会成本。

假设一个农民一定要投资 100 万元去开垦一片荒地,赚到了 6.3 万。如果不这样做,他可以把这笔钱存入银行,一年可以赚到 3.3 万元的利息。此外,他还必须放弃一年可以赚到 3 万元的另一份工作。这样农民开垦荒地的机会成本既包括他可以赚到的利息,还包括他放弃的工作的工资收入——总计 6.3 万元。即使他的利润为零,他从开垦荒地得到的收益也弥补了他的这些机会成本。

会计衡量的成本和经济学家计算的成本是不同的。会计师关注到了显性成本而忽略了隐性成本。虽然经济利润为零,但是会计利润为正。也就说,农民赚到的 6.3 万元也就是会计师核算的会计利润,这足以使得农民继续经营。

第四节 完全竞争行业的长期供给曲线

在前面的分析中,始终隐含一个假定,即生产要素的价格是不变的。也正是在这个假定下,我们直接由厂商的短期供给曲线的水平加总而得到了行业的短期供给曲线。然而,当我们分析行业的长期供给曲线时,这个假定显然是很不合理的。因为,当厂商进入或退出一个行业时,整个行业产量的变化有可能对生产要素市场的需求产生影响,从而影响生产要素的价格。根据行业产量变化对生产要素价格可能产生的影响,我们将完全竞争行业区分为成本不变行业、成本递增行业和成本递减行业。这三类行业的长期供给曲线各具有自身的特征。

一、成本不变行业的长期供给曲线

成本不变行业是指该行业的产量变化所引起的生产要素需求的变化,不对生产要素的价格产生影响。这是因为这个行业对生产要素的需求量,只占生产要素市场需求量的很小一部分。在这种情况下,行业的长期供给曲线是一条水平线。

我们应该从完全竞争厂商和行业的长期均衡点出发,来推导完全竞争行业的长期供给曲线。在图6.9中,由市场需求曲线 D_1 和市场短期供给曲线 SS_1 的交点 A 所决定的市场均衡价格为 P_1。在价格水平 P_1,完全竞争厂商在 LAC 曲线的最低点 E 实现长期均衡,每个厂商的利润均为零。由于行业内不再有厂商的进入和退出,故称 A 点为行业的一个长期均衡点。此时,厂商的均衡产量为 Q_{i1},行业均衡产量为 Q_1,且有 $Q_1 = \sum_{i=1}^{n} Q_{i1}$。

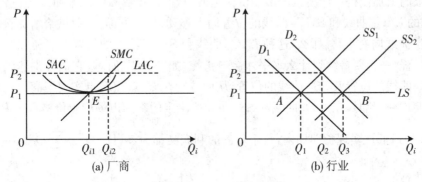

图6.9 成本不变行业的长期供给曲线

假定外生因素影响使市场需求增加,D_1 曲线向右移至 D_2 曲线的位置,且与 SS_1 曲线相交,相应的市场价格水平由 P_1 上升到 P_2。在新的价格 P_2,厂商在短期内沿着既定生产规模 SMC 曲线,将产量由 Q_{i1} 提高到 Q_{i2},并获得利润。

从长期看,由于单个厂商获得利润,会吸引新厂商加入到该行业中来,导致行业供给增加。行业供给增加会产生两方面的影响:一方面,它会增加对生产要素的需求,但由于是成本不变行业,所以,生产要素的价格不发生变化,企业的成本曲线的位置不变;另一方面,行业供给增加会使厂商的 SS_1 曲线不断向右平移,随之,市场价格逐步下降,单个厂商的利润也逐步下降。这个过程一直要持续到单个厂商的利润消失为止,即 SS_1 曲线一直要移动到 SS_2

曲线的位置，从而使得市场价格又回到了原来的长期均衡价格水平 P_1，单个厂商又在原来的 LAC 曲线的最低点实现长期均衡。所以，D_2 曲线和 SS_2 曲线的交点 B 是行业的又一个长期均衡点，此时有 $Q_3 = \sum_{i=1}^{n} Q_{i1}$。市场的均衡产量的增加量为 $Q_1 Q_3$，它是由新加入的厂商提供的，但行业内每个厂商的均衡产量仍为 Q_{i1}。

连接 A、B 这两个行业的长期均衡点的直线 LS 就是行业的长期供给曲线。成本不变行业的长期供给曲线是一条水平线。它表示：成本不变行业是在不变的均衡价格水平提供产量，该均衡价格水平等于厂商的不变的长期平均成本的最低点。市场需求变化，会引起行业长期均衡产量的同方向的变化，但长期均衡价格不会发生变化。

二、成本递增行业的长期供给曲线

成本递增行业指该行业产量增加所引起的生产要素需求的增加，会导致生产要素价格的上升。成本递增行业是较为普遍的情况。成本递增行业的长期供给曲线是一条向右上方倾斜的曲线，如图 6.10 所示。

在图 6.10 中，开始时单个厂商的长期均衡点 E_1 和行业的一个长期均衡点 A 是相互对应的。它们表示：在市场均衡价格水平 P_1，厂商在 LAC_1 曲线的最低点实现长期均衡，且每个厂商的利润为零。

假定市场需求增加使市场需求曲线向右移至 D_2 曲线的位置，并与原市场短期供给曲线 SS_1 相交形成新的更高的价格水平。在此价格水平，厂商在短期内将仍以 SMC 曲线所代表的既定的生产规模进行生产，并由此获得利润。

在长期，新厂商会受利润的吸引而进入到该行业的生产中来，使整个行业供给增加。一方面，行业供给增加，会增加对生产要素的需求。与成本不变行业不同，在成本递增行业，生产要素需求的增加使得生产要素的市场价格上升，从而使得厂商的成本曲线的位置上升，即图 6.10 中的 LAC_1 曲线和 SMC_1 曲线的位置向上移动；另一方面，行业供给增加直接表现为市场的 SS_1 曲线向右平移。那么，这种 LAC_1 曲线和 SMC_1 曲线的位置上移和 SS_1 曲线的位置右移的过程，一直要持续到什么水平才会停止呢？如图 6.10 所示，它们分别达到 LAC_2 曲线和 SMC_2 曲线的位置及 SS_2 曲线的位置，从而分别在 E_2 点和 B 点实现厂商的长期均衡和行业的长期均衡。此时，在由 D_2 曲线和 SS_2 曲线所决定的新的市场均衡价格水平 P_2，厂商在 LAC_2 曲线的最低点实现长期均衡，每个厂商的利润又都为零，且 $Q_2 = \sum_{i=1}^{n} Q_{i2}$。

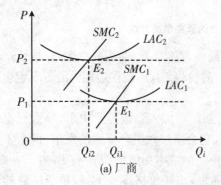
(a) 厂商

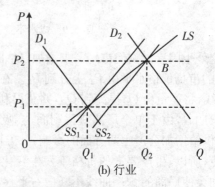
(b) 行业

图 6.10 成本递增行业的长期供给曲线

连接 A、B 这两个行业长期均衡点的 LS 线就是行业的长期供给曲线。成本递增行业的长期供给曲线是向右上方倾斜的。它表示：在长期，行业的产品价格和供给量呈同方向变动。市场需求的变动不仅会引起行业长期均衡价格的同方向的变动，还同时引起行业长期均衡产量的同方向的变动。

三、成本递减行业的长期供给曲线

成本递减行业是指该行业产量增加所引起的生产要素需求的增加，反而使生产要素的价格下降了。行业成本递减的原因是外在经济的作用。这可能主要是因为生产要素行业产量的增加，使得行业内单个企业的生产效率提高，从而使得生产出来的生产要素价格下降。成本递减行业的长期供给曲线是向右下方倾斜的，如图6.11所示。

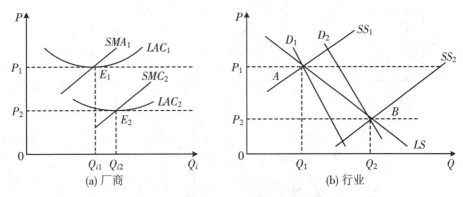

图6.11 成本递减行业的长期供给曲线

开始时，厂商在 E_1 点实现长期均衡，行业在 A 点实现长期均衡，E_1 点和 A 点是相互对应的。当市场价格上升，新厂商由于利润吸引而加入到该行业中来的时候，一方面，在成本递减行业的前提下，行业供给增加所导致的生产要素需求的增加，使得生产要素的市场价格下降了，它使得图6.11中原来的 LAC_1 曲线和 SMC_1 曲线的位置向下移动；另一方面，行业供给增加仍直接表现为 SS_1 曲线的位置向右移动。这两种变动一直要持续到厂商在 E_2 点实现长期均衡和行业在 B 点实现长期均衡为止。此时，在由 D_2 曲线和 SS_2 曲线所决定的新价格水平 P_2 上，厂商在 LAC_2 曲线的最低点实现长期均衡，每个厂商的利润又恢复为零，且 $Q_2 = \sum_{i=1}^{n} Q_{i2}$。

连接 A、B 这两个行业长期均衡点的 LS 就是行业的长期供给曲线。成本递减行业的长期供给曲线是向右下方倾斜的。它表示：在长期，行业的产品价格和供给量呈反方向的变动。市场需求的增加会引起行业长期均衡价格的反方向的变动，还同时会引起行业长期均衡产量的同方向变动。

【课堂讨论】 当一个竞争企业使自己的产品销售量翻一番时，它的价格或总收益会发生怎样变动。

第五节 完全竞争市场的短期和长期均衡

本节将对消费者和厂商相互作用下的完全竞争市场的短期均衡和长期均衡进行简要的

归纳和阐释,对前面学过的效用论、生产论、成本论与完全竞争市场内容之间的基本联系做一个简单的小结。

一、完全竞争市场的短期均衡和长期均衡

图 6.12 是完全竞争行业的市场均衡综合图,可以利用该图对完全竞争行业的短期均衡进行具体分析。

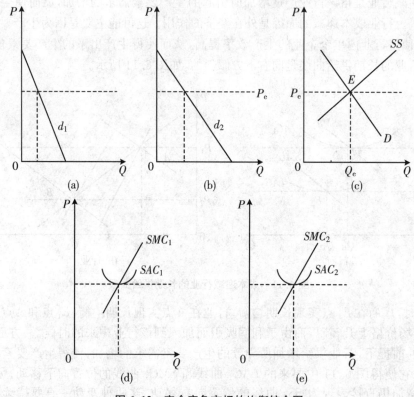

图 6.12 完全竞争市场的均衡综合图

图 6.12(a)和(b)分别为甲、乙两个消费者的需求曲线 d_1 和 d_2。根据效用论,单个消费者的需求曲线都从自己的效益最大化出发来安排自己的行为,也就是说曲线上的每一个点所表示的产量都能给消费者带来最大效用。图 6.12(c)中的行业需求曲线 D 是由 6.12(a)和(b)甲、乙两个消费者的需求曲线 d_1 和 d_2 水平加总而得到的。显然,D 曲线上的每一个点所表示的产量是能给整个市场带来效用最大化的。

图 6.12(d)和(e)分别为完全竞争厂商 A、B 的成本曲线。根据生产论、成本论和完全竞争市场论,由于厂商的短期供给曲线是厂商的 SMC 曲线上等于和大于 AVC 曲线最低点的部分(图中略去 AVC 曲线),所以可以把图中的 SMC_1 曲线和 SMC_2 曲线分别看成是厂商 A 和 B 的短期供给曲线。图 6.12(c)中的行业短期供给曲线 SS 是图 6.12(d)和(e)中的两个厂商的短期供给曲线 SMC_1 和 SMC_2 水平加总而得到的。SS 曲线的每一个点表示的供给量能给行业中每一个厂商带来利润最大化。

在图 6.12(c)中,行业需求曲线 D 和行业短期供给曲线 SS 相交于 E 点,E 点就是完全竞争市场的短期均衡点,相应的均衡价格为 P_e,均衡数量为 Q_e。但同时,我们也可以发现 E

点也是完全竞争市场的一个长期均衡点。在 E 点,所有的厂商都能以最低的成本提供产品,并且都获得了最大利润,而且所有的消费者都能以最低的价格购买产品,并且各自都得到了最大的效用。因此,西方学者提出,完全竞争的市场机制能够以最有效率的方式配置资源。

二、消费者统治的理论基础

消费者统治是流行于西方经济学文献中的一个概念,它是指在经济社会中消费者在商品生产这一基本经济问题上所起的决定性作用。这种作用表现在:消费者用货币购买商品是向商品投"货币选票"。"货币选票"的投向和数量,取决于消费者对不同商品的偏好程度,体现了消费者的经济利益和意愿;而生产者为了获得最大利润,必须依据"货币选票"的情况来安排生产,生产什么、生产多少以及如何生产等等。这说明,生产者是根据消费者的意愿来组织生产、提供产品的。学者们认为,这种消费者统治的经济关系,可以促进社会资源得到合理利用,从而使全社会的消费者都得到最大的满足。

从前面的分析中已经知道,完全竞争市场的长期均衡状态表明社会的经济资源得到了最有效效率的配置,经济中的全体消费者都获得了最大的效用。正是基于此,微观经济学中对完全竞争市场的长期均衡状态的分析通常被用来作为对消费者统治说法的一种证明。

亚当·斯密用"看不见的手"来隐喻市场机制,认为理性经济人追求个人最优能产生善果的社会秩序。在市场机制中,消费者依据效用最大化的原则做购买决策,生产者依据利润最大化的原则做销售决策。市场在供给和需求之间,根据价格的自然变动,引导资源向最有效率的方面配置。这时市场就像一只"看不见的手",在价格机制、供求机制和竞争机制的作用下,使生产者和消费者各自做出最优决策。但有时"看不见的手"也会给市场经济带来危机,需要政府这只"看得见的手"来对市场进行宏观调控。

◆ 内容摘要

1. 完全竞争市场的特点是市场上有许多生产者和消费者,每个厂商提供的产品是相同的,进入壁垒和退出壁垒非常低,信息是完全通畅的。因此,完全竞争市场中的厂商是价格的接受者,它的收益与产量是同比例的。产品的价格等于厂商的平均收益和边际收益。

2. 为了利润最大化,完全竞争市场中的厂商选择使边际收益等于边际成本的产量。由于完全竞争厂商的边际收益等于市场价格,所以,厂商选择使价格等于边际成本的产量。因此,厂商的边际成本曲线就是它的供给曲线,$P=MC(Q)$。

3. 在短期内,当完全竞争厂商不能收回其固定成本时,即物品价格小于平均可变成本时,该厂商将选择停止营业。否则,该厂商都将生产以获得最大利润或最小亏损。完全竞争市场中的厂商在长期中,如果价格小于平均总成本,当厂商不能收回其固定和可变成本时,该厂商将选择退出市场。如果价格大于平均总成本,厂商则会调整规模以获取更多利润。

4. 在自由进入与退出的市场上,长期中完全竞争市场中的厂商利润为零。在长期均衡时,所有企业都在有效规模下生产,价格等于最低平均总成本。

5. 需求变动在不同时间范围之内有不同的影响。在短期,需求上升引起价格上扬,利润增加;需求下降,引起价格下跌,导致亏损。但是,在长期中,通过竞争厂商数量调整使市场回到零利润均衡状态。

6. 完全竞争市场长期供给曲线与行业内生产要素价格变化即成本有关,成本不变行业的长期供给曲线是一条水平线,成本递增行业的长期供给曲线是向右上方倾斜的,成本递减行业的长期供给曲线是向右下方倾斜的。

◆ 关键词

完全竞争市场　平均收益　边际收益　固定成本　消费者统治

◆ 选择题

1. 完全竞争厂商所面临的需求曲线是一条水平线,它表示(　　)。
   A. 厂商可以通过改变销售量来影响价格
   B. 厂商只能接受市场价格
   C. 厂商通过联合来改变市场价格
   D. 厂商通过改进生产技术,获得经济利润

2. 在完全竞争市场中,厂商短期均衡条件是(　　)。
   A. $P=AR$ B. $P=MR$
   C. $P=MC$ D. $P=AC$

3. 在厂商的停止营业点上,应有(　　)。
   A. $AR=AVC$ B. 总亏损等于 TFC
   C. $P=AVC$ D. 几以上说法都对

4. 在短期中,企业所能出现的最大经济亏损是(　　)。
   A. 零   B. 其总成本
   C. 其总可变成本   D. 其总固定成本

5. 完全竞争厂商的短期供给曲线应该是(　　)。
   A. SMC 曲线上超过停止营业点的部分
   B. SMC 曲线上超过收支相抵点的部分
   C. SMC 曲线上的停止营业点和超过停止营业点以上的部分
   D. SMC 曲线的上升部分

6. 完全竞争厂商的长期均衡产量上必然有(　　)。
   A. $MR=LMC \neq SMC$,其中 $MR=AR=P$
   B. $MR=LMC=SMC \neq LAC$,其中 $MR=AR=P$
   C. $MR=LMC=SMC=LAC \neq SAC$,其中 $MR=AR=P$
   D. $MR=LMC=SMC=LAC=SAC$,其中 $MR=AR=P$

7. 在完全竞争市场中,企业的主要竞争策略是(　　)。
   A. 广告促销   C. 涨价盈利
   B. 降价促销   D. 降低成本

8. 当一个完全竞争行业实现长期均衡时,每个企业(　　)。
   A. 都实现了正常利润   B. 经济利润都为零
   C. 行业中没有任何厂商再进出   D. 以上说法都对

9. 在完全竞争市场中,行业的长期供给曲线取决于(　　)。
   A. SAC 曲线最低点的轨迹   B. SMC 曲线最低点的轨迹
   C. LAC 曲线最低点的轨迹   D. LMC 曲线最低点的轨迹

10. 在任何市场中,厂商的平均收益曲线可以由(　　)。
    A. 他的产品供给曲线表示   B. 行业的产品供给曲线表示
    C. 他的产品需求曲线表示   D. 行业的产品需求曲线表示

◆ **思考题**

1. 完全竞争企业的含义是什么？
2. 画出一个典型企业的成本曲线。解释竞争企业在某一既定价格时如何选择利润最大化的产量水平。
3. 为什么一个出现亏损的企业选择继续生产而不是关闭？
4. 画图说明完全竞争企业短期均衡的形成及条件。
5. 画图说明完全竞争企业长期均衡的形成及条件
6. 甘草行业是完全竞争的。每个企业每年生产200万根甘草。每根干草的平均总成本为0.5元，并按0.6元/根出售。
   (1) 一根甘草的边际成本是多少？
   (2) 这个行业处于长期均衡了吗？为什么？
7. "好价格通常引起行业扩大，最终会以低价格和制造商繁荣为结束。"用适当的图形来解释这句话。
8. 为什么完全竞争中的厂商不愿为产品做广告而花费任何金钱？

◆ **计算题**

1. 已知完全竞争市场中的某企业 $STC=0.1Q^3-2Q^2+15Q+10$。试求：
   (1) 当市场上产品的价格为 $P=55$ 时，企业的短期均衡产量和利润。
   (2) 当市场价格为多少时必须停产？
   (3) 求企业的短期供给函数。

2. 假设在完全竞争行业中有许多相同的厂商，代表性厂商 LAC 曲线的最低点的值为6元，产量为500单位；当工厂产量为550单位时，各厂商的 SAC 最低点为7元；还知市场需求函数和供给函数分别为：$Q_d=80000-5000P$，$Q_s=35000+2500P$。求：
   (1) 市场均衡价格，并判断该行业是处于长期均衡还是短期均衡？为什么？
   (2) 在长期均衡时，该行业有多少家厂商？

3. 已知某完全竞争的成本不变行业中的单个厂商的长期总成本函数为 $LTC=Q^3-12Q^2+40Q$。试求：
   (1) 当市场价格 $P=100$ 时，厂商实现 $MR=LMC$ 时的产量、平均成本和利润。
   (2) 该行业长期均衡时的价格和单个厂商的产量。
   (3) 当市场的需求函数为 $Q_d=660-15P$ 时，行业长期均衡时的厂商数量。

◆ **案例题**

转轨过程中的低效率竞争：以棉纺织行业为例

改革开放以来，我国制造业开始了向市场经济的转轨过程。按照西方经济学理论，竞争能促进效率改进、技术进步和产业组织结构的改善，我国许多制造业的转轨过程证明了这一点。然而，棉纺织业在转轨过程中的表现，却提供了一个颇具特殊性的案例。

棉纺织业是我国制造业中开始转轨最早、产品市场进入竞争状态时间最长、竞争程度最激烈的行业之一，理论上说，也应该是增长最快、效率改进最显著、产业组织结构最合理的行业之一。但是，在经历了20年转轨过程之后，这个行业却成为我国制造业中持续亏损时间最长、效益最差、产业组织结构改善最不明显的行业之一。1991~1997年的7年间，棉纺织行业有6年全行业亏损。我国制造业转轨过程中受到批评最多的问题，如生产分散、企业规模趋小、重复建设、重复生产等等，在棉纺织行业中都有典型表现。按通常表述，这个行业存在严重的"生产能力过剩"和"过度竞争"的问题,尚未建立起"有效的竞争秩序"。棉纺织行业的困境已经引起中央决策层的关注,并将解决其困境作为"国有企业改革和解困的突破口"。

问题:

(1) 纺织行业是典型的完全竞争市场吗?为什么?

(2) 为什么在改革过程中,棉纺织行业会长期存在"生产能力过剩"和"过度竞争"的问题?它和"完全竞争"的理论有哪些不符?原因何在?

(3) 为什么在全行业处于微利或亏损的状况下,会有新投资者不断进入?这与我们所谈的"完全竞争"的企业行为有什么不同?

(4) 为什么竞争没有产生"优胜劣汰"和改善产业组织结构的显著作用?主要原因是什么?

第七章 不完全竞争市场

通过本章的学习,掌握完全垄断市场、寡头市场和垄断竞争市场各自的市场结构特点、形成原因及其条件;理解不同市场结构中厂商需求曲线和收益曲线的区别;掌握短期均衡和长期均衡下产量和价格确定的特点、条件、相同点和不同点;熟悉不同市场条件下经济效率的差异。

生活中的垄断

2003年6月30日,某市歌华有线电视网络股份有限公司(以下简称"歌华有线")宣布自7月1日起,有线收视费由原来的12元上涨到18元,增幅高达50%。此举引起了媒体和社会各界的普遍关注,对其没有经过价格听证就随意涨价表示强烈不满。歌华有线用户有220万户,每户每月多收6元,一年多收1.584亿元。这新增的1.584亿主业收入扣除上缴国家税收以外,基本上都是公司的净利润。每一个用户在装歌华有线时,住楼房的用户交300元初装费,住平房的用户交320元的初装费,如果按最少300元计算,歌华有线已经从220万用户的口袋中最少收走了6.6亿元。每月再交12元的收视费已经不算少了,为什么还要一下上涨50%?歌华有线说了提高收费的理由:"本地区每户每月12元的有线电视收看维护费标准是在以微波方式传送的情况下制定的,已远远不能满足当前有线电视光缆网络的日常维护管理、缆线入地建设和技术升级改造等方面的支出需求,如继续执行现行收费标准将难以维持北京有线电视网络的正常运营和稳定发展。"歌华有线涨价还有一个所谓充分的理由便是设备改造。固定资产的投入怎么能让消费者来承担呢?歌华有线怎么就能如此霸气,说涨就涨?原因很简单:垄断。歌华有线是本市政府批准的唯一一家负责建设、管理和经营本市有线广播电视网络的公司,有线电视用户没有任何可以选择的余地,它是唯一的网络接入商。本市用户只有选择歌华有线电视网络,而且只能选择歌华提供的唯一一种服务。本市的用户说:"我不想多交钱,也用不着看50多套节目,以前的20多套节目就够了,但我不能选择交原来20套的钱,只能被它牵着走。"当产品市场上只有一个卖主,并且对于垄断者所出售的产品,市场上不存在相同或相近的替代品的时候,企业才拥有"想怎么样就怎么样"的自由。歌华有线当然可以理直气壮:在这个城市,只有我一家有线电视网运营商——我不上天堂,谁上天堂?

正如上一章所讨论的,现实经济中大多数市场都不能用完全竞争模型来分析。在某些行业中,如供水、供电、铁路运输业等由一家公司垄断市场,我国的供油业是由中石化、中石油和中海油三家公司控制着市场,移动通信也是由中国移动、中国电信、中国联通等少数几家公司控制着市场。此外也有一些市场包含很多厂商,每个厂商生产相似但略有差别的产品,当一家厂商略微提高价格时,它会失去某些顾客,但不像完全竞争市场上那样失去所有顾客;如果降低价格,它会获得额外的顾客,但不是整个市场。我们把以上或多或少带有一定垄断因素的市场统称为不完全市场。按垄断程度从高到低包括垄断市场、寡头市场和垄断竞争市场。本章主要分析这三类不完全竞争市场的价格和产量的决定,并比较包括完全竞争市场在内的四种市场结构的经济效率。

第一节 垄 断

一、垄断市场结构及其特性

垄断市场结构是指一家厂商控制了某种产品全部供给的市场结构,特指卖方垄断,即一个卖方和众多买方。垄断市场具有以下特征:第一,厂商数目唯一,一家厂商控制了某种产品的全部供给。由于整个行业仅存在唯一的供给者,消费者对市场的需求相当于对厂商的需求。第二,垄断厂商的产品不存在任何相近的替代品,因此消费者无其他选择。第三,其他任何厂商进入该行业都极为困难或不可能,即垄断市场存在进入障碍。因此,在垄断市场中垄断厂商控制了整个行业的供给,也就控制了市场价格,成为价格制定者。

垄断厂商为什么能够成为某种产品的唯一供给者,垄断整个市场,原因一般有以下几方面:

(1) 资源垄断。某家厂商控制了生产某种产品所需的生产要素或关键资源,其他厂商就不能生产这种产品,从而该厂商就可能成为一个垄断者。

(2) 自然垄断。如果某种商品的生产具有十分明显的规模经济性,需要大量固定资产投资,规模报酬递增阶段要持续到一个很高的产量水平,此时,大规模生产可以使成本大大降低。那么由一个大厂商供给全部市场需求的平均成本最低,两个或两个以上的厂商供给该产品就难以获得利润。这种情况下,该厂商就形成自然垄断。许多公用行业,如电力供应、燃气供应、地铁等是典型的自然垄断行业。

(3) 专利权垄断。专利权是政府和法律允许的一种垄断形式。专利权是为促进发明创造,发展新产品和新技术,而以法律的形式赋予发明人的一种权利。专利权禁止其他人生产某种产品或使用某项技术,除非得到发明人的许可。一家厂商可能因为拥有专利权而成为某种商品的垄断者。不过专利权带来的垄断地位是暂时的,因为专利权有法律时效。在我国专利权的法律时效为15年,美国为17年。

(4) 政府特许权垄断。某些情况下,政府通过颁发执照的方式限制进入某一行业的人数,如城市出租车运营执照等。很多情况下,一家厂商可能获得政府的特权,而成为某种产品的唯一供给者,如邮政、公用事业等。执照特权使某行业内现有厂商免受竞争,从而具有垄断的特点。作为政府给予企业特许权的前提,企业同意政府对其经营活动进行管理和控制。

如果某些行业的准入成本非常高,或者行业内现有厂商在生产产品的技术和工艺上具有绝对优势,这些因素也使得其他企业厂商难以进入。

【资料链接】7-1

长虹大规模采购彩色显像管

彩色显像管(以下简称"彩管")是彩电的核心部件,但在20世纪90年代,中国几乎没有一家彩电企业自己生产彩管,如果一家企业控制彩管的供应渠道,则其他企业的生产必然会受到影响,同时也可有效阻止新企业的进入。1998年彩管进口配额已经确定完毕,而每逢彩电销售旺季,彩管就会出现季节性紧缺,当时有将近30%的彩管是通过走私渠道进入国内市场的。倪润峰于是决定大规模采购、囤积彩管,从而"清理门户",一举改变彩电市场上玩家多而杂的混乱局面。1998年7月,长虹与国内8大彩管厂签订了近乎垄断的供货协议,下半年国产76%的21英寸、63%的25英寸和绝大部分的29英寸及29英寸以上大屏幕的彩管总计300万只已被长虹持有。1998年11月8日,长虹公司宣布自己已垄断了下半年国内彩管市场,其中21英寸占76%,25英寸占63%,29英寸近100%。采购这些彩管动用了上百亿元资金。这次采购行为发生在国家大力打击走私活动的时期(过去每年非法走私的彩管数量很大),因此整个彩管市场在这双重挤压下全面吃紧。长虹的大规模采购行为使其他企业的生产受到干扰,康佳、TCL、海信等企业叫苦不迭。由于长虹对彩管的垄断,其他企业不得不以更高的价格去购买彩管,在生产技术相同的情况下,这些企业的生产成本必然提高。同时原有企业对核心资源的垄断必然限制了新企业的进入,因为它们无法获得彩管的有效供应。然而其后态势的发展令长虹完全始料不及:国内另外几家彩电巨头一纸投诉直接递到了国家各有关部委。政府部门先是表示"不干涉企业行为",而后又开闸放水增加了进口彩管的配额。长虹的彩管垄断计划正式宣告破产。

长虹的这次大规模采购行为标志着中国彩电业的竞争从单纯的品竞争过渡到对上游资源的竞争,也是原有企业有意识的通过策略性行为来影响竞争对手和潜在进入者对行业盈利前景的预期,从而使市场竞争环境向着有利于原有企业的方向发展。尽管在长虹的采购行为发生后不久,中国放松了对彩管进口的限制,进口彩管的涌入缓解了国内彩管市场的供需矛盾,长虹的采购并未完全达到预期的结果,也没有能够成功地挤垮竞争对手。然而正是彩电业的激烈价格竞争和原有企业通过策略性行为阻止进入,使中国彩电业的集中度在20世纪90年代后期不断提高,企业集中度从1995年的35.19%上升到2000年的66.8%。

(资料来源:李太勇.进入壁垒理论[M].上海:上海财经大学出版社,2002.)

二、垄断厂商的需求曲线和收益曲线

(一)需求曲线

垄断市场中只有一家厂商,因此垄断厂商所面临的需求曲线就是整个市场的需求曲线,这是垄断厂商的重要特征。垄断厂商的需求曲线向右下方倾斜,斜率为负,销售量与价格呈反比关系,因此,垄断厂商可以通过减少销售量来提高市场价格,也可以通过增加销售量来压低价格,也就是说垄断厂商可以通过改变销售量来改变价格,可以控制价格。

假设需求曲线是线性的,则该垄断厂商的需求函数可以表示为

$$Q = \alpha - \beta \cdot P \tag{7.1}$$

反需求函数表示为

$$P(Q) = a - b \cdot Q \tag{7.2}$$

式(7.1)和式(7.2)中，a、b、α、β 均大于 0。

(二) 收益曲线

1. 平均收益曲线

垄断厂商可以通过改变销售量来控制价格，所以 $P=P(Q)$ 是垄断厂商的反需求函数，因此，垄断厂商的总收益 $TR=P(Q)\cdot Q$，由 AR 定义可知，此时

$$AR = \frac{TR}{Q} = P(Q) = a - b \cdot Q \tag{7.3}$$

所以厂商的平均收益曲线与需求曲线重合。

2. 边际收益曲线

由于垄断厂商面对向下倾斜的需求曲线，其边际收益不等于市场价格。因为根据市场需求规律，垄断厂商要想多出售 1 单位产品就必须降低价格，否则不能出售额外的产品。因此，对垄断厂商而言，从出售额外 1 单位产品中获得的边际收益总是小于出售这额外 1 单位产品的价格。因此边际收益曲线总是处于需求曲线的下方。

假定垄断厂商的需求曲线是线性的，则可确定 MR 的函数形式，进而确定 MR 曲线的位置。具体分析如下：

垄断厂商的总收益和边际收益函数分别为

$$TR(Q) = P \cdot Q = (a - b \cdot Q) \cdot Q = a \cdot Q - b \cdot Q^2 \tag{7.4}$$

$$MR(Q) = \frac{dTR(Q)}{dQ} = a - 2bQ \tag{7.5}$$

$$MR(Q) = a - 2bQ = P - bQ < P(Q)$$

所以再次说明在任一产量下边际收益总是小于市场价格。

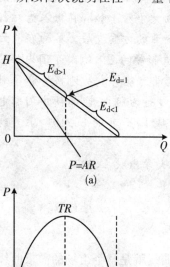

图 7.1 垄断厂商

根据 MR 的函数形式可得图 7.1 所示的 MR 曲线，MR 曲线的斜率为 $-2b$，在纵轴上的截距与需求曲线相同，在横轴上的截距是需求曲线在横轴上截距的一半。

3. 总收益曲线、边际收益曲线和需求价格弹性的关系

垄断厂商的边际收益不仅与价格相关，还与需求弹性相关。设反需求函数为 $P=P(Q)$，则

$$TR(Q) = P(Q) \cdot Q$$

$$MR(Q) = \frac{dTR(Q)}{dQ} = P + Q \cdot \frac{dP}{dQ} = P\left(1 + \frac{Q}{P} \cdot \frac{dP}{dQ}\right)$$

$$= P\left(1 + \frac{1}{\frac{dQ}{dP} \cdot \frac{P}{Q}}\right)$$

即

$$MR = P\left(1 - \frac{1}{E_d}\right) \tag{7.6}$$

式中，E_d 为需求价格弹性。

根据式(7.6)，总结弹性、边际收益和总收益之间的关

系有以下三种情况：

当需求富有弹性时，即 $E_d>1$ 时，$MR>0$，富有弹性的需求曲线意味着产量的增加将使总收益增加；

当需求缺乏弹性时，即 $E_d<1$ 时，$MR<0$，缺乏弹性的需求曲线意味着产量的增加将使总收益减少；

当需求具有单位弹性时，即 $E_d=1$ 时，$MR=0$，此时垄断厂商的总收益达到最大。

因此，垄断厂商可以根据不同商品的弹性实施不同的价格策略。

最后需要指出的是，只要非完全竞争市场条件下厂商面临的需求曲线都是向右下方倾斜的，相应的厂商的各种收益曲线就都具有以上基本特征。

三、垄断厂商的短期均衡

垄断厂商也追求利润最大化，垄断厂商通过调整产量和价格来实现利润最大化，因此也必须遵循 $MR=MC$ 的原则。在短期内，垄断厂商无法改变固定要素投入量，只能在既定的生产规模下通过调整产量和价格，实现 $MR=SMC$ 的利润最大化原则。

在短期里，由于各种原因，如既定规模成本过高，或面对的市场需求较小等，垄断厂商可能盈亏平衡甚至亏损，不一定总是获得垄断利润。所以垄断厂商的短期均衡有三种情况：获得超额利润、获得正常利润和蒙受损失。具体分析如下：

(一) 垄断厂商获得超额利润的短期均衡

如图 7.2 所示，运用边际收益—边际成本分析法，垄断厂商按照 $MR=SMC$ 原则确定产量水平 Q_1，与 Q_1 产量水平对应的价格可由需求曲线得到为 P_1，对应的成本由 AC 曲线得到，为 C_1，显然 $P_1>C_1$，厂商存在超额利润。超额利润为矩形 P_1C_1BA 的面积。

因此，在 Q_1 产量水平上，$MR=MC$，所以 Q_1 是垄断厂商利润最大化时的均衡产量。

(二) 垄断厂商获得正常利润的短期均衡

如图 7.3 所示，按照 $MR=SMC$ 确定的产量水平为 Q_2，这一产量水平与需求曲线的交点正好是 AC 曲线与需求曲线 D 的切点，因此在这一产量水平上 P 与 C 相等，即平均收益等于平均成本，因而垄断厂商的 $TR=TC$，厂商的经济利润为零，只获得正常利润。

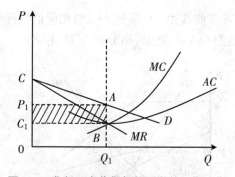

图 7.2　垄断厂商获得超额利润的短期均衡

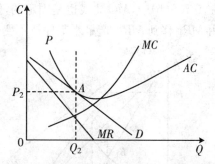

图 7.3　垄断厂商获得正常利润的短期均衡

(三) 垄断厂商亏损的短期均衡

垄断厂商虽然可以通过控制产量和价格获得利润，但并不意味着总能获得利润，垄断厂商也可能发生亏损。这种情况可能是由于既定生产规模的生产成本过高(表现为相应的成本曲线位置过高)，也可能是由于面临的市场需求过小(表现为相应的需求曲线位置过低)。

如图 7.4 所示，按照 $MR=SMC$ 的原则确定的产量水平在 Q_3 的水平上，从需求曲线得到与这一产量水平相对应的价格为 P_3，从 AC 曲线上得到相应的总成本为 C_3，从图中可看出 $P_3<AC_3$，即平均收益小于平均成本，厂商蒙受损失，但这时的损失额是最小的，等于矩形 P_3ABC_3 的面积。此时 $P_3>AVC$，因此垄断厂商继续进行生产，所获得的总收益在补偿了全部可变成本的基础上，最大限度地补偿了部分固定成本。如果 $P_3<AVC$，厂商将会停止生产。

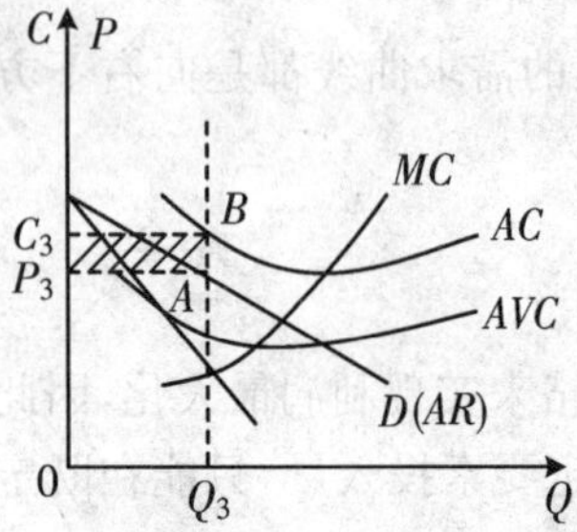

从以上三种情况可以看出，垄断厂商短期均衡的条件是

$$MR = SMC \qquad (7.7)$$

垄断厂商在短期均衡点上可能获得最大利润，可能利润为零，也可能亏损最小。

图 7.4 垄断厂商亏损的短期均衡

四、垄断厂商的供给曲线

在完全竞争市场条件下，完全竞争厂商是价格的接受者，当市场价格给定时，它只能确定最佳产量，当价格改变时，又有另一个最佳产量与之对应，这就可以确定产品价格与供给量之间是一一对应关系，这种关系可用厂商的供给曲线表示。完全竞争市场的供给曲线就是市场中所有厂商供给曲线的水平加总。垄断厂商是否也存在供给曲线呢？答案是否定的。

因为垄断条件下垄断厂商是通过对价格和产量的同时调整来实现 $MR=SMC$ 均衡条件的，价格和产量之间并无一一对应关系。如果需求曲线发生变动，由于边际收益曲线与需求曲线之间的关系，均衡点也相应地发生变动，有可能出现同一均衡价格对应不同的均衡产量，或者同一均衡产量对应不同的均衡价格的现象；也有可能出现市场价格上升，供给量不变反而下降的现象。这些都说明垄断市场中，价格与产量之间无一一对应关系。

如图 7.5(a)所示，MC 曲线是固定的，当需求曲线为 D_1 时，相应的边际收益曲线为 MR_1，按照 $MR=MC$ 的原则，垄断厂商生产 Q_1 的产量水平对应的价格是 P_1，如果需求曲线由 D_1 移到 D_2，相应的边际收益曲线移到 MR_2，此时厂商生产的产量为 Q_2，对应的价格仍为 P_1。

在图 7.5(b)中，MC 曲线也是固定的，假定需求曲线由 D_1 移到 D_2，则相应的边际收益曲线由 MR_1 移到 MR_2，产量水平保持不变，仍然为 Q_1，对应的价格分别为 P_1 和 P_2。

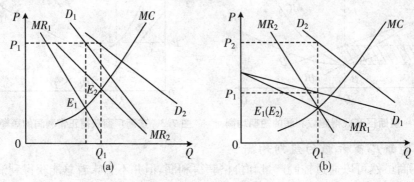

图 7.5 垄断厂商的供给曲线

由此可知，垄断厂商的产量和价格之间不存在唯一的对应关系，因而垄断市场上不存在供给曲线。这一结论可推广到带有不同程度垄断因素的不完全竞争市场中。

五、垄断厂商的长期均衡

区别于完全竞争市场，在垄断条件下，长期中不会有新的厂商进入该市场。垄断厂商长期可以通过调整生产规模来实现更多的最大化利润。由于垄断市场长期均衡形成过程中不存在厂商数量的调整，如果垄断厂商短期内获得利润，长期内只要需求状况不发生变化，厂商仍然可以获得利润。

垄断厂商短期有获得超额利润、获得正常利润和最小亏损三种状态。因此厂商的调整过程分别从这三种状态开始，其调整过程非常类似，本书以第一种情况为例分析垄断厂商长期均衡的形成过程。

如图 7.6 所示，假定垄断厂商目前的生产规模为 SAC_1、SMC_1 表示的生产规模，在 $SMC_1=MR$ 所确定的产量水平 Q_1 上，垄断厂商实现了短期的利润最大化。其利润为矩形 HP_1AB 所表示的面积。

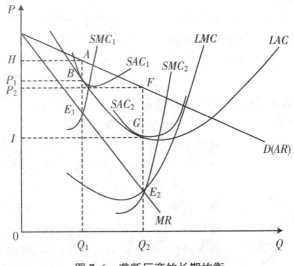

图 7.6　垄断厂商的长期均衡

但是从长期看，这并不是最优的生产规模。由于长期中其他厂商不能进入，垄断厂商可以通过规模调整实现更大的利润。垄断厂商将会把产量调整到 $MR=LMC=SMC$ 所确定的产量 Q_2 水平上，此时对应的生产规模为 SAC_2 和 SMC_2 所表示的生产规模。对应的总利润为矩形 IP_2FG 所表示的面积，此时的总利润大于短期内所获得的总利润。

从图 7.6 中可以看出在 Q_2 产量水平上，MR 曲线、LMC 曲线、SMC 曲线交于一点，这表明厂商利润最大化的条件 $MR=MC$，不仅在短期得到满足，而且在长期也得到满足，所以垄断厂商的长期均衡条件是

$$MR = LMC = SMC \tag{7.8}$$

当这一条件满足的同时，$SAC=LAC$，即图形中 SMC_2 和 LMC 的交点对应的 LAC 上的点，也就是相应的 SAC 与 LAC 的切点。

由于垄断市场中厂商就是市场，厂商所面临的需求曲线就是市场的需求曲线，垄断厂商的供给量就是全部行业的供给量，所以垄断厂商的短期和长期均衡中的均衡价格与均衡数

量的决定也就是垄断市场的短期和长期的均衡价格与均衡数量的决定。

从图 7.6 中,我们可以看出为追求最大利润,价格远远高于最低平均成本。通常我们认为垄断存在着效率损失,这将在第十章中具体分析。

六、价格歧视

本章到目前为止讨论都是假定垄断厂商对其产品实行单一定价,然而,在现实生活中垄断厂商通过对相同成本的同一商品对不同的消费者索取不同的价格以便获取更大的利润,这种定价策略称为价格歧视。需要指出的是,对不同地区由于运输费用等成本不同而制定的不同价格,不属于价格歧视。

价格歧视的例子在日常生活中屡见不鲜,比如供电公司对农用电、商业用电和居民用电收费不同,电影院对老人、儿童和成年人收费不同等等。英国经济学家 A·C·庇古最早研究价格歧视行为,并将之区分为三种不同的类型:一级价格歧视、二级价格歧视和三级价格歧视。

(一) 一级价格歧视

一级价格歧视,又称完全价格歧视,是指厂商针对消费者愿意为每单位商品付出的最高价格而对每单位产品制定不同的销售价格。从消费者行为理论可知,需求曲线反映了消费者对每一单位商品愿意并且能够支付的最高价格。如果厂商已知消费者的需求曲线,即已知消费者对每一单位产品愿意并且能够支付的最高价格,厂商就可以按此价格逐个制定商品价格。

如图 7.7 所示,第一单位商品消费者愿意支付的最高价格为 P_1,厂商就按 P_1 价格出售,第二单位商品消费者愿意支付的最高价格为 P_2,厂商就按 P_2 的价格出售,依次类推,直至厂商销售完全部的商品。这是一种理想的极端情况。假定厂商生产的平均成本为 P_N,则此时厂商的利润为 P_NAB,而通常情况下,厂商按单一价格 P_N 销售,利润为零。可见实行一级价格歧视定价后,厂商的利润增加了三角形 P_NAB 的面积。由消费者行为理论知,这部分面积正好是消费者剩余,因此,实行一级价格歧视的厂商实际上是将所有消费者剩余榨光,转化为生产者的垄断利润。

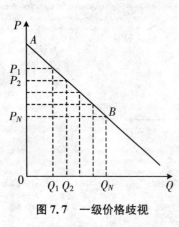

图 7.7 一级价格歧视

我们利用图 7.8(a) 和图 7.8(b) 分析一级价格歧视产生的影响。

如图 7.8(a) 中,垄断厂商不实行价格歧视,垄断厂商根据 $MR=MC$ 原则所确定的均衡价格为 P_1,均衡数量 Q_1,垄断厂商的总收益相当于 ABQ_1O 的面积,消费者剩余是 ABP_1。如图 7.8(b) 中,如果垄断厂商实行一级价格歧视,我们发现,垄断厂商的边际收益曲线与需求曲线重合,垄断厂商仍然可以根据 $MR=MC$ 原则确定均衡价格 P_2 和均衡数量 Q_2,垄断厂商的总收益是 AE_2Q_2O 的面积,消费者剩余为零。显然垄断厂商实行一级价格歧视可以获得更大的利润,而且把全部消费者剩余转化为厂商的利润。

比较以上两种情况,一级价格歧视将会产生如下结果:

(1) 垄断厂商为实现利润最大化将会生产完全竞争时的产量 Q_2,且垄断厂商将最后一个单位产品的价格定位于完全竞争性的价格 P_2。

(2) 实施一级价格歧视的垄断厂商的决策实现了资源的配置效率,但是与完全竞争的有效资源配置是有差别的,前者剥夺了全部的消费者剩余。

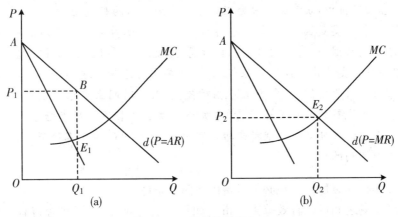

图 7.8　一级价格歧视(二)

(3) 不存在消费者剩余。如果产量无限可分,单一定价时的消费者剩余全部被实施一级价格歧视的垄断厂商转化为生产者剩余。因此,消费者极端受损,生产者极度受益。

(4) 需求曲线和边际收益曲线重合。

(二) 二级价格歧视

二级价格歧视是指垄断厂商根据不同的购买量对消费者确定的价格。日常生活中,二级价格歧视比较普遍,如电力公司实行的分段定价等。

如图 7.9 所示,假定消费者对电力公司产品的需求曲线为 d,当消费者的耗电量低于 Q_1 时,公司按 P_1 价格向消费者收费;当耗电量达到 Q_2 时,增加消费的部分 Q_1Q_2 按 P_2 价格收费;当耗电量达到 Q_3 时,按超过 Q_2 的部分 Q_2Q_3 以更低的价格 P_3 收费。从图中可见,二级价格歧视与一级价格歧视不同,对不同的数量制定不同价格。假设垄断厂商的平均成本为 P_3,则销售量为 Q_2Q_3 时,厂商的收益为图中阴影部分 $FCGBP_1P_3$ 的面积。假设按同一价格,例如 P_3 价格销售 Q_3 产量时利润为零。而阴影部分面积属消费者剩余的一部分,在二级价格歧视下,厂商将

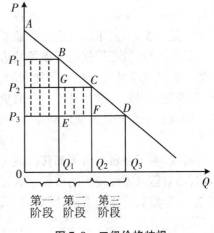

图 7.9　二级价格歧视

这部分消费者剩余转化成了垄断利润。简单地说,二级价格歧视消费者剩余减少量要少于一级价格歧视。

(三) 三级价格歧视

三级价格歧视是指垄断厂商对同一种产品在不同的市场上或对不同的消费者群体收取不同的价格。例如方便面在候机室和超市价格不一样,广告的黄金时间和非黄金时间的费用不一样,农村市场和城市市场价格的不一样等等。

【资料链接】7-2

航空公司是如何定价的

在民航客票定价中,航空公司将潜在的乘机者划分为两种类型(相当于将客票销售分割成两个市场)。一类是因公出差人员,私企公司高级职员等。他们对乘机时间要求较高,对票价不计较。因而,对他们可收取相对高的票价,而在时间上给予优惠,允许他们提前一天订票。另一类是收入较低的旅行人员,淡季出游者等。这部分人群对时间要求不高,但在乎票价。对于他们,在票价上可相对较低,而在时间上要求对航空公司有利。这样,可以充分利用民航的闲置客运能力,增加公司收益。若不进行市场分割,实行单一的较高票价,就会把这部分潜在的消费者推出客运市场,公司的闲置客运能力便不能产生效益,这对公司是不利的。

垄断厂商实行三级价格歧视必须具备以下两个条件:

一是不同市场之间可以有效分离。市场如果不能有效分离,消费者将有可能在低价市场购买商品,然后到高价市场抛售,直到两个市场的价格相等为止。

二是被分离的多个市场上需求弹性不同。只有在这种情况下,垄断者根据不同的需求弹性对同一商品索取不同的价格,才能获得多于索取相同价格时的利润。

为简化分析本章首先分析两个子市场的情况,再将所得结论推广到多个市场的情况。如果厂商实施三级价格歧视,应该怎样决定不同消费市场的价格呢?

首先,不论厂商生产多少,总产量要在两类消费市场之间进行分配,因而各消费市场最后一单位产品获得的边际收益要相等,即 $MR_1 = MR_2$,否则厂商不可能实现利润最大化。因为假如 $MR_1 > MR_2$,厂商可以通过将产量从第二组转移到第一组而获益,因此不管不同市场的价格是多少,不同市场的边际收益要相等。

其次,总产量必须使得各市场的边际收益等于生产的边际成本。如果不是这样,厂商可以通过提高或降低其产量来增加利润。例如,各市场的边际收益相同但高于生产的边际成本,厂商就可以通过增加其产量赚取更多的利润。

因此价格和产量的确定必须在满足条件

$$MR_1 = MR_2 = MC \tag{7.9}$$

再次,为了在每个市场都获得最大利润,厂商可以根据不同的市场需求状况制定不同的价格,即对需求弹性较小的市场索取较高价格,对需求弹性较大的市场制定较低的价格。从图 7.10 中我们清楚地看出,厂商对不同需求弹性的市场实施不同的价格,能获取更多的最大利润。

根据式(7.4),市场 A 有

$$MR_A = P_A \left(1 - \frac{1}{E_{dA}}\right) \tag{7.10}$$

市场 B 有

$$MR_B = P_B \left(1 - \frac{1}{E_{dB}}\right) \tag{7.11}$$

垄断厂商在两个市场上的边际收益应相等,即 $MR_A = MR_B$,否则,厂商将会把产品从边际收益小的市场调整到边际收益大的市场销售以获取更大的利润。则有

$$P_A \left(1 - \frac{1}{E_{dA}}\right) = P_B \left(1 - \frac{1}{E_{dB}}\right) \tag{7.12}$$

整理得

$$\frac{P_A}{P_B} = \frac{1 - \frac{1}{E_{dB}}}{1 - \frac{1}{E_{dA}}} \tag{7.13}$$

该式说明实行三级价格歧视时,应在需求价格弹性小的市场上提高价格,而在需求价格弹性大的市场上降低价格。

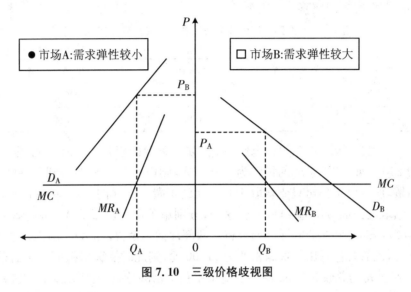

图 7.10 三级价格歧视图

(四) 价格歧视的应用

1. 两部收费制

两部收费制是与价格歧视有关的一种定价策略,其目的也是为了攫取消费者剩余。垄断厂商要求消费者为获得购买一种商品的权利先预付一定的费用,然后再要求消费者为他们所希望消费的每一单位该商品支付额外的费用。比如说我们进入游乐场,先要付入场费,然后再为你玩的每个项目付一定的费用。游乐场的所有者必须决定是索取较高入场费而每个项目索取低价,还是低价入场费而每个项目收取高价。日常生活中实行两部收费的例子还有很多,如出租车的起步价和所走路程的价格,手机的月租费和话费等。

两部收费制定价策略中,垄断厂商面临的问题是如何确定进入费(用 T 表示)和使用费(用 P 表示)的问题。进入费 T 为固定价,与消费量无关;而使用费 P 是不固定的,它与消费量的变化有关。通过这种定价策略,厂商能够占有全部的消费者剩余。

我们先来分析其包含的基本原理。如图 7.11 所示,假设市场中只有一个消费者(或者具有相同需求曲线的许多消费者),再假设厂商知道这个消费者的需求曲线 D,厂商的边际成本是不变的,是一条水平线 MC,需求曲线 D 与边际成本曲线 MC 交于 E 点,所以消费者的使用价格为 P^*,使用数量为 Q^*,然后指定进入费 T 等于(或

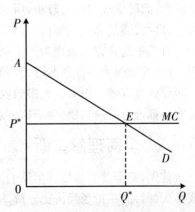

图 7.11 一个消费者的两部收费

略少于)AEP^* 所对应的消费者剩余。通过这种定价策略厂商能够占有全部的消费者剩余。

2. 捆绑销售

捆绑销售是指厂商要求客户购买其某种商品的同时也必须购另一种产品。在顾客偏好存在差异而厂商又无法实施价格歧视的条件下，使用这一决策，可以增加厂商的利润。下面以表7.1为例说明捆绑销售如何增进垄断厂商的利润。

例如，假设有一电影公司出租两部电影：A和B，有两家影院：甲和乙，每家影院愿意为每部影片支付的最高费用如表7.1所示。

表7.1 每家影院愿为两部影片支付的最高租费（负相关）

（单位：美元）

	电影A	电影B	组合（电影A与电影B）
影院甲	15000	4000	19000
影院乙	12000	5000	17000

从表7.1中可以看出，单独出租电影A时，如果索取的租费为12000元，电影公司得到的总收入为24000元，如果索取的租费为15000元，则电影公司只能得到15000元，因为乙影院不会租赁，所以电影公司只能索取12000元的租费。同样的道理，单独出租电影B时，电影公司能索取的最高费用为4000元。这样，分别单独出租电影A和B，电影公司得到的总租费为24000+8000=32000元。如果将这两部片捆绑销售，那么甲影院愿意出的最高租费为19000元，乙影院愿意出的最高租费为17000元，则此时捆绑出租可索取的最高费用为17000元，电影公司的总收入为34000元，高于单独出租的总收入，所以此时捆绑销售对厂商有利。

需要注意的是，捆绑销售只适用于两家影院对两部影片的相对评价是反向的情况，即需求是负相关的，愿意为电影A支付最多的消费者愿意为电影B支付的最少；如果两家影院对两部电影的需求是正相关的，则捆绑销售不会给厂商带来额外的收益。

七、自然垄断和政府管制

自然垄断的一个特征是厂商的平均成本在很高的产量水平上仍随着产量的增加而递减，也就是说，存在着规模经济。因为这些行业的生产技术需要大量的固定设备，固定成本非常大，而可变成本相对较小，所以，平均成本曲线在很高的产量水平上仍是下降的。供水、供电、供气、通信和铁路等行业具备这种特征。

自然垄断一方面表现为产生规模经济，使得经济效率高于几家厂商同时经营；但另一方面，自然垄断作为一种垄断形式，同样存在由于缺乏竞争所造成的高价格、低产出和高利润，进而导致经济效率损失。大多数西方国家对一些具有自然垄断特征的公用事业、通信业和运输业都进行政府管制，关于这一点，我们将在第十一章中进行分析。

八、全面理解垄断

首先，完全垄断是极其罕见的。垄断会产生规模经济和范围经济，也可能产生自然垄断或寡头。目前在市场经济比较成熟的国家，垄断主要发生在社会公共事业，如供电、供水、供气等领域的自然垄断，因此，一味打破垄断是不可取的。

其次，垄断能够产生创新的激励。著名经济学家J. A. 熊彼特认为技术创新和产品创新会增加企业在市场上的垄断力,现存垄断企业为了防止其他潜在竞争者的进入,也会加大创新力度进而降低成本和价格,从而提高其他企业进入的门槛,消费者有可能得到一个较为实惠的价格,从而效率损失会减少。

政府对待垄断企业的态度应该考虑以下三个方面:

第一,如果垄断是通过反竞争行动所获得的,并且导致了巨大的效率损失,政府应根据反垄断法对垄断者进行有力的指控。如果胜诉,垄断者就必须分拆成两家或多家相互竞争的企业。

第二,如果垄断是一种自然垄断,社会就应该允许其扩张。如果没有出现新产品对其形成竞争的话,政府应对其价格、产量等进行管制。

第三,如果垄断的产生是由于新的技术且持续时间不长,社会和政府都应该容忍并接受。

【课堂讨论】 为什么反垄断法常存在争议?

第二节 垄断竞争市场

一、垄断竞争市场的含义及特征

垄断竞争是一种介于完全竞争和完全垄断之间的市场结构,在这种市场中,大量的厂商生产和销售有差别的同种产品,既存在着激烈的竞争,又具有垄断的因素。日用百货市场就是一个垄断竞争市场,例如佳洁士牙膏、高露洁牙膏、云南白药牙膏和其他品牌的牙膏之所以不同,差别可能是气味,或者黏稠度,或者药用功效,结果就会使得部分消费者愿意花较多的钱购买某种牙膏。宝洁公司是佳洁士的唯一生产者,因此它有垄断力;但是这种垄断力又是有限的,因为如果佳洁士的价格提高,消费者很容易用其他品牌来代替它。虽然偏爱佳洁士的消费者会为消费它付出较高的价格,但大多数消费者不会愿意多付很多。因而,佳洁士牙膏的需求曲线虽是向下倾斜的,但却是相当有弹性的。

【资料链接】7-3

> 高露洁有一种三重功效的牙膏,膏体由三种颜色构成,给消费者以直观感受:白色的在洁白我的牙齿,绿色的在清新我的口气,蓝色的在清除口腔细菌;"好电池底部有个环",南孚电池通过"底部有个环"给消费者一个简单的辨别方法,让消费者看到那个环就能联想到高性能的电池;海尔的"砸冰箱"事件,直到多少年后,海尔还在不厌其烦地拿出来吆喝几声,该事件为海尔的"真诚到永远"立下了汗马功劳,海尔提出的"五星级服务"也为其"真诚到永远"做出不少的贡献……可见事件概念的传播威力巨大。

作为垄断竞争的市场应具有如下基本的特征:

(1) 市场中存在着较多数目的厂商,彼此之间存在着较为激烈的竞争。每个厂商的产量在整个市场中只占很小的比例,既没有市场的主导者也不存在相互勾结。

(2) 厂商所生产的产品是有差别的,被称为"异质商品"。这种产品差别是指产品在价格、外观、性能、质量、构造、颜色、包装、形象、品牌、服务及商标广告等方面的差别以及以消费者想象为基础的虚幻的差别。这些差别的存在,使得产品成了带有自身特点的"唯一"产品,也使得消费者有了选择的必然,使得厂商对自己独特产品的生产销售量和价格具有控制力,即具有了一定的垄断能力;而垄断能力的大小则取决于它的产品区别于其他厂商的程度,产品差别程度越大,垄断程度越高。

(3) 自由进出,新厂商带着产品的新品牌进入市场和现有厂商在它们的产品无利可图时退出都比较容易。因此,当经济利润大于零时,就会有厂商进入,导致利润下降,市场上企业的数量要一直调整到经济利润为零时为止。

由于垄断竞争市场中厂商生产的产品具有差异性,因此我们把所有厂商的集合看成一个"产品集团"。例如,皮鞋生产集团、日化产品行业等等。在垄断竞争生产集团中,各个厂商的产品是有差异的,厂商互相之间的成本曲线和需求曲线未必相同。但是在垄断竞争市场模型中,一般假定生产集团内部的所有厂商具有相同的成本曲线和需求曲线,并对代表性厂商进行分析,这一假定能使分析得以简化且不影响结论的实质。

二、垄断竞争厂商的均衡

(一) 垄断竞争厂商的需求曲线和边际收益曲线

由于垄断竞争厂商生产的是有差别的产品,因而对该产品都具有一定的垄断能力。比如,厂商如果将它的产品的价格提高一定的数额,则习惯于消费该物品的消费者可能不会放弃该物品的消费,该产品的需求不会大幅度下降。但由于存在着大量的替代品,有的消费者就可能舍弃这种偏好,转而购买该商品的替代品。因此,垄断竞争厂商所面临的需求曲线相对于完全竞争厂商而言要更陡一些(即更缺乏弹性),而相对于垄断厂商来讲需求曲线要更缓,即更富有弹性。

那么垄断竞争媒介市场中单个厂商所面对的需求曲线是什么形状呢?该需求曲线不是水平的,而是向下倾斜的,但是由于垄断竞争市场上的替代品很多,因此需求曲线很平坦,弹性较大。如图 7.12 所示,平坦的需求曲线意味着弹性较大,而弹性较大意味着当价格略微变化,销售量会大幅变化。同时,由于需求曲线向下倾斜,因此垄断竞争行业中单个媒介企业的边际收益曲线(MR)位于需求曲线之下。

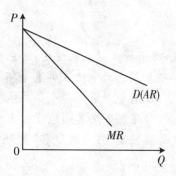

图 7.12　垄断竞争厂商的需求曲线和边际收益曲线

关于需求曲线与边际收益曲线的位置关系,可以通过以下的例子加以说明:我们假设价格 P 为销售量 Q 的线形函数,即市场需求曲线为直线。

令 $P(Q)=a-b \cdot Q$(a,b 都大于零),代表性厂商的总收益和边际收益函数分别为

$$TR(Q) = P \cdot Q = (a-b \cdot Q) \cdot Q = a \cdot Q - b \cdot Q^2$$

$$MR(Q) = \frac{dTR(Q)}{dQ} = a - 2bQ$$

可以发现,当 $Q=0$ 时,边际收益与需求曲线在纵轴相交,但 MR 位于需求曲线 D 之下。

同时,平均收益等于总收益除以产量,即

$$AR = \frac{TR}{Q} = P(Q) = a - b \cdot Q$$

平均收益曲线与需求曲线重合。

(二) 垄断竞争厂商的短期均衡

西方学者通常以垄断竞争生产集团的代表性厂商来分析垄断竞争厂商的短期均衡和长期均衡。以下分析的垄断竞争厂商均指代表性厂商。

垄断竞争市场厂商利润最大化的原则也是 $MR=MC$。因此,在短期内,垄断竞争厂商是在现有的生产规模下通过对产量和价格的调整来实现 $MR=SMC$ 的均衡条件。当然,垄断竞争厂商在短期内不一定得到正利润,这取决于价格与平均成本的比较,如果价格大于平均成本,则利润为正;如果价格小于平均成本,则利润为负;如果价格等于平均成本,收支相抵,利润为零。

在图 7.13 中,D 为需求曲线,MR 为边际收益曲线,MC 为边际成本曲线,SAC 为短期平均成本曲线,MR 与 MC 相交于 E 点,决定均衡数量为 Q_1,然后虚线 EQ_1 与需求曲线相交于 F 点,决定均衡价格为 P_1,对应的短期平均成本为 GQ_1,总收益为 OP_1FQ_1 围成的面积,总成本为 $OTGQ_1$ 围成的面积。价格高于长期平均成本,该厂商可以获得超额利润,利润额为 TP_1FG 围成的面积。

在图 7.14 中,MR 与 MC 相交于 E 点,决定均衡数量为 Q_2,然后虚线 EQ_2 与需求曲线相交于 F 点,决定均衡价格为 P_2,对应的短期平均成本为 GQ_2,总收益为 OP_2FQ_2 围成的面积,总成本为 $OTGQ_2$ 围成的面积。价格低于短期平均成本,则该厂商亏损,亏损额为 TP_2FG_2 围成的面积。

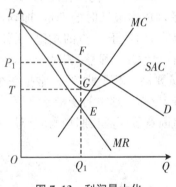

图 7.13 利润最大化

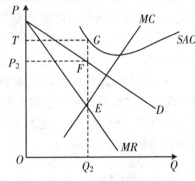

图 7.14 亏损最小化

在图 7.15 中,在 F 点处需求曲线与 SAC 曲线相切,均衡价格为 P_3,对应的短期平均成本为 FQ_3,总收益为 OP_3FQ_3 围成的面积,总成本也是 OP_3FQ_3 围成的面积,盈亏相抵。

(三) 垄断竞争厂商的长期均衡

以上讨论的是垄断竞争厂商的短期均衡。我们发现,在短期内,企业可能获利,可能盈亏相抵,也可能亏损。那么在长期呢?垄断竞争市场厂商长期均衡的条件是边际收益等于长期边际成本。垄断竞争企业在长期内的利润等于零,其原因在于企业可以没有限制地进入(或退出)这个市场。

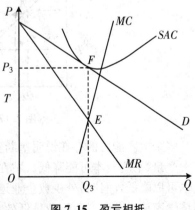

图 7.15 盈亏相抵

当代表性厂商短期存在利润时(如图 7.13 所示),

就会有大量新厂商进入该生产集团,代表性厂商所面临的需求曲线会左移(即需求减少)。因为消费者面临的相似替代品增多,现有每家厂商所占市场份额必然减少。需求曲线下降迫使代表性厂商利润下降(假设成本不变)。当新厂商进入使得需求曲线下降到与平均成本曲线在利润最大化产量处相切时,厂商刚好获得正常利润,如图7.16所示。

当代表性厂商亏损的时候(如图7.14所示),亏损将迫使一部分连固定成本都赚不回来的厂商退出该生产集团,这样消费者的替代品减少,厂商所面临的需求曲线向右移动(即需求增加)。当厂商退出使得需求曲线上升到与平均成本曲线在利润最大化产量处相切时,厂商刚好获得正常利润,如图7.16所示。

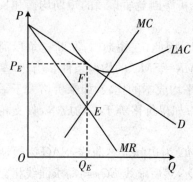

图 7.16　垄断竞争厂商的长期均衡

这样垄断竞争厂商长期均衡的条件为

$$MR = LMC = SMC$$
$$AR = LAC = SAC$$

三、垄断竞争与理想的产量

我们将完全竞争的厂商和垄断竞争的厂商进行一个简单的对比。在图7.17中,如果是完全竞争的市场,厂商长期均衡时的产量等于长期平均成本最低时的产量,即均衡点为C点。如果是垄断竞争的市场,厂商的长期均衡点为A点,即位于C点的左边。所以垄断竞争厂商的长期均衡产量Q_A低于完全竞争的长期均衡产量Q_C。显然,相对于垄断竞争厂商来说,完全竞争市场所能达到的平均成本要低,而产量要高。基于此,我们常把完全竞争条件下,厂商实现长期均衡的产量即平均成本最低时的产量称为理想的产量。显然,垄断竞争的市场无法达到理想的产量。我们把理想的产量与垄断竞争厂商长期均衡的产量之间的差(即$Q_C - Q_A$)称为多余的生产能力。

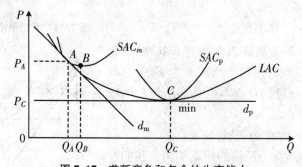

图 7.17　垄断竞争和多余的生产能力

多余生产能力的存在说明垄断竞争企业尚有一部分生产能力没有被有效利用,如果它扩大产量,平均成本可能降低。站在社会的角度来看,如果让一部分企业增加产量,其平均成本可以降低,而让另外少数企业退出市场,则整个社会的效率就能得到提高。因此,有的经济学家认为垄断竞争行业是低效率的。但也有另一部分经济学家认为:(1)现实中我们无法确定让哪一部分厂商退出市场,让哪一部分厂商扩大产量,因为这里有一个公平的问题;(2)垄断竞争厂商提供给市场的是多样化的商品,可以满足不同的偏好,而产品的多样性本身就是有价值的。多余的生产能力在一定程度上可以看作是消费者或社会为了得到产品多样性所必须付出的代价。

四、垄断竞争厂商的供给曲线

垄断竞争厂商所面临的需求曲线与垄断厂商一样也是向右下方倾斜的,因此也无法找到价格与产量之间的一一对应关系。同时,假设价格一定,垄断竞争厂商供给市场的产量不仅取决于其本身的价格-产量决策,而且取决于其他厂商的价格-产量决策的结果,更增加了厂商供给的不确定性。因此在垄断竞争市场上,是不存在具有规律性的供给曲线的。

五、非价格竞争

垄断竞争企业有时并不采取价格或产量竞争的形式,而是采取其他的非价格竞争手段。由于每一个厂商生产的产品都是有差别的,所以,垄断竞争厂商往往通过改进产品品质、精心设计商标和包装、改善售后服务以及广告宣传等手段,来扩大自己产品的市场销售份额,这就是非价格竞争。例如产品变异和推销。

产品变异是指变换产品的颜色、款式、质地和服务等来改变原有的产品,以形成产品差别。推销是指厂商为促进销售而采取的手段。例如送货上门、陈列样品、展销、广告等,其中广告最为重要。当企业销售有差别产品并收取高于边际成本的价格时,每个企业都有以做广告来吸引更多消费者的激励。

关于广告的作用褒贬不一。广告的批评者认为,厂商做广告是为了操纵人们的嗜好,许多广告是心理性或劝说性的,而不是信息性的。例如,某些品牌软饮料的典型电视商业广告,它的内容只是一群年轻人在沙滩上边玩耍边喝该品牌的饮料。它不是告诉观看者产品的价格或质量,而是传递一个信息:"只有你喝我们的产品,你才能在沙滩上享受幸福。"此外,用于做广告的资源是一种社会浪费;而且广告抑制了竞争,夸大了产品之间的差异性,有利于垄断竞争者获得更高的价格。但是,广告的拥护者认为:企业用广告向顾客提供信息,广告提供用于销售的物品价格,新产品的存在以及零售店的位置。这种信息可以使顾客更好地选择想购买的物品,减少了搜寻信息的成本,从而提高了市场资源配置效率。

分析广告的好坏,关键要区分广告的类别。广告分为信息类广告、劝说类广告甚至虚假类广告。

信息类广告包含了关于产品的质量、价格、区位、可得性等方面的有用信息。它为消费者提供了关于商品比较充分的信息,有利于消费者做出最佳的购买决策,节约了消费者的信息搜寻成本;而且信息类广告之间的相互竞争有利于经济资源的合理配置。

劝说类广告没有为消费者提供真正有用的信息,仅仅是劝说你去购买产品。例如"钻石恒久远,一颗永流传""汽车要加油,我要喝红牛",或者是请一位有魔鬼身材的明星去做减肥产品广告,这类广告的目的是诱导消费者购买往往并不真正需要的商品。经济学家担心劝说类广告使得消费者购买价高而质劣的产品,物美价廉的商品反而被忽视。如果这样,广告就走入了歧途,市场竞争就失去了方向。

虚假类广告则是有意散播错误或虚假信息的广告。这类广告本身就是资源的浪费,且会严重误导消费者的购买决策。

【课堂讨论】 在垄断竞争市场中,广告起到哪些作用?站在消费者的立场,广告有哪些利弊。

第三节　寡头市场

【资料链接】7-4

> 中国移动、中国联通和中国电信，这三家公司成立的时间都很长，资产也都十分雄厚，规模也都相当庞大，并且都是国有企业，它们几乎占据了全部国内电信市场，并且由于技术、资金、政策等相关方面的因素，一般的企业无法进入中国的电信市场。而我们知道市场的核心在于竞争，竞争的前提在于有足够数量的经营者。目前中国电信市场的这块蛋糕是由电信、移动、联通三家公司分享的，从这些公司经营的电信业务种类上来看，仅仅是业务上的专业化，原有的市场结构并没有发生实质的变化，不可能形成真正的竞争格局。2015年，为大力推动"互联网＋"发展，国家多次出台文件要求加快建设高速宽带网络，促进提速降费。中国移动、中国电信和中国联通虽都相继公布了各自的提速降价方案。但人们发现，所谓的优惠，或者是用不上的，或者是只关系到少部分人的，而且大多数优惠，只是增加服务，而不是降低费用。

寡头市场是指由少数几家大型厂商控制某种产品绝大部分乃至整个市场的生产和销售的市场结构。寡头垄断是介于垄断竞争与垄断之间的一种市场结构。寡头厂商生产的产品可以是同质的，如钢铁、水泥、石油等行业；也可以是有差别的，如汽车、飞机、铁路运输、电信服务业等。寡头厂商在进行价格和产量决策时，可以是合作的，也可以是独立的。

一、寡头市场的特征

寡头市场是比较接近垄断市场的一种市场结构，只是在垄断程度上略有差别，其形成的原因与垄断厂商类似，主要由于某些产品必须在相当大的规模上生产才能达到较好的经济效益；行业中几家厂商控制了生产所需的基本生产资料的供给；政府的扶持和支持等等。

在寡头市场上厂商的价格和产量的决定是很复杂的，每个厂商的产量都在全行业的总产量中占一个较大的份额，从而每个厂商的产量和价格的变动都会对其他竞争对手乃至整个行业的产量和价格产生举足轻重的影响。正因为如此，每个寡头厂商在采取某项行动之前，必须首先推测或掌握自己这一行动对其他厂商的影响以及其他厂商可能做出的反应，然后在考虑到这些反应方式的前提下采取最有利的行动。寡头是如何进行价格和产量决策的呢？这里我们分析若干寡头模型。

二、古诺双寡头模型

古诺模型是由法国经济学家奥古斯丁·古诺（Antoine Augustin）于1838年最早提出的，它研究的是一个双寡头垄断市场。古诺以"拥有两个零边际成本的矿泉水市场"为例，提出如下假定：两个寡头厂商A和B生产同一种产品，生产成本为零；厂商产量为独立变量，两个厂商的产量总和影响市场价格；每个寡头均以对方产量维持前一时期水平为前提，来决定自己每一时期的产量，以实现利润最大化目的；两家厂商面临相同的线性需求曲线，且两个厂商都了解市场需求曲线。

(一) 古诺模型的动态分析

如图 7.18 所示,两个寡头厂商面临同一条需求曲线 D。市场需求曲线 D 决定的全部市场容量为 OQ_0。由于假设成本为零,所以双寡头厂商按照总收益最大的原则来提供产量。

开始时,第一家厂商为了利润最大化按市场容量的半数提供产量,此时的数量是全部市场容量的 $1/2$。通过这一产量在需求曲线 D 上的对应点 N 可以确定价格为 P_1。现在市场上出现第二家厂商,它在第一家厂商已占有一半市场的前提下,为了最大化利润,它按照剩下的市场容量的半数提供产量,数量为 $Q_1Q_2 = \frac{1}{2}OQ_1$。这个产量占整个市场容量的 $1/4$。这时,价格为 P_2。按照这一价格,第一家厂商的利润会下降。

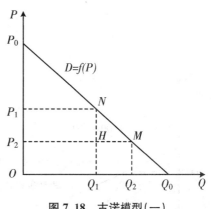

图 7.18 古诺模型(一)

在这种情况下,第一家厂商会采取行动,它在第二家厂商占有 $1/4$ 市场的前提下,按照最大化利润原则,在余下的 $3/4$ 市场容量中,按半数提供产量,即它生产总市场容量的 $3/8$,比第一次提供的产量减少 $1/8$。第一家厂商的产量下降,则价格有所回升。这时第二家厂商又采取行动,它也是在第一家厂商的销售的前提下,按照最大化利润原则,将自己面临的市场总容量调整为总市场容量的 $5/8$,并按这一容量的半数来提供产量,即它生产总市场容量的 $5/16$,比原来增加 $1/16$。第二家厂商的产量增加导致价格下降。

这样,第一家厂商的产量逐渐减少,第二家厂商的产量逐渐增加,过程一直进行到最后两家厂商的产量为市场容量的 $1/3$ 为止,即

第一家厂家的最后产量为 $\left(\frac{1}{2} - \frac{1}{8} - \frac{1}{32} - \cdots\right)Q_0 = \frac{1}{3}Q_0$;

第二家厂商最后的产量为 $\left(\frac{1}{4} + \frac{1}{16} + \frac{1}{64} + \cdots\right)Q_0 = \frac{1}{3}Q_0$。

以上的双头模型可以推广。令寡头厂商的数目为 N,则一般结论为:每个寡头厂商的均衡产量为市场总容量的 $\frac{1}{N+1}$,行业的均衡总产量为市场总容量的 $\frac{N}{N+1}$。

当 N 的值越大,该市场越接近完全竞争;N 为无穷大时,寡头市场就变成了完全竞争市场。

(二) 古诺模型的静态分析

古诺模型也可以用建立寡头厂商的反应函数的方法来说明。反应函数表示,每给定一个寡头产量,另一个寡头就能根据此产量确定自己产量的反应函数。

(1) 基本方程

$$P = P(Q), \quad (Q = Q_1 + Q_2)$$
$$\pi_1 = P \cdot Q_1 - C_1(Q_1)$$
$$\pi_2 = P \cdot Q_2 - C_2(Q_2)$$

(2) 最优决策的一阶条件与反应函数

$$\frac{\partial \pi_1}{\partial Q_1} = 0, \quad \Rightarrow \quad Q_1 = f(Q_2) \quad \text{寡头 1 的反应函数}$$

$$\frac{\partial \pi_2}{\partial Q_2} = 0, \Rightarrow Q_2 = f(Q_1) \quad \text{寡头2的反应函数}$$

(3) 古诺模型的均衡解

$$\begin{cases} Q_1 = f(Q_2) \\ Q_2 = f(Q_1) \end{cases} \Rightarrow \begin{cases} Q_1^* \\ Q_2^* \end{cases}$$

(4) 一个例子

假设市场需求曲线为：$P = 3000 - Q$，其中，$Q = Q_A + Q_B$，Q_A 和 Q_B 分别代表 A 和 B 的产量，如图 7.19 所示。

由于假设成本为零，因此，如果是完全竞争，则均衡价格应该为零，产量应该为 3000，即市场总容量为 3000。

如果是完全垄断，根据 $MR = MC = 0$，则垄断厂商提供的产量为 1500，均衡价格也是 1500。

现假设为寡头市场：

对于 A 来讲，利润函数为

$$\pi_A = P \cdot Q_A = (3000 - Q_A + Q_B) \cdot Q_A$$

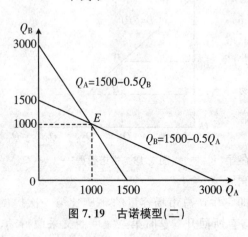

图 7.19 古诺模型(二)

用该利润函数对 A 的产量求导数，并令导数等于零，利润最大，得到

$$\frac{d\pi_A}{dQ_A} = 3000 - 2Q_A + Q_B = 0 \Rightarrow Q_A = 1500 - \frac{Q_B}{2} \tag{1}$$

$Q_A = 1500 - \frac{Q_B}{2}$ 就是厂商 A 对厂商 B 选择产量的反应函数，即每给定厂商 B 的一个产量，厂商 A 根据此函数进行反应。同理，可以求得厂商 B 对厂商 A 选择产量的反应函数

$$Q_B = 1500 - \frac{Q_A}{2} \tag{2}$$

将(1)、(2)两个反应函数联立，求解得到 $Q_A = Q_B = 1000$。

由于市场总容量是 3000，也就是说，两个厂商均衡的产量都是市场容量的 1/3，两个寡头厂商的总产量实际只有市场总容量的 2/3。剩余的 1/3 的市场容量是寡头垄断的市场无法满足的，因而可以看作是寡头垄断给社会造成的损失。

由以上分析可知，双寡头垄断市场跟完全垄断市场相比，其市场价格比完全垄断市场价格要低，产量比垄断市场要高，利润比垄断市场要低。

三、斯塔克伯格模型

德国经济学家、曾任希特勒的财政部部长的 H. 斯塔克伯格(Stakel berg)为了修正古诺模型，提出了另一个双寡模型。在古诺模型中，每家寡头将对手的行为视为给定。换言之，古诺模型中的厂商都是追随者，而斯塔克伯格模型的寡头既有领导者又有追随者。我们假设一个城市有两家早餐奶公司 A 和 B，两家实力悬殊，A 的实力更强，我们命名为领导者，B 为追随者。A 先行动，先做出产量决策，B 在观测了 A 的产量后做出反应，选择自己的产量。要注意的是，A 先行动，先做出产量决策，并不是指 A 可以随意决策，它在行动时必须事先考虑到 B 可能的反应。也就是说，先求出 B 的反应函数，然后再将 B 的反应函数代入 A 的利润函数，求 A 的决策函数。

(一)斯塔克伯格模型假设

(1) 产品同质:寡头面临相同的需求曲线;
(2) 决策变量:产量;
(3) 寡头实力不对称:领导者厂商、追随者厂商;
(4) 贯序决策:领导者厂商占主导地位,率先做出产量决策,追随者厂商根据主导型企业的决策相机行事;
(5) 先行优势:先行的领导者厂商可以充分估计自己做出的产量计划所产生的追随者厂商的反应函数,并把这个反应函数纳入自己的目标函数,从而做出最优的产量决策。

(二)基本模型

(1) 基本方程和目标函数

$$P = P(Q) \quad (Q = Q_A + Q_B)$$
$$\pi_A = P \cdot Q_A - C_A(Q_A)$$
$$\pi_B = P \cdot Q_B - C_B(Q_B)$$

(2) 先行领导者厂商的决策

设厂商 A 是先行的领导者厂商,厂商 B 是追随者厂商。先行领导者厂商的目标函数:$\pi_{A\max} = P \cdot Q_A - C_A(Q_A)$,追随者厂商的反应函数:$Q_B = f(Q_A)$。先行领导者厂商将追随者厂商的反应函数纳入自己的目标函数。

(三)一个例子

假设:$P = 3000 - Q$,其中,$Q = Q_A + Q_B$。

对于 B 来讲,其反应函数与古诺模型中的没有区别,仍然是给定 A 的产量,求自身的利润最大化,因此,厂商 B 的反应函数仍然是:$Q_B = 1500 - \dfrac{Q_A}{2}$。

因为领导者 A 厂商将追随者 B 厂商的反应函数纳入自己的目标函数。我们将厂商 B 的反应函数代入厂商 A 的利润函数,得到

$$\pi_A = P \cdot Q_A = (3000 - Q_A - Q_B) \cdot Q_A = \left[3000 - Q_A - \left(1500 - \dfrac{Q_A}{2}\right)\right] \cdot Q_A$$

$$\pi_A = 1500 Q_A - \dfrac{Q_A^2}{2}$$

用利润函数对 A 的产量求导数,令导数等于零,得到:

$$\dfrac{\mathrm{d}\pi_A}{\mathrm{d}Q_A} = 1500 - Q_A = 0 \quad Q_A = 1500。$$

将 $Q_A = 1500$ 代入 $Q_B = 1500 - \dfrac{Q_A}{2}$,得到 $Q_B = 750$。

总产量为 $Q_A + Q_B = 2250$,价格为 750。

与古诺模型相比,价格下降,产量增加,利润减少,消费者福利略有增加。

四、价格领导模型

在斯塔克伯格模型中,寡头市场中的领导型厂商首先决定产量,其他追随型厂商则适应该产量。而事实上,领导型厂商也可以先决定价格,其他追随型厂商接受该价格。这种由领导型厂商决定市场价格的过程和结果,我们称为价格领导模型。为简单起见,假定一个寡头市场上只有两个厂商:领导型厂商 1 和追随型厂商 2,领导型厂商 1 首先决定市场价格,两个

厂商按照此价格提供产量共同满足市场需求。

(一) 基本假设

(1) 一家领导型厂商1拥有主要市场份额,追随型厂商2则拥有剩余的市场份额;

(2) 领导型厂商1凭经验估计出追随型厂商2的供给曲线,然后得出自己的市场需求曲线;

(3) 领导型厂商1根据 $MR=MC$ 的原则确定价格,追随型厂商2则像完全竞争的厂商一样行事,将领导型厂商1所决定的价格作为给定的市场价格,并据此安排产量。

(二) 模型分析

如图7.20所示,领导型厂商定价模型中,领导型厂商1首先确定价格,追随型厂商2在此价格下来确定各自销售的数量。图中 D 是市场总需求曲线,S_F 是追随型厂商2的供给曲线,这样领导型厂商1所面临的需求曲线可以由 D 与 S_F 曲线横向相减得到,即 P_1A 曲线。可以看到 P_1 为 S_F 曲线与 D 曲线的交点处的价格水平,因为这时的市场总需求满足了追随型厂商2的供给,所以对领导型厂商1的需求为0。追随型厂商2供给为0时的价格为 P_2,市场价格低于 P_2,追随型厂商2的供给都为0,因此领导型厂商1所面临的需求曲线就是市场总需求曲线 AD。所以,领导型厂商1所面临的需求曲线是 P_1AD 这条折线。领导型厂商1的边际收益曲线为 MR_L,边际成本曲线为 MC_L。由厂商利润最大化的条件 $MR_L = MC_L$,可知领导型厂商1一定会把产量定在 Q_L,而把价格定在 P_D。在价格引导下,追随型厂商2必须接受领导型厂商1的价格,把自己的价格定在 P_D,供给量定为 Q_F。从而可知,领导型厂商1产量为 Q_L,总产量为 Q_T,并且满足 $Q_F + Q_L = Q_T$(注意:领导型厂商1的需求曲线就是由总需求曲线和追随型厂商2的供给曲线横向相减得到的)。可以看出,在价格领先制下,领导型厂商1由于占有定价的优先权而处于较有利的地位,可以分得一个较大的市场份额,而追随型厂商2作为追随者,被动地接受领导型厂商1的价格,因而利润最大化的决策要简单得多。

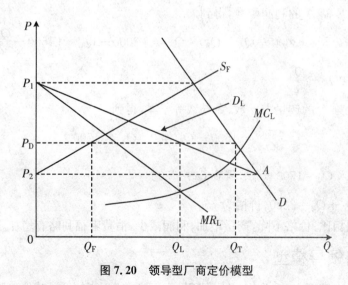

图7.20 领导型厂商定价模型

五、卡特尔勾结寡头模型

古诺模型在寡头厂商的行为相互独立的时候是合理的,但是厂商为了追求利润最大化,相互勾结,古诺模型就不够合理了。相互联合决定产量和价格的寡头便构成一种卡特尔模型。

(一) 基本假设
(1) 两个寡头厂商生产同一种产品,生产成本为零;
(2) 两家厂商面临相同的线性需求曲线,$P=P(Q)$,$(Q=Q_1+Q_2)$;
(3) 两个寡头联合决定选择使整个产业实现利润最大化的产量,并在其间按某一规则分配各自的产量以及利润。

(二) 基本模型
(1) 目标函数
$$\pi_1 = P(Q) \cdot Q_1 - C_1(Q_1)$$
$$\pi_2 = P(Q) \cdot Q_2 - C_2(Q_2)$$
$$\pi_{\max} = (\pi_1 + \pi_2) = P(Q) \cdot (Q_1 + Q_2) - C_1(Q_1) - C_2(Q_2)$$

(2) 卡特尔模型的均衡条件

由 $\frac{\partial \pi}{\partial Q_1}=0$,有:$MR=MC_1$;由 $\frac{\partial \pi}{\partial Q_1}=0$,有:$MR=MC_2$。

因此均衡条件为:$MR=MC_1=MC_2$。

(三) 一个例子
假设某市场仅有两个企业,它们面临共同的市场需求曲线:$P=100-0.5Q$,两企业的成本函数分别为:$C_1=5Q_1$,$C_2=0.5Q_2^2$,且两个勾结成卡特尔,求该卡特尔的均衡解。

解:$\pi = \pi_1 + \pi_2 = (100-0.5Q) \cdot Q - (C_1+C_2)$
$= [100-0.5(Q_1+Q_2)] \cdot (Q_1+Q_2) - 5Q_1 - 0.5Q_2^2$
$= 100(Q_1+Q_2) - 0.5(Q_1+Q_2)^2 - 5Q_1 - 0.5Q_2^2$

由 $\frac{\partial \pi}{\partial Q_1}=0$,有:$95-Q_1-Q_2=0$

由 $\frac{\partial \pi}{\partial Q_1}=0$,有:$100-Q_1-2Q_2=0$

可解得:$Q_1^*=90$,$Q_2^*=5$,$P=52.5$,$\pi_1^*=4275$,$\pi_2^*=250$

现实中,如果寡头企业为了获得更大利润,相互之间通过达成协议或建立正式组织,相互串谋,就是卡特尔。卡特尔是企业间就有关价格、产量和瓜分市场销售区域等达成明确协议而建立的垄断组织。但由于寡头之间的博弈,形成的卡特尔组织常常又是不稳定的,下一章我们将用博弈理论来分析这一问题。

六、斯威齐模型

斯威齐模型是美国经济学家保罗·斯威齐于20世纪30年代所建立的,试图用"折弯需求曲线模型"解释为什么在寡头市场中存在价格刚性。

(一) 基本假设
当一个寡头厂商降低价格的时候,其他厂商会跟着降价;当一个寡头厂商提高价格的时候,其他厂商会保持价格不变。做这样的假定的原因是:当一个厂商降低其产品价格的时候,其他厂商如果不跟着降价,那么其他厂商的市场份额就会减少,从而产量下降,利润下跌;而当一个寡头厂商提高其产品价格的时候,如果其他厂商价格保持不变,那么提价的厂商的一部分市场份额将会自动被其他厂商瓜分,从而使其他厂商的产量上升,利润增加。所以,需求曲线呈现弯折的形状,称为弯折的需求曲线。

(二) 模型解释

如图 7.21 所示,假定厂商原来处于 A 点,即产量为 Q_1,价格为 P_1。按照斯威齐的假定,厂商提价的时候,其他厂商价格不变,因而厂商的需求量将会下降很多,即产品富有弹性,相当于图中 AE 段的需求曲线;当厂商降价的时候,其他厂商的价格也下降,因而厂商的需求量不会增加很多,即产品是缺乏弹性的,相当于图中 AD 段,与需求曲线相对应的边际收益曲线 $EHN-MR$,可以看出,在 H 点与 N 点之间,边际收益曲线有一个较大的落差。如果厂商的边际成本为 MC_2,厂商的产量和价格将分别是 Q_1 和 P_1;如果厂商边际成本提高至 MC_1,厂商的产量和价格仍然是 Q_1 和 P_1;如果厂商的边际成本降低到 MC_3,厂商的利润最大化的产量和价格仍然不变。由此可见,厂商的成本即使在一个很大的范围内发生变动,只要是在 H 和 N 之间,厂商的产量和价格仍将保持稳定。

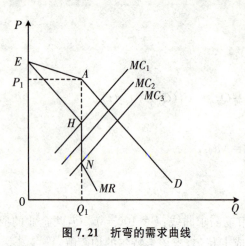

图 7.21 折弯的需求曲线

虽然斯威齐模型有助于说明寡头市场的价格刚性现象,但也有很多的经济学家提出了批评意见。这些批评主要集中在两点:第一,如果按照斯威齐模型,寡头市场应该具有比垄断市场更为刚性的价格,但是实证的结论与此正好相反;第二,斯威齐模型只解释了价格一旦形成,则不易发生变动,但这个价格是如何形成的,却没有给出说明。

七、寡头厂商的供给曲线

如同垄断厂商和垄断竞争厂商一样,寡头厂商面临的需求曲线也是向右下方倾斜的,寡头厂商的均衡产量和均衡价格之间也不存在一一对应关系,所以,不存在和寡头厂商和行业的具有规律性的供给曲线。

第四节 不同市场结构经济效率的简单比较

完全竞争、垄断竞争、寡头垄断、垄断四种市场结构具有不同的特点,不同市场结构中的厂商的价格决策、产量决策都不相同,其竞争策略和竞争程度也不一样,因而经济效率也就不同。下面对这四种市场结构做一简单比较。

一、需求曲线和供给曲线

厂商的供给曲线和面临的需求曲线是厂商决策的基本依据,也是其市场的一个最基本的特征。完全竞争厂商只能被动地接受市场的价格,因而其需求曲线是水平的,也即具有完全弹性,在不同的市场价格下,厂商决定自己的产量从而实现自己的利润最大化,因而其供给曲线是可以推导的,其短期供给曲线和 SMC 曲线重合。而不完全竞争厂商,不仅可以通过调整产量来追求利润最大化,还可以通过调整价格来追求利润最大化,因而无法推导供给曲线。不完全竞争厂商能够在一定程度上影响市场的价格。垄断厂商本身就是市场价格的制定者;寡头厂商则能够操纵市场价格,是市场价格的搜寻者;垄断竞争厂商则是市场价格的影响者。不完全竞争厂商面临的需求曲线都是向右下方倾斜的,但斜率各不相同。一般来说,垄断程度越高,需求曲线的斜率(绝对值)就越大,垄断厂商的需求曲线最为陡峭,寡头垄断厂商次之,垄断竞争厂商更为平缓。

二、经济效率

有人把经济学理解为研究资源有效配置的科学。一个经济社会,其资源是否实现了有效配置,则要看它在现有资源条件的约束下能否以最小的成本实现其最大的收益,这实际就是经济效率的问题。那么,如何判断经济效率呢? 一般来讲,可以有两个标准,一是看平均成本的高低,二是看价格是否等于长期边际成本。

我们知道完全竞争厂商实现长期均衡时价格 P 与 LAC 的最低点相等,这时平均成本最低,不妨记做 $P=\min(LMC)$,并且均衡价格最低,均衡产量最高。垄断竞争厂商长期均衡时,和完全竞争一样,经济利润为零,但均衡点却位于 LAC 曲线最低点的左边,因而产量更低,平均成本更高;寡头垄断和垄断的情况是产量要更低,价格高出 LAC 的最低点更多,且 LAC 也更高。所以垄断程度越高,厂商的长期平均成本以及产品价格都更高,但产量却更低。平均成本高、产量低,说明厂商的生产是无效率的,价格高说明消费者要为此付出更高的代价。因而从全社会的角度看,垄断程度越高,效率越低。

判断经济效率的第二个标准是看在长期均衡时,价格 P 是否等于边际成本 LMC。商品的价格 P 可以看作是商品的边际社会价值,LMC 可以看作是商品的边际社会成本。因此,$P=LMC$,说明资源得到了充分利用,所得到的净社会价值即社会福利是最高的;$P>LMC$,意味着厂商如果增加产量,净社会价值将增加,说明此时社会资源没有得到有效配置,是无效率的。依据这个标准,完全竞争的效率最高,垄断的效率最低。

既然微观经济学得出的一般结论是垄断无效率,那么是否就是说垄断就一无是处呢? 在经济学界,这是有争论的,主要表现在如下几个方面:

(一) 垄断与技术进步

一般认为,垄断厂商由于可以通过对市场的垄断来获取超额垄断利润,因而缺乏进行技术创新的动力;不但如此,垄断厂商还会想尽办法来阻止其他企业利用新技术、新工艺、新产品来威胁自己的垄断地位,千方百计地压制技术进步。这种看法有一定的事实依据,比如一些大的垄断企业看到有新技术威胁到自己时,便会采用兼并、收购等公开的和非公开的手段,将新技术据为己有后,却使新技术闲置或者干脆挤垮对方。但相反的例子似乎更多。像微软公司这样垄断了操作系统市场 80% 以上份额的企业也时时感受到竞争的压力,不断地寻求技术进步,花费大量人力物力进行技术创新。所以,有的经济学家认为,垄断是有利于技术进步的,其理由有三:一是垄断企业由于能得到超额垄断利润,因而最有条件来搞技术创新,以不断地降低生产成本;二是垄断企业并非没有技术进步的动力,因为它时时会感到他人对自己这一充满了利润空间的市场的觊觎,技术上的一点漏洞都可能成为别人乘虚而入的切入点,技术上的一刻落后也可能导致满盘皆输的结局;三是由于存在制度上的障碍,事实上没有哪家企业能够靠挤垮对手等手段来维持自己的地位,而只有靠不断的技术创新才有可能长期将潜在的竞争对手排斥在自己的市场之外。

(二) 垄断与规模经济

完全竞争和垄断竞争行业都是小的厂商,缺乏规模经济,成本较高。寡头垄断厂商和垄断厂商往往是一些大企业,可以进行大规模的生产,能够获得规模经济,因此可以大大地降低成本和价格。在很多行业,如钢铁、冶金、汽车、石油化工等都是如此;但有的行业,引入竞争机制反而会造成社会资源的浪费或损害消费者的利益,比如城市居民的取暖、邮政等。

(三) 垄断与商品差异

完全竞争厂商生产的都是同质的、无差异的产品,无法满足消费者对消费品的不同的偏好。消费者的偏好是不同的,丰富多彩的产品才能满足他们的不同偏好,因而能使他们的福利水平提高。完全竞争尽管可以以较低的价格提供给我们较大量的产品,但这并不是我们的理想选择。垄断竞争和寡头垄断行业,生产的产品是多样化的,这些多样化的产品满足了消费者的不同偏好。有的经济学家认为,垄断竞争所带来的一点效率上的损失可以看作是经济社会为了产品的多样性所付出的必然的代价。

(四) 关于广告支出

完全竞争市场由于产品是无差别的,因而无需做广告;而垄断竞争市场和差别寡头市场的厂商为了避免激烈的价格竞争,更多地采用非价格竞争的形式,广告竞争就是其中一种最常用的方式。马歇尔将广告分为两类:信息类广告和劝说类广告。信息类广告传播有用的信息,它提供了消费者选择时所必须知道的价格、质量以及产品特色等信息,也使企业的新产品为更多的消费者所知晓,能够扩大企业的市场规模,增加产品的总需求量,因而是有益的。另外广告也为新企业的产品进入市场提供了可能性,减少了进入的障碍,可能对产业结构产生有益的竞争性影响。劝说类广告是指一个固定的市场上不同厂家的产品为了市场份额而进行广告竞争。由于有的企业做了劝说类广告,其他企业也会被迫卷入这种竞争。这种劝说类广告仅仅是对消费者的视觉和听觉的"轰炸",其作用只是加深其产品在消费者头脑中的印象,自己市场的扩大依赖别的厂商市场的缩小,所以如果所有企业都全面减少这种广告,对总需求不会有影响,但如果某一个企业从广告战中撤出,就会遭受损失。所以从全社会的角度看,这种广告提高了企业的营运成本,从而提高了价格,所以对消费者是不利的。如果减少这种广告,节省出来的资源可以被用于生产其他产品,从而能提高全社会的经济效率。

◆ **内容摘要**

1. 垄断厂商的需求曲线就是市场的需求曲线,是向右下方倾斜的,它表示垄断厂商可以通过销售量的调整来控制市场价格。

2. 垄断厂商在短期内在既定的生产规模下,通过对产量和价格的调整来实现 $MR=SMC$ 的利润最大化原则;在长期内,垄断厂商通过选择最优的生产规模来实现 $MR=LMC$ 的利润最大化原则,所以,垄断厂商长期均衡的利润总是大于短期均衡的利润。

3. 由于不完全竞争厂商的产品供给量和价格之间不存在一一对应关系,所以不完全竞争市场的厂商没有供给曲线。

4. 价格歧视依据剥夺消费者剩余的程度分为一级、二级、三级价格歧视。一级和二级价格歧视分别使厂商全部和部分地攫取了消费者剩余,并将这部分消费者剩余转化为利润。同时,一级和二级价格歧视实现了 $P=MC$ 的资源最优配置的原则。三级价格歧视根据

$MR_1=MR_2=MC$ 的原则来决定不同市场的产量和价格。

5. 垄断竞争是指众多企业销售有差异的同类商品的一种市场结构。一方面存在大量的销售同类商品的企业,彼此间激烈竞争;另一方面不同企业产品存在差异性,因此在一定程度上存在垄断。

6. 垄断竞争厂商的短期均衡满足 $MR=SMC$ 原则,长期内,通过选择最优的生产规模来实现 $MR=LMC$ 的利润最大化原则。垄断竞争厂商的长期均衡不存在经济利润。

7. 与完全竞争企业的长期均衡相比,垄断竞争会导致生产能力过剩、效率损失和非价格竞争。非价格竞争的主要方式之一是广告,广告分为信息类广告、劝说类广告和虚假类广告。

8. 寡头是介于垄断竞争和完全垄断之间的一种市场模型,它是少数几个大型企业控制某种产品的一种市场结构,例如双寡头就是指两个企业生产一种商品的市场结构。

9. 在寡头市场上,寡头之间的行为相互影响,也相互博弈。古诺模型说明了寡头市场上每一个寡头都消极地以自己的行动来适应其他竞争对手行动时的均衡;斯塔克伯格模型分析了存在"领导者-追随者"关系的两个寡头厂商各自追求利润最大化产量的决定问题;价格领导模型阐述了寡头市场上领导型厂商决定市场价格的过程和结果;斯威齐模型利用折弯的需求曲线和间断的边际收益曲线解释了寡头市场上的价格刚性。

10. 与完全竞争市场相比较,非完全竞争市场不能实现最有效率的资源配置,垄断竞争、寡头和垄断资源效率依次越来越低。

◆关键词

垄断　寡头　价格歧视　非价格竞争　寡头模型

◆选择题

1. 完全垄断厂商面临的需求曲线是(　　)。
   A. 完全无弹性的　　　　　　　　B. 完全弹性的
   C. 向下倾斜的　　　　　　　　　D. 向上倾斜的
2. 完全垄断厂商实现短期均衡时,产品的销售收益(　　)。
   A. 大于短期总成本　　　　　　　B. 等于短期总成本
   C. 小于短期总成本　　　　　　　D. 以上三种情况都可能存在
3. 垄断厂商实行差别价格意味着(　　)。
   A. 对不同产品向相同消费者索取相同的价格
   B. 对不同产品向相同消费者索取不同的价格
   C. 对同一种产品向不同消费者索取不同的价格
   D. 对同一种产品向不同消费者索取相同的价格
4. 垄断竞争厂商实现利润最大化的途径有(　　)。
   A. 产品质量竞争　　　　　　　　B. 价格与产量决策
   C. 产品广告竞争　　　　　　　　D. 以上三种情况都可能存在
5. 与完全竞争相比,完全垄断会降低经济效率的原因是(　　)。
   A. 厂商实现利润最大化时,边际收益等于边际成本
   B. 厂商实现利润最大化时,边际收益大于边际成本
   C. 厂商实现利润最大化时,边际收益小于边际成本

D. 厂商实现利润最大化时,价格大于边际成本

6. 在长期均衡时,完全竞争厂商和垄断竞争厂商的相同点是( )。
   A. 都在平均成本最低点生产   B. 经济利润都等于零
   C. 都获得超额利润   D. 都亏损

7. 下述哪些例子最接近于寡头垄断( )。
   A. 汽车工业   B. 城市理发业
   C. 加油站   D. 奶牛场

8. 下列哪一种情况下可能对新企业进入一个行业形成自然限制( )。
   A. 发放营业许可证   B. 规模经济
   C. 实行专利制   D. 政府特许

9. 卡特尔通过下列哪种方式确定产量水平( )。
   A. 使每个厂商达到供求平衡
   B. 使每个厂商的边际成本等于边际收益
   C. 使卡特尔的边际收益等于边际成本
   D. 以上都不对

10. 在长期中要维持卡特尔是困难的,最重要的原因是( )。
    A. 每个企业都有违约的刺激
    B. 其他企业将进入该行业
    C. 卡特尔中的企业都想退出,并不再勾结
    D. 消费者最终会决定不买卡特尔的物品

◆思考题

1. 分析垄断企业的需求曲线、边际收益曲线和弹性之间的关系。
2. 垄断厂商有哪几类价格歧视?它们的特征和产生的结果是什么?
3. 垄断竞争企业的长期均衡条件是什么?它与完全竞争长期均衡的异同点是什么?
4. 垄断竞争导致的"过剩的生产能力"是指什么?如何理解?
5. 如何区分几种主要寡头模型的假设及其均衡结果?
6. 九华山的门票采取差别定价的政策,国内游客的入场票价是100元,国外游客的入场票价是100美元,请用经济理论解释:为什么采用差别定价?在怎样的条件下,实行这种政策才能更有效?

◆计算题

1. 某垄断者正在决定在两个可以分开的市场之间分配产量。两市场的需求函数分别为:$P_1=15-Q_1$,$P_2=25-Q_2$,垄断者的成本为$C(Q)=5+3Q$。求:
   (1) 垄断者采取价格歧视下的价格、产量和利润各是多少?
   (2) 垄断者采取统一定价下的价格、产量和利润各是多少?
2. 某垄断行业有两个厂商,厂商1的生产成本为$C_1(Q_1)=10Q_1$,厂商2的生产成本为$C_2(Q_2)=20Q_2$,市场的需求函数$P=750-50Q$,求古诺模型解。
3. 某寡头行业有两个厂商,厂商1为领导者,其成本函数为$C_1=13.8Q_1$,厂商2为追随者,其成本函数为$C_2=20Q_2$,该市场的需求函数为$P=100-0.4Q$。
求该寡头市场的斯塔克伯格模型解。
4. 某寡头厂商的广告对其需求的影响为$P=88-2Q+2\sqrt{A}$,对其成本的影响为:$C=$

$3Q^2+8Q+A$,其中 A 为广告费用。求:
(1) 无广告的情况下,利润最大化时的产量、价格与利润;
(2) 求有广告的情况下,利润最大化时的产量、价格、广告费用的利润;
(3) 比较(1)与(2)的结果。

◆案例题

电信业是基础性、先导性和战略性行业,不但在经济发展中发挥着不可替代的作用,而且在国家安全中扮演着举足轻重的角色。目前国内的电信企业主要有3家,分别是:中国电信、中国移动和中国联通。中国电信集团公司成立于2002年,由中央管理,是经国务院授权投资的机构和国家控股公司的试点,注册资本1580亿元人民币,连续多年入选"世界500强企业"。中国电信集团公司在全国31个省(区、市)和美洲、欧洲等地设有分支机构,拥有覆盖全国城乡、通达世界各地的"天翼""号码百事通""互联星空"等知名品牌,具备电信全业务、多产品融合的服务能力和渠道体系。中国移动主要经营移动话音、数据、IP电话和多媒体业务,并具有计算机互联网国际联网单位经营权和国际出入口局业务经营权。除提供基本话音业务外,还提供传真、数据、IP电话等多种增值业务,拥有"全球通""神州行""动感地带"等著名客户品牌。中国移动建成了一个覆盖范围广、通信质量高、业务品种丰富、服务水平一流的移动通信网络。目前,中国移动有限公司是全球市值最大的电信公司。中国联合通信有限公司,是中央直接管理的国有重要骨干企业,是经国务院批准,于1994年7月19日成立的我国唯一一家能提供全面电信基本业务的综合性电信运营企业,主要业务经营范围包括:GSM移动通信业务、国内国际长途电话业务、联网业务、IP电话业务、卫星通信业务、电信增值业务以及与主营业务有关的其他电信业务。300多个分公司和11个子公司遍布全国31个省、自治区、直辖市以及澳门特别行政区,为服务提供了坚实的保障。目前,公司是净资产843亿元、总资产2129亿元的特大型国有骨干企业。

三家公司成立时间长,资产雄厚,规模庞大,并且都是国有企业,它们几乎占据了国内电信市场,并且由于技术、资金、政策等相关方面的因素,导致一般的企业无法进入中国的电信市场。

请从多方面论述当前我国电信行业属于什么类型?会带来怎样的后果?

第八章 博弈论初步

通过本章的学习,理解博弈论的一些基本概念,掌握占有策略和纳什均衡,并能够推导重复性博弈、序贯博弈以及在混合策略中如何实现纳什均衡。

导入案例

一天晚上,你参加一个派对,屋里有很多人,你玩得很开心。这时候,屋里突然失火,火势很大,无法扑灭,此时你想逃生。你的面前有两扇门,左门和右门,你必须在它们之间进行选择。但问题是,其他人也要争抢这两个门出逃。如果你选择的门是很多人选择的那扇,那么你将因人多拥挤冲不出去而被烧死;相反,如果你选择的是较少人选择的那扇,那么你将逃生。这里我们不考虑道德因素,你将如何选择?这就是博弈论!

你的选择必须考虑其他人的选择,而其他人的选择也考虑你的选择。你的结果——博弈论称之为支付,不仅取决于你的行动选择——博弈论称之为策略选择,同时还取决于他人的策略选择。你和这群人构成一个博弈(game)。

博弈论的思想在古诺(Cournot,Antoine Augustin,1801~1877)的双头垄断模型中最早被提出,冯·诺伊曼(John von Neumann,1903~1957)和摩根斯坦恩(Oskar Margenstern,1902~1977)在1944年出版的《博弈论与经济行为》(*Theory of Games and Economic Behavior*)一书中,最早提出了博弈论的概念。现代博弈论则是由纳什(Nash,John F.)、海萨尼(Harsany,John C.)、泽尔腾(Selten,Reinhard)、夏普利(Sharpley,Loyd S.)等人发展起来的,1994年的诺贝尔经济学奖就授予了前三位经济学家。

博弈论是描述和研究行为者之间策略相互依存和相互作用的一种决策理论。博弈论被应用于政治、外交、军事、经济等的研究领域。近20年来,博弈论在经济学中得到了更广泛的运用,博弈论的应用是微观经济学的重要发展,博弈论已经成为现代经济学的基本分析工具之一。

第一节 博弈论的基本概念

博弈论(game theory),又译为对策论,研究决策主体的行为发生直接相互作用时的决策以及这种决策的均衡问题。在每一个博弈中,都至少有两个参与者,每一个参与者都有一组可选择的策略。作为博弈的结局,每个参与者都得到各自的报酬,每一个参与者的报酬都是所有参与者各自所选择策略共同作用的结果。

一、博弈的概念

通俗地说,博弈论是指某个个人或组织,面对一定的环境条件,在一定的规则约束下,依靠所掌握的信息,从各自可选择的行为或是策略中进行选择并加以实施,取得相应结果或收益的过程。

构建一个博弈,需要以下基本要素:

(1) 局中人(参与者)(players):是指博弈中选择行动使自身利益最大化的决策主体(可以是个人,也可以是团体,如厂商、政府、国家),每局博弈至少有两个参与者。

(2) 行动集(action set):指参与者的决策变量集合,即规定每个参与者可以采取的行动的集合。比如,猜硬币博弈,一个人有两个行动可供选择:正面,反面。如果是两个硬币,则行动集中的行动增加一倍:(正面,正面)、(正面,反面)、(反面,正面)、(反面,反面)。

(3) 时序(playing sequence):游戏规则中规定的每个参与者决策的先后次序。一般来说,在静态博弈中,局中人同时行动;在动态博弈中,局中人有行动的次序。

(4) 策略(strategies):是指参与人选择其行为的规则,也就是指参与人应该在什么条件下选择什么样的行动,以保证自身利益最大化。策略告诉局中人,在每一种可预见的情况下选择什么行动。

(5) 报酬(支付、收益)(payoffs):是指参与人从博弈中获得的利益,它是所有参与人策略或行为的函数,是每个参与人真正关心的东西,如消费者最终所获得的效用、厂商最终所获得的利润。

(6) 信息(information):是指参与人在博弈过程中掌握的知识,特别是有关其他参与人(对手)的特征和行动的知识。

信息分为完全信息和不完全信息。在完全信息中,局中人在决策时知道在此之前的全部信息,以及相互之间的全部静态和动态信息,比如下棋。在不完全信息中,局中人不知道与博弈有关的全部信息,比如猜"石头—剪刀—布"的游戏。

(7) 结果(outcome):结果是博弈分析者感兴趣的所有东西,或者说,博弈分析者(建模者)从行动、支付和其他变量中所挑选出来的感兴趣的要素的组合。比如,均衡战略组合、均衡行动组合、均衡支付组合等。

(8) 均衡(equilibria):均衡是所有局中人选取的最佳策略所组成的策略组合。

在上述要素中,局中人、行动集、时序、策略、报酬和信息规定了一局博弈的游戏规则。

二、博弈的分类

(1) 按照参与人之间能否达成协议,博弈分为合作博弈与非合作博弈。能达成协议的称为合作博弈,合作博弈强调团队理性;不能达成协议的称为非合作博弈,非合作博弈更注重个人理性。

(2) 按照参与人行为的先后顺序,博弈分为静态博弈和动态博弈。静态博弈指参与人同时行动或虽非同时行动,但后行动者并不知道先行动者采取了什么具体行动;动态博弈指参与人行动有先后顺序,且后行动者观察到先行动者的行动。通俗地理解:"囚徒困境"就是同时决策的,属于静态博弈;而棋牌类游戏等决策或行动有先后次序,属于动态博弈。

(3) 按照参与人所掌握的信息,博弈分为完全信息博弈和不完全信息博弈。完全信息博弈指每个参与人对所有其他人的特征、支付函数、策略空间等有准确的认识;相反为不完全信息博弈。

(4) 按参与人的个数或可选择的战略数量多少,博弈分为有限博弈和无限博弈。有限博弈指参与人的个数以及每个参与人认可选择的策略数目是有限的;否则为无限博弈。

(5) 按支付结果,博弈分为零和博弈与非零和博弈。零和博弈指所有参与人支付值的总和为零;非零和博弈的支付值总和不为零。

三、博弈描述:"囚徒困境"

"囚徒困境"指甲、乙两个入室偷东西的小偷(囚徒),在作案之前,两人相互达成协议,若被警察抓住都抵赖不坦白。但作案后,因没有直接证据,警察分别审讯这两个囚徒,并告知囚徒量刑原则:若双方都坦白偷了东西,说明证据确凿,各判 6 年;若一方坦白另一方抵赖,则坦白从宽只关 1 年,抵赖从严判 10 年;当然若都没有坦白,因证据不足,各判 2 年入室罪。当警察分别审问这两个囚徒时,追求个人最大利益的囚徒会怎样回答呢? 在这里:

参与人:囚徒甲和囚徒乙;

行动集:每个囚徒的行动集是一样的,都是(坦白,抵赖);

时序:两个囚徒"同时"被审问;

策略:每个囚徒的策略集也是一样的,都是(坦白,抵赖)、(抵赖,抵赖)、(抵赖,坦白)、(坦白,坦白);

报酬:(坦白,抵赖)=(−1,−10)

(抵赖,抵赖)=(−2,−2)

(抵赖,坦白)=(−10,−1)

(坦白,坦白)=(−6,−6)

信息:每个囚徒都知道上述报酬,并且也知道对方知道上述报酬。但每个囚徒在决策时不知道对方是怎么决策的,他们是同时决策的,而且只博弈一次。他们选择就有四种不同的结果,如表 8.1 所示。但均衡解是什么呢?

表 8.1 囚犯困境的报酬矩阵

		囚徒乙	
		坦白	抵赖
囚徒甲	坦白	−6,−6	−1,−10
	抵赖	−10,−1	−2,−2

结果:因是分别审问,囚徒甲想:囚徒乙如果抵赖,我是选择抵赖还是坦白呢? 很显然,我坦白更好(−1>−2);囚徒乙如果坦白,我是选择抵赖还是坦白呢? 很显然,我最好的选择也是坦白(−2>−10)。当然,此时囚徒乙也会这么想,也只能违背事先的约定而坦白。囚徒甲和乙互相不信任,则结果是(坦白,坦白)。

均衡解:(坦白,坦白)。

可见,他们在追求自己的利益最大化时,未能实现集体利益最优。

第二节　占优策略与纳什均衡

【资料链接】8-1

经济学家纳什

1994年的诺贝尔经济学奖得主纳什(John Nash),生于1928年6月13日,他在普林斯顿大学读博士时刚刚二十出头。他的一篇关于非合作博弈的博士论文和其他相关文章,确立了其博弈论大师的地位。纳什在1950年和1951年的两篇关于非合作博弈论的重要论文,彻底改变了人们对竞争和市场的看法。他证明了非合作博弈及其均衡解,并证明了均衡解的存在性,即著名的纳什均衡,从而揭示了博弈均衡与经济均衡的内在联系。

一、占优策略

占优策略(dominant strategies),是这样一种特殊的博弈:某一参与人的策略并不依赖于其他参与人的策略选择,换句话说,不论其他参与人如何选择自己的策略,该参与人的最优策略选择是唯一的。在囚徒困境中,不管乙的策略是坦白还是抵赖,甲的最优策略都是坦白;反之亦然。囚徒困境中的"甲坦白,乙坦白"就是占优策略的均衡解。

囚徒困境的问题是博弈论中一个基本的、典型的事例,类似问题在许多情况下都会出现,如寡头竞争、军备竞赛、团队生产中的劳动供给、公共产品的供给等等。

【案例分析】8-1

卡特尔的不稳定

寡头间合谋形成的卡特尔常常不稳定。假设两大石油寡头A和寡头B,按事先签订的合作价格协议,每人能获得收益500,但若一方违约背叛协议,譬如降价,因能占有更多市场从而能获得收益800,而另一个寡头只能得到200。当然,如果两寡头都违背合作协议,市场价格下降,他们各自只能得到300收益。如表8.2所示,在这个博弈中,两个寡头的占优策略都是背叛,均衡解是(300,300)。可见,寡头间的一次合作常不稳定。

表8.2　寡头博弈

		寡头A	
		合作	背叛
寡头B	合作	500,500	200,800
	背叛	800,200	300,300

同时,囚徒困境还反映了一个深刻问题,就是个人理性与团体理性的冲突。例如,微观经济学的基本观点之一,是通过市场机制这只"看不见的手",在人人追求自身利益最大化的基础上可以达到全社会资源的最优配置。囚徒困境对此提出了新的挑战。

在每个参与人都有占优策略的情况下,占优策略均衡是非常合乎逻辑的。但遗憾的是在绝大多数博弈中,占优策略均衡是不存在的。不过,在有些博弈中,我们仍然可以根据占优的逻辑找出均衡。

【案例分析】8-2

智猪博弈

"智猪博弈(boxed pigs)"是博弈论中另一个著名的例子。假设猪圈里有两头猪,一头大猪,一头小猪,猪圈的一端有一个猪食槽,另一端安装了一个按钮,用来控制猪食的供应。按一下按钮,将有10个单位的猪食进入猪食槽,但是谁按按钮就会首先付出2个单位的成本,若大猪先到槽边,大小猪吃到食物的收益比是9:1;小猪先到槽边,收益比是6:4。两头猪面临选择的策略有两个:自己去按按钮或等待另一头猪去按按钮。

智猪博弈的报酬矩阵如表8.3所示。表中的数字表示不同选择下每头猪所能吃到的猪食数量减去按按钮的成本之后的净收益水平。

表8.3 智猪博弈的报酬矩阵

		小猪	
		按按钮	等待
大猪	按按钮	5,1	4,4
	等待	9,−1	0,0

从表8.3中不难看出,在这个博弈中,不论大猪选择什么策略,小猪的占优策略均为等待,原因很简单:在大猪选择按按钮的前提下,小猪选择等待的话,小猪可得到4个单位的纯收益,而小猪按按钮的话,则仅仅可以获得大猪吃剩的1个单位的纯收益,所以等待优于行动;在大猪选择等待的前提下,如果小猪行动的话,则小猪的收入将不抵成本,纯收益为−1单位,如果小猪也选择等待的话,那么小猪的收益为零,成本也为零。总之,等待要优于行动。

而对大猪来说,它的选择就不是如此简单了。大猪的最优策略依赖于小猪的选择。如果小猪选择等待,大猪的最优策略是按按钮,这时大猪能得到4个单位的净收益(吃到6个单位猪食减去2个单位的按按钮成本),否则,大猪的净收益为0;如果小猪选择按按钮,大猪的最优策略显然是等待,这时大猪的净收益为9个单位。换句话说,在这个博弈中,只有小猪有占优策略,而大猪没有占优策略。

那么这个博弈的均衡解是什么呢?这个博弈的均衡解是大猪选择按按钮,小猪选择等待,这时大猪和小猪的净收益水平分别为4个单位和4个单位。这是一个"多劳不多得,少劳不少得"的均衡。

智猪博弈听起来似乎有些滑稽,但智猪博弈的例子在现实中却有很多。例如,在股份公司中,股东都承担着监督经理的职能,但是,大小股东从监督中获得的收益大小不一样。在监督成本相同的情况下,大股东从监督中获得的收益明显大于小股东。因此,小股东往往不会像大股东那样去监督经理人员,而大股东也明确无误地知道小股东会选择不监督(这是小股东的占优策略),大股东明知道小股东要搭大股东的便车,但是大股东别无选择。大股东选择监督经理的责任、独自承担监督成本是在小股东占优选择的前提下必须选择的最优策略。这样一来,与智猪博弈一样,从每股的净收益(每股收益减去每股分担的监督成本)来看,小股东要大于大股东。

二、纳什均衡

纳什均衡是指在均衡中,每个博弈参与人都确信,在给定其他参与人选择的策略的情况下,该参与人选择了最优策略以回应对手的策略。比较囚徒困境和智猪博弈可以得到以下结论:囚徒困境作为优势策略,无论你做什么,我做我最好的;无论我做什么,你做你最好的。智猪博弈是一种纳什均衡,它表示:给定你的策略,我做我最好的;给定我的策略,你做你最好的。由此可见,优势策略均衡便是纳什均衡的一种特例。通俗地讲,如果是优势策略均衡,就一定是纳什均衡。

显然,囚徒困境的均衡(坦白,坦白)=(-6,-6)是纳什均衡。但是如果他们都抵赖,拒绝承认自己犯罪了,每人只需坐牢2年,这样(抵赖,抵赖)是满足帕累托最优状态的,而(坦白,坦白)是一种帕累托非效率。囚徒困境的"困惑"就在于为什么纳什均衡并非帕累托最优状态。囚徒困境隐含:合谋也许是一个更为有效的结果。

囚徒困境揭示这样一种可能:在信息不对称的条件下,社会中的每个人都在追求自我利益,人类社会的公共利益不可能实现。

【案例分析】8-3

广告困境

广告宣传是市场竞争的重要部分,人们普遍认为广告导致需求增加的原因有二:一是广告使得原本不知道或没有使用过本产品的人了解了这种产品,并可能购买它;二是可能把使用其他同类商品的消费者竞争过来。这就激励企业大量做广告。

现假定有两家寡头面临着两个选择:(大量)做广告和不(大量)做广告。在现实经济中,他们要选择做多少广告的问题。为了简化起见,也不失一般性,就假定只有这两种选择。

如果厂商A和B都不做广告,各自利润均为600单位;如果都做广告,各自利润反而下降到300单位,因为有广告成本损失。一方做广告而另一方不做广告,做广告的利润为800单位,而不做广告的利润为零。报酬矩阵如表8.4所示。

表8.4 广告困境(一)

		厂商B	
		不做广告	做广告
厂商A	不做广告	600,600	0,800
	做广告	800,0	300,300

正如"囚徒困境",不论厂商A如何选择,B始终要做广告,所以,做广告是B的占优策略;同理,做广告也是厂商A的占优策略。因此,(做广告,做广告)=(300,300)变成了广告博弈的优势策略均衡,同时也是纳什均衡解。实际上,双方都不做广告是一种更好的选择(600,600),遗憾的是,它不是均衡解。

我们调整一下报酬矩阵,如表 8.5 所示。

表 8.5 广告困境(二)

		厂商 B	
		不做广告	做广告
厂商 A	不做广告	500,600	0,800
	做广告	400,0	200,300

厂商 B 的占优策略是做广告,而厂商 A 没有占优策略。如果厂商 B 做广告,厂商 A 也要做广告;但如果厂商 B 不做广告,则厂商 A 最好的策略也是不做广告。

厂商 A 很清楚厂商 B 是一定要做广告的,所以厂商 A 也最好跟着做广告,因此,(做广告,做广告)=(200,300)依然是纳什均衡。而(不做广告,不做广告)=(500,600)是一种帕累托最优,但这种非合作性博弈是实现不了的。这也就是说,从双方各自利益出发,最终得到的非合作性博弈均衡结果往往比合作性的均衡结果要差。

这类例子的共同特征:合作性博弈的解优于非合作性博弈,但合作却不是纳什均衡。

通常一个博弈并不一定有单一的纳什均衡,有时不存在纳什均衡,有时又有好几个。下面例子中的产品选择问题可以帮助我们进一步了解纳什均衡。

假设两个早餐麦片公司面临一个可以成功销售两种麦片新产品的市场,各厂商只有推出一种新产品的资源,要么是脆麦片,要么是甜麦片,两厂商的报酬矩阵如表 8.6 所示。在这个博弈中,只要不与竞争者生产相同的产品,各厂商生产哪种产品都是无差异的。在非合谋的情况下,厂商 1 通过新闻发布会表明自己将推出甜麦片,而厂商 2(得知厂商 1 的选择后)必然会选择生产脆麦片。于是,给定各厂商相信它的对手会采取的行动,没有哪个厂商会偏离它所提出的行动的冲动。原因是它采取提出的行动,它的报酬是 10,如果偏离(竞争对手不变)报酬是 −5。因此,支付矩阵左下角给出的策略组合是稳定的,并构成了一个纳什均衡:给定对手的策略,各厂商所做的是它能做出的最好的并且没有偏离的冲动。应该注意到支付矩阵右上角也是一个纳什均衡,这是在厂商 1 表明它将生产脆麦片时出现的。这两种均衡都有可能,只是我们无法判断哪个均衡会真正地出现。

表 8.6 产品选择问题

		厂商 2	
		脆麦片	甜麦片
厂商 1	脆麦片	−5,−5	10,10
	甜麦片	10,10	−5,−5

【案例分析】8-4

海滩选址博弈

假设甲和乙计划夏天在海滩上出售矿泉水。海滩有 500 米长,日光浴者均匀地分布在海滩上,甲和乙以相同的价格出售完全一样的矿泉水,因此顾客将选择距离最近的销售点购买。甲和乙分别会把销售点安排在海滩的什么位置?

思考后你会发现，不论是甲还是乙都会把销售点安置在海滩的中点位置，这是唯一的纳什均衡点。为什么？假设甲把销售点安置在海滩距离最左边100米处，那么乙一定会把销售点安置在靠近甲但向右边一点，这样甲仅仅占有市场的1/5，而乙则占有市场的4/5。这时，甲一定会重新选择销售点，乙也会随之发生改变，最终甲和乙都把销售点安置在中点处，各自占有市场的1/2。

【课堂讨论】 为什么现实生活中，大都市里常会出现几个大型百货商场"相依为邻"，而不是分散分布呢？

第三节 重复性博弈

【案例分析】8-5

断崖式降价混战

2012年8月14日，京东商城CEO刘强东发微博称，未来三年京东大家电零毛利，并保证比国美、苏宁连锁店便宜至少10%以上。

不过，在经历了15天的"热身"之后，刘强东昨日又发微博称："没有耐心陪着苏宁10元10元地降价了。昨天上午11:00～12:00，直接发放2000元减300元和3000元减500元的大家电优惠券，相当于每件商品满3000直接降价500元，一步到位！另外，对在8月14日之后已经下单的用户，无论是否付款，都将获得一定的补偿！和苏宁的战争早着呢！请大家届时到微博领取！"

为此，苏宁和国美毫不犹豫地跟随降价。最先挑起价格战的京东商城，其官方认证微博称，京东商城8月15日大家电品类总销售额超过了2亿元。

（资料来源：证券日报，2012-8-17.）

在寡头市场中，厂商在做产量或定价决策时常常会发现他们处于囚徒困境中，这些厂商能不能找到一种方法脱离这种困境，从而使寡头垄断的协调和合作（不论是公开的还是不公开的）成为可能呢？

在现实生活中，寡头间关于彼此产量和价格的决策远不止一次，他们根据对手的行为不断地调整自己的产量和价格。这种不断调整其策略并改变收益的博弈被称为重复性博弈。

一、以牙还牙策略

当囚徒困境的双方只能进行一次性博弈时，很难进行有效的惩罚；而在重复性博弈时，有效的惩罚对方或者威胁对方就成为可能了。

20世纪60年代进行的实验性研究寻找到了一种简单的办法——以牙还牙（tit-for-tat）策略——能够有效地让意欲违约者保持克制。以牙还牙策略是指在重复性博弈过程中某一选手对对方在前一期合作的也采取合作的态度，对对方不合作的则采取报复性的策略。通俗地说，以牙还牙策略就是你先对我不仁，我就对你不义；你让我吃鱼，我给你吃肉！

在囚徒困境的重复性博弈中，大家都清楚地知道，合作的巨大收益提供了合作的正面激励，对方的有效威胁和潜在伤害则提供了合作的负面激励。这种威胁可能包括："如果你承认犯罪,就算你放出来了,我也会叫一帮兄弟整死你!"因此,短期合作的可能性是存在的。

(一) 重复性博弈:价格

在固定价格的一次性博弈中,哪怕有约在先,双方都有违背垄断价格的动机,最后的均衡为各自采用竞争性价格获得零经济利润。但在重复性博弈中,情况有所不同,双方知道,如果我降价,对方一定会降价,可能降得还更惨,对方要置我于死地而后快;如果我采取合作态度,对方很可能也会合作。为什么我不首先采取合作态度把价格定在垄断价格呢?

以牙还牙策略:我首先制定一个高价,只要你继续"合作",也定高价,我就会一直保持下去;一旦你降低你的价格,我马上也会降低我的价格,并再也不和你合作。

(二) 重复性博弈:日常生活

以牙还牙策略所要求的条件在现实生活中通常都能得到满足,很多人都会长期交往,大多数人都能记住别人是如何对待自己的。比如,在公交车上,我们很少为素不相识的乘客买车票,因为这大都是一次性博弈。而我们很可能为朋友买车票,期望他在未来也能为你买票,我们与朋友的交往是重复性博弈。如果他是个吝啬鬼,你帮他买了很多次车票,而他从没有为你买过车票,你可能再也不会为他买票了,至少你可以选择不与他同车。在重复性博弈中,每个人都比较关心自己的声誉,正是这种声誉机制使得人们大都采取合作性策略。

(三) 重复性博弈:军事合作

以牙还牙策略在军事上也有所表现。《有核国家不首先使用核武器的协议》到目前为止被遵守得很好的原因就是这个以牙还牙策略。有核国家认为如果首先使用核武器,在核武器尚未爆发之前,对方一定会使用核武器进行报复,这样两个国家都会毁灭,因此大家都要保持克制。但是,《两国导弹互不对准协议》被遵守得就会差一些,两国关系一旦恶化,很有可能都在暗地里违约。

另外第一次世界大战时,在很多战场上,敌我双方的部队在堑壕里对峙很多天,这些部队通常实力相当,谁都没有足够的力量速战速决,他们要么选择激烈战斗,双方死伤惨重;要么耐心等待增援部队。即便是炮击,双方也会选择特定的时间和地点,自觉避免吃饭时间和战地医院,如果你专门轰炸对方的战地医院,你自己的战地医院也就处于危险之中。

二、重复博弈的次数问题

以牙还牙策略能否成功实施取决于博弈的次数。我们将重复性博弈按次数分为有限次重复性博弈和无限次重复性博弈。

(一) 有限次重复博弈

有限次重复性博弈就是未来博弈的次数已经确定的博弈,也被称为固定次数的重复性博弈。假定我们知道囚徒困境博弈只玩 10 次,现在是最后一次,结果会如何呢?双方都知道惩罚和威胁都不复存在,大家都很可能选择一次性博弈的结果——选择占优策略,即承认犯罪。最后的那次博弈就像只玩一次的博弈,因此,两者的结果应该是相同的。

第九轮会如何呢?我们已知在第 10 轮双方都会承认犯罪,为什么在第 9 轮就要合作呢?如果你合作(否认犯罪),对方耍你,玩弄你的善良,你一点办法都没有,只好承认犯罪。同理,第 8 轮、第 7 轮……都会出现只玩一次博弈的纳什均衡。只要这一博弈重复的次数已知,每一轮的结果都是原纳什均衡的结果。

(二) 无限次重复博弈

无限次重复性博弈就是可以无限次数地、重复地玩的一种博弈。以牙还牙策略只有在无限次重复性博弈中才能有效,也就是说以牙还牙策略导致合作均衡的前提就是不知道该博弈的次数。

欧佩克(OPEC)是一个合作比较成功的卡特尔组织,其原因之一就是无限次重复性博弈所隐含的各种惩罚机制。如果宣布欧佩克某年会解散且惩罚机制取消,大家将不会再合作。需要指出的是,无限次重复性博弈所形成的合作均衡解并不是稳定的,它较容易被打破。当某个企业在合作中养精蓄锐,强大到完全可以置对手于死地时,往往就会率先违约。

【课堂讨论】 说说你为什么通常更愿意把钱借给熟人?

第四节 序 贯 博 弈☆

到目前为止所讨论的博弈都是两个选手要同时选择策略。例如,囚徒困境中,两个囚徒同时决定是坦白还是抵赖。序贯博弈是指参与者选择策略有时间先后的博弈形式,每次博弈结构不同而连续多次。因此,某些对局者可能率先采取行动,它是一种较为典型的动态博弈,在序贯博弈中,先行者可能占据一定的有利地位,我们称之为先行者优势。因此,序贯博弈就是选手依次出招的博弈。斯塔克伯格模型就是序贯博弈的一个例子:一企业是领导者,率先决定其产量;另一企业是跟随者,相应决定其产量。

在序贯博弈中,关键是要考虑各参与者可能的行为和理性的反应。我们来回顾一下前面讨论过的产品选择问题。这个博弈中有两个厂商,它们面临一个只要两家各推出一种麦片,就可以成功地开辟两个早餐麦片新品种的市场。这次我们改变报酬矩阵,如表8.7所示,甜麦片比脆麦片好销售,能赚到 20 个利润,大于脆麦片的 10 个利润。但是,每种麦片只能由一个厂商推出,这样两种麦片都有利可图。

表8.7 修改后的产品选择问题

		厂商2	
		脆麦片	甜麦片
厂商1	脆麦片	−5,−5	10,20
	甜麦片	20,10	−5,−5

假设两个厂商不管它们各自如何打算,都必须独立和同时宣布它们的决定,这种情况下大概两者都会推出甜麦片,因而双方都会亏损。

现在假设厂商 1 可以先推出它的新麦片(或它能够较快投产),那么我们就有了一个序贯博弈:厂商 1 推出一种新麦片,然后厂商 2 再推出一种。这个博弈的结果必然是:厂商 1 首先考虑到它的竞争者的理性反应,它知道不管它推出的是哪一种麦片,厂商 2 都会推出另一种,因而它会推出甜麦片,厂商 2 肯定会推出脆麦片。

一、博弈的扩展型

修改后的产品选择问题的结果(厂商 1,厂商 2)=(甜,脆),可以通过表 8.7 报酬矩阵导出,但如果我们用决策树的形式表示可能的行动会更容易分析序贯博弈,这是博弈的扩展型,如图 8.1 所示。该图表明了厂商 1 可能的选择,然后是厂商 2 对那些选择分别可能的反应,相应的报酬在各枝的结束处给出。

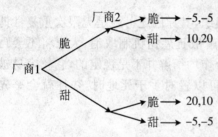

图 8.1 产品选择问题博弈扩展型

为了找出该扩展型博弈的解,我们从后向前推导。对厂商 1 来说,最好的结果是他赚到 20 而厂商 2 赚到 10 的双方行动。因而,可以推导出他应该生产甜麦片,此时厂商 2 的最佳反应就是生产脆麦片。所以,(甜,脆)是扩展型博弈的唯一纳什均衡解。

假如说厂商 2 可以威胁厂商 1:如果厂商 1 选择甜麦片,厂商 2 将会报复性地也选择甜麦片,两个厂商同归于尽,都得到负收益。如果厂商 1 相信威胁,只好选择脆麦片,收益为 10,至少不是负收益。但是这个威胁可信吗?在一次性博弈中,一旦厂商 1 选择推出甜麦片,厂商 2 没有任何办法,他只能无奈地选择推出脆麦片。

二、先动优势:斯塔克伯格解

在这个产品选择博弈中,先动者具有明显优势,通过推出甜麦片,厂商 1 造成了一种既成事实,使得厂商 2 除了推出脆麦片之外,没有其他选择余地,这非常像我们在第七章的斯塔克伯格模型中的先动者优势。在这个模型中,先动的厂商可以选择一个很大的产量水平,从而使他的竞争者除了选择小的产量水平以外没有多大选择余地。

为了弄清这种先动者优势的性质,重新看一下斯塔克伯格模型并将它与两个厂商同时选择产量的古诺模型加以比较。

我们使用双寡头面临下述需求曲线的例子:

$$P = 3000 - Q$$

式中,Q 是总产量,即 $Q = Q_A + Q_B$。我们仍然假设两厂商都是零边际成本。回忆古诺模型均衡为 $Q_A = Q_B = 1000$,因而价格 $P = 1000$,各厂商利润都是 1000000。再回忆一下,如果两厂商共谋(相当于一家厂商垄断),会是 $Q_A = Q_B = 750$,从而价格 $P = 1500$,各厂商利润都是 1125000。最后,再回忆斯塔克伯格模型中厂商 A 先行动,结果是 $Q_A = 1500, Q_B = 750, P = 750$,厂商 A 的利润是 1125000,厂商 B 的利润是 562500。

以上三种情况和其他少数情况结合归纳在表 8.8 的报酬矩阵中。

表 8.8 产量选择的报酬矩阵

		厂商 B		
Q	750	1000	1500
厂商 A	750	112.5, 112.5	93.75, 125	56.25, 112.5
	1000	125, 93.75	100, 100	50, 75
	1500	112.5, 56.25	75, 50	0, 0

注:表中报酬部分单位为万。

如果两厂商同时行动,博弈的唯一解是两厂商都生产 1000,利润都是 100 万。如果厂商 A 先行动,他知道他的决策将会限制厂商 B 的选择,从报酬矩阵看,如果厂商 A 定 $Q_A = 750$,厂商 B 的最佳反应将是定 $Q_B = 1000$,这将使厂商 A 赚到 93.75 万,厂商 B 赚到 125 万。如果厂商 A 定 $Q_A = 1000$,厂商 B 的最佳反应将是定 $Q_B = 1000$,这将使两厂商都赚到 100 万。如果厂商 A 定 $Q_A = 1500$,厂商 B 的最佳反应将是定 $Q_B = 750$,这将使厂商 A 赚到

112.5万,厂商B赚到56.25万。因而,厂商A最多赚到112.5万,它要通过定$Q_A=1500$来实现。与古诺模型结果比较,当厂商A先行动时,它的结果能好一些,而厂商B的结果就差多了。

我们把表8.8改成扩展型的博弈树如图8.2所示,这一序贯博弈有解吗? 厂商A是先行者,它知道只有当它选择产量$Q_A=1500$时,厂商A可以得到各种选择下的最大报酬112.5万,厂商B只能无奈地选择$Q_B=750$,报酬为56.25万。所以,(1500,750)是均衡点。

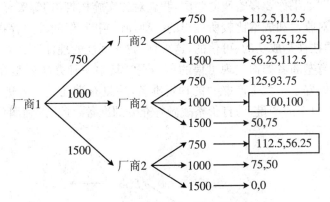

图8.2 产量选择问题博弈扩展型

三、进入威慑

在一些寡头行业,乃至垄断行业中,总是存在着企业进入的可能性。一般来说,谁都希望自己是个垄断者。因此,现有垄断者总是会采取一些措施威慑新企业的进入。有些威胁是可信的,但也有些威胁是不可信的。

在这一序贯博弈中,潜在进入者(定义为A)为先动者,它有两种选择:进入或放弃。现有垄断者(定义为B)为后动者,它有两种策略:一是降低价格实施反击,二是容忍新企业进入,继续维持高价,也指望B以相同的价格来分享市场,即不反击。图8.3描述了这一博弈情形,单位为百万元。

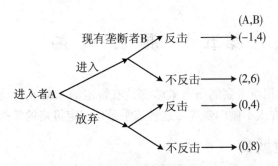

图8.3 进入威慑博弈之一

如图8.3所示,如果A不进入,B也不反击,这是事件的起点,A和B的利润分别为0和8,这是最后一行。如果A不进入,B还要反击,由于降价会导致利润下降,这是倒数第二行。但是,这是一组没有实际意义的策略组合。

如果A选择进入,B发出威胁信号,要以降价为手段反击,(A,B)=(−1,4);如果A选择进入,B不反击的收益为6,(A,B)=(2,6)。他的威胁是不可信的。这一序贯博弈有均衡解吗？潜在进入者 A 先动，A 这样思考：如果我不进入，B 可以随心所欲；如果我进入了，如果 B 降价，我的利润为-1，B 的利润为 4；如果 B 不反击，我的利润为 2，B 的利润为 6。B 的自身利益会使 B 采取不反击策略，所以 B 的威胁不可信。因此，A 决定进入，最后的均衡解为(A,B)=(进入，不反击)。

在现实生活中，不可信威胁还是比较多见的。比如"老师，你不让我及格我无脸见朋友，我就跳楼""你不嫁给我，我就跟你同归于尽""如果你硬要嫁给那臭小子，你就不是我的女儿，我也不是你爹""如果你要侵略我的盟国，我就对你实施核打击"等等。这里所讲的"不可信"是在正常状态对收益和成本比较所做出的一种理性判断，但的确也存在着一些非理性的人。这种人的威胁往往是成功的、可信的，这被称为"非理性的理性"。

在本例中，现有垄断者如何实现可信的承诺呢？其中一种办法就是在潜在进入者尚未考虑进入之前，就做好了扩大生产能力的物资准备，一旦有潜在进入者进入，它就可以以更低的平均成本生产更多的产量，为打价格战做好充分的准备。此时，利润分配状况会发生实质变化，如图 8.4 所示。

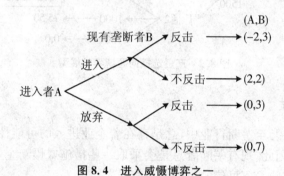

图 8.4 进入威慑博弈之一

这种威胁可信吗？如果 A 选择进入，B 一定会选择反击。因为反击的收益为 3，大于不反击的收益 2。一旦 B 反击，A 的利润为-2。如果 A 选择不进入，利润为零。那就不进入吧！最后，A 选择放弃进入，B 威慑成功。而此时，B 的利润从 8 降到 7。因此，B 扩大潜在产量，放弃了部分利润的威胁变得可信了。

第五节　混　合　策　略☆

在上述博弈中，我们所考察的所有策略都是有特定的策略或行动的，例如，进入或不进入，承认或否认，做广告或不做广告等。这种选手采用特定策略的策略就是纯粹策略。

一、手心手背博弈

有两个选手 A 和 B，只选择"手心"或"手背"（即掌心向上或向下）。如果两个选手出招一样，即同时"手心"或同时"手背"，A 赢 1 元，B 输 1 元；如果两个人出招不一样，即一个手心、一个手背，A 输 1 元，B 赢 1 元。报酬矩阵如表 8.9 所示。

表 8.9 手心手背博弈

		选手 B	
		手心	手背
选手 A	手心	1,−1	−1,1
	手背	−1,1	1,−1

下面我们说明该博弈为什么不存在纳什均衡。

给定 A 出手心，B 的最佳策略是手背；给定 A 出手背，B 的最佳策略是手心。

给定 B 出手心，A 的最佳策略是手心；给定 B 出手背，A 的最佳策略是手背。

这里不存在任何一组策略使得两人都同时满足，因此，没有纳什均衡。

尽管对纯粹策略而言，手心手背博弈不存在纳什均衡；但从混合策略上讲，它是存在纳什均衡的。

在纯粹策略中，选手要么选手心，要么选手背；而在混合策略中，选手可以 50% 的概率出手心，50% 的概率出手背，或者其他什么概率。这种基于一组选择的概率对其结果进行随机选择的策略就是混合策略。

如何求解混合策略的纳什均衡呢？纳什均衡的实质是：它必然是一个选手对另外一个选手最佳策略的一种最佳反应。如果是你的最佳策略，但不是我的，这不是纳什均衡；如果是我的最佳策略，但不是你的，这也不是纳什均衡。只有两个同时为最佳策略时才为纳什均衡。

在选手 A 看来，如果他选手心的概率几乎为 1，选手 B 几乎选手背，但 A 对此的最佳反应是选手背，没有均衡。同理，如果 A 选手心的概率几乎为 0（即更可能选手背），B 的最佳选择是手心，但 A 对此的最佳反应又是手心，也没有均衡。

这一博弈存在均衡的关键是 A 要选择出手心的一个概率 p（那么，出手背的概率便为 $(1-p)$，使得对手 B 不会选择一个确定性策略，而是对几种选择无差异。这样，如果 A 以 p 的概率选手心，$(1-p)$ 的概率选手背，那么，B 选手心的预期收益（或效用）等于

$$U_B^E(\text{手心}) = (-1) \times p + 1 \times (1-p) = 1 - 2p \tag{8.1}$$

同理，B 选手背的预期效用等于

$$U_B^E(\text{手背}) = 1 \times p + (-1) \times (1-p) = 2p - 1 \tag{8.2}$$

欲使 B 对选手心和手背的预期效用无差异，就必须使得式(8.1)和式(8.2)相等，即

$$1 - 2p = 2p - 1$$

即

$$p = \frac{1}{2}$$

即 A 以 $\frac{1}{2}$ 的概率各出手心与手背的概率都为 $\frac{1}{2}$，B 在选择手心手背之间无差异；如果 $p > \frac{1}{2}$，B 从选择手背中得到更大的效用；如果 $p < \frac{1}{2}$，B 从选择手心中得到更大的效用。

同理，选手 B 要选择出手心的概率 q（出手背的概率为 $(1-q)$），使得 A 在两种选择中无差异。这样，A 选手心的预期效用 $U_A^E(\text{手心})$ 要恰好等于选手背的预期效用 $U_A^E(\text{手背})$，即

$$U_A^E(\text{手心}) = 1 \times q + (-1) \times (1-q) = 2q - 1 \tag{8.3}$$

$$U_A^E(\text{手背}) = (-1) \times q + 1 \times (1-q) = 1 - 2q \tag{8.4}$$

$2q-1=1-2q$，即

$$q = \frac{1}{2}$$

即 B 出手心与手背的概率都为 $\frac{1}{2}$，A 在选择手心手背之间无差异；如果 $q>\frac{1}{2}$，A 从选择手背中得到更大的效用；如果 $q<\frac{1}{2}$，A 从选择手心中得到更大的效用。

这样，这一策略组合（$p=1/2, q=1/2$）便是混合策略的纳什均衡。

一般来说，一个 2 人和 2 种策略的博弈的收益矩阵以及相应概率（p, q）如表 8.10 所示。

混合策略的纳什均衡必须满足两个条件：

第一，A 选择的 S_A^1 概率为 p 时，使得 B 选择 S_B^1 和 S_B^2 无差异：

$$U_B^E(S_B^1) = p \times \pi_B^{11} + (1-p) \times \pi_B^{21} = p \times \pi_B^{12} + (1-p) \times \pi_B^{22} = U_B^E(S_B^2) \quad (8.5)$$

第二，B 选择的 S_B^1 概率为 q 时，使得 A 选择 S_A^1 和 S_A^2 无差异：

$$U_A^E(S_A^1) = q \times \pi_A^{11} + (1-q) \times \pi_A^{12} = q \times \pi_A^{21} + (1-q) \times \pi_A^{22} = U_A^E(S_A^2) \quad (8.6)$$

求解出的 p^* 和 q^* 便是混合策略的纳什均衡。

表 8.10 混合博弈策略

		选手 B	
		策略 $1 S_B^1, (q)$	策略 $2 S_B^2, (1-q)$
选手 A	策略 $1 S_A^1, (p)$	π_A^{11}, π_B^{11}	π_A^{12}, π_B^{12}
	策略 $2 S_A^2, (1-p)$	π_A^{21}, π_B^{21}	π_A^{22}, π_B^{22}

我们为什么要考虑求解混合策略的纳什均衡呢？原因之一就是有些博弈的纯粹策略没有纳什均衡，然而，一旦允许玩混合策略，每一个博弈至少有一个纳什均衡。因此，混合策略对没有纯粹策略纳什均衡的博弈提供了一种解。这个解是否合理取决于具体的博弈。在上述博弈中，手心手背各随机地出，其概率为 1/2，你的效用就实现了极大化。

二、性别冲突博弈

性别冲突博弈是既有纯粹策略纳什均衡，又有混合策略纳什均衡的一个例子。丈夫和妻子很想在某一个周六晚上待在一起，但对娱乐的偏好不尽相同。妻子偏爱逛商场，丈夫偏爱看足球赛，同时这对新婚夫妇都认为在一起的效用比单独行动的效用更大，如表 8.11 所示。

表 8.11 性别战的收益矩阵

		妻子	
		看足球赛	逛商场
丈夫	看足球赛	2,1	0,1
	逛商场	0,0	1,2

给定丈夫看足球赛，妻子的最佳选择也是看足球赛（因为她讨厌一人孤独地逛商场）；给定丈夫逛商场，妻子的最佳选择也是逛商场，而且此时她最幸福，效用最大。

类似的,给定妻子看足球赛,丈夫的最佳选择也是看足球赛,此时他最幸福,效用最大;给定妻子逛商场,丈夫的最佳选择也是逛商场,因为他讨厌一个人孤独地看足球赛。

这样,纯粹策略上,此博弈有两个均衡:(看足球赛,看足球赛),(逛商场,逛商场)。

这一博弈也存在着一组混合策略的纳什均衡。

参照上述方法,我们首先假定丈夫看足球赛的概率为 p,逛商场的概率便为 $(1-p)$;妻子看足球赛的概率为 q,逛商场的概率便为 $(1-q)$。

欲求解最佳的 p 和 q,要令妻子看足球赛和逛商场无差异,就必须
$$1\times p+0\times(1-p)=0\times p+2\times(1-p)$$
还要令丈夫在这两者中无差异,有
$$2\times q+0\times(1-q)=0\times q+1\times(1-q)$$
求解得知, $p=\frac{2}{3}$, $q=\frac{1}{3}$,此为博弈的混合策略的纳什均衡。

此解的含义是:如果夫妻俩不想采用确定性的行为,而想采取随机性的行为,那么,可以丈夫 $\frac{2}{3}$ 概率和妻子 $\frac{1}{3}$ 的概率看足球赛确保夫妻俩的预期效用极大化。

当然,同理,妻子 $\frac{2}{3}$ 概率和丈夫 $\frac{1}{3}$ 概率为也可以确保夫妻俩的预期效用极大化。

◆内容摘要

1. 博弈论是研究在策略性环境中如何进行策略性决策和采取策略性行为的科学。在策略性环境中,每一个人进行的决策和采取的行动都会对其他人产生影响。因此,每个人在进行策略性决策和采取策略性行动时,要根据其他人的可能反应来决定自己的决策和行动。

2. 所谓纳什均衡,指的是参与人的这样一种策略组合:在该策略组合上,任何参与人单独改变策略都不会得到好处。在纳什均衡中,每个局中人都在其他局中人选择的策略给定的情况下选择自己的最佳策略。一局博弈可能有唯一的纳什均衡,也可能有多个纳什均衡。

3. 占优策略是不管其他局中人选择做什么,对一个局中人总是最佳的策略。寻找占优策略有助于我们预测决策行为。占优策略均衡是纳什均衡的一种特例。

4. 所谓囚徒困境是指这样一种困惑不解的境界:从利己目的出发追求个人最优,集体并不最优,结果既不利己也不利他。其纳什均衡并非是有效率的(帕累托最优),而最有效率的解又不是纳什均衡。

5. 在重复性博弈中,以牙还牙策略有可能导致合作解。最后一轮的重复性博弈结果与只有一轮的博弈结果相同,因此,有限次重复性博弈的结果与一次性博弈结果没有两样。在无限次重复性博弈中,以牙还牙策略可能获得成功。但无限次重复性博弈所形成的合作均衡并不是稳定的。

6. 序贯博弈是参与人的决策与行动有先后的博弈。描述序贯博弈更加方便也更加自然的工具是博弈树。博弈树由"点"(包括起点、中间点、终点)、连接点的"线段"以及标在这些点和线段旁边的文字和数字组成。在博弈树中,一个纳什均衡代表一个均衡的路径。在该均衡路径上,没有哪个参与人愿意单独改变自己的策略。

7. 斯塔克伯格模型较好地解释了"先动优势"。有些垄断者采取一些措施威胁新企业的进入,有些威胁是不可信的。当现有垄断者有足够多的生产潜能时,对进入者的威胁往往

变得更加可信。

8. 基于一组选择的概率对其结果进行随机选择的策略就是混合策略。有些博弈在纯粹策略上没有纳什均衡，但在混合策略上一定有纳什均衡。

◆关键词

博弈　占优策略　纳什均衡　重复博弈　序贯博弈　混合博弈

◆选择题

1. 博弈中通常包括下面的内容，除了（　　）。
　　A. 局中人　　　　　　　　　　B. 占优战略均衡
　　C. 策略　　　　　　　　　　　D. 支付

2. 下列关于策略的叙述中错误的是（　　）。
　　A. 策略是局中人选择的一套行动计划
　　B. 参与博弈的每一个局中人都有若干个策略
　　C. 一个局中人在原博弈中的策略和在子博弈中的策略是相同的
　　D. 策略与行动是两个不同的概念，策略是行动的规则，而不是行动本身

3. 对博弈中的每一个博弈者而言，无论对手作何选择，其总是拥有唯一最佳行为，此时的博弈具有（　　）。
　　A. 囚徒困境式的均衡　　　　　B. 一报还一报的均衡
　　C. 占优策略均衡　　　　　　　D. 激发战略均衡

4. 在囚徒困境的博弈中，合作策略会导致（　　）。
　　A. 博弈双方都获胜　　　　　　B. 博弈双方都失败
　　C. 使得先采取行动者获胜　　　D. 使得后采取行动者获胜

5. 用囚徒困境来说明两个寡头企业的情况，说明了（　　）。
　　A. 每个企业在做决策时，不需考虑竞争对手的反应
　　B. 一个企业制定的价格对其他企业没有影响
　　C. 企业为了避免最差的结果，将不能得到更好的结果
　　D. 一个企业制定的产量对其他企业的产量没有影响

6. 博弈方根据一组选定的概率，在两种或两种以上可能行为中随机选择的策略为（　　）。
　　A. 纯策略　　　　　　　　　　B. 混合策略
　　C. 激发策略　　　　　　　　　D. 一报还一报策略

7. 动态博弈参与者在关于博弈过程的信息方面是（　　）。
　　A. 不对称的　　　　　　　　　B. 对称的
　　C. 不确定的　　　　　　　　　D. 无序的

8. 完全信息动态博弈参与者的行动是（　　）。
　　A. 无序的　　　　　　　　　　B. 有先后顺序的
　　C. 不确定的　　　　　　　　　D. 因环境改变的

9. 如果另一个博弈者在前一期合作，博弈者就在现期合作；但如果另一个博弈者在前一期违约，博弈者在现期也违约的策略称为（　　）。
　　A. 一报还一报策略　　　　　　B. 激发策略
　　C. 双头策略　　　　　　　　　D. 主导企业策略

10. 在动态博弈战略行动中，只有当局中人从实施某一威胁所能获得的总收益（　　）

不实施该威胁所获得的总收益时,该威胁才是可信的。

  A. 大于   B. 等于

  C. 小于   D. 以上都有可能

◆思考题

1. 什么是纳什均衡?纳什均衡一定是最优的吗?
2. 什么是占有策略?与纳什均衡有什么异同?
3. 试述无限次重复博弈与有限次重复博弈的区别。
4. 两个寡头厂商都在某产品的"高产量"和"低产量"之间进行选择,它们产量选择的利益矩阵如表8.12所示。

表 8.12 利益矩阵

		厂商 B	
		高产量	地产量
厂商 A	高产量	200,200	500,100
	低产量	100,500	400,400

试解释:

(1) 为什么厂商 B 认为,不管厂商 A 怎么选择,它选择"高产量"都是正确的?

(2) 为什么厂商 A 认为,不管厂商 B 怎么选择,它选择"高产量"都是正确的?

(3) 在这种情况下,为什么串谋对这两家厂商都有好处?

5. 假设一个卡特尔面临潜在进入者的进入,它可能采取价格战的策略,也可能采取接纳即不进行价格战的策略,相应的报酬矩阵如表8.13所示。

表 8.13 报酬矩阵

		潜在进入者	
		进入	不进入
寡头厂商	价格战	−50,−5	−40,0
	接纳	90,10	100,0

试问:

(1) 卡特尔威胁潜在进入者,一旦后者进入市场,它将实行价格战,这一威胁是否可信?

(2) 卡特尔采取哪些方法使其威胁变得可信?

6. 假设两厂商之间的博弈报酬矩阵如表8.14所示。

表 8.14 博弈报酬矩阵

		厂商 B	
		1	2
厂商 A	1	100,40	70,50
	2	80,90	60,80

(1) 如果厂商 B 首先行动,画出相应的博弈扩展形式。

(2) 该序列博弈的纳什均衡点是什么?

◆ 案例题

田 忌 赛 马

战国时期,齐王和大将田忌赛马,双方各出三匹马各赛一局。各方的马根据好坏分别称为上马、中马、下马。田忌的马比齐王同一级的马差,但比齐王低一级的马好一些。若用同一级马比赛,田忌必然连输三局。每局的赌注为1千金,田忌要输3千金。田忌的谋士建议田忌在赛前先探听齐王赛马的出场次序,然后用自己的下马对齐王的上马,用中马对齐王的下马,用上马对齐王的中马。结果负一局胜两局赢得1千金。但若事先并不知道对方马的出场次序,双方应取何种策略?请列出双方采用的赛马出场次序安排及相应的结果。

此外,博弈根据不同的游戏规则才会产生与之相适应的策略。若你是齐王,如何改变赛马规则,使田忌必输无疑?

第九章 生产要素市场

通过本章的学习,了解生产要素需求与供给的内涵及特点;理解不同市场结构下,要素需求曲线的特征;掌握劳动的价格-工资、资本的价格-利息、土地的价格-地租、企业家才能的价格-利润的决定及相关概念。

是效率优先还是兼顾公平?

若按贡献多少来分配收入,有利于鼓励每个社会成员充分发挥自己的能力,在竞争中取胜,提高经济效率,这就是效率优先的分配原则。但这种分配方式使不平等加剧,容易使强者更强,甚至出现严重的两极分化。因此在收入分配中不仅要效率优先,还要兼顾公平。效率优先、兼顾公平是很多国家收入分配的原则。各个国家收入平等化政策对缩小收入差距,改善穷人的地位和生活条件,提高他们的实际收入水平,确实起到了相当大的作用,对于社会的安定和经济发展也是有利的。但是这些政策有两个严重的后果:一是降低了社会生产效率。因增加高收入人群的个人所得税和低收入人群的各种社会保障使人们的生产积极性下降,社会生产效率下降。二是增加了政府的负担。从美国来看,社会保障支出是联邦政府开支的最大支出项,并且从1993年就一直超过国防开支。2012年,联邦政府差不多接近一半的政府开支流向了社会保障和医疗保障这些福利上,联邦政府和地方政府用于福利的支出已达4000亿美元左右。

收入平等化政策的必要性与所引起的问题,一直是经济学家着重研究的问题,如何解决这一问题,已成为经济学研究的中心之一。

微观经济学被称为价格理论,前面我们学习了产品市场价格和数量的决定,但我们在消费者行为理论的研究中,假定消费者的收入水平是确定的,并没有说明这种收入水平是如何确定的;而当我们推导产品市场的供给曲线时,假定生产要素的价格是既定的,并未解释生产要素的价格是如何决定的。这一章我们将回答这两个问题,研究消费者的收入水平和生产要素的价格决定。其实,这两个问题本就是一个问题。从生产者角度看,地租、工资、利息和利润是生产要素的价格;而从要素所有者角度来看,则分别是各所有者的收入。所以,从这一意义上说,本章也可以叫分配理论,解决为谁生产的问题。

第一节 要素市场需求与供给

在西方经济学中,把生产产品所投入的经济资源称为生产要素,一般包括四类:劳动、土地、资本和企业家才能。各种生产要素所有者按相应的价格获得一定报酬,工资是劳动力的价格或报酬,地租是土地的价格或报酬,利息是资本的价格或报酬,利润则是企业家才能的价格或报酬。生产要素价格与前面的产品市场价格一样,也是由生产要素的需求与供给共同决定的。

一、生产要素需求的特点

生产要素的需求与前面产品市场对产品的需求相比具有自身的特点。

(一) 对生产要素的需求是"间接需求"

该要求也可以叫"派生需求"。厂商为了生产产品获得收益,从而产生了对生产要素的需求,是"间接需求",而消费者对产品的需求,是为了实现效用,带来满足,从而产生了对产品的"直接需求"。厂商之所以对生产要素有需求,是因为消费者对产品有需求,没有消费者对其产品的需求,便不会有厂商对生产要素的需求。所以,对生产要素的需求又是一种"派生需求"。

(二) 对生产要素的需求是一种"联合需求"

任何一种生产要素都不能单独发挥作用,各种生产要素必须搭配在一起,共同投入生产过程,相互配合,联合起来共同发挥作用,才能达到生产产品的目的。所以,生产要素的需求是一种"联合需求",即生产要素之间存在相互补充和相互替代关系;厂商对某种生产要素的需求,不仅取决于该种生产要素的价格,还要受其他生产要素价格的影响。如果劳动很便宜,使用机器便不划算,厂商就会使用更多的劳动代替机器设备;反之亦然。

二、厂商需求生产要素的原则

在前面研究产品市场理论时,我们知道了所谓完全竞争市场,应该具备以下几个特点:这个市场上买卖双方的数目都很多;市场上的产品无差别;买卖双方都是既定市场价格的接受者;买卖双方都具备充分的信息,资源可以充分自由的流动,这显然指的是产品市场。但当我们把研究从产品市场转移到要素市场之后,所谓的完全竞争市场就不仅指产品市场的完全竞争,也包括要素市场的完全竞争,这时,我们把同时处于产品市场和要素市场的完全竞争称为真正的完全竞争市场。那么对于完全竞争的要素市场,也具备完全竞争产品市场的特征,即在这个市场上,大量的具有完全信息的买者和卖者,买卖完全相同的要素。像完全竞争的产品市场一样,完全竞争的要素市场在现实生活中也是很难找到的。例如建筑行业的劳动力市场,就类似完全竞争的市场,砖工一天工资100元,工人按这个价格(工资)提供劳动,厂商也按这个价格的支付工资。

在产品价格决定理论中,我们得出结论,任何厂商都是以利润最大化为目标的;而要实现这一目标,厂商要遵循的原则是"边际收益"和"边际成本"必须相等。这一原则,不仅在产品市场要遵循,在要素市场厂商使用要素也要遵循,只不过在这两种场合中叫法不同而已。接下来,我们要介绍几个相关概念。

边际生产力(marginal physical product,MPP)。这一概念是由美国经济学家克拉克于19世纪末首先提出来的,是指在其他条件不变的前提下,每增加1个单位某种生产要素的投入(这里以劳动要素L为例)所带来的产量的增量,即边际物质产品$\left(MPP=\frac{\Delta TP}{\Delta L}\right)$,有时被简称为边际产品(MP),在前面的生产论中,被称为边际产量。这一概念和理论的提出有利于研究当多种生产要素被使用时,衡量各种生产要素所做的贡献,进而确定各生产要素应获得的报酬数量。

边际收益产品(marginal revenue product,MRP)。边际收益产品是指增加1单位某要素投入所带来的收益增量。它是要素的边际生产力(MPP)与产品的边际收益(MR)的乘积,用公式表示为

$$MRP = \frac{\Delta TR}{\Delta L} = \frac{\Delta TP}{\Delta L} \times \frac{\Delta TR}{\Delta TP} = MP \times MR \qquad (9.1)$$

从公式(9.1)可知,要素的边际收益产品的变化取决于两个因素:一是增加1单位生产要素所增加的产量,即边际生产力(MPP);二是增加1单位产量所增加的收益,即边际收益(MR)。关于边际生产力(即边际产量),在前面的生产理论中我们已知道,在其他投入要素不变的前提下,随着一种可变生产要素投入的增加所带来的边际产量,最终是递减的。关于边际收益,要区分不同的市场结构,如在完全竞争的产品市场中,由于买卖双方都是既定市场价格的接受者,所以,每增加1单位产量所增加的收益都等于价格,即$MR=P$,因此$MRP=MP\times P$。而在不完全竞争的产品市场中,由于单个厂商所面临的市场需求曲线均是向右下方倾斜的,即每个厂商对市场价格均有一定的影响力,所以,每增加1单位产量所增加的收益均小于价格,即$MR<P$。

边际要素成本(marginal factor cost,MFC)。即增加1单位生产要素使用所增加的成本。用公式表示为

$$MFC = \frac{\Delta TC}{\Delta L} = \frac{\Delta TP}{\Delta L} \times \frac{\Delta TC}{\Delta TP} = MP \times MC \qquad (9.2)$$

可见,它等于要素的边际产量和增加1单位产量所增加的边际成本(MC)的乘积。用公式表示为

$$MFC = MP \times MC$$

同使用要素的收益情况相类似,MFC的变化也要受要素市场结构的影响。如果要素市场是完全竞争的,则MFC不变,且等于不变的要素价格,如劳动的价格为ω,即$MFC=\omega$;如果要素市场是非完全竞争的,则MFC将随要素需求量的增加而递增且总大于要素价格。

总体来看,厂商在确定生产要素的使用量时,也要以利润最大化为目的,将要素使用量确定在这样的水平上:在该水平上,最后增加使用的单位生产要素所带来的收益增量正好等于为使用它而支付的成本增量,即$MRP=MFC$。

如果$MRP>MFC$,即厂商增加1单位生产要素投入所带来的收益增量大于购买1单位生产要素所带来的成本增量,这时厂商增加生产要素的使用就能增加总收益;反之,如果$MRP<MFC$,厂商增加1单位生产要素投入所带来的收益增量小于购买1单位生产要素所带来的成本增量,这时厂商减少生产要素的使用就能增加总收益。总之,只有在$MRP=MFC$时,厂商才能实现使用生产要素的最优状态。

三、完全竞争市场厂商对生产要素的需求

现在我们以完全竞争市场为例来考察厂商对生产要素的需求问题,这里我们假定,其他生产要素的使用量固定,厂商只使用一种可变生产要素(如劳动)。加进生产要素市场之后,所谓完全竞争厂商,是指在产品市场和要素市场均是完全竞争的。

由于假定产品市场是完全竞争的,则产品市场上的价格是既定的,且增加一单位产量所增加的收益(MR)等于价格($P=MR$),于是厂商的边际收益产品等于边际物质产品(MP)与产品价格的乘积。用公式表示为

$$VMP = MP \times P$$

式中,VMP 被称为边际产品价值(value of marginal product,VMP),即在完全竞争市场中,厂商使用生产要素的边际收益(MRP)演变为边际产品价值(VMP)。同时,由于这时要素市场也是完全竞争的,所以要素价格也是既定的,单个厂商只能接受,所以,厂商使用生产要素的边际成本(MFC)等于要素价格。例如在完全竞争的劳动市场上,假设劳动工资为 ω,生产要素支出总额 $C=\omega \cdot L$。生产要素的边际成本可用下式表示

$$MFC = \frac{dC(L)}{dL} = \frac{d\omega \cdot L}{dL} \tag{9.3}$$

因为在完全竞争的条件下,生产要素价格是一个常量,对上式以 L 为自变量求导得

$$\frac{d\omega \cdot L}{dL} = \omega \tag{9.4}$$

经过上面的分析,可以得到以利润最大化为目的的完全竞争厂商在要素使用量上应遵循以下原则,即使用要素的边际产品价值(VMP)应该等于使用要素的边际成本(ω)。完全竞争厂商使用要素的原则($VMP=\omega$)可以写为

$$P \cdot MP(L) = \omega \tag{9.5}$$

式中,$MP(L)$ 为劳动边际产量,是要素 L 的函数。由于产品价格 P 为既定常数,故上式确定了要素价格 ω 与要素使用量 L 的一个函数关系,即确定了完全竞争厂商对要素的一个需求函数。为了说明这个函数的特点,假定一开始时,厂商使用的要素数量为最优数量,满足 $P \cdot MP(L) = \omega$。现在让要素价格 ω 上升,于是有 $P \cdot MP(L) < \omega$。为了重新恢复均衡,厂商必须调整要素使用量 L,使 $MP(L)$ 上升从而 $P \cdot MP(L)$ 亦上升;而根据边际生产力递减这一性质,只有通过减少要素使用量才能达到这个目的。这样便得到了结论:随着要素价格的上升,厂商对要素的最佳使用量即需求量将下降。因此,完全竞争厂商的要素需求曲线与其边际产品价值曲线一样向右下方倾斜。

更进一步,利用要素使用原则($VMP=\omega$)还可以说明,在完全竞争条件下,厂商对单一要素的需求曲线将与其边际产品价值曲线完全重合。

图 9.1(a)中,横轴代表生产要素投入量 L,纵轴代表生产要素价格 ω,AB 线为边际产品价值(VMP)曲线,ω_1、ω_0 和 ω_2 为价格曲线。AB 和 ω_0 交点为 E,在 E 点处 $VMP=\omega_0$,对应的 L_0 为生产要素最优投入量,即企业获得最大利润的生产要素使用量。这表明在生产要素价格为 ω_0 时,企业需要投入的生产要素为 L_0,生产要素价格为 ω_1 时,企业投入的生产要素为 L_1。以此类推,图中 E、E_1 和 E_2 点,全部在边际生产力 VMP 曲线上,所以 VMP 曲线就是企业对生产要素的需求曲线 d。

以上分析隐含了一个假设条件,即其他厂商对要素的使用量不随要素价格的变化而变

化。如果考虑其他厂商对要素价格变化的反应,单个厂商对要素的需求曲线就不再与 VMP 曲线重合了。当生产要素价格降低时,其他各厂商使用生产要素增加,进而生产产品数量增加,引起产品价格降低,进而使得使用生产要素的边际产品价值(VMP)下降,于是,每个厂商对生产要素的需求量增加就会少一些。这样,经过调整的完全竞争厂商的要素(劳动 L)需求曲线将更陡峭一些。正如图 9.1(b)中所示,VMP_0 和 ω_0 交点为 E,其对应最优数量要素为 L_0,如果要素价格降低为 ω_1,与边际产品价值曲线 VMP_0 交点为 E_1,则企业生产要素致使边际产品价值曲线降低,VMP_0 变为 VMP_1,边际产品价值曲线 VMP_1 与 ω_1 交点为 E'_1,则生产要素需要量为 L'_1,连接 E 点和 E'_1 点,构成厂商的新需求曲线,所有厂商的新需求曲线之和就是生产要素市场的需求曲线。

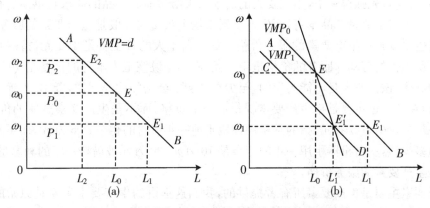

图 9.1　完全竞争厂商要素需求曲线和市场需求曲线

四、不完全竞争市场厂商对生产要素的需求

不完全竞争市场是指在产品市场或要素市场带有不同程度的垄断因素的市场。有三种情况:第一,在产品市场上不完全竞争,在要素市场上完全竞争;第二,在产品市场上完全竞争,在要素市场上不完全竞争;第三,在产品市场和要素市场上均是不完全竞争。下面我们以第一种情况为例,考察产品市场非完全竞争,而要素市场完全竞争的厂商对生产要素的需求。

无论是什么样的市场结构,厂商对生产要素的使用均遵循利润最大化的原则,即使用要素的边际收益等于使用要素的边际成本($MRP = MFC$)。那么,如果产品市场是非完全竞争的,则此时产品价格(P)不再等于产品边际收益(MR),而是边际收益(MR)要随着产品销量的增加而减少,且小于产品价格(P),于是厂商此时使用生产要素的边际收益(MRP)等于一般的要素边际产量(MP)(也称为边际物质产品)与产品边际收益(MR)的乘积。这与前面完全竞争产品市场是不同的,其关系可表述为:$VMP - MRP = MP \times P - MP \times MR = MP \times (P - MR)$。前面在不完全竞争市场理论中,我们知道 MR 曲线在需求曲线下方,即 $P > MR$。

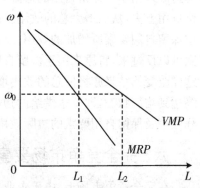

图 9.2　不完全竞争产品市场劳动的边际收益曲线与需求曲线

于是,在图 9.2 中,边际收益产品曲线 MRP 位于边际产品价值曲线 VMP 的下方,且随

着要素投入量的增加,两者的距离越来越远,表明边际收益产品下降得要比完全竞争的边际产品价值快,原因是完全竞争产品市场中价格是既定的,引起边际产品价值下降的只有边际物质产品 MP。在不完全竞争的产品市场中则不然,由于边际收益也是不断下降的,所以引起边际收益产品下降的有两个因素:MP 和 MR。

在这里,需要指出的是,在不完全竞争市场条件下,厂商的边际收益产品曲线仍然是厂商的要素需求曲线,这与完全竞争市场是一样的。

五、要素的供给

由于不同生产要素特征不同,其供给和价格的决定有其特点,在研究生产要素的供给之前,我们有必要首先强调一下,生产要素的需求与供给与前面产品的需求与供给有很大的区别。产品的买卖主要是产品本身,而生产要素市场上买卖的一般是生产要素的服务,生产要素的价格也主要是指生产要素的服务价格。如一名工人的日工资是 100 元,指的是该工人工作一天所提供的劳动即服务的价格是 100 元,而不是说该工人本身的价格是 100 元,因为劳动力的载体,该自然人是不能买卖的,至少在文明社会是如此。同样,资本、土地等生产要素的价格,在这里也主要是指生产要素提供服务的价格,而不是生产要素载体的价格,说一块土地一年的价格是 5 万元,指的是租用该块土地一年应付的租金是 5 万元,而不是该块土地本身值多少钱,一台机器租用一年的租金是 10 万元,20 万元被借贷一年的利息是 3 万元,指的都是生产要素的服务价格。

生产要素主要是生产要素所有者提供的,我们这里讲的生产要素主要是原始的生产要素而不是中间生产要素,因为中间生产要素也可以看成是一般的产品,而产品的需求与供给问题在前面的产品市场理论中已研究过。从这一角度讲,生产要素所有者提供的生产要素的数量及价格就决定了他们的收入,而要素所有者获得的收入主要是用来消费,消费可以给消费者带来效用。那么,研究生产要素的供给问题,也就是研究生产要素所有者,在要素拥有量既定的情况下,确定供给市场与保留自用要素之间的比例,以便实现效用的最大化。

怎样才能使效用达到最大呢?显然,在这里为获得最大的效用必须满足如下条件:作为"要素供给"的要素的边际效用要与作为"保留自用"的要素的边际效用相等。如果供给市场的边际效用小于保留自用的边际效用,则可以将原来用于供给市场的要素转移 1 单位到保留自用上去,从而增大总的效用。因为,减少 1 单位要素供给所损失的效用要小于增加 1 单位保留自用要素所增加的效用;反之,如果要素供给的边际效用大于保留自用的边际效用,则可以反过来,将原来用于保留自用的要素转移 1 单位到要素供给上去。根据同样的道理,这样改变的结果亦将使总的效用增大。最后,由于边际效用是递减的,上述调整过程可以最终达到均衡状态,即要素供给的边际效用和保留自用的边际效用相等。关于要素供给的边际效用及保留自用要素的边际效用,将在后面结合不同要素再分析。

六、完全竞争市场要素的供求均衡

在完全竞争市场上,由于企业的要素需求曲线是生产要素的边际产品价值曲线 VMP,要素的供给曲线是边际成本曲线 MFC。所以,企业的要素均衡条件是 $VMP=MFC=\omega$,即边际产品价值等于边际要素成本或平均要素成本。当边际产品价值等于要素成本时,企业利润达到最大值。可见,利润最大时要素供求均衡,如图 9.3 所示。

图 9.3(a)中,横轴代表生产要素投入数量 L,纵轴代表生产要素价格 ω,企业的边际产

品价值曲线 VMP 和要素价格曲线 ω_0 的交点为 E，这一点就是生产要素的均衡点，它决定了均衡价格 ω_0 和均衡要素量 L_0。同时，L_0 为企业最优生产要素使用量。

市场的要素均衡取决于市场的生产要素供给和需求的均衡，如图 9.3(b) 所示。图中，要素市场价格供给曲线 S_r 与要素市场需求曲线 VMP_r 相交于 E 点，这一均衡点所确定的要素价格 ω_0 与要素使用量 L_0 分别是均衡要素价格和要素市场最优使用量。

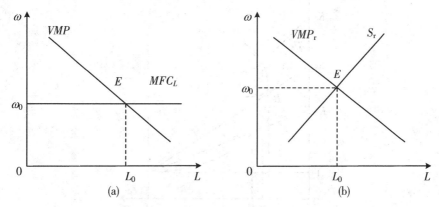

图 9.3　要素供求均衡与市场的要素均衡

对于不完全竞争市场，即在买方垄断（厂商既有权给要素定价也有权确定要素使用量）的情况下，常存在剥削，这里不再分析。

第二节　工　资

上一节我们就生产要素的需求和供给进行了探讨，本节主要研究劳动这种生产要素的供给及其价格——工资的决定。

一、劳动供给曲线

劳动的供给，即劳动这种生产要素的所有者将劳动这种生产要素在供给市场与保留自用之间进行分配，以便实现效用最大化。

劳动这一生产要素的数量从某种意义上说也是固定的。如每个人一天只有 24 小时，在这 24 小时之中还要除去必要的睇眠和吃饭时间，如每天 8 小时，那么剩下的只有 16 小时，在这 16 小时之中，要在供给市场与保留自用之间进行分配，以实现效用最大化。

若用 H 表示闲暇，则 16 小时减 H 就代表消费者的劳动供给量。因此，劳动供给问题可以看成是消费者如何决定其固定的时间资源 16 小时中闲暇 H 所占的比例与劳动供给所占的比例。

消费者选择一部分时间作为闲暇来享受，选择其余时间作为劳动供给。前者即闲暇直接增加了效用，后者则可以带来收入，通过收入用于消费再增加消费者的效用。因此，就实质而言，消费者并非是在闲暇和劳动二者之间进行选择，而是在闲暇和劳动收入之间进行选择。显然，上面讨论的模型完全适合于分析目前的问题。

如图 9.4 和图 9.5 所示，图 9.4 中横轴 H 表示闲暇，纵轴 Y 与以前一样表示收入。消费者的初始状态点 E 现在表示的是非劳动收入 $\bar{Y}$ 与时间资源总量 16 小时的组合。假定劳动价格即每小时工资为 ω_0，则最大可能的收入（劳动收入加非劳动收入）为 $K_0=16\omega_0+\overline{Y}$。于是消费者在工资 ω_0 条件下的预算线为连接初始状态点 E 与纵轴上点 K_0 的直线 EK_0。EK_0 与无差异曲线 U_0 相切，切点为 A。与点 A 对应的最优闲暇量为 H_0，从而劳动供给量为 $(16-H_0)$。于是得到劳动供给曲线（图 9.5）上一点 $a(\omega_0,16-H_0)$。

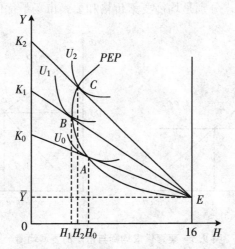

图 9.4 时间资源在闲暇和劳动供给之间的分配

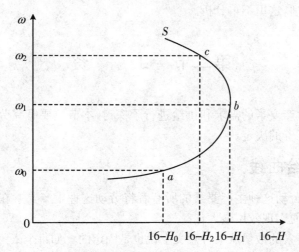

图 9.5 消费者的劳动供给曲线

再回到图 9.4，现在让劳动价格上升到 ω_1，再上升到 ω_2，则消费者的预算线将绕初始状态点顺时针旋转到 EK_1 和 EK_2，其中 $K_1=16\omega_1+\overline{Y}$，$K_2=16\omega_2+\overline{Y}$。预算线 EK_1 和 EK_2 分别与无差异曲线 U_1 和 U_2 相切，切点分别为 B 和 C。均衡点 B 和 C 对应的最优闲暇量分别为 H_1 和 H_2，从而相应的劳动供给量一个为 $(16-H_1)$，一个为 $(16-H_2)$。现又得到劳动供给曲线（参见图 9.5）上两点：$b(\omega_1,16-H_1)$ 和 $c(\omega_2,16-H_2)$。

重复上述过程，可得到图 9.4 中类似于 A、B 和 C 的其他点。这些点连接起来，即得到图 9.4 中的价格扩展线 PEP；相应地，在图 9.5 中也可得到类似于 a、b 和 c 的其他点，将所有这些点连接起来，即得到消费者的劳动供给曲线 S。

与一般的供给曲线不同，图 9.5 描绘的劳动供给曲线具有一个鲜明的特点，即它具有一段"向后弯曲"的部分。当工资较低时,随着工资的上升,消费者为较高的工资吸引将减少闲暇,增加劳动供给量。在这个阶段,劳动供给曲线向右上方倾斜。但是,工资上涨对劳动供给的吸引力是有限的。当工资涨到 ω_1 时,消费者的劳动供给量达到最大。此时如果继续增加工资,劳动供给量非但不会增加,反而会减少。于是劳动供给曲线从工资 ω_1 处起开始向后弯曲。

劳动供给曲线之所以向后弯曲,可以从工资的提高给劳动供给带来的替代效应和收入效应来解释。替代效应指的是工资率越高,闲暇的机会成本越大,即闲暇的价格越高,消费者会减少对闲暇的消费,进而增加劳动时间。其实质是劳动者用其他消费代替闲暇消费;收入效应是指工资越高,劳动者收入水平提高,劳动者会增加对闲暇的消费,从而减少劳动时间。这两种效应都是工资提高带来的效应。当工资较低、替代效应大于收入效应时,劳动供给会随着工资提高而增加,劳动供给曲线向右上方倾斜,即斜率为正值。当工资较高,此时收入效应大于替代效应,劳动供给将随着工资提高而减少,从而劳动供给曲线斜率为负值,这样就导致了劳动供给曲线有一段向后弯曲的形状。

【课堂讨论】 小区保安和大学教授谁享受闲暇的机会成本更高?为什么?

二、工资决定

虽然单个消费者的劳动供给曲线是向后弯曲的,但整个市场的劳动供给曲线却并非如此。在较高的工资水平上,现有的工人也许提供较少的劳动,但高工资也会吸引新的工人进来,因而总的市场劳动供给一般还是随着工资的上升而增加,从而市场劳动供给曲线仍然是向右上方倾斜的。

将向右上方倾斜的劳动市场的供给曲线与前面的向右下方倾斜的劳动需求曲线结合在一起便可以确定劳动的价格-工资水平,如图 9.6 所示。

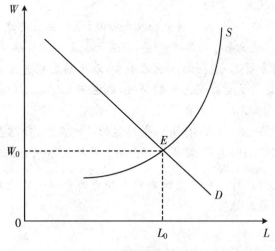

图 9.6 均衡工资的决定

图中劳动供给曲线与劳动需求曲线的交点为 E,决定了均衡工资水平为 ω_0,均衡劳动数量为 L_0。因此,均衡工资水平由劳动市场的需求与供给共同决定,并随着两条曲线的变化而变化。劳动需求曲线的变化主要来源于存在工会的劳动市场,工会可以通过反对用机器替代人的办法增加劳动需求,也可以呼吁扩大出口、限制进口、实行贸易保护主义的政策,通过增加产品的需求进而增加对劳动的需求。劳动供给曲线的变化主要来源于这样几个原因：消费者的非劳动收入，即财富的增加减少了其劳动供给；社会习俗当中的女性不参加工作，若这一习俗改变，将大大增加劳动供给；人口结构的变化，也影响劳动的供给。

这里只说明了工资决定的一般理论，工人在同一行业或不同行业里的工资都一样。实际的工资水平受到各种因素的影响。比如，有的行业环境优美、舒适稳定，有的行业则肮脏枯燥、有风险，前者会更吸引求职者，后者则少有人问津，因此前者工资常低于后者工资，这种工资差别叫补偿性工资差别；劳动者之间的工作效率以及工会的作用也是工资差异的一个重要原因；政府的最低工资法等许多因素都会影响工人的工资；此外，劳动市场的信息不完全、对劳动者流动的限制、性别歧视等都是造成工资差别的因素。

【案例分析】9-1

漂亮的收益

美国经济学家丹尼尔·哈莫米斯与杰文·比德尔在1994年的《美国经济评论》上发表了一份调查报告。根据此调查报告，漂亮的人的收入比长相一般的人高5%左右，而长相一般的人又比长相丑陋一点的人收入高5%~10%。为什么漂亮的人收入高？

从供给看。人的收入差别取决于人的个体差异，即能力、勤奋程度和机遇的不同。个人能力包括先天的禀赋和后天培养的能力，长相与人在体育、艺术、科学上的天才一样是一种先天的禀赋。漂亮属于先天能力的一个方面，它可以使漂亮的人从事其他人难以从事的职业(如当演员或模特)。漂亮的人少，供给有限，自然市场价格高，收入高。

从成本投入看。漂亮不仅仅是脸蛋和身材，还包括一个人的气质。这种气质是人内在修养与文化的表现。两个长相接近的人，也会由于受教育程度不同表现出来不同的漂亮程度。所以，漂亮是反映人受教育水平的标志之一，受教育多，文化高，是因为投入了更多的成本，收入水平高就是正常的。

从市场需求看。有些工作，只有漂亮的人才能做，漂亮往往是许多高收入工作的条件之一。漂亮的人从事推销更易于被客户接受，当老师会更受学生热爱，当医生会使病人觉得可亲。所以，在劳动市场上，漂亮的人机遇更多，雇主总爱优先雇佣漂亮的人。有些人把漂亮的人机遇更多更易于受雇视为一种歧视，这也不无道理。但有哪一条法律能禁止这种歧视？这是一种无法克服的社会习俗。

漂亮的人收入高于一般人。这种由漂亮引起的收入差别，即漂亮的人比长相一般的人多得到的收入称为"漂亮贴水"。这也说明劳动力市场是不完全竞争市场。

【课堂讨论】 你认为这种由先天禀赋或后天努力因素带来的收入分配差距是否合理？这种收入分配差距是否越大越好？

第三节 利 息

前面我们研究了劳动这一生产要素的供给及其价格-工资的决定，这一节我们将介绍第二种生产要素资本的供给及其价格-利息的决定。利息是资本的价格，一般用年利息率来表示。对资本所有者来说，资本的价格也就是他的收入。资本价格也是由资本市场的供求关系决定的。

一、资本与利息

(一) 资本(capital)

资本这种生产要素与劳动有很大的区别:劳动在某种程度上说,其数量是自然给定的,而资本则不同,它可以被生产出来。我们这里所讲的资本具有如下特点:第一,它的数量是可以改变的,即它可以被生产出来;第二,它之所以被生产出来,是为了获得更多的商品与劳务;第三,它作为投入要素,投入到生产过程生产其他商品和劳务。根据上述三个特征,我们将资本定义为:由经济制度本身生产出来并被用作投入要素以便进一步生产出更多商品和劳务的物品。

(二) 利息(rates)

由于资本自身的特点,资本本身具有一个市场价格,即资本价值,如一台机器设备市场出售价格为 10 万元;另一方面,资本也与劳动一样具有服务价格,如一台机器设备使用一年的价格,这一价格指的是资本所有权所得到的价格,称为利率,用 r 表示。

例如,一台价值为 10000 元的机器设备借给企业使用一年得到的收入为 1000 元,则用这台机器的年收入除以机器本身的价值即得到该机器服务的价格,即 $r=10\%$。

由此可见,资本服务的价格或利率等于资本服务的年收入与资本价值之比,用公式表示为

$$r = \frac{Z}{P} \qquad (9.6)$$

式中,Z 为资本年收入,P 为资本价值。

如果在使用资本的年度,资本价值发生了变化,则在资本价格的公式里要体现这一变化,如资本在使用年度发生了增值或贬值(ΔP),则资本价格公式变为

$$r = \frac{Z + \Delta P}{P} \qquad (9.7)$$

式中,ΔP 为资本价值增量,它可以大于、等于或小于 0。

对于不同的资本来说,它的价值或年收入可能并不相同,但年收入与资本价值的比率却有趋向于相等的趋势。

二、资本的需求

对资本的需求,主要是由厂商的投资需求引起的。厂商对资本的需求取决于资本的边际效率。资本的需求曲线也就是资本的边际效率曲线(marginal efficiency curve,MEC)。所谓资本边际效率是指在其他条件不变的情况下,增加 1 单位资本投资所带来的收益增量。由于资本具有在投入生产后每年都可以连续获得收益的特性,因此厂商在计算一笔投资的总净收益时,要计算未来各年的货币总净收益。由于这些收益是未来的收益,因此又必须将这些收益贴现为现值,并同现在的投资成本比较,这样才能知道目前的投资是否值得。具体计算公式如下

$$P = \frac{R_1}{(1+r)} + \frac{R_2}{(1+r)^2} + \cdots + \frac{R_n}{(1+r)^n} \qquad (9.8)$$

式中,P 代表未来总收益的现值,R 代表年净收益,r 代表实际利率,$1,2,\cdots,n$ 代表投资年份。

资本边际效率的计算公式为

$$C = \frac{R_1}{(1+i)} + \frac{R_2}{(1+i)^2} + \cdots + \frac{R_n}{(1+i)^n} \qquad (9.9)$$

式中,C 代表现在的投资成本,或资本的重置价值,i 代表资本的边际效率,R 仍为投资的年净收益。

式(9.8)与式(9.9)实质上是一样的,不过式(9.8)中的 r 为现实利率,而式(9.9)中的 i 为资本的边际效率,即投资的预期利润率。如果 R、C、i、n 为已知,即可算出一定投资的边际效率(MEC)。

由于边际收益递减规律的作用,资本的边际效率具有随着投资增加而递减的趋势,因此资本边际效率曲线即资本需求曲线,是一条向右下方倾斜的曲线。

企业在做出每项投资时必须进行成本-收益分析,只有当资本边际效率大于市场利率时,投资收益才会大于投资成本,投资才是可行的;反之,当投资的资本边际效率小于市场利率时,投资的收益就将小于投资成本,投资将是不利的。如图9.7所示,横轴 K 代表资本需求,纵轴 i 代表资本边际效率,E 点左侧,表示资本边际效率大于市场利率,企业将增加投资,增加资本需求;E 点右侧,表示市场利率大于资本边际效率,企业将减少投资,减少资本需求,E 点表示市场利率与资本边际效率相等,企业投资达到最大。所以,资本需求与资本价格利率呈反向变化的关系。

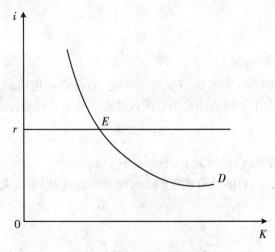

图 9.7 资本的边际效率曲线(资本的需求曲线)

三、资本的供给

前面已经说过资本的数量是可以改变的,个人可以通过增加储蓄的方式来增加自己的资本资源总量,储蓄即收入当中除去消费后的余额。当一个人增加储蓄而减少消费时,他就增加了自己拥有的资本数量。他可以自己生产新资本,如孤岛上的鲁滨逊为编织一张网而放弃当前的消费;另外他也可以去购买资本的所有权,如股票、债券等等。当一个人购买股票或债券时,其他人就因此而获得一笔资金去建造厂房和购买机器等新资本。不管怎样,单个人的资本会因储蓄而增加,因负储蓄而减少。

那么,人们为什么愿意增加目前的储蓄而减少当前的消费呢?由于人们总是偏爱当下的享受,要想使人们甘心地牺牲当下的消费进行储蓄,就必须使他们在将来能获得更多的消费。现在和将来消费的差额是对人们牺牲当下消费等待将来消费的报酬。

因此,研究资本的供给问题,也就是研究资本所有者在消费与储蓄之间的选择问题,更进一步说,就是研究资本所有者在当前消费与未来消费之间的选择问题,即长期消费决策问题。这类似于前面讲过的消费者消费商品的问题。

为简化分析,假定只有一种商品,只有今年和明年两个时期,并且消费者可以将商品借出或借入。在这些假定之下,长期消费决策可以用图9.8来说明。图中,横轴 C^0 代表今年消费的商品量,纵轴 C^1 代表明年消费的商品量。U_1、U_2 和 U_3 是消费者的三条无差异曲线。无差异曲线在这里表示的是给消费者带来同等满足的今年消费的商品量和明年消费的商品量的各种组合,它与普通的无差异曲线一样,也是向右下方倾斜的,且向原点凸出,较高位的无差异曲线代表较高的效用。无差异曲线向右下方倾斜表明,为了保证总的效用水平不变,减少今年的消费量就必须用增加明年的消费量来弥补;反之亦然。无差异曲线凸向原点表明,今年消费对明年消费的"边际替代率"递减。因为随着今年消费量的提高,明年消费量下降,今年消费的"边际效用"就下降,而明年消费的"边际效用"则上升,于是今年消费替代明年消费的能力下降。

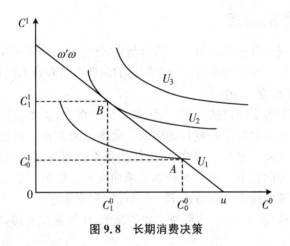

图 9.8 长期消费决策

再来看预算线 $\omega'\omega$。假定消费者今年得到的商品量(或收入)为 C_0^0,明年得到的商品量(或收入)为 C_0^1,于是消费者的初始状态可以用图中的点 A 表示,显而易见,A 点是预算线上一点。处于 A 点的消费者可以借出一部分他今年的商品,也可以借入一部分别人今年的商品。如果再假定他所面临的市场利率为 r,则他减少一单位商品的今年消费就可以增加 $(1+r)$ 个单位商品的明年消费。换句话说,预算线的斜率必为 $-(1+r)$,其中负号说明预算线是向右下方倾斜的。因此,预算线具备两个特点:第一,它必须经过初始状态 A 点;第二,它的倾斜程度由市场利率 r 完全确定,随着 r 的增加而愈加陡峭。将这两个特点综合在一起,即得如下结论:随着利率的上升,预算线将绕初始状态点 A 顺时针方向旋转;反之亦然。最后,如果消费者将明年的商品均提前到今年消费,则他今年可能有的最大消费就是

$$\omega = C_0^0 + \frac{C_0^1}{1+r}$$

它由预算线与横轴的交点表示,该点决定了预算线与纵轴之间水平方向的距离。

消费者的均衡位置当然是在预算线与无差异曲线 U_2 的切点 B,即他的长期最优消费决策是:今年消费 C_1^0,明年消费 C_1^1。将初始状态 A 与均衡状态 B 比较一下即知,处于点 A

的消费者尽管今年拥有的商品量为 C_0^0,但却决定只消费其中的一部分即 C_0^1,而将另一部分 $(C_0^0 - C_0^1)$ 储蓄起来,并按利率 r 借出去,从而能够在明年将消费从 C_1^0 提高到 C_1^1。

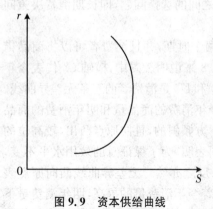

图 9.9 资本供给曲线

于是,由上分析,给定一个市场利率 r,消费者今年有一个最优的储蓄量和贷出量。如果进一步令利率变化,例如,设市场利率提高,则预算线将绕初始点 A 顺时针旋转,从而将与另一条无差异曲线相切,得到另一均衡点及另一个最优储蓄量和贷出量。将不同利率水平下消费者的最优储蓄量画在图 9.9 上,就得到一条储蓄或贷款供给曲线。图 9.9 中,横轴 S 表示储蓄或贷款供给。一般来说,随着利率的上升,人们的储蓄也即贷款供给会被诱使增加,从而曲线向右上方倾斜。但与劳动供给曲线时的情况相似,当利率处于很高水平时,贷款供给曲线亦可能出现向后弯曲的现象。这是由利率提高对储蓄带来的替代效应和收入效应造成的。读者可以自己试着分析一下。

四、均衡利率的决定

把资本的需求曲线与资本的供给曲线结合起来,便得到均衡的利率水平,即资本需求与资本供给相等时的利率。这种均衡可以分为资本的短期均衡和资本的长期均衡两种情况。

(一) 资本市场短期均衡

由于资本的增加来源于储蓄的增加,而储蓄是流量概念,资本是存量概念,要通过储蓄流量显著地改变资本存量通常需要较长的时间。就像涓涓细流不断流入一个大水库,需经过很长时间才能改变水库的水位。据此,可以认为资本的短期供给曲线为一条垂线。这样垂直的资本供给曲线与向右下方倾斜的资本需求曲线一起决定了资本市场的均衡价格-利率。如图 9.10 所示,横轴代表资本数量 K,纵轴代表利率水平 r,S_1、S_2 分别为两条不同时点上的短期资本供给曲线,$S_1 > S_2$,表明资本供给增加,供给曲线右移,均衡利率下降。

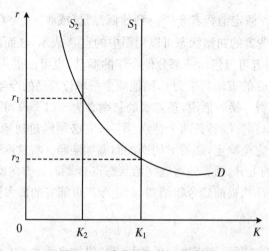

图 9.10 资本市场的短期均衡

（二）资本市场长期均衡

长期内资本供给与利息率呈同方向变化，因此资本长期供给曲线是一条向右上方倾斜的斜率为正的曲线。

把向右上方倾斜的资本长期供给曲线与向右下方倾斜的资本需求曲线结合起来，两条曲线的交点，即资本市场的长期均衡点，如图9.11所示。

图9.11中的E点为资本市场的长期均衡点，均衡利率为r_0，均衡资本为K_0。

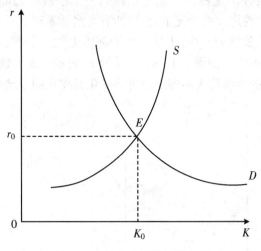

图 9.11　资本市场的长期均衡

均衡的市场利率是可以变化的。例如，在经济衰退时期，厂商利润率下降，将减少对投资的需求，进而减少对资本的需求，使得资本需求曲线左移，在资本供给不变的前提下，将降低市场利率。在资本需求不变时，若政府增加货币供给会使资本供给曲线向右移动，这将降低市场利率。

我们这里所描述的市场利率只是一种理论上的抽象，不能认为只存在一种均衡利率，所有借贷者均按照这一均衡利率进行借贷，现实生活中的利率是多种多样的，不仅政府债券利率与公司债券利率存在差别，政府发行的债券本身的利率也会因期限不同而不同，一般长期债券利率高于短期债券利率。至于公司债券利率，它们之间因风险和期限不同差别会更大。

第四节　地　　租

在前面研究了劳动和资本这两种生产要素的需求、供给以及其价格工资、利息的决定，这一节我们将接着探讨传统西方经济学中与劳动、资本相并列的第三种生产要素土地的供给及其价格-地租的决定。

经济学上的土地，泛指一切自然资源，其特点为"原始的和不可毁灭的"。说它是原始的，是因为它不能被生产出来；说它是不可毁灭的，是因为它在数量上不会减少。土地数量可以说是"自然给定的"，这里我们不考虑人为因素对土地数量施加的影响。

一、土地供给

我们说土地的数量是自然给定的,那么土地的市场供给情况会不会随着土地价格的变化而变化呢?对于这个问题的回答,我们可以仿照前面分析劳动要素的供给的做法。假设土地所有者可以在供给市场(生产性用途)和保留自用(消费性用途)两种用途上来分配他的土地。这样,如果土地不用来供给市场的话,他可以拿来自建花园或球场等。然而我们发现,土地的这种消费性用途占整个土地总量的一个很微小的部分,可以假定为零。因此,在土地只有一种生产性用途的情况下,土地所有者当然希望从这种用途中尽可能多地获得报酬,这时无论土地的价格为多少,土地所有者都将提供他所拥有的全部土地。因此,土地供给曲线表现为一条垂线。如图9.12所示,横轴N表示土地的数量,纵轴R表示土地的价格-地租,垂直于横轴的直线代表不随土地价格变化而变化的土地供给曲线。

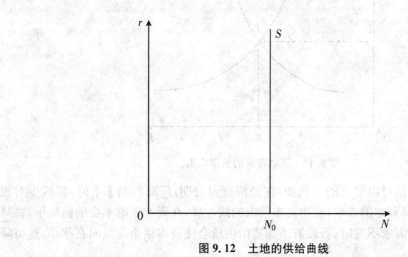

图 9.12 土地的供给曲线

上面之所以得到土地供给曲线垂直的结论,并不是因为自然赋予的土地数量是(或假定是)固定不变的,而是因为我们假定土地只有一种生产性用途,而没有自用用途。如果土地只有生产性用途,则它对该种用途的供给曲线就是垂直的。事实上,这一结论不仅适用于土地,还可以推广到其他要素。我们可以得到更一般性的结论:任意一种资源,如果只能(或假定只能)用于某种用途,而无其他用途,则该资源对该种用途的供给曲线就一定是垂线。借用机会成本的概念则可以这样描述:任意一种资源,如果它在某种用途上的机会成本等于零,则它对该种用途的供给曲线垂直;即使该资源价格下降,它也不会转移到其他方面(因为无利可得)。例如,某块土地只能用来种水稻,则它对种水稻的供给曲线垂直,种水稻的价格下降也不会减少它的供给量。由此,可以得到更一般的结论:任意一种资源对其用途的供给曲线在其机会成本之上垂直。

二、地租的决定

地租是由土地的需求与供给共同决定的。土地的需求取决于土地的边际生产力,而土地的边际生产力存在递减的规律。所以,土地的需求曲线是一条向右下方倾斜的斜率为负的曲线。将上面的土地供给曲线与土地需求曲线结合起来便决定了土地的价格-地租。如图9.13所示,图中的土地需求曲线与垂直的土地供给曲线的交点E决定了土地价格为R_0,

土地数量为 N_0。

从图 9.13 可以看出,在土地供给固定不变的情况下,地租来源于需求的变化。如图 9.14 所示,随着需求的变化,土地价格-地租不断变化,土地需求减少,土地需求曲线向下移动到 D_1,土地价格-地租下降到 R_1,由于土地需求增加,土地需求曲线向上移动到 D_2,土地价格-地租提高到 R_2。随着一国经济的发展,地租有不断上升的趋势。

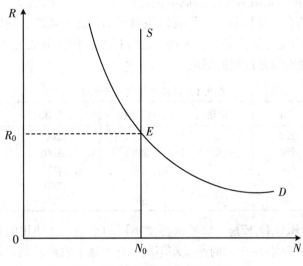

图 9.13 土地价格-地租的决定

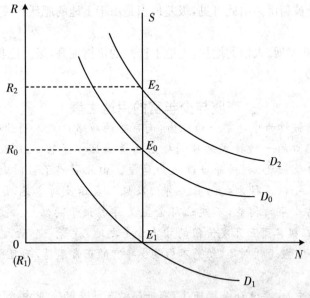

图 9.14 土地价格-地租的变动

三、地租概念的扩展

(一) 级差地租

上面所研究的地租指的是绝对地租,即不考虑土地本身在肥沃程度、地理位置等方面的差别,是任何土地在使用时都必须缴纳的地租。而实际上,土地有肥瘠之分,矿藏亦有贫富之别,再加上地理位置、气候条件等的差别,可以把土地分为不同等级。一般情况下,对土地的利用会根据土地上所产产品需求的大小,自优至劣依次进行。土地产品的价格必须不低于使用劣等土地进行生产所耗费的平均成本。这成本中就包括使用劣等土地的地租,否则劣等土地所有者不会让渡土地使用权。而劣等土地上投入同样多的劳动和资本等生产要素,所生产出来的农产品却比中、优等土地少,这样使得劣等土地耗费的成本要高于中、优等土地,而农产品市场价格是由劣等土地成本决定的,因而经营中、优等土地的人将因此获得超过经营劣等土地的人所获得的平均利润的超额利润。这一超额利润的一部分(或全部),必然通过租种中、优等土地的竞争而落入到土地所有者的手中,这便是所谓的级差地租。我们可以用表9.1来说明级差地租的形成。

表9.1 级差地租的一个例子

土地	产量	价格	总收益	生产成本	级差地租
A	200	2	400	200	200
B	180	2	360	200	160
C	150	2	300	200	100
D	100	2	200	200	0
E	80	2	160	200	−40

在表9.1中,A、B、C、D、E是五块肥沃程度不同的土地。在使用的其他生产要素相同、生产成本相同的情况下,各块土地的产量却不同。在市场上农产品的价格是相同的,这样各块土地所获得的总收益就不同,A、B、C三块土地因为条件好、产量高,从而分别产生200、160和100的地租,这就是级差地租。D块土地没有地租,被称为边际土地。E块土地生产成本无法弥补,不会被利用。由此可见,级差地租是由于土地的肥沃程度和地理位置不同而产生的。

随着经济的不断发展、人口的增加,土地上产品的价格提高,级差地租也会上升。

【案例分析】9-2

商厦与少年宫的用地之争

上海的南京路被称为中华第一商业街,南京路西藏路口更是商业街的繁华地段,可谓是寸土寸金。路口的一幢样式别致的楼房为黄浦区少年宫。20世纪80年代末,精明的商家欲让少年宫搬迁,利用原址改造为商厦。由此引起了当时激烈的争论。许多家长和一些社会人士以各种方式向有关部门及媒体表示反对意见,认为不能光为了追求经济效益而侵害少年的利益,不能让拜金主义毒害孩子的幼小心灵。而商家和其他社会人士则认为,在极具商业开发价值的寸土寸金之地,放着一个偌大的少年宫,是一种资源的浪费。少年宫搬迁到别处,丝毫不影响少年宫的正常运转,而且新的少年宫可以更大、更好。

在激烈的争论中,少年宫还是搬迁了,离开了喧嚣嘈杂的商业中心。利用少年宫原址开张的"上海精品商厦"生意十分红火,其广告语"叩开名流之门,共度锦绣人生"一度成为上海滩最流行的广告语之一。该房地产的所有者也因此获得了丰厚的租金收入。

(二)租金、准租金和经济租金

1. 租金

根据定义,地租是土地的服务价格,因而地租只与固定不变的土地有关。然而,在现实生活中还有很多其他资源在某些时候也可以看成是固定不变的,例如某些人的天赋才能,就与土地很相似,可以看成是固定不变的。这些固定的资源也可以有相应的服务价格。为了与土地价格相区分,我们把这种供给数量固定不变的资源的服务价格称为租金。由此可见,地租是当所考虑的资源为土地时的租金,而租金是一般化的地租。

2. 准租金

所谓准租金,是指对短期固定投入的生产要素的支付。在短期内,由于企业很难变动生产规模,因而其固定生产要素的供给是不变,这类似于土地的供给。不论这种固定投入是否取得收入,都不会减少其供给。只要产品销售收益能够补偿可变成本,就将继续进行生产。在这种情况下,产品价格超过可变成本的余额,代表固定投入的收入。这种收入类似于地租,被称为准地租。如图 9.15 所示,图中的三条曲线分别是厂商的平均成本曲线 AC、平均可变成本曲线 AVC 和边际成本曲线 MC。当市场价格为 P_0 时,厂商的产量为 Q_0,平均可变成本为 CQ_0,总可变成本为 $OBCQ_0$,而总收益为 OP_0EQ_0,所以总收益除去总可变成本为 BP_0EC,这就是对固定投入的支付,即所谓的准租金,这部分准租金里包括了超额利润 $ADEP_0$ 部分。

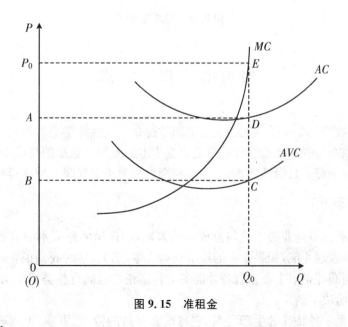

图 9.15 准租金

3. 经济租金

如果生产要素所有者得到的收入超过他们希望得到的收入,那么超过的这部分收入被称为经济租金。也就是说,即使没有这部分收入,生产要素所有者也不会影响要素的供给量。经济租金类似于前面讲过的生产者剩余。如图 9.16 所示,横轴代表要素数量,纵轴代表要素价格,要素需求曲线与供给曲线的交点决定了要素的均衡价格。要素供给曲线上的点表示生产要素所有者增加每单位生产要素供给所愿意接受的最小支付,提供 Q_0 的生产要素愿意接受的最小总支付为 $OAEQ_0$ 的面积,当要素市场价格为 R_0 时,要素所有者实际接受的总支付为 OR_0EQ_0 的面积。实际接受的总支付与愿意接受的最小总支付之间的差额为 AER_0 的面积(图中阴影),这就是所谓的经济租金。

显然,经济租金的大小与供给曲线的形状相关。供给曲线越陡峭,经济租金越大;供给曲线垂直时,全部要素收入均为经济租金;供给曲线水平时,则经济租金为零。经济租金与准租金是有区别的,准租金是短期内存在,而经济租金在长期内也可以存在。

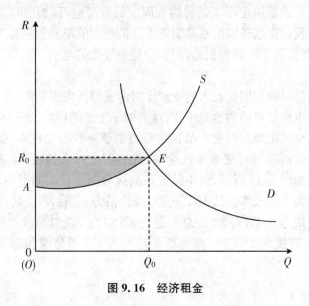

图 9.16 经济租金

第五节 利 润

利润是企业收益与企业成本的差额。第四章曾介绍过经济学上的利润与会计学上的利润的区别,经济利润指的是企业总收益与企业总成本的差额。这里的总成本分为两部分:一部分是会计成本,一部分是隐性成本。因此,利润也分为正常利润和超额利润。

一、正常利润

经济学上的利润是企业总收益与总成本的差额,而这里的总成本中有一部分处理隐性成本,即企业家的管理才能,如果企业的经济利润为零,那么,这时我们说企业获得了正常利润。所以,正常利润即是对企业家管理才能的支付。正常利润有些类似于工资,是由企业家才能的需求和供给决定的。

企业家才能是一种特殊的生产要素,它与前面讲过的劳动、资本、土地等生产要素具有显著的区别。在这四种生产要素当中,企业家才能是决定能否把前面三种生产要素结合起来生产出更多物品与劳务的决定性要素。企业家才能的价格同样决定于其供给与需求。企业家才能作为一种特殊的生产要素,其供给一般来说是有限的,也就是说并不是每个人都具备企业家的天赋,如对事物的直觉和判断力、做出重大决策的魄力、勇于创新的胆识、敢于冒险的勇气等。相对于企业家才能的较小供给,对企业家才能的需求却是很大的,因为企业家才能是生产好坏的关键。

由于对企业家才能的支付是隐性成本的一部分,所以当企业收支相抵时,便获得了企业家才能的支付,即正常利润。在完全竞争市场中,当实现长期均衡时,单个厂商的经济利润为零,即实现了正常利润。超额利润在完全竞争市场中不存在。

二、超额利润

上面说了在完全竞争市场中不存在超额利润,只有在非完全竞争市场中,即存在垄断因素的市场中才会存在超额利润。所以垄断是带来超额利润的源泉之一。

这里垄断包括卖方垄断与买方垄断。卖方垄断也叫专卖,指对某种产品出售权的垄断。这类似于在前面产品市场当中讲过的完全垄断、寡头垄断市场当中的厂商行为,他们可以通过抬高产品市场的价格,从而获得垄断利润即超额利润。买方垄断也称专买,是指某种产品或生产要素购买权的垄断。在这种情况下,买方可以压低收购价格,以损害生产者或生产要素供给者的利益而获得超额利润。

除了垄断可以带来超额利润之外,西方经济学者认为还有两种情况可以带来超额利润。一是创新。创新是指企业家对生产要素实行新的组合。例如,引入一种新产品,采用一种新的生产方法,开辟一个新市场,获得一种原料的新来源,采用一种新的企业组织形式等。无论是哪种方式,均可以使得企业的成本下降,但企业的产品价格是按照市场价格出售的,这样企业就会因企业成本低于行业平均成本而获得超额利润。二是承担风险。风险是从事某项事业时失败的可能性。由于未来具有不确定性,很难预料,风险是普遍存在的。尤其是在生产中,供求状况的变动是难以预测的。另外,由于自然灾害、政治动乱以及其他一些偶然因素的影响,风险也是存在的。这样,从事具有风险的生产就应该获得超额利润,以便得到补偿。

三、利润的作用

经济学者认为,利润有利于推动社会进步,原因如下:

第一,正常利润作为企业家管理企业的报酬,会鼓励企业家更好地发挥其才能,把企业管理好,提高经济效益。

第二,创新带来的超额利润能够鼓励企业大胆地创新,而创新无疑会推进社会进步。

第三,由风险而产生的超额利润,补偿了那些勇于承担风险的企业家,从而利于那些能够推进社会发展的风险事业的开展。

第四,为了获得超额利润,企业会根据社会的需要进行生产,不断提高经济效率,降低成本,有利于资源有效利用,符合整个社会的利益。

第五,整个社会受利润的驱使,有利于资源的合理化流动和最优化配置。

【案例分析】9-3

如何解决国企老总定价问题

记者:你认为中国应该停止产权改革,这样会不会产生企业家价值无法体现的问题?企业家的薪水用什么参照系来解决?能不能给出个一个比较合理的给企业家定价的办法?

郎咸平:其实,对企业家定价这个问题并没有一些人渲染的那么复杂。我反对企业家干着干着就把企业变成自己的。于是,就有人说,我郎咸平主张让企业家每月只拿几千元。实际上,我要说的只是,即使企业家做得再好,也不能把企业送给他。通过建立职业经理人市场和信托责任两个方式,我们可以给企业家定价。比如,国企老总到底拿多少比较合适？很简单，让职业经理人去市场定价。现在民营企业的职业经理人是有市场、有价格的，很多营销人的薪水都是通过职业经理的市场行情定下来的。目前最大的问题是国企老总的任免是不开放的，还是行政任免。这样，才造成了"五十九岁现象"等问题。只要国企老总市场开放了，职业经理人市场就能相应形成。只要是能干的人，不管出身，不管是不是国家干部，都能去做国企老总，定价问题就能解决了。

第六节 洛伦兹曲线和基尼系数

到目前为止，我们已经研究了生产要素价格的决定理论。生产要素价格决定理论是分配论的重要组成部分，但并不是分配论的全部内容，除了要素价格的决定之外，分配论还包括收入分配的不平等程度等等。对这一问题进行研究的是美国统计学家洛伦兹，他提出了著名的洛伦兹曲线。洛伦兹首先将一国总人口按收入由低到高排队，然后考虑收入最低的任意百分比人口所得到的收入百分比（参见表9.2），最后将得到的人口累计百分比和收入累计百分比的对应关系描绘在图形上，即得到洛伦兹曲线，如图9.17所示。

表9.2 收入分配资料

人口累计百分比	收入累计百分比
0%	0%
20%	3%
40%	7.5%
60%	29%
80%	49%
100%	100%

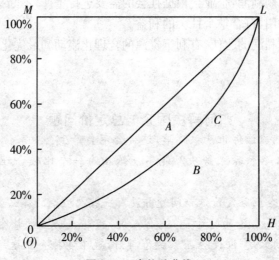

图9.17 洛伦兹曲线

图中 OH 表示人口(按收入由低到高分组)的累计百分比,OM 表示收入累计百分比,OCL 为洛伦兹曲线。由该曲线可知,在该国中,收入最低的 20% 人口所得到的收入仅约占该国总收入的 3%,而收入最低的 80% 人口所得到的收入不到该国总收入的一半。

洛伦兹曲线的弯曲程度具有重要的意义。一般来说,它反映了收入分配的不平等程度。曲线弯曲程度越大,收入分配越不平等,极端情况是曲线变为折线 OHL,说明收入全部被一人占有,收入分配陷入完全不平等;曲线弯曲程度越小,收入分配越平等,当曲线变为 45°线 OL,说明收入分配是完全平等的。以上是两种极端情况,更一般的情况是曲线 OCL,即收入分配在完全不平等和完全平等之间。这样将 45°线与曲线 OCL 之间的面积称为不平等面积,用 A 表示;将 45°线与折线 OHL 之间的面积称为完全不平等面积,用 $A+B$ 表示,这样不平等面积与完全不平等面积的比值称为基尼系数,即

$$G = \frac{A}{A+B}$$

显然,G 取值在 0 到 1 之间,G 值越大,即越接近 1,意味着收入分配越不平等;G 值越小,即越接近 0,意味着收入分配越平等。基尼系数通常被作为衡量一个国家的贫富差距的标准。

按国际上通用的标准,基尼系数小于 0.2 表示绝对平均,0.2～0.3 表示比较平均,0.3～0.4 表示相对合理,0.4 为临界点,0.4～0.5 表示差距较大,0.5 以上表示差距悬殊。由于基尼系数给出了反映收入分配差异程度的数量界限,可以有效地预警两极分化的质变临界值,可以对各国收入分配的平均程度进行对比,也可以对各种政策的收入效应进行比较,所以得到了世界各国的广泛重视和普遍采用。

◆ **内容摘要**

1. 生产要素的需求是联合需求、派生需求;厂商对生产要素的使用原则仍是利润最大化原则,即使用要素的边际收益等于使用要素的边际成本。不同的市场结构,使用要素的边际收益与使用要素的边际成本具有不同的表现形式。

2. 无差异曲线分析方法同样可以运用在分析生产要素供给的场合,即要素所有者是在既定资源约束下,确定保留自用与供给市场间的分配比例,以获得最大的效用。在完全竞争市场中,工资由劳动的供求曲线决定,此时劳动需求曲线与劳动的边际产品价值曲线重合,是一条向右下方倾斜的斜率为负的曲线。

3. 单个要素所有者的劳动供给曲线是向右上方倾斜且有一段弯曲的曲线,原因是工资上升的替代效应与收入效应共同作用的结果,但整个市场的劳动供给曲线却仍是向右上方倾斜的斜率为正的曲线。

4. 资本的价格-利息,利息的大小用利息率来表示。利息率由资本的需求与供给共同决定。

5. 利润分为正常利润和超额利润。正常利润是对企业家才能的支付;超额利润是超过正常利润的那部分利润,它来源于垄断、创新和承担风险。

◆ **关键词**

生产要素需求　生产要素供给　边际生产力　边际收益产品　边际产品价值　地租　准租金　经济租金

◆选择题

1. 生产要素的需求是一种（　　）。
   A. 派生需求　　　　　　　　　B. 联合需求
   C. 最终产品需求　　　　　　　D. A、B选项都正确

2. 生产要素的需求曲线之所以向右下方倾斜，是因为（　　）。
   A. 要素的边际收益产品递减　　B. 要素生产的产品的边际效用递减
   C. 要素的规模报酬递减　　　　D. 以上都不对

3. 就单个劳动者而言，一般情况下，在工资率较低的阶段，劳动供给量随工资率的上升而（　　）。
   A. 上升　　　　　　　　　　　B. 下降
   C. 不变　　　　　　　　　　　D. 不能确定

4. 劳动供给决策包括（　　）之间的选择。
   A. 工作和睡眠　　　　　　　　B. 收入和消费
   C. 睡眠和闲暇　　　　　　　　D. 收入和闲暇

5. 工资率上升有收入效应和替代效应，两者作用方向相反，如果收入效应起主要作用，则导致劳动供给曲线（　　）。
   A. 向上倾斜　　　　　　　　　B. 垂直
   C. 向后弯曲　　　　　　　　　D. 水平

6. 地租不断上升的原因可能是（　　）。
   A. 土地的供给、需求共同增加　B. 土地供给不断减少，而需求不变
   C. 土地的需求日益增加，而供给不变　D. 以上全不对

7. 在完全竞争市场上，土地的需求曲线与供给曲线分别是（　　）状。
   A. 水平、垂直　　　　　　　　B. 向左下方倾斜、向右下方倾斜
   C. 向右下方倾斜、向左下方倾斜　D. 向右下方倾斜、垂直于数量轴

8. 利息率上升带来的收入效应是指（　　）。
   A. 改善个人情况，所以现在的消费减少，将来的消费增加
   B. 改善个人情况，所以现在的消费增加，将来的消费增加
   C. 改善个人情况，所以现在的消费增加，将来的消费减少
   D. 恶化个人情况，所以现在的消费减少，将来的消费减少

9. 利息率上升的替代效应是对（　　）的回应。
   A. 因现时消费的相对价格上升，从而推迟消费变得更为诱人
   B. 因现时消费的相对价格上升，从而推迟消费变得不那么诱人
   C. 因现时消费的相对价格下降，从而推迟消费变得不那么诱人
   D. 因现时消费的相对价格下降，从而推迟消费变得更为诱人

10. 洛伦兹曲线和基尼系数都可以用来描述收入分配的不均等程度，下列表述正确的是（　　）。
    A. 洛伦兹曲线越弯曲，基尼系数就越小，收入分配越平均
    B. 洛伦兹曲线越平直，基尼系数就越大，收入分配越不平均
    C. 洛伦兹曲线呈直线状，基尼系数为1，收入分配绝对平均
    D. 洛伦兹曲线呈直线状，基尼系数为0，收入分配绝对平均

◆ **思考题**

1. 试分析完全竞争厂商使用生产要素的原则。
2. 为什么劳动的供给曲线会向后弯曲?
3. 为什么土地的供给曲线是垂直的?
4. 分析准租金与经济租金的区别。
5. 设一厂商使用可变要素劳动 L,其生产函数为 $Q=-0.01L^3+L^2+38L$,其中 Q 为每日产量,L 为每日投入的劳动小时数,所有市场(产品市场和要素市场)都是完全竞争的,单位产品价格为 0.10 美元,小时工资为 5 美元,厂商要求利润最大化。

求:厂商每天要雇佣多少小时劳动?

◆ **案例题**

背景资料:何女士是某公司的员工,自从 2006 年进入公司以后,工作一直勤勤恳恳,服从公司的各项安排,对于公司的加班规定也毫无怨言。公司按照基本工资、加班工资和计件工资计算劳动报酬,加班工资的计算标准为超过工作时间累计满 8 小时支付 30 元,星期六加班也按此标准。2012 年底,何女士因琐事与公司发生纠纷,公司通知何女士办理终止劳动合同手续。

由于双方对何女士加班工资的给付标准及数额发生纠纷,何女士拒绝办理终止劳动合同手续,并于 2013 年 1 月向当地劳动争议仲裁委员会提起仲裁。仲裁后,何女士不服仲裁裁决,于是向法院提起诉讼。

我国《劳动法》规定,工资应以货币形式按时足额支付给劳动者本人;且有下列情形之一的,用人单位应该按照下列标准支付高于劳动者正常工作时间工资的工资报酬:① 平日安排劳动者延长工作时间的,应当支付不低于工资的百分之一百五十的工资报酬;② 休息日安排劳动者延长工作时间,不能安排补休的应当支付不低于工资的百分之二百的工资报酬;③ 法定休假日安排劳动者延长工作时间的,应当支付不低于工资的百分之三百的工资报酬。

2013 年 3 月,当地人民法院审结此案,认定该公司支付职工何女士的加班工资违反了相关规定标准,一审判决被告支付原告何女士加班工资、超时工资及补偿金共计 24000 余元。从分配理论角度思考此案例,请问:

(1) 此公司为何以低于法定加班工资的标准不断要求员工加班?

(2) 何女士一直对加班毫无怨言,可以看出对何女士起主要作用的是收入效应还是替代效应?为什么?

第四篇
市场失灵及其补救

> 平等和效率的冲突,是最需要加以慎重权衡的社会经济问题,它在很多的社会政策领域一直困扰着我们。我们无法按市场效率生产出馅饼之后又完全平等地进行分享。
>
> ——阿瑟·奥肯

第四篇

生伴疾及充失越市

第十章 一般均衡论与福利经济学

学习目标

通过本章的学习,了解准确判断经济效率的帕累托最优标准,掌握实现生产、交换以及生产和交换的帕累托最优的条件;理解完全竞争市场经济能够达到帕累托最优效率的原因;能运用福利经济学原理对我国体制改革有关方案实施的可行性加以分析。

导入案例

在20世纪60年代末和70年代初,巴西政府采取大豆出口的管制政策来限制大豆产品出口,导致了巴西大豆价格的下降,以此鼓励国内大豆的销售,刺激大豆产品的国内需求。并希望最终出口控制政策取消后,巴西的出口也会上升。但这一预期是建立在对巴西大豆市场的局部均衡分析上的。事实上,当取消控制之后,巴西大豆的出口反而降低了。为何会出现这种情况呢?这是因为在世界大豆市场上,巴西与美国是竞争关系。巴西实行大豆管制政策导致巴西的出口减少,美国的出口增加,致使美国的大豆价格上升,生产扩大。这使得巴西取消控制之后更难出口大豆了,事实上美国在巴西实行大豆管制时期的大豆出口比巴西不管制时期要高30%。可见,巴西的大豆政策是误导的,从长期来看使巴西受损。决策者没有考虑这一政策对美国大豆生产和出口的影响。

第一节 一般均衡理论

一、局部均衡与一般均衡

到目前为止,我们使用均衡分析方法所分析研究的都是单个市场的均衡问题。在研究某个市场时,我们通常假定其他市场的供求是既定不变的,而我们所研究的这个市场的变动也不影响其他市场,因而该市场的产品的供给和需求仅仅是其价格的函数。结论就是在供给和需求这两个相反力的作用下,该市场会逐渐趋于均衡,形成一个均衡价格,在这个价格下,供给量等于需求量,市场出清。这种研究方法通常被称为局部均衡分析方法,指在假定其他条件不变,即假定某一变量只取决于本身的各相关变量的作用,而不受其他变量和因素影响的前提下,该种变量如何实现均衡。例如,平板电脑的价格同智能手机、台式电脑等许多商品的供求状况和价格存在密切的关系,同消费者收入(生产要素价格)也存在密切关系。

但是，局部均衡理论在研究平板电脑市场时，假定所有这些都不变，只考虑平板电脑的供给和需求对价格的决定作用。这种分析方法是马歇尔最先于1890年在他的代表著作《经济学原理》中使用的，同时这也是马歇尔经济学说在方法论上的一个主要特点。

但局部均衡分析显然与现实有较大的距离，现实中各个市场之间是相互联系的、相互影响的，一个市场供求的变化会引起一系列相关的市场供求的连锁反应。这种各个市场之间相互的联系和影响，正是市场经济的基本特征之一。为了理解各个市场之间的相互影响问题，我们来看一个例子。

首先，我们来看一个简化的经济，它包括四个市场：钢铁市场、汽车市场、汽油市场、劳动市场，如图10.1所示。在刚开始时，四个市场都处于均衡状态，四个市场的供给曲线在图中表示为 S_A、S_B、S_C、S_D，四个市场的需求曲线分别为 D_A、D_B、D_C、D_D，前三个市场的均衡产量分别为 Q_A、Q_B、Q_C，劳动市场的均衡劳动使用量为 L_D，四个市场的均衡价格分别为 P_A、P_B、P_C、W_D。

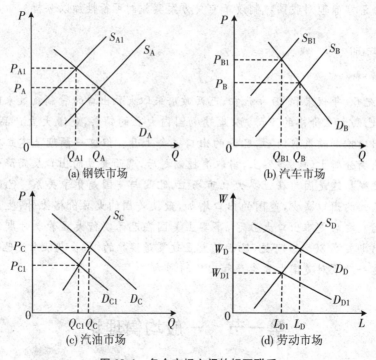

图 10.1 各个市场之间的相互联系

现在假设由于某种原因，比如铁矿石价格上涨、煤炭价格上涨或者电力价格上涨等，钢铁的供给减少，即供给曲线向左移动，如图10.1(a)所示。供给的减少将导致钢铁市场的均衡价格上升为 P_{A1}，均衡产量将下降为 Q_{A1}。但事情远未到此完结，由于钢铁是汽车工业的原材料，钢铁价格的上涨会直接导致汽车工业的成本上升，这样汽车的供给也将减少，供给曲线向左移动，从而汽车的均衡价格上升至 P_{B1}，均衡产量下降至 Q_{B1}，如图10.1(b)所示。由于汽车和汽油是互补品，汽车市场的变动将会导致汽油市场的变动，从图10.1(c)可以看出，由于汽车的需求量下降，汽油的需求量也将下降，需求曲线向左移动，从而汽油的均衡价格下降至 P_{C1}，均衡产量下降至 Q_{C1}。由于钢铁、汽车、汽油等行业的产量都是下降的，在技术水平和其他因素不变的前提下，就会导致市场对劳动等要素需求的下降，从而影响到劳动市场,如图 10.1(d)所示。由于市场对劳动需求的下降,需求曲线向左移动,结果均衡的工资水平就由 W_D 下降到 W_{D1},均衡的劳动供给量也由 L_D 下降到 L_{D1}。

可以预测,要素市场的变化还会反过来影响到产品市场。由于劳动的工资水平下降,厂商的生产成本也将下降,从而钢铁、汽车、汽油等产品的供给还会有一定的上升,均衡价格还会有所下降,均衡产量还会有一定上升。可以看出,一个市场发生的变动,会引起其他市场的一系列变动,而其他市场的变动,又会反过来导致最初发生变动的市场再次发生变动。这种市场之间的相互作用,称为反馈效应。

从上面分析的一个最简单的市场相互作用模型可以看出,要全面、准确地分析一个市场的变动,就要把所有的市场放到一起来进行研究,研究各个市场之间的相互作用和影响,研究某一变量在各种条件和因素作用下,如何实现均衡,从而得出所有市场的均衡价格与均衡产量的决定。与局部均衡分析相对应,从市场上所有种类商品的供求和价格是相互影响、相互依存的前提出发,考察每种商品的供求同时达到均衡状态条件下的某商品均衡价格决定问题。这种分析方法称为一般均衡分析方法,而所有市场都达到均衡的这种状态被称为一般均衡。

【课堂讨论】 面包片和大豆调味酱是一种很好的快餐食品组合。假如有一种转基因大豆可以抵抗病虫害,从而使大豆的产量增加,定性分析面包片和调味酱的价格会有什么变化?你的分析和局部均衡分析有什么不同?

二、一般均衡的存在性

通常认为,一般均衡理论是法国经济学家瓦尔拉斯在他的《纯粹经济学要义》中创立的。瓦尔拉斯认为,当整个经济体系处于均衡状态时,所有消费品和生产要素的价格将有一个确定的均衡值,它们的产出和供给将有一个确定的均衡量。他还认为在"完全竞争"的均衡条件下,出售一切生产要素的总收入和出售一切消费品的总收入必将相等。

瓦尔拉斯第一个提出了一般均衡的数学模式并试图解决一般均衡的存在性问题。除此之外,他还对一般均衡的唯一性、稳定性及最优性等问题做过探索。

瓦尔拉斯的一般均衡体系是按照从简单到复杂的路线一步步建立起来的。他首先撇开生产、资本积累和货币流通等复杂因素,集中考察所谓交换的一般均衡。在解决了交换的一般均衡之后,他加入更现实的一些假定——商品是生产出来的,从而讨论了生产以及交换的一般均衡。但是,生产的一般均衡仍然不够"一般",它只考虑了消费品的生产而忽略了资本品的生产和再生产。因此,瓦尔拉斯进一步提出了关于"资本积累"的第三个一般均衡,从而把一般均衡理论从实物经济推广到了货币经济。

瓦尔拉斯的一般均衡理论后来由帕累托、希克斯、诺伊曼、萨缪尔森、阿罗、德布鲁及麦肯齐等人加以改进和发展。经济学家利用集合论、拓扑学等数学方法,在相当严格的假定条件之下证明:一般均衡体系存在着均衡解,而且这种均衡可以处于稳定状态,并同时满足经济效率的要求。这些严格的假设条件包括:任何厂商都不存在规模报酬递增;每一种商品的生产至少必须使用一种原始生产要素;每个消费者都可以提供所有的原始生产要素;每个消费者的序数效用函数都是连续的;消费者的欲望是无限的;无差异曲线凸向原点,等等。

总之,只要严格的假设条件全部得到满足,一般均衡体系就有均衡存在。

第二节 帕累托最优

西方经济学家应用一般均衡理论说明最优资源配置。资源配置是指有限资源在各种不同的用途和各种不同的行业间的配置。就用途而论,资源应当按消费者需要的迫切程度进行配置。就行业而论,资源应当按行业的生产效率高低进行配置。西方经济学认为,在完全竞争条件下,资源配置可以自动达到最优状态。如何判断各种资源配置的优劣?如何确定所有可能的资源配置中的最优资源配置?意大利经济学家帕累托在分析资源配置时,论证了资源配置的最大效率问题。

一、帕累托最优标准

假定整个社会只有两个人(如甲和乙),且只存在两种可能的资源配置状态(如 A 和 B)。甲和乙在 A 和 B 之间进行选择,是 A 优于 B?还是 B 优于 A?或者二者无差异?

如果至少有一个人认为 A 优于 B,而没有人认为 A 劣于 B,则认为从社会的观点看,A 优于 B。这就是帕累托最优状态标准,简称帕累托标准。帕累托最优是新福利经济学的核心概念之一。帕累托在用序数效用论分析生产资料的最优配置问题时,提出一个检验生产资源配置是否最优的标准。如果既定的资源配置状态的改变使得至少有一个人的状况变好,而没有使任何人的状况变坏,则认为这种资源配置状态的变化是"好"的;否则认为是"坏"的。这种以帕累托最优状态标准衡量为"好"的状态改变称为帕累托改进。如果对于某种既定的资源配置状态,所有的帕累托改进都不存在,则就达到了帕累托最优状态。

帕累托最优状态又称为经济效率。满足帕累托最优状态就是具有经济效率的;反之,不满足帕累托最优状态就是缺乏经济效率的。例如,如果产品在消费者之间的分配已经达到这样一种状态,即任何重新分配都会至少降低一个消费者的满足水平,那么,这种状态就是最优的或最有效率的状态。同样的,如果要素在厂商之间的配置已经达到这样一种状态,即任何重新配置都会至少降低一个厂商的产量,那么,这种状态就是最优的或最有效率的状态。

【课堂讨论】 为什么两个国家的自由贸易使两国消费者情况都得到了好转?

【案例分析】10-1

一条小溪终年不断,是当地人饮用的水源。外来至此的人从溪流中取水饮用,从正常的供水角度看,这种行为对当地居民无任何影响,那么,这位外来人员饮水就是帕累托改进。一部能坐 12 个人的电梯,有序地运行,在没有达到 12 人之前,每增加 1 个人,都是一次帕累托改进。达到 12 个人满载运行时,即达到了帕累托最优。因为如果再增加一个人 A,必然要减少另一个人 B,这样虽然 A 的福利增加了,但 B 的福利就减少了。

请举例说明我们身边有哪些事属于帕累托改进?哪些状态达到了帕累托最优?

【资料链接】10-1

维弗雷多·帕累托

维弗雷多·帕累托是意大利的经济学家、社会学家,对经济学、社会学和伦理学做出了很多重要的贡献,提出了帕累托最优的概念,并用无差异曲线发展了个体经济学领域。

1848年7月15日,维尔弗雷多·帕累托出生于巴黎。1891年,帕累托读了马费奥·潘塔莱奥尼的《纯粹经济学原理》,开始对经济学产生兴趣。1896年,帕累托在洛桑用法文发表《政治经济学讲义》,1901年在巴黎用法文发表《社会主义体制》。1922年,为了抗议瑞士社会主义者倡议提取财产税,帕累托同意出任意大利政府驻国联代表。1923他被任命为意大利王国参议员。他在《等级体制》上发表了两篇文章,表示归附法西斯主义,但要求法西斯主义自由主义化。帕累托运用立体几何研究经济变量间的相互关系,发展了瓦尔拉斯的一般均衡的代数体系;提出在收入分配既定的条件下,为了达到最大的社会福利,生产资料的配置必须达到的状态为"帕累托最适度"。在社会学上他属于"机械学派"。认为阶级在任何社会制度中都永恒存在的,因而反对平等、自由和自治。意大利法西斯主义多来自他的学说。帕累托因对意大利20%的人口拥有80%的财产的观察而著名,后来被约瑟夫·朱兰和其他人概括为帕累托法则(20/80法则),后来进一步概括为帕累托分布的概念。帕累托指数是指对收入分布不均衡的程度的度量,参见基尼系数;帕累托认为,社会分层结构的存在是普遍和永恒的。1923年8月19日,帕累托死于塞利涅,并葬于该地。

二、交换的帕累托最优条件

了解了什么是帕累托最优,还要知道实现帕累托最优的条件;如同我们知道"三好学生"是优秀生,还要知道评选"三好学生"需要符合什么条件一样。究竟什么条件才能实现帕累托最优呢?

假定两种产品分别为 X 和 Y,其既定数量分别为 $\bar{X}$ 和 $\bar{Y}$,两个消费者分别是 A 和 B。下面用埃奇沃斯盒状图①来分析这两种商品在两个消费者之间的分配,如图10.2所示。

图10.2中,盒子的水平长度表示整个经济中第一种商品 X 的数量 $\bar{X}$,盒子的垂直高度表示第二种商品 Y 的数量 $\bar{Y}$。O_A 为第一个消费者 A 的原点,O_B 为第二个消费者 B 的原点。从 O_A 水平向右测量消费者 A 对第一种商品 X 的消费量 X_A,垂直向上测量他对第二种商品 Y 的消费量 Y_A;从 O_B 水平向左测量消费者 B 对第一种商品 X 的消费量 X_B,垂直向下测量他对第二种商品 Y 的消费量 Y_B。

现在考虑盒中的任意一点,如点 a。点 a 对应于消费者 A 的消费量 (X_A, Y_A) 和消费者 B 的消费量 (X_B, Y_B)。下式成立

$$X_A = X_B = \bar{X}$$
$$Y_A = Y_B = \bar{Y}$$

换句话说,盒中任意一点确定的一组数量,表示每一个消费者对每一种商品的消费,且满足上式。因此,盒子(包括边界)确定了两种商品在两个消费者之间的所有可能的分配情

---

① 埃奇沃斯盒状图,名字取自英国数理经济学家埃奇沃斯,是一种图示方法,用于解释两个经济主体如何在自愿交易中获利。

况。特别是，在盒子的垂直边上的任意一点，表明某个消费者不消费X；在盒子的水平边上的任意一点，表明某个消费者不消费Y。

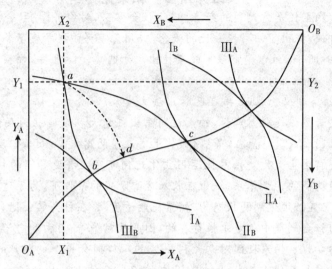

图 10.2 交换的帕累托最优

现在的问题是，在盒中的全部可能的商品分配状态之中，哪些是帕累托最优状态呢？为了分析这一点，需要在盒中加入消费者偏好的信息，即加入每个消费者的无差异曲线。

图 10.2 中的 I_A、II_A、III_A 分别代表消费者 A 在消费 X、Y 两种商品时不同效用水平上的无差异曲线，以 O_A 为原点，靠近原点的代表效用水平低，远离原点的代表效用水平高。因此，从 A 的效用水平来看 $I_A < II_A < III_A$。图 10.2 中的 I_B、II_B、III_B 代表消费者 B 在消费 X、Y 两种产品时不同效用水平上的无差异曲线，以 O_B 为原点，靠近原点的代表效用水平低，远离原点的代表效用水平高。因此，从 B 的效用水平来看 $I_B < II_B < III_B$。

现在在埃奇沃斯盒状图中任选一点表示两种商品在两个消费者之间的一个初始分配。例如，选择一点 a，如果它处在消费者 A 和 B 的两条无差异曲线的交点上，容易看出，点 a 不是帕累托最优状态。因为在这种情况下，总存在帕累托改进，即总可以改变该状态，使至少有一个人的状态变好而没有人的状态变坏。例如：从点 a 到点 b，消费者 B 的效用水平从无差异曲线 II_B 提高到 III_B，消费者 A 的效用水平并未变化，仍然停留在无差异曲线 I_A 上。因此，在 a 点仍然存在帕累托改进。

另一方面，在交换的盒状图中任意一点 c，如果它处在消费者 A 和 B 的两条无差异曲线的切点上，就是帕累托最优状态，或称之为交换的帕累托最优状态。因为在这种情况下，不存在帕累托改进，即任何改变都不能使至少有一个人的状态变好且没有人的状态变坏。例如：从点 c 移到点 d，虽然消费者 B 的效用水平提高了，但消费者 A 的效用水平却下降了。

无差异曲线的切点不只点 c 一个。点 b 和点 c 以及其他许多未在图 10.2 中画出的点也都是无差异曲线的切点，从而都代表帕累托最优状态。所有无差异曲线的切点的轨迹构成的曲线 VV'，叫作交换的契约曲线（或效率曲线），它表示两种商品在两个消费者之间的所有最优分配（即帕累托最优状态）的集合。

从交换的帕累托最优状态可以得到交换的帕累托最优条件。我们知道，交换的帕累托最优状态是无差异曲线的切点，而无差异曲线的切点的条件是在该点上两条无差异曲线的斜率相等。本书第三章第二节已经说明：无差异曲线的斜率的绝对值又叫作两种商品的边际替代率。因此,交换的帕累托状态的条件可以用边际替代率的术语来表示:要使两种商品 X 和 Y 在两个消费者 A 和 B 之间的分配达到帕累托最优状态,则对于两个消费者来说,这两种商品的边际替代率必须相等,即 $MRS_{XY}^A = MRS_{XY}^B$。

实际生活中,我们更常见的情况是帕累托改进,即在不影响其他人效用的情况下,增加自己的效用。因为实际上我们很难达到帕累托最优。

【案例分析】10-2

贸易的好处

一般来说,两个人或两个国家之间的自愿贸易总是互利的。现假定小明和小红两人都知道对方的偏好且交换商品的交易成本为零。若在小明和小红之间有 10 单位的食品和 6 单位的服装。表 10.1 显示,一开始小明有 7 单位食品和 1 单位服装,而小红有 3 单位食品和 5 单位服装。要确定小明和小红之间进行贸易是否是有利的,我们需要知道他们对食品和服装的偏好。假定小红由于有很多的服装和很少的食品,她用服装换食品的边际替代率(MRS)为 3(她愿意放弃 3 单位的服装来获得 1 单位的食品)。然而小明用服装换食品的边际替代率只有 0.5(他只愿意放弃 0.5 单位的服装来获得 1 单位的食品)。

表 10.1 贸易的好处

个人	初始配置	贸易	最终配置
小明	7 食品,1 服装	-1 食品,+1 服装	6 食品,2 服装
小红	3 食品,5 服装	+1 食品,-1 服装	4 食品,4 服装

由于小明对服装的需求比小红高,而小红对食品的需求比小明高,这样就有进行互利贸易的余地了。为了得到另一单位的食品,小红愿意用高到 3 单位的服装来进行贸易,而小明愿意放弃 1 单位的食品来得到 0.5 单位的服装。实际的贸易条件要看讨价还价的过程。假定小红向小明提出用 1 单位服装换 1 单位食品,小明当然也同意,因两人都会得益。小明会得到更多的服装,而他对服装的估价比食品高;小红会得到更多的食品,而她对食品的估价比服装高。只要两个消费者的边际替代率不同,就有进行互利贸易的机会,因为资源的配置是无效率的——贸易会使两个消费者都得益。反之,要获得经济效率,两个消费者的边际替代率必须相等。

【课堂讨论】 请分析服装和食品的贸易如何提高经济效率?

三、生产的帕累托最优条件

生产的帕累托最优是指在技术与社会生产资源总量既定的情况下,社会对于资源的配置使得生产产品的产量达到最大的状态。如果所生产产品的产量没有达到最大,可以通过资源的重新配置使之达到最大。

假定在一个经济社会中只使用 L 和 K 两种要素,其既定数量分别为 $\bar{L}$ 和 $\bar{K}$,两个生产者分别为 C 和 D。要素 L 和 K 在生产者 C 和 D 之间的分配状况可以用埃奇沃斯盒状图来描述,如图 10.3 所示。

图 10.3 中,盒子的水平长度表示整个经济中第一种要素 L 的数量 $\bar{L}$,垂直高度表示第

二种要素 K 的数量 $\bar{K}$。O_C 为第一个生产者 C 的原点，O_D 为第二个生产者 D 的原点。从 O_C 水平向右测量生产者 C 对第一种要素 L 的生产消费量 L_C，垂直向上测量他对第二种要素 K 的生产消费量 K_C；从 O_D 水平向左测量生产者 D 对第一种要素 L 的生产消费量 L_D，垂直向下测量他对第二种生产要素 K 的生产消费量 K_D。

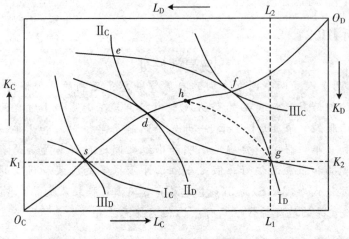

图 10.3 生产的帕累托最优

现在考虑盒中的任意一点，如点 e。e 对应于生产者 C 的生产消费量 (L_C, K_C) 和生产者 D 的生产消费量 (L_D, K_D)。下式成立

$$L_C + L_D = \bar{L}$$
$$K_C + K_D = \bar{K}$$

换句话说，盒中任意一点确定了一组数量，表示每一个生产者对每一种要素的消费，且满足上式。

现在的问题是，在盒中的全部可能的要素分配状态之中，哪些是帕累托最优状态呢？为了分析这一点，需要在盒中加入每个生产者的生产函数信息，即加入每个生产者的等产量曲线。

图 10.3 中的 I_C、II_C、III_C 代表生产者 C 的等产量曲线，以 O_C 为原点，靠近原点的代表产量水平低，远离原点的代表产量水平高；因此，从 C 的产量水平来看 $I_C < II_C < III_C$。图 10.3 中的 I_D、II_D、III_D 代表消费者 D 的等产量曲线，以 O_D 为原点，靠近原点的代表产量水平低，远离原点的代表产量水平高。因此，从 D 的产量水平来看 $I_D < II_D < III_D$。

现在在盒中任选一点 e。由于假定生产函数是连续的，故点 e 必然处于生产者 C 和 D 的等产量线的交点或切点上。假定点 e 是等产量线的交点。容易看出，e 点不可能是帕累托最优状态。因为在这种情况下，总存在帕累托改进，即总可以改变该状态，使至少有一个生产者的状态变好且没有其他生产者的状态变坏。例如让点 e 移到点 f，则生产者 C 的产量水平从等产量线 II_C 提高到 III_C，而生产者 D 的产量水平并未变化，仍然停留在等产量线 I_D 上。因此，在点 e 仍然存在帕累托改进。

另一方面，如果 d 处在生产者 C 和 D 的两条等产量曲线的切点上，就是帕累托最优状态，或称之为生产的帕累托最优状态。因为在这种情况下，不存在帕累托改进，即任何改变都不能使至少有一个人的状态变好而没有人的状态变坏。例如，从点 d 移到点 h，虽然生产

者 C 的产量水平提高了,但生产者 D 的产量水平却下降了;若点 h 移到点 g,则生产者 C 和 D 的产量水平都下降了。

从生产的帕累托最优状态可以得到生产的帕累托最优条件。我们知道,生产的帕累托最优状态是等产量曲线的切点,而等产量曲线相切的条件是在该点上两条等产量曲线的斜率相等。本书第四章第三节已经说明:等产量曲线的斜率的绝对值又叫两种生产要素的边际技术替代率。因此,生产的帕累托状态的条件可以用边际技术替代率的术语来表示:要使两种生产要素 L 和 K 在两个生产者 C 和 D 之间的分配达到帕累托最优状态,则对于两个生产者来说,这两种生产要素的边际技术替代率必须相等,即 $MRTS_{LK}^{C} = MRTS_{LK}^{D}$。生产均衡的条件意味着:两个厂商的等产量曲线相切,即在两条等产量曲线的某个交点处,两条曲线的斜率相等。

在埃奇沃斯盒状图中,等产量曲线的切点不只点 d 一个,点 s 和点 f 以及其他许多未在图 10.3 中画出的点也都是等产量曲线的切点,都代表帕累托最优状态。所有等产量曲线的切点的轨迹构成的曲线 qq',叫生产的契约曲线(或效率曲线),它表示两种要素在两个生产者之间的所有最优分配(即帕累托最优状态)的集合。曲线上的点都是生产的最优均衡点。在生产中资源配置最终所达到的均衡状态称为生产的帕累托最优,它是指对于生产进行任何形式的重新组合都只会在增加某种产品产量的同时减少其他产品产量的状态,即不存在增加一种产品产量而不减少另一种产品产量的对生产重新组合的可能。

四、生产和交换的帕累托最优条件

前面我们分别讨论了交换的帕累托最优和生产的帕累托最优,现在我们将交换和生产综合起来,讨论生产和交换的帕累托最优。生产和交换的帕累托最优条件不是简单地将生产的帕累托最优和交换的帕累托最优并列起来。因为生产的帕累托最优说明生产者的产量达到最大,交换的帕累托最优说明消费者的效用达到最大,在讨论时是完全分开的。为了把生产和交换结合起来讨论,我们把前面的两个假设条件也结合起来:假设一个经济社会中只有两个经济行为人 A 和 B、两种生产要素 L 和 K,只生产两种商品 X 和 Y,并假定消费者的偏好确定,生产的技术水平既定。下面先从生产方面开始讨论,再过渡到消费问题,最后推出生产和交换的帕累托最优条件。

(一) 生产可能性曲线

第一章我们曾讲过生产可能性曲线,又叫生产转换曲线,它表明一个经济社会在一定时期内,在资源总量既定、生产技术水平既定的前提下,充分有效地利用全部资源所能生产出来的两种商品所有可能组合的曲线。由图 10.3 中的生产契约曲线,可以导出生产可能性曲线。在图 10.3 中,契约曲线上的每一点,都对应着一组 X 和 Y 的产量。将所有契约曲线上的点所对应的产量画到图 10.4 中,即得到生产可能性曲线。由于契约曲线上的每一点都是有效率的点,因而生产可能性曲线上的点是社会在既定资源与技术条件下可能达到的最大产出点。如图 10.4 所示,e' 和 c' 是生产可能性曲线上的点,是最大产出点,而在曲线内部的点 G',就是资源配置的无效率点。

此外,生产可能曲线上的每一点均为两个生产者的等产量线的切点,故它同时处在(两个生产者的)两条等产量线上,从而代表了两种产品的产量;这两种产出还是帕累托意义上的最优产出,即此时要增加某一产出的数量,就不得不减少另一产出的数量,也就是说,X

和 Y 之间存在着一定的转换比例，这一转换比例相当于生产可能线在该点的斜率的绝对值，叫作边际转化率（marginal rate of transformation, MRT），即 $MRT_{XY} = \lim\limits_{\Delta x \to 0} \left| \dfrac{\Delta Y}{\Delta X} \right| = \left| \dfrac{dY}{dX} \right|$。故生产可能性曲线又称为产品转换曲线。

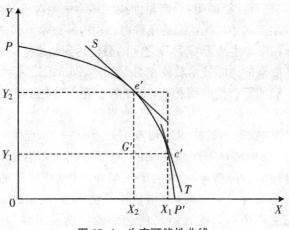

图 10.4　生产可能性曲线

如图 10.4 所示，假如在 e' 点边际转换率为 $\dfrac{1}{2}$，这意味着要生产 1 单位的 X，必须放弃 $\dfrac{1}{2}$ 单位的 Y，即在点 e'，增加生产 1 单位的 X 的机会成本为 $\dfrac{1}{2}$ 单位的 Y。沿着生产可能性曲线向右下，在点 c'，若 MRT 增加到 2，则机会成本也增加，这时要生产 1 单位的 X，就要放弃 2 单位的 Y。也可以用生产的边际成本来理解边际转换率。例如，在点 e'，放弃生产 $\dfrac{1}{2}$ 单位 Y 的资源来生产 1 单位 X，意思是说，在这一点 X 的边际成本是点 Y 的边际成本的 2 倍。这就意味着，生产可能性曲线上任何一点的边际转换率都等于投入要素的边际成本之比，即

$$MRT_{XY} = \dfrac{MC_X}{MC_Y}。$$

（二）生产和交换的帕累托最优条件

前面讨论了生产的帕累托最优和交换的帕累托最优，但在一个生产和交换同时存在的经济中，要实现经济效率，不仅要实现不同生产要素在厂商的生产过程中的有效配置，而且还要同时实现不同产品在消费者之间的有效配置，即厂商生产的产品组合要与消费者的购买意愿相一致，符合消费者的需要。下面讨论生产和交换的帕累托最优要满足的条件。

假定经济中有两个厂商 C 和 D，生产两种产品 X 和 Y，有两个消费者 A 和 B，消费产品 X 和 Y。图 10.5 中 PP' 是厂商的生产可能性曲线，在曲线上任取一点 b，由于生产可能性曲线上任一点都对应于生产的契约线上的一点，因而，点 B 满足生产的帕累托最优，这时 X 的产量是 X^*，Y 的产量是 Y^*，消费者 A 和 B 只能在既定产量 X^* 和 Y^* 之间进行选择。为研究方便，在图 10.5 中同时做出交换的埃奇沃斯盒，盒中标出交换的契约线，显然交换的契约线上任一点都满足交换的帕累托最优。图 10.5 中 SB 是通过点 B 的 PP' 的切线，因而其斜率的绝对值就是边际转换率。在生产的契约线上各点标出无差异曲线的切线，其斜率的绝对值等于边际替代率。我们来证明边际替代率与边际转换率相等时，满足生产和交换的帕

累托最优。

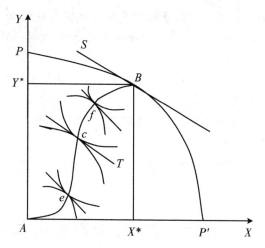

图 10.5 生产和交换的帕累托最优

假设 $MRT_{XY}=2$，$MRS_{XY}=1$，即 $MRT_{XY}>MRS_{XY}$。MRT 为 2 意味着厂商减少 1 个 X 的产量，Y 的产量就可以增加 2 个。MRS 为 1 表示消费者减少 1 个 X 的消费，必须增加 1 个 Y 的消费才能维持效用水平不变。所以，如果厂商减少 1 个 X 的产量的同时增加 2 个 Y 的产量，将其中 1 个 Y 给消费者即可维持效用水平，多增加的 1 个 Y 代表社会福利净增加，这意味着消费者的效用水平可以提高，存在帕累托改进的余地。反过来，如果 $MRT=1$，$MRS=2$，即 $MRT_{XY}<MRS_{XY}$，这时厂商增加 1 个 X 的产量，必须减少 1 个 Y 的产量，而消费者要维持效用水平不变，减少 1 个 Y 的消费，需同时增加 0.5 个 X 的消费，因此，厂商增加 1 个 X 的产量减少 1 个 Y 的产量，将引起消费者效用水平的净增加，所以仍然存在着帕累托改进的余地。总之，无论是 $MRT>MRS$ 还是 $MRT<MRS$ 的情况，都存在着帕累托改进的余地，即只有 $MRT=MRS$ 的时候，才能实现帕累托最优。所以，生产和交换的帕累托最优的条件可以表述为 $MRS_{XY}=MRT_{XY}$。

需要说明的是，尽管以上生产的帕累托最优条件、交换的帕累托最优条件以及生产和交换的帕累托最优条件都是在两个生产者、两个消费者、两种产品、两种生产要素的极其简化的条件下推出的，但它们也适用于多个消费者、多个生产者、多种商品、多种要素的一般情况。

【案例分析】10-3

美国汽车工业面临的世界竞争

在 1965 年，日本进口车只占美国国内销售的 6.1%。然而，到 1980 年，这一比例提高到了 28.8%，而该年美国汽车产业投资得到的是 -9.3% 的负利润率。美国汽车产业面临的困难就是日本汽车较高的质量和较低的价格。为了解决这些问题，美国汽车产业说服美国政府在 1981 年与日本谈判一项自愿出口限制协定。自愿出口限制将日本对美国的汽车出口限制在每年 168 万辆，而在 1980 年日本的出口为 250 万辆。这些配额会如何影响世界市场呢？它们是有助于还是有害于美国的消费者和生产者？

配额一开始迫使日本人出售的汽车减少,日本汽车的价格在1981~1982年几乎每辆提高了1000美元,较高的日本车价格导致对美国汽车需求的增加,这使美国汽车产业能够提高价格、工资和利润。美国消费者由于该政策而受损,因为美国的汽车价格大约每辆比没有出口限制时高350~400美元。

配额一开始使美国汽车工人获益。没有配额时,美国国内销售在20世纪80年代初大约为500000辆,转化为工作岗位大约是26000个。但是较高的价格使消费者付出的代价达到43亿美元,这意味着每保住一个工作花费了大约160000美元(43亿美元/26000)。因此,自愿出口限制是增加国内就业的效率极其低的方法。

请查询有关资料回答:除配额外,限制跨国贸易的手段还有哪些?

第三节 完全竞争与帕累托最优状态

在一般均衡理论中,我们已经证明,完全竞争在一定的假设条件下,可以实现一般均衡。那么完全竞争的一般均衡是否意味着帕累托最优状态呢? 结论是:任何完全竞争的均衡都是帕累托最优状态,同时,任意的帕累托最优状态也可以由一套竞争性价格来实现。

一、完全竞争市场的特征

现在来看在完全竞争经济中帕累托最优状态是如何实现的。在完全竞争的一般均衡状态下,市场中商品和要素的价格都是由市场决定的,厂商和消费者都被动地接受市场价格,消费者根据自己的效用最大化原则决定要购买的商品组合,厂商根据自己的利润最大化原则决定自己的产量,最后实现供求相等。

一般均衡状态下的完全竞争市场经济,必存在一组使所有商品需求和供给相等的价格,如:商品价格 P_X、P_Y,对于所有消费者、生产者都是相同的,他们都是 P_X、P_Y 的接受者。要素价格 w、r 同样对消费者和生产者都是一样的,他们都是 $w(P_X)$、$r(P_Y)$ 的接受者。

就是说,若对消费者来说,$\frac{P_X}{P_Y}$ 值存在,则对生产者而言,$\frac{P_X}{P_Y}$ 值亦是存在的。

二、完全竞争市场的最优分析

只要能够证明完全竞争市场符合帕累托三大最优条件: $MRS_{XY}^A = MRS_{XY}^B$、$MRTS_{LK}^C = MRTS_{LK}^D$、$MRS_{XY} = MRT_{XY}$,就可以证明上述论点。

(一) 从消费者情况看

我们知道,任一消费者A在竞争经济中购买商品时效用最大化的条件都是任意两种商品的边际替代率等于产品的价格之比,即

$$MRS_{XY}^A = \frac{P_X}{P_Y} \tag{10.1}$$

而此时 P_X、P_Y 对任何消费者都是一样的,所以消费者B的效用最大化条件同样有

$$MRS_{XY}^B = \frac{P_X}{P_Y} \tag{10.2}$$

由式(10.1)和式(10.2)可知,$MRS_{XY}^A = \dfrac{P_X}{P_Y} = MRS_{XY}^B$,即两个消费者的边际替代率相等,所以完全竞争的产品价格之比满足了交换的帕累托最优的条件。

(二) 从生产者情况看

完全竞争条件下,任一厂商 C 实现利润最大均衡条件时,亦是实现要素最优组合的条件,即其边际技术替代率等于其要素价格之比,即

$$MRTS_{LK}^C = \frac{w}{r} \tag{10.3}$$

此时 w、r 同样对于任何厂商都是一样的,所以厂商 D,同样有

$$MRTS_{LK}^D = \frac{w}{r} \tag{10.4}$$

对比式(10.3)和式(10.4)可知,$MRTS_{LK}^C = \dfrac{w}{r} = MRTS_{LK}^D$,即厂商的边际技术替代率相等。因此完全竞争的要素价格之比满足了生产的帕累托最优状态的条件。

(三) 从生产和交换的综合情况看

从生产可能性曲线我们知道,如果投入的要素既定,当增加 X 的产量时必定以 Y 的产量的减少为代价,反之亦然,因而增加 X 的机会成本就是 Y 的减少,所以 ΔX 可以用 Y 的边际成本 MC_Y 来表示,ΔY 可以看成是 X 的边际成本 MC_X,因此有

$$MRT_{XY} = \left|\frac{dy}{dx}\right| = \frac{MC_X}{MC_Y} \tag{10.5}$$

完全竞争的市场达到长期均衡时,$P_X = MC_X$,$P_Y = MC_Y$,再加上消费者效用最大化的条件,可知

$$MRS_{XY} = \frac{P_X}{P_Y} = \frac{MC_X}{MC_Y} \tag{10.6}$$

由式(10.5)和式(10.6)可知,完全竞争的市场满足了 $MRT_{XY} = MRS_{XY}$,因此完全竞争满足了生产和交换的帕累托最优条件。

综上所述,可以得到福利经济学第一定理:完全竞争市场经济的一般均衡是帕累托最优的。

亚当·斯密在他的不朽著作《国富论》中曾经指出:当经济中的人们都在追求自己的利益的时候,在"看不见的手"的引导下,其结果是促进了公众的福利。福利经济学第一定理说明了通过市场竞争,消费者追求自己的效用、厂商追求利润,就可以实现经济效率。这可以在一定程度上看作是对亚当·斯密等自由主义经济学家的信念的论证。

福利经济学第一定理指出了完全竞争的均衡是有效的,那么反过来是否可以说,给定资源的一个帕累托最优配置,它是否一定能够通过完全竞争的市场机制来完成呢?福利经济学第二定理给了我们明确的答复。福利经济学第二定理指出:在所有消费者的偏好为凸性(即无差异曲线凸向原点)和其他的一些条件下,任何一个帕累托最优配置都可以从一个适当的初始配置出发,通过完全竞争的市场均衡来达到。限于篇幅,这一定理的论证从略。

福利经济学第二定理实际上说明了市场可以实现任何一种帕累托最优配置,无须政府采取税收或价格管制等形式对市场干预。

第四节 社会福利函数

帕累托标准成为我们判断一个经济是否有效率的基本依据,如果一个经济实现了帕累托最优,我们就说这个经济是有效率的,或者说资源配置是有效的。但是帕累托标准无法用来判断一个经济社会收入分配的公平性。经济上的有效率可能对应着收入分配上的公平,也可能对应着收入分配上的极端不公平。事实上,对于公平问题经济学家一直存在比较大的争议,远没有达成共识。由于效用是衡量消费者福利水平的重要方面,因此,我们的讨论从效用开始。

一、效用可能性曲线

在图 10.4 中 PP' 是生产可能性曲线,在生产可能性曲线上任取一点 B,该点满足生产的帕累托最优的条件。在图 10.5 中交换的埃奇沃斯盒状图 AY^*BX^* 中,AB 是交换的契约线,AB 上的点都满足交换的帕累托最优。在交换的契约线上一点 c,其无差异曲线的切线与生产可能性曲线上点 B 的切线平行,因此点 c 满足生产与交换的帕累托最优。这样点 c 满足帕累托最优的全部三个条件,所以是经济上有效率的一个点,该点处两个消费者 A 和 B 的效用水平可以由无差异曲线得到。将消费者 A、B 的效用水平 U_A、U_B 在图 10.6 中投影得到一个消费者效用水平的组合点 I。同样的方法,我们可以得到一系列这样的点,所有这些点连接起来,我们就可以得到一条曲线,这条曲线就叫效用可能性曲线。在效用可能性曲线上的每一点都满足帕累托最优的三个条件,因而在经济上是有效率的。

由于效用实际是不可计量的,我们只能比较其相对大小,所以效用可能性曲线的形状,我们无从知晓。但在该曲线上,当消费者 A 的效用增加的时候一定伴随着消费者 B 的效用的降低。因为如果不是这样,A 的效用增加,B 的效用增加或者不变,便存在帕累托改进的可能,与帕累托最优点的结论相矛盾。

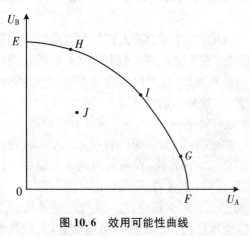

图 10.6 效用可能性曲线

效用可能性曲线上都是有效率的点,所以曲线上的点,如图 10.6 中的点 H、I、G,都是有效率的消费者的效用组合;如果实际的效用组合点处于效用可能性曲线的内侧,如图 10.6 中的点 J,说明它虽然可以达到,但在经济上是无效率的,存在帕累托改进的余地;如果实际的效用组合点位于效用可能性曲线的外侧,说明它代表的效用水平虽然高,但在实际上是无法达到的。效用可能性曲线也可以理解为在经济上能够达到的效用水平的区域边界,所以又称为效用可能性边界。

观察效用可能性曲线就可以发现,曲线上的各点所代表的公平程度是不一样的。如图 10.6 中的点 H,消费者 B 的效用水平很高,但 A 的效用水平却很低;在点 G 则相反,消费者 A 的效用水平很高,而 B 的效用水平却很低,所以点 H 和点 G 都是收入分配上极不公平的点。在点 I,消费者 A 和 B 的效用水平近似,说明两者的收入水平也是相近的,因而收入分配是较为公平的。现在我们就要研究,如何在效用可能性曲线上选择一点,在该点从全社会的角度来看能够实现社会福利的最大化。

二、社会福利函数

要研究社会福利的最大化问题,首先必须能够知道社会福利函数,即能够知道如何由个人的福利来推导社会的福利,由个人的偏好推导出社会的偏好,遗憾的是目前经济学界尚无法就此达成共识。因此,这里只能做一些简单的讨论。

首先,社会福利 W 可以看成是个人福利的总和,以效用水平表示个人的福利,则社会福利就是个人福利的函数。假设社会中共有 n 人,社会福利函数为

$$W = f(U_1, U_2, \cdots, U_n) \tag{10.7}$$

为了使问题简单化,我们假定社会中共有两人 A 和 B,这时社会福利函数可以写成

$$W = f(U_A, U_B) \tag{10.8}$$

虽然我们无从得知式(10.8)的具体的函数关系,但仍可以得出一些基本的结论:如果两个人的效用都提高了,社会福利必定是提高的;如果一个人的效用提高,另一个人的效用不变,社会福利也必定是提高的。在此基础上,我们首先假定社会福利水平是 W_1,那么当 U_A 不断升高的时候 U_B 必定是不断减少的,这样在图 10.7 中,我们便可以得到一条等福利线,也称作社会无差异曲线。同样,对于不同的社会福利水平 $W_2, W_3, \cdots, W_n$,我们都可以得到一系列的等福利线。

在图 10.7 中,EF 是效用可能性曲线,由于等福利线有无数条,所以必有一条等福利线与效用可能性曲线相切,在图 10.7 中等福利线 W_2 与 EF 相切于点 e。可以看出,等福利线 W_1 与 EF 相交于点 g 和点 h,在经济上是可以实现的,但 W_1 代表的社会福利水平较低;W_3 代表的社会福利水平很高,但在既定的资源和技术条件下是无法实现的,因而在等福利线与效用可能性曲线相切的点 e,经济实现了社会福利的最大化。由于点 e 同时位于效用可能性曲线上,即它是满足帕累托最优的点,因此点 e 既在经济上有效率,又实现了社会福利最大化,这一点又叫"限制条件下的最大满足点"。

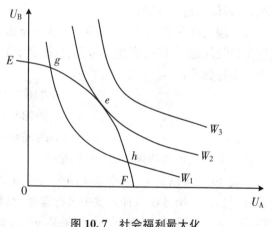

图 10.7 社会福利最大化

看上去,找到了点 e 即找到了经济上有效率而又能实现社会福利最大化的点,这正是经济学苦苦寻求的资源有效配置的最佳点,资源配置的问题似乎已经得到圆满的解决。但是,问题比这要复杂得多。要解决资源分配问题,首先要知道社会福利函数,但关于社会福利函数有两个重要的问题需要解决:一是社会福利函数的存在性问题,即能否从个人的偏好推导出社会的偏好;二是公平问题,经济学界对于公平的理解相差甚远。下面我们主要讨论这两个方面的问题。

【资料链接】10-2

国家"十三五"规划建议稿指出,我国要在现行标准下实现农村贫困人口全部脱贫,贫困县全部摘帽,解决区域性整体贫困。同时,要努力缩小收入差距,中等收入人口比重上升。

在资源禀赋既定的条件下,要实现贫困人口脱贫,需要把经济资源更多的配置于贫困人口时,这必然意味着非贫困人口能够获得的资源变少。这意味着,贫困人口的脱贫,效用增加,其他非贫困人口效用可能会降低。这种效用可能性的组合类似于图10.7中的 EF 线。另一方面,我们还需要在 EF 线上寻找一个最佳的贫困人口效用和非贫困人口效用的最佳组合,以实际全社会福利水平的最大化。

从图10.7可以发现,这一效用最大化点为 e。点 g 和点 h 都是可能的选择,但却不能实现全社会福利的最大化。因为在点 g 和点 h 上,社会资源的配置偏向了特定人群(点 g 偏向了 U_B,点 h 偏向了 U_A),从而导致了一个过大的收入分配差距,这有损于整体的社会福利。当经济资源相对公平配置时(点 e),全社会福利水平最高。

三、阿罗不可能定理

形成社会福利函数,就是在已知社会所有成员的个人偏好次序的情况下,通过一定的程序,把各种各样的个人偏好次序归结为单一的社会偏好次序。那么,按照民主制度的多数票规则,能否做到这一点呢?

现在假设有3个人 a、b、c 参加,对3个备选方案 x、y、z 进行投票。比如说现在投票的议题是税收问题,x 代表高税率方案、y 代表中等税率方案、z 代表低税率方案。a、b、c 三人的个人偏好如下:

a 的偏好:$x > y > z$

b 的偏好:$y > z > x$

c 的偏好:$z > x > y$

这3个人投票的结果如表10.2所示。

从表10.2可以看出,如果只在两个备选方案中进行选择,其中一个必定能赢得多数票而获胜。但是如果是在三种方案中进行选择,投票的结果则是循环的。如果对 x 和 y 投票,结果是 $x > y$;如果对 y 和 z 投票,结果是 $y > z$;如果对 x 和 z 投票,则结果是 $z > x$。显然投票的结果是不相容的。在随后的投票中,任何最初被决定的选择都有可能被另一种选择所击败,任何均衡都不能达成。这一现象被称作"投票悖论"。投票悖论说明,在各个人的偏好不同时,任意加总这些偏好时,其结果可能是不相容的。

表10.2 投票悖论

对 y 与 z 投票	对 x 与 z 投票	对 x 与 y 投票
a 投 y	a 投 x	a 投 x
b 投 y	b 投 z	b 投 y
c 投 z	c 投 z	c 投 x
$y > z$ 通过	$z > x$ 通过	$x > y$ 通过

需要指出的是,投票悖论只有在备选方案超过两个时才会发生,在只有一个或两个备选方案时,多数票规则可以获得一个均衡的结果。这就是现实中多数票规则是最常用的规则的原因。

既然多数票规则往往导致投票循环,那么是否存在一种政治机制或社会决策规则,能够消除这种投票悖论现象呢?美国经济学家肯尼斯·约瑟夫·阿罗对此进行了研究,结论是:如果我们排除效用人际比较的可能性,各种各样的个人偏好次序都有定义,那么把个人偏好总和作为表达社会偏好的最理想的方法,要么是强加的,要么是独裁的。也就是说,不可能存在一种能够把个人对 N 种备选方案的偏好次序转换成社会偏好次序,并且准确表达社会全体成员的各种各样的个人偏好的社会选择机制。阿罗的这个结论被称为"阿罗不可能定理"。

阿罗不可能定理打破了一些被人们认为是真理的观点,也让我们对公共选择和民主制度有了新的认识。因为我们所推崇的"少数服从多数"的社会选择方式不能满足"阿罗五个条件",如市场存在着失灵一样,对公共选择原则也会导致民主的失效。因此多数票原则的合理性是有限度的。阿罗的结论也是对福利经济学的一个重大打击,因为福利经济学的任务是使社会福利最大化,但现在社会福利函数都不能得到,我们无法知晓社会需要什么,也就无法决定我们应该提供什么、怎么提供的问题。

四、如何看待社会公平问题

社会福利函数所面临的另一个问题是社会公平。对公平的不同理解必然会导致不同的社会福利函数。而恰在这一点上,经济学界存在很大分歧。归纳一下,至少有四种主要的观点:

(一)平均主义的公平观

这种观点认为应该将社会所有的产品在社会全体成员之间做绝对平均的分配,每位社会成员得到相同的产品。但是由于消费者并不具有相同的偏好,所以这种平均分配并不是帕累托有效率的。

(二)罗尔斯主义的公平观

罗尔斯认为,最公平的配置是使一个社会里境况最糟的人的效用最大化。罗尔斯主义并不意味着平均主义,因为对生产力较高的人比对生产力较低的人给予更高的奖励,就能使最有生产力的人更努力地工作,从而生产出更多的产品和劳务,其中一些可以通过再分配使社会中最穷的人的境况变好。

(三)功利主义的公平观

功利主义的社会福利函数给每个人的效用以相同的权数,随之将社会成员的效用最大化。所以功利主义的社会福利函数就是社会成员的总效用最大化。

(四)市场主导的公平观

这种观点认为市场竞争的结果总是公平的,因为它奖励那些最有能力的和工作最努力的人。按照这种观点,可能会导致产品分配的极大不均。

以上四种观点是按照从平均主义到不平均主义的顺序排列的。多数经济学家是反对平均主义和市场主导这两种极端观点的。萨缪尔森认为,收入取决于继承权的随意方式、不幸、努力工作和要素价格。如果一个国家花费在宠物食品上的支出高于它花费在给穷人在高等教育上的支出,那么,这是收入分配的缺陷,而不是市场的过错。可以知道,市场竞争结果是有效率的,但有效率并不必然带来公平,因此,社会就必须在某种程度上依靠政府对收入进行再分配以实现公平的目标。政府可用的调节手段很多,比如个人收入的累进税、遗产税、强制医疗保险、低收入子女的免费教育和培训、社会保障计划、失业救济等。遗憾的是,效率和公平经常是矛盾的,政府的收入再分配计划会给经济效率带来某种程度的损害,厂商为了避税所采取的一些措施可能导致产量的减少。因此,政府要做的常常是在公平与效率之间进行某种权衡。

◆ **内容摘要**

1. 局部均衡指的是经济系统中某个子市场的供求均衡状态,而一般均衡则是指整个经济系统的均衡状态。

2. 帕累托最优状态是指在收入分配既定的情况下,所有的帕累托改进都已实现,若对经济状态进行任何改变都会至少使一个人的状况恶化。帕累托最优状态即是社会效率的标准。

3. 社会效率的三种情况:交换的效率,满足消费者对两种商品的边际替代率相等;生产的效率,满足生产者对两种要素的边际技术替代率相等;生产和交换的效率,满足消费者对两种商品的边际替代率等于生产领域中这两种商品的边际转化率。

4. 完全竞争能够实现社会效率,即完全竞争条件下能达到交换的效率、生产的效率及生产和交换的效率。在价格机制下,完全竞争的市场能够实现均衡,达到帕累托最优的状态。

5. 社会福利函数是反映一个社会所有成员的总体效用水平的函数,利用社会福利函数与效用可能性边界可以找到社会福利极大化的最优点,即产品和资源的最优配置。

6. 阿罗不可能定理指出根本无法构造出所谓的社会福利函数,即由个人偏好不可能推导出社会偏好。

◆ **关键词**

一般均衡　帕累托最优标准　生产的帕累托最优条件　交换的帕累托最优条件　生产和交换同时实现帕累托最优的条件　埃奇沃斯盒状图　社会福利函数

◆ **选择题**

1. 被西方经济学界推崇为"福利经济学之父"的是(　　)。
   A. 霍布森　　　　　　　　B. 庇古
   C. 帕累托　　　　　　　　D. 埃奇沃斯

2. 效率曲线上的点表示消费者(　　)。
   A. 通过产品的交换达到了各自效用最大化
   B. 通过产品的交换达到了各自产量最大化
   C. 通过产品的交换达到了社会产出最大化
   D. 以上都对

3. 在一个存在甲和乙两个人和 X 和 Y 两种商品的经济中,达到交换领域一般均衡的条件为(　　)。
   A. 对甲和乙,$MRT_{XY}=MRS_{XY}$　　　B. 对甲和乙,$MRS_{XY}=\dfrac{P_Y}{P_X}$
   C. $(MRS_{XY})_甲=(MRS_{XY})_乙$　　　D. 上述都对

4. 生产契约曲线上的点表示生产者(   )。
   A. 获得了最大利润
   B. 支出了最小成本
   C. 通过生产要素的重新配置提高了总产量
   D. 以上均正确

5. 在一个存在 X、Y 两种商品和 L、K 两种要素的经济体中,达到生产领域一般均衡的条件为(   )。
   A. $MRTS_{LK} = \dfrac{P_K}{P_L}$
   B. $MRTS_{LK} = MRS_{XY}$
   C. $MRT_{XY} = MRS_{XY}$
   D. $(MRTS_{LK})_X = (MRTS_{LK})_Y$

6. 边际产品转换率是下列哪一条曲线的斜率(   )。
   A. 需求曲线
   B. 边际产量曲线
   C. 生产可能性曲线
   D. 契约曲线

7. 在存在 A、B 两个人和 X、Y 两种商品的经济中,包括生产和交换在内的一般均衡的条件为(   )。
   A. $MRT_{XY} = (MRS_{XY})_A = (MRS_{XY})_B$
   B. $(MRS_{XY})_A = \left(\dfrac{P_X}{P_Y}\right)_B$
   C. $MRT_{XY} = \dfrac{P_X}{P_Y}$
   D. $(MRS_{XY})_A = (MRS_{XY})_B$

8. 一个社会要达到最高的经济效率,得到最大的经济福利,进入帕累托最优状态,必须(   )。
   A. 满足交换的边际条件: $(MRS_{XY})_A = (MRS_{XY})_B$
   B. 满足生产的边际条件: $(MRTS_{LK})_X = (MRTS_{LK})_Y$
   C. 满足替代的边际条件: $MRS_{XY} = MRT_{XY}$
   D. 同时满足上述三条件

9. 帕累托最优实现的市场条件是(   )。
   A. 垄断市场
   B. 完全竞争市场
   C. 垄断竞争市场
   D. 三个市场均是

10. 边际转换率表示的是(   )。
    A. 两种商品的边际成本之比
    B. 两种商品的边际资源耗费量之比
    C. 增加(减少)一单位 X 产品必须减少(增加)几单位 Y 产品
    D. 以上都是

◆思考题

1. "由于契约曲线上的所有点都是有效率的,因此从社会的观点来看它们是同样理想的。"你同意这种说法吗?请解释。
2. 为什么两个国家之间的自由贸易能够使两国消费者的境况都得到改善?
3. 效用可能性边界是如何与契约曲线相联系的?
4. 在埃奇沃斯生产盒状图中,要使配置处在契约曲线上,什么样的条件必须成立?为什么竞争性均衡是在契约曲线上的？

5. 珍妮有8升饮料和2个三明治,而鲍勃有2升饮料和4个三明治。在这些禀赋下,珍妮用饮料换三明治的边际替代率是3,而鲍勃的边际替代率是1。试分析这一资源配置是否是有效率的？如果有,解释原因;如果没有,什么样的交换会使双方的境况都得到改善？

◆练习题

假设一经济社会除了一个生产者外满足帕累托最优条件。该生产者为其产出市场上的完全垄断者和用于生产该产出品的唯一投入要素市场的完全垄断购买者。他的生产函数为 $q=0.5x$,产出的需求函数为 $p=100-4q$,投入要素的供给函数为 $r=2+2x$。试求：

(1) 该生产者利润极大化时的 q、x、p 及 r 之值；

(2) 该生产者满足帕累托最优条件时的 q、x、p 及 r 之值。

◆案例题

阿罗不可能定理——少数服从多数原则的局限性

在我们的心目中,选举的意义恐怕就在于大家根据多数票原则,通过投票推举出最受我们爱戴或信赖的人。然而,通过选举能否达到这个目的呢？

现假定有张三、李四、王五三个人,他们为自己最喜欢的明星发生了争执,他们在刘德华、张学友、郭富城三人谁更受观众欢迎的问题上争执不下。张三排的顺序是刘德华、张学友、郭富城；李四排的顺序是张学友、郭富城、刘德华；王五排的顺序是郭富城、刘德华、张学友。到底谁更受欢迎呢？没有一个大家都认可的结果。如果规定每人只投一票,三位明星将各得一票,无法分出胜负,如果改为对每两个明星都采取三人投票然后依少数服从多数的原则决定次序,结果又会怎样呢？首先看对刘德华和张学友的评价,由于张三和王五都把刘德华放在张学友的前边,两人都会选择刘德华而放弃张学友,只有李四认为张学友的魅力大于刘德华,依少数服从多数的原则,第一轮刘德华以二比一胜出；再看对张学友和郭富城的评价,张三和李四都认为应把张学友放在郭富城的前边,只有王五一人投郭富城的票。在第二轮角逐中,自然是张学友胜出；接着再来看对刘德华和郭富城的评价,李四和王五都认为郭富城更棒,只有张三认为应该把刘德华放在前边,第三轮当然是郭富城获胜。

通过这三轮投票,我们发现对刘德华的评价大于张学友,对张学友的评价大于郭富城,而对郭富城的评价又大于刘德华,很明显我们陷入了一个循环的境地。这就是"投票悖论",也就是说不管采用何种游戏规则,都无法通过投票得出符合游戏规则的结果。如果世界上仅限于选明星的事情就好办多了,问题在于一些关系到国家命运的事情的决定上,也往往会出现上述的"投票悖论"问题。对此很多人进行了探讨,但都没有拿出更有说服力的办法。

问题：在进行优等生评选时,有三个参照标准。一是综合评分(记作 A,所有课程考试的平均分加上各种活动、奖励得分),二是智育得分(记作 B,所有课程考试的平均分),三是学科专业基础课考试平均分(记作 C,扣除思政、体育等非学科专业课程得分)。假设班级有三分之一的学生认为应该按照 $A>B>C$ 的原则评选优等生,另三分之一的学生认为应该按照 $B>C>A$ 的原则评选,剩下三分之一的学生则认为应该按照 $C>A>B$ 的原则评选。

基于这种个体偏好,能否确定一个为班级多数学生认同的关于 A、B、C 的偏好排序？

第十一章 市场失灵与微观经济政策

通过本章的学习,理解市场失灵的概念,把握市场失灵的几种情况;理解垄断导致的效率损失及解决的办法;理解外部效应和公共物品如何导致市场失灵,掌握消除由外部效应和公共物品造成的市场失灵的方法;理解信息不对称问题的成因以及由于信息不对称造成的逆向选择和道德风险问题,掌握规避逆向选择和道德风险的现实途径和方法。

为什么对汽油征税如此之重?

在许多国家,汽油的税收通常是最高的。如在美国,汽油价格中几乎一半归于汽油税。在欧洲的不少国家,汽油的价格是美国的三倍或四倍,税收是主要的部分。中国油价比美国高,首先就高在税收上。中国汽油税约是美国平均水平的两倍。为什么这种税收如此普遍?有以下几种解释:

解释一:汽油税可以鼓励人们乘公共交通、更经常地集中乘车来减少拥挤。

解释二:汽油税是当人们的大型耗油型车给其他人带来危险时使人们进行支付的一种间接方式。根据全国高速公路管理局的说法,一个开一辆普通车的人如果被一辆跑车撞了,死亡的可能性是被一辆普通车所撞的五倍。汽油税有使他们在选择购买什么汽车时考虑这种风险。

解释三:汽油税可以减少汽油的使用,可以降低因汽油之类的矿物燃料的燃烧引起全球变暖的危险。

汽油税意味着较少的交通拥堵、更安全的道路以及更清洁的环境。

因此,汽油税并不像大多数税收那样引起无谓的损失,而实际上使经济运行得更好。汽油税是一种旨在纠正与开车相关的三种负外部性的庇古税。

(资料来源:改编自曼昆《经济学原理》.)

一首老歌唱得好:"生活中最美好的东西都是免费的。"我们只要稍微思考就可以列出很长的清单:大自然给出了空气、河流、山川、湖泊和海洋等,政府给出了公园、游览胜地和节日等。

免费物品对经济学分析提出了特殊的挑战。我们曾经指出,微观经济学的部分主旨在于论证所谓"看不见的手"的原理,即完全竞争市场经济在一系列理想化假定的条件下,可以导致整个经济达到一般均衡,导致资源配置达到帕累托最优状态。但是,当某些物品可以免费得到时,在正常情况下,经济中配置资源的市场力量就不存在了。在现实资本主义经济中,"看不见的手"的原理并不总是成立的,帕累托最优状态很难得到实现。换句话说,现实的资本主义市场机制在很多场合不能导致资源的有效配置。这种情况被称为所谓"市场失灵"。

本章将分别论述市场失灵的几种情况,即垄断、外部影响、公共物品、不完全信息以及相应的微观经济政策。

第一节 垄　　断

一、垄断与帕累托改进

垄断在西方经济学中有广义和狭义之分。微观经济学在厂商理论的论述过程中采用了狭义之说,也就是一个厂商控制一个行业或者市场的全部商品供给,厂商就是行业,市场里仅有唯一的卖者。就此而言,现实生活中是找不到这样的垄断的。微观经济政策中理解垄断是广义的,也就是说垄断是一个或者几个厂商控制整个行业的大部分供给或全部供给的情况,即部分垄断和区域垄断。如美国的汽车工业、钢铁工业、制铝业、飞机制造业等属于垄断。

通过图 11.1 我们来看看某代表性的垄断厂商的利润最大化情况。图中横轴表示产量,纵轴表示价格。该厂商的需求曲线和边际收益曲线分别是曲线 D 和 MR。为了分析方便,我们假定平均成本和边际成本相等且固定不变,用图中水平直线 $AC=MC$ 表示。垄断厂商的利润最大化原则是 $MC=MR$。因此,垄断厂商的利润最大化产量为 Q_1。在该产量水平上,垄断价格为 P_1。显然,$P_1>MC$。在利润最大化产量 Q_1 上,垄断厂商的利润最大化的状况并不是帕累托最优,存在帕累托改进。这表明,如果垄断厂商再多生产一单位产量,消费者就可以以低于垄断价格但大于边际成本的某种价格购买该单位产量,消费者实际上对最后一单位产量的支付价格低于它本来愿意的支付价格。

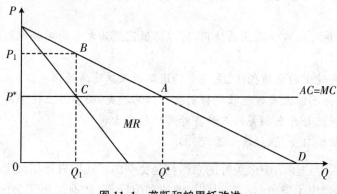

图 11.1　垄断和帕累托改进

垄断产量和垄断价格不满足帕累托最优条件。那么,帕累托最优状态在什么地方达到呢? 很显然,在 Q^* 的产量水平上达到。在 Q^* 的产出水平上,需求曲线 D 与边际成本曲线 MC 相交,即消费者为额外一单位产量,愿意支付等于生产该额外产量的成本。此时,不再存在任何帕累托改进的余地。因此，Q^* 是帕累托最优产出。如果能够设法使产量从垄断水平 Q_1 增加到最优水平 Q^*，则就实现了帕累托最优。一种可能的方法是：垄断厂商同意生产产量 Q^*，并在等于边际成本的价格 P^* 上出售该产量，这样做的结果是垄断厂商的利润下降 $(P_1-P^*)\cdot Q_1$。

垄断厂商将价格从 P_1 下降到 P^*，给消费者带来的全部好处是消费者剩余的那一部分，即区域 P_1BAP^*。这个部分超过了垄断厂商的利润损失部分 P_1BCP^*，即垄断厂商把部分消费者剩余转化为厂商的垄断利润，余下部分为△ABC 的面积，厂商和消费者都得不到，通常我们把这个区域称为垄断导致的"无谓损失"或"纯损三角形"。

那么，能否通过某种措施让这部分损失转化为收益呢？假设消费者之间达成一项协议，共同给予垄断厂商至少等于其垄断利润损失（即 P_1BCP^* 面积）的一揽子支付，让垄断厂商把均衡产量扩大到 Q^*，获得的额外收益（△ABC 的面积）可以在垄断厂商和消费者之间进行适当的分配，从而使双方都得到好处，把无谓损失转化为帕累托改进所产生的全部收益。

但在实际中，为什么均衡产量不是发生在帕累托最优状态 Q^* 上呢？原因在于，垄断厂商和消费者之间以及消费者本身之间难以达成相互满意的一致意见。例如，垄断厂商和消费者之间在如何分配增加产出所得到的收益问题上可能存在很大分歧，以至于无法达成一致意见；又例如，消费者本身之间在如何分摊弥补垄断厂商利润损失的一揽子支付问题上也不能达成一致意见；最后，还可能无法防止某些消费者不负担一揽子支付而享受低价格的好处，即无法防止"免费乘车者"。由于存在上述这些困难，实际上得到的通常是无效率的垄断情况。

上述关于垄断情况的分析，也适用于垄断竞争或寡头垄断等其他非完全竞争的情况。实际上，只要市场不是完全竞争的，只要厂商面临的需求曲线不是一条水平线，而是向右下方倾斜的，则厂商的利润最大化原则就是边际收益等于边际成本，而不是价格等于边际成本。当价格大于边际成本时，就会出现低效率的资源配置状态。由于协议的各种困难，潜在的帕累托改进难以得到实现，于是整个经济便偏离了帕累托最优状态，均衡于低效率之中。

二、寻租导致效率损失

根据传统的经济理论，垄断尽管会造成低效率，但这种低效率的经济损失从数量上来说相对很小。如图 11.1 所示，垄断的总经济福利减少了，但减少的数量较小，仅仅等于图中的"纯损"△ABC 的面积。

然而，自 20 世纪 60 年代后期以来，西方一些经济学家开始意识到，上述的垄断理论可能大大低估了垄断的经济损失。他们认为，传统垄断理论着重分析的是垄断的"结果"，而不是获得和维持垄断的"过程"。一旦把分析的重点从垄断的结果转移到获得和维持垄断的过程，就会很容易地发现，垄断的经济损失不再仅仅是△ABC，它还要包括垄断厂商的经济利润 BCP^*P_1 的一部分甚至全部。这是因为，为了获得和维持垄断地位从而享受垄断的好处，厂商需要付出一定的代价。例如，雇用律师向政府官员游说等。

寻租活动的经济损失到底有多大呢？就单个的寻租者而言，从理论上来说，单个寻租者的寻租代价要小于或者等于垄断利润或垄断租金 BCP^*P_1。由于争夺垄断地位的竞争非常激烈，寻租代价常常要接近甚至等于全部的垄断利润。这意味着其寻租损失也往往大于传统垄断理论中的△ABC。如果考虑整个寻租市场，问题就更为严重。整个寻租活动的全部经济损失等于所有单个寻租者寻租活动的代价的总和。而且，这个总和还将随着寻租市场竞争程度的不断加强而不断增大。因此,整个寻租活动的经济损失要远远超过传统垄断理论中的"纯损"$\triangle ABC$。

三、对垄断的公共管制

垄断常常导致资源配置缺乏效率。此外,垄断利润通常也被看成是不公平的,这就使得有必要对垄断进行政府干预。政府对垄断的管制主要是对价格和产量的管制。

(一) 价格管制

1. 边际成本定价法

许多经济学家认为垄断厂商的定价不该过高,应该正确地反映生产的边际成本,由此便有了边际成本定价法。那么,边际成本定价的效果如何?图11.2反映的是某垄断厂商的情况,曲线$D=AR$和MR分别是它的需求曲线(平均收益曲线)和边际收益曲线。曲线AC和MC分别是其平均成本和边际成本曲线。注意,这里是平均成本和边际成本曲线的一般形状,而不是图11.1中的水平直线。特别是,这里的平均成本曲线有向右上方倾斜的部分。如果不进行管制,垄断厂商根据$MR=MC$的原则确定产量来获取最大利润。因此,确定垄断的产量为Q_1,此时对应的垄断价格为P_1,这一价格高于平均成本AC,厂商获得了超额利润。即经济利润不等于0,或者说全部利润大于正常利润。

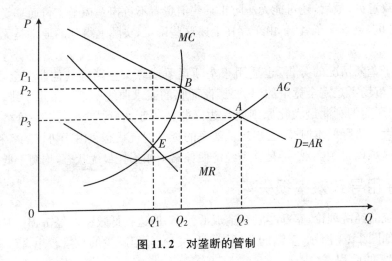

图 11.2 对垄断的管制

现在考虑政府的价格管制。将价格定在P_2时,垄断厂商面临的最大需求量为Q_2。在该产量水平上,价格恰好等于边际成本($P=MC$),实现了帕累托最优。虽然政府制定的价格P_2实现了帕累托最优,但是垄断厂商仍然可以获得一部分经济利润,因为此时的价格P_2大于平均成本AC,差额部分即为超额利润。

当然,如果自然垄断厂商是在AC曲线下降的规模经济阶段进行生产,MC曲线必定位于AC曲线的下方,即按边际成本定价的价格P_C低于平均成本AC,厂商就是亏损的,厂商有可能会退出生产,这使得政府的价格管制陷入困境。

2. 平均成本定价法

平均成本定价法使得管制价格等于平均成本。按照$P=AC$定价,该价格必须为图11.2中$P_3(P=AC)$。但价格为P_3时,对应的最大化产量为Q_3。此时,平均收益AR等于平均成本AC。可见,P_3为零利润价格。在这一价格水平并没有实现帕累托最优,此时的价格P_3

小于边际成本 MC，帕累托最优被违反了。

因此，在垄断价格水平下出现了高价格低产量，而在零利润价格水平下出现了低价格高产量。

3. 双重定价法

双重定价法类似于价格歧视的做法。具体说，允许厂商对一部分购买欲望较强的消费者收取较高的价格，且 $P>AC$，从而厂商获得利润；同时，厂商对一部分购买欲望较弱的消费者仍按照边际成本定价收取较低的价格，由于 $P<AC$，从而厂商亏损。双重定价法制定的价格计划应该使得厂商由于收取较高价格所获得的利润能补偿由于收取较低价格所遭受的亏损，这样可以不致使厂商亏损。

（二）资本回报率管制

资本回报率管制是为垄断厂商规定一个接近于"竞争的"和"公平的"资本回报率，表示等量资本在相似技术、相似风险条件下所能得到的平均市场报酬。由于资本回报率被控制在平均水平，也就在一定程度上控制了垄断厂商的价格和利润。

但制定公正的资本回报率比较困难。第一，什么是"公正的"资本回报率是很难明确界定的。管理机构和被管理厂商往往在这一问题纠缠不休。第二，信息不对称下被管制厂商往往处于信息的优势地位。第三，管制滞后的存在，使得资本回报率管制的效果受到影响。例如，在成本下降的情况下，管制滞后对被管制企业是有利的。因为厂商可以在新的"公平"的资本回报率公布前，继续享受由原来较高的资本回报率所带来的好处；相反，成本上升的情况下，管制滞后对被管制企业是不利的。因为厂商实际得到的资本回报率低于它们早该得到的"公平"的资本回报率。

公共管制的价格究竟定在哪里？这取决于只让企业获取正常利润还是有一些超额利润，目前在公共管制中还是一个争议的问题。对非自然垄断行业，如空中运输、铁路运输和出租汽车等行业应该取消其公共管制。

【课堂讨论】 描述决策者应对垄断引起的无效率问题的方式。列出每一种应对政策存在的一个潜在问题。

四、反托拉斯法

政府对垄断更加强烈的反应是制定反垄断法或反托拉斯法，即在国际间或涉外经济活动中，用以控制垄断活动的立法、行政规章、司法判例以及国际条约的总称。西方很多国家都不同程度地制定了反托拉斯法，其中，表现最为突出的是美国。

以美国为例，托拉斯最早于1882年在美国产生，后来得到迅速发展，并在美国的工业部门中占据了支配地位，美国被称为"托拉斯帝国"。垄断的形成和发展，深刻地影响了美国社会各个阶级的利益。

【资料链接】11-1

反托拉斯法

美国联邦第一个反托拉斯法，也是美国历史上第一个授权联邦政府控制、干预经济的法案，是1890年国会制定的《谢尔曼反托拉斯法》，因由参议员约翰·谢尔曼提出而得名，正式名称是《保护贸易及商业免受非法限制及垄断法》。自1890年通过第一部反垄断法至今,已经有125年了。它经历了几个阶段:刚开始时没有多少案件可以执行;1911~1930年,这二十年出现了较多的反垄断案件;1930~1944年期间,反垄断案件又有所减少;第二次世界大战后到20世纪80年代,反垄断案件又开始增多;1980~1988年期间,反垄断法好像被大家忽视了;从1988年开始至今,反垄断案件又开始增多。这种周期性变化的原因在于美国每四年要进行一次总统选举,共和党对大企业要宽容一些,不会提起很多的反垄断诉讼,而民主党在这方面就会积极一些。美国20世纪30年代的大萧条导致人们对美国的反垄断进行重新思考:到底什么样的因素影响着反垄断法?经过二十年,人们的认识开始趋于一致,认为经济是反垄断法的基础。

美国的这些反托拉斯法规定,限制贸易的协议或共谋、垄断或企图垄断市场、兼并、排他性规定、价格歧视、不正当的竞争或欺诈行为等都是非法的。美国反托拉斯法的执行机构是联邦贸易委员会和司法部反托拉斯局。前者主要反对不正当的贸易行为,后者主要反对垄断活动。对违法者可以由法院提出警告、罚款、改组公司直至判刑。

2008年,为保护市场公平竞争,提高经济运行效率,维护消费者利益和社会公共利益,促进社会主义市场经济健康发展,我国也制订了第一部反垄断法——《中华人民共和国反垄断法》。

第二节 外部影响

到目前为止,我们讨论的微观经济理论,尤其是"看不见的手"的理论,都依赖于一个隐含的假定:单个消费者或生产者的经济行为对社会上其他人的福利没有影响,即不存在所谓外部影响。显然在实际经济中,这个假定与实际是不相符的。

一、外部影响及其分类

一般来说,某个人(生产者或消费者)的一项经济活动会给社会上其他成员带来危害或利益,但他自己却不能为此支付赔偿和得到补偿,这种危害或利益就被称为外部性。外部性可以分为正的外部性或负的外部性。

当一个生产者采取的经济行动对他人产生了有利的影响,而自己却不能从中得到报答时,便产生了生产的外部经济;反之,当一个生产者采取的行动使他人付出了代价而又未给他人以补偿时,便产生了生产的外部不经济。生产的外部经济的例子很多。例如,一个企业对其所雇用的工人进行培训,而这些工人可能转到其他单位去工作。该企业并不能从其他单位索回培训费用或得到其他形式的补偿。因此,该企业从培训工人中得到的私人利益就小于该活动的社会利益。又如一个企业可能因为排放脏水而污染了河流,或者因为排放烟尘而污染了空气,这种行为使附近的人们和整个社会都遭到了损失。再如,因生产的扩大可能造成交通拥挤及对风景的破坏,等等。

当一个消费者采取的行动对他人产生了有利的影响,而自己却不能从中得到报答时,便产生了消费的外部经济;反之,当一个消费者采取的行动使他人付出了代价而又未给他人以补偿时,便产生了消费的外部不经济。例如,当某个人对自己的房屋和草坪进行保养时,他的隔壁邻居也从中得到了不用支付报酬的好处。此外,一个人对自己的孩子进行教育,把他们培养成更值得信赖的公民,这显然也使其隔壁邻居甚至整个社会都得到了好处。和生产者造成污染的情况类似,消费者也可能造成污染而损害他人。吸烟便是一个明显的例子,吸烟者的行为危害了被动吸烟者的身体健康,但并未为此而支付任何东西。此外,还有在公共场所随意丢弃果皮、瓜壳,等等。

综上所述,各种外部影响是普遍存在的现象,市场交易中买方和卖方并不关注他们的外部影响。尽管就每一个生产者或消费者来说,他造成的外部经济或外部不经济对整个社会也许微不足道,但所有这些消费者和生产者加总起来,所造成的外部经济或不经济的总效果将是巨大的。

外部性不能正确地反映到市场价格里,因此导致了无效率。完全竞争条件下外部性使资源配置偏离帕累托最优状态。换句话说,即使假定整个经济仍然是完全竞争的,但由于存在着外部影响,整个经济的资源配置也不可能达到帕累托最优状态。"看不见的手"在外部影响面前无能为力。

二、外部性的治理

外部性问题涉及的范围广、层面多,解决的方法也是多种多样的。在现实经济生活中,经常通过政府的行政力量来解决外部性问题。只要政府采取措施使得私人成本和私人利益与相应的社会成本和社会利益相等,则资源配置便可达到帕累托最优状态。目前,政府部门针对外部性的解决方式主要有以下几种:

(一) 税收和津贴

对造成外部不经济的企业,国家应该征税,其数额应该等于该企业给社会其他成员造成的损失,从而使该企业的私人成本恰好等于社会成本。这种税收最初是由英国经济学家庇古提出的,因此也称为庇古税,以区别于其他税收。征收庇古税是把负的外部性内在化,即把引起负外部性的外部成本转给引起负外部性的生产者。例如,在生产污染的情况下,政府向污染者征税,其税额等于治理污染所需要的费用;反之,对造成外部经济的企业,国家则可以采取津贴的办法,使得企业的私人利益与社会利益相等。例如,政府补贴接种疫苗的消费者;给予植树造林企业补助等。给予生产者的补贴其实是一种反方向的税。

(二) 企业合并

如果两个企业分别是外部影响的产生者和受影响者,则两者合二为一就可以消除外部影响,使外部影响变成企业内部的问题,即外部影响"内部化"了。比如将产生外部影响的化工厂和受其外部影响的养鱼场合并,则化工厂对于养鱼场的影响就变成了企业内部要解决的问题,企业就会考虑如何控制污水的排放保证养鱼场的产量。正的外部影响也可以通过此方法"内部化",比如现在的购物中心很多都是集购物、娱乐、餐饮、休闲于一体,保证各方面的收益都不流失。

(三) 拍卖污染许可证

政府控制经济上可接受的污染总量,让有外部性污染的企业去竞拍污染许可证,出价高的企业可获得相应污染量的污染排放权,并且许可证可以转让。这种方法的好处是把政府的命令、控制方法和市场的调节作用结合起来。政府根据环境对污染的容纳能力确定污染的排放总量,然后发挥市场的作用,以最低成本实现污染物的减少。

(四) 规定财产权

在许多情况下,外部影响之所以导致资源配置失当,是由于财产权不明确。如果财产权是完全确定的并得到充分保障,则有些外部影响就可能不会发生。例如,某条河流的上游污染者使下游用水者受到损害。如果给予下游用水者以使用一定质量水源的财产权,则上游的污染者将因把下游水质降到特定质量之下而受罚。在这种情况下,上游污染者便会同下游用水者协商,将这种权利从他们那里买过来,然后再让河流受到一定程度的污染。同时,遭到损害的下游用水者也会使用因出售他的污染权得到的收入来治理河水。总之,由于污染者为其不好的外部影响支付了代价,故其私人成本与社会成本之间不存在差别。

经济学家罗纳德·科斯提出通过产权变更的方式可减少负外部性。他认为外部影响之所以导致资源配置失当是由于产权不明确,如果产权明确,且得到充分保障,有些外部影响就不会发生,这个理论被称为科斯定理。

【案例分析】11-1

该不该养狗

假定小张有一条名为斯波特的狗。斯波特狂叫并干扰了小张的邻居。小张从拥有的一条狗中得到了收益,但这条狗给邻居带来了负外部性。那么是应该强迫小张把狗送到动物居留所,还是应该让邻居不得不蒙受由于狗狂叫而夜不能眠的痛苦?

根据科斯定理,私人市场可以自己达到有效的结果。如何达到?邻居可以简单地付给小张一些钱让他放弃狗。如果邻居给的钱数大于养狗的收益,小张就将接受这种做法。

通过对价格的协商,小张和邻居总算可以达到有效率的结果。如假设小张从养狗中得到的收益为500元,而邻居由于狗的狂叫承受了800元的成本。在这种情况下,邻居可以给小张600元,让小张放弃狗,而小张也很乐意接受。双方的状况都比以前好了,从而达到了有效率的结果。

当然邻居不愿意提供小张愿意接受的价格也是可能的。例如,假设小张从养狗中得到的收益是1000元,而邻居由于狗的狂叫承受了800元的成本。在这种情况下,小张不会接受任何在1000元以下的出价,而邻居又不愿意提供任何在800元以上的价格。因此,小张还是养狗,在这种成本与收益的情况下,结果也是有效率的。这里我们一直隐含假设小张在法律上有权养一条爱叫的狗。换句话说,除非邻居给小张足够的钱让小张自愿放弃狗,否则小张就可以养狗。相反,如果邻居在法律上有权要求和平与安宁,结果会有什么不同呢?

根据科斯定理,最初的权利分配对市场达到有效率结果无关紧要。例如,假设邻居可以通过法律强迫小张放弃狗。虽然这种权利对邻居有利,但也许结果不会改变。在这种情况下,小张可以向邻居付钱,让邻居同意他养狗。如果狗对小张的收益大于狗狂叫对邻居的成本,那么小张和邻居将就小张养狗问题进行协商。

可见最初的权利无论怎样分配,小张和邻居都可以达到有效率的结果,但权利分配并不是毫不相关的,它决定了经济福利的分配。是小张有权养一条爱叫的狗,还是邻居有权得到和平与安宁,决定了在最后的协商中谁向谁付钱。在这两种情况下,双方都可以互相协商并解决外部性问题。只要收益超过成本,小张将会放弃养狗。

科斯定理说明,私人经济主体可以解决他们之间的外部性问题。无论最初的权利如何分配,各方可以达成一种协议,在这种协议中每个人的状况都可以变好,而且,结果是有效率的。

但科斯定理是有局限性的,它只有在交易人数少、交易费用低到足以达成有效结果的协议时才能成立。但在大多数情况下,协商总是会存在各种不一致。为了使利益各方达成一致意见,在协商过程中会存在一些成本,这些成本就是交易成本。如在上述案例中,假设小张和邻居的语言不同,在处理问题时需要一个翻译,那么翻译需要支付的成本就是交易成本。如果这一成本大于可能的收益500元,那么小张和邻居就会放弃解决问题。显然,在财产权明确的情况下,还要满足交易成本很小甚至为零,这样市场才是有效的;交易成本很高、交易人数很多时,这样做就会产生无效结果。

运用科斯定理解决外部性问题时,在实践中有以下几个难点:一是资产的财产权是否总是能够明确地加以规定? 有的资源,例如空气,就是大家均可使用的共同财产,很难将其财产权具体分派给谁;有的资源的财产权即使在原则上可以明确,但由于不公平问题、法律程序的成本问题也使实践变得很困难;二是已经明确的财产权是否总是能够转让? 这就涉及信息是否对称以及买卖双方能否达成一致意见,如谈判的人数太多、交易成本过高、谈判双方都能使用策略性行为,等等。此外,还应该指出,分配产权会影响收入分配,而收入分配的变动可以造成社会不公平,引起社会动乱。在社会动乱的情况下,就谈不上解决外部影响的问题了。

第三节 公 共 物 品

在自己家里的土地上种植水稻与在长江里捕鱼有什么区别? 在自己的房屋里安装自来水管网与建造城市的地下排水系统有什么差异? 这并不是恶作剧式的问题。房屋内的自来水管网和水稻这两种产品的特性能够使市场有效运转,而地下排水系统和长江中的鱼则不能。下面我们就来看看这些产品的重要特性以及它们的本质。

一、排他性与消费的竞争性

像房屋内自来水管网或水稻这两种产品具有两种特性,这两个特性对于一种商品能否被市场有效提供至关重要。

排他性是指产品供应者可以阻止没有支付费用的人去消费它。消费的竞争性是指同一单位商品不能在同一时间被另一个人使用。

私人物品既有排他性又有消费的竞争性。例如一个冰激凌蛋卷,它之所以有排他性,是因为你不付费就不能消费这个冰激凌蛋卷,即不付费就可以排除在消费之外;一个冰激凌蛋卷之所以有消费的竞争性,是因为一个人拥有了这个冰激凌蛋卷,其他人就不能拥有同一个冰激凌蛋卷。经济中大多数物品都是像冰激凌蛋卷一样,是私人物品。

公共物品既无排他性又无消费的竞争性。也就是说,一个人享用一种公共物品并不减少另一个人对它的享用。例如,国防是一种公共物品。一旦要保卫国家免受外国入侵,就不可能排除任何一个人不享有这种国防的好处。

公共资源有竞争性但没有排他性。例如,长江中的鱼是一种竞争性物品,当一个人捕到鱼时,留给其他人捕的鱼就少了;但这些鱼并不是排他性物品,因为几乎不可能对渔民所捕到的鱼收费。

二、公共物品及特性

(一) 公共物品和效率

私人物品供给的有效水平是通过比较 MR 与 MC 决定的,最优效率在 $MR=MC$ 时实现。对于公共物品也是一样的,但是分析有差异。对于私人物品,边际收益可以使用消费者得到的收益来衡量。对于公共物品,我们必须把所有人增加一单位享受该公共物品带来的收益加总,才能得到边际收益,然后使用 $MR=MC$ 来确定。

图 11.3 显示了最优的公共物品产出。D_1 代表了 A 消费者对该公共物品的需求,D_2 代表 B 消费者对该物品的需求。两条需求曲线都分别反映了单个消费者消费每一单位的该公共物品获得的边际收益。假设有 q 单位公共物品,A 消费者愿意支付 m_2 个单位货币得到它,其边际收益为 m_2,B 消费者愿意支付 m_1 个单位货币得到它,其边际收益为 m_1。

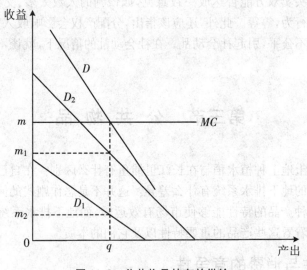

图 11.3 公共物品的有效供给

D 需求曲线是由 D_1 和 D_2 等所有单个消费者需求曲线的加总。也就是说在有效率的产出水平下,需求曲线 D 给出的消费的社会边际收益,是 D_1 和 D_2 垂直距离的加总。显然,在产出为 q 单位时,我们发现 $m=m_1+m_2$。而这一产出 q 处正好实现了 $MR=MC$,因此 q 单位的产出是有效产出。为什么在 q 处是有效率的?我们可以考虑产出大于或小于 q 都会出现边际社会收益与边际成本不等。

(二) 公共物品与市场失灵

从前面几章来看,市场是一个提供产品和服务的体系。但是它只能有效地提供私人产品这样的服务,也就是消费时具备排他性和竞争性。

排他性对于商品的供给是非常重要的。一个好的地下排水系统会给整个城市带来更加健康、环保的生活,其收益惠及所有市民,无论他们是不是付钱给市政府或工程师。也正因为如此,没有任何一家私人企业乐意去解决城市污水的排放问题。

一般而言,如果一种产品是非排他性的,理性的消费者就不可能愿意为此付费,他们会跟着付费的人"搭便车",这时候人们便会成为免费搭车者。"搭便车"的例子在日常生活中非常常见。比如大学学习中,有些课程学习需要成立小组,严格来说,每个小组成员都理应积极承担任务,但经常会出现有些小组成员偷懒,主要依赖其他人来完成的现象。偷懒者免费搭乘努力学习者的便车。

对于公共物品,我们实际上难以通过公共物品的供求分析来确定它的最优数量。由于免费搭便车的存在,市场很难或不可能有效供给产品。因此,我们可以有把握地说,市场本身提供的公共物品通常低于最优数量,即市场机制分配给公共物品生产的资源常常会不足。幸运的是,对于市场来说,大部分产品都是私人产品,如食品、衣服、住宅以及其他生活必需品都具备排他性和竞争性,因此市场能够解决大部分产品。有些产品不具备这些标准,就需要政府来提供这些产品的生产。

(三)公共物品和成本收益分析

政府承担了公共物品的供给是因为私人市场本身不能生产有效率的数量。那么在现实中政府应该决定提供什么公共物品?数量应该是多少?负责任的政府应该努力去估算提供公共物品的社会收益和社会成本,这一过程被称为成本收益分析。

成本收益分析是一项艰难的工作。其中估算供给产品的成本比较直接,而估算收益较难。如果政府通过询问人们的支付意愿来计算公共物品的社会边际收益,基本上很难得到客观真实的回答。由于事实上人们不会为公共物品付费,所以支付意愿也是被虚拟出来的。

情况更糟的是,人们对此问题有撒谎的动机。人们自然希望公共物品越多越好,因为无论他们使用多少公共物品,他们都不需要为之付费,所以了解他们需要多少公共物品时,他们总是夸大自己的真实感觉。当评价政府是否应该提供一种公共物品时,成本—收益分析并没有提供任何价格信号。因此,关于公共项目成本和收益的结论充其量是近似而已。

【资料链接】11-2

西方国家的公共物品"供给"与"生产"

如何有效率地提供公共物品,已成为一个日益引起关注的问题。

由于公共物品有许多特殊性,政府在提供公共物品方面扮演着重要角色。政府的职能是"提供"而不是"生产"公共物品,后者是指政府委托企业对公共物品直接进行生产,前者则不仅包括政府直接生产公共物品,而且包括政府通过预算安排或政策安排等,以某种适当方式将公共物品委托给私人企业进行间接的生产。

从西方国家的情况来看,政府直接生产公共物品的形式大致可归纳为以下几种:

(1)中央政府直接经营。在西方国家,造币厂和中央银行绝大多数是由中央直接经营的。此外,许多国家的中央政府还直接生产军工、医院、学校、图书馆、自来水、煤气等公共物品。

(2)地方政府直接经营。在欧洲许多国家,地方政府直接经营一些公共物品,如保健事业、医院、自然资源保护、街道、住宅、警察、防火、供水、下水道、供电、图书馆、博物馆等。

(3)地方公共团体经营。在日本,自然垄断性的公共物品大多是由国有企业来提供的,而国有企业又是由地方公共团体来经营的。地方公共经营的这些企业可以从事任何有利于地方居民福利的事业,如自来水、工业用水、铁路、汽车运输、地方铁路、电气、煤气等的生产。

三、公共资源

公共资源是一种在消费时具有非排他性但有竞争性的产品。比如长江的渔业资源。一般来说,任何船只都可以到长江里捕鱼,长江里的鱼类资源是一种非排他性的产品。鱼的数量总是有限的,一条鱼被一个人捕到就不可能再被别人捕到,显然长江里的鱼资源消费存在竞争性。在这种情况下,公共资源则可能很快会被过度地使用,从而造成灾难性的后果。西方的公地悲剧就是一个经典的例子。

寓言说的是中世纪的一个小镇,该镇最重要的经济活动是养羊。许多家庭都有自己的羊群,并靠出卖羊毛来养家糊口。由于镇里的所有草地为全镇居民公共所有,每个家庭的羊都可以自由地在共有的草地上吃草。开始时,居民在草地上免费放养没有引起什么问题。但随着时光流逝,追求利益的动机使得每个家庭的羊群数量不断增加,由于羊的数量日益增加而土地的面积固定不变,草地逐渐失去自我养护的能力,最终变得寸草不生。一旦公有地上的草没了,羊就养不成了,羊毛也就没有了,该镇繁荣的羊毛业也消失了,许多家庭也因此失去了生活的来源,这就是公地的悲剧。因为放牧的私人成本几乎为零,导致了较多的人放牧,草儿的生长满足不了需求,最终导致公地悲剧。

图 11.4 说明这一点,假设对于需求来说,放牧的数量很小。假定在有人控制每天放牧量应该是由 MSC 与 D 的交点决定的,即有效的水平为 Q^*,在 Q^* 这个放牧水平下,给每个放牧带来的收益大于成本,这就吸引了更多人来放牧,直到放牧数量为 Q_1。在 Q_1 的数量下,实现了私人成本和收益相等。此时,有太多的人放牧,导致草的再生根本满足不了需求,最终出现公地悲剧。对于公共资源问题,有一个较好的解决办法——找一个人来管理公共资源,确保所有人都可以免费使用,且这一公共资源的边际社会成本等于收益。当牧民放牧数量超过 Q^* 时,他们付出去的成本大于带来的收益,这样就无利可图了。问题是,公共资源一般规模庞大,一个人管理很难实现,这就需要归政府所有或者归政府直接管理。

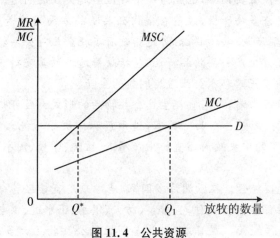

图 11.4 公共资源

注:MC 为私人边际成本,而 MSC 为边际社会成本。

【案例分析】11-2

拯救了公园,又赚了钱

美国国家公园人满为患,入不敷出。如何解决此问题呢?经济学家的答案是提高入园费。

1916年,一个5口之家坐着一辆车进入黄石公园,门票价格为7.5美元,而现在这一价格仅仅是10美元(1995年,考虑通货膨胀应该为120美元)。所以容易理解公园人头攒动是一件很正常的事。我们把自然和历史遗迹当成一种免费物品,其实它们并不是。

提高每天每位游客收费,比如每人20美元,就可以通过减少游客人数和增加国家公园管理局门票收入,减少公园里的拥挤和条件恶化。收入增加是可能的结果,对于花费几百美元到了黄石公园之后,20美元入园费很容易接受。增加收入为公园外的各种娱乐提供了更多的可能。我们既然高度评价大峡谷和约塞米提国家公园,就不该抱怨现实中的门票价太高了;要不就是我们并不认为它们真正有价值,但我们也不应该对它们现在令人遗憾的状况和更坏的未来袖手旁观。

(资料来源:艾仑·R·桑德逊. The New York Time[N]. 1995-9-30(19).)

第四节 信息不对称与市场

一、信息的不完全和不对称

和普通商品一样,信息也是一种很有价值的资源,它能够提高经济主体的效用和利润。例如,消费者如果知道商品的质量,就能够避开那些质次价高的东西;生产者如果了解市场的需求,就能够提供恰到好处的供给。和普通商品不同,信息在"质"和"量"上又有其独特的性质。

首先,从质的方面看,信息有点类似于我们前面讨论过的"公共物品"。信息显然不具有竞争性,因为信息可以被许多人同时利用。信息在一定程度上也可以说没有排他性,信息的最初所有者当然可以封锁信息,秘而不宣。但是,一旦信息被卖出去之后,他就很难阻止信息的买主再向其他人传播。

其次,从量的方面看,确定信息的价值大小也不像确定普通商品的价格那样简单。人们常常采用比较的方法来计算信息的价值,获得新的信息可能会促使经济主体改变自己的决策,而决策的改变又可能导致预期收益的变化,于是可以用预期收益的变化来确定这一新增信息的价值。

假定你花了10000元买了一个IBM笔记本电脑,才使用不到一个月,由于你缺钱想卖了此电脑。电脑本身没有任何问题,你把它卖了可以解决当前经济问题。你想卖多少钱呢?也许只能打个8折。换位思考,即使你是买主,出价也不可能高于8000元。

为什么才使用了一个月不到的IBM电脑,其价值下降这么多呢?买者肯定会想这台电脑肯定有问题,要不你为什么会出售呢?买者很担心质量。使用过的电脑之所以比新电脑价格低很多,是因为质量信息在买者和卖者之间存在信息不对称。卖主比买主知道的消息更充分,结果很明显,一台电脑的买主对它的质量有些疑虑是很有道理的。

通过上例分析我们发现,不同的经济主体缺乏信息的程度往往是不一样的。市场经济的一个重要特点是,产品的卖方一般要比产品的买方对产品的质量有更多的了解。例如,出售旧车的卖主要比买主更加了解自己旧车的缺陷;投保人要比保险公司更加了解自己所面临风险的大小;出售劳动的工人要比雇主更加了解自己劳动技能的高低。旧车市场、保险、信贷和就业等市场都具有不对称信息的特征。为了更好地理解不对称信息的内涵,我们从旧车市场开始,了解同样的原则是如何适用于其他市场的。

(一)旧车市场

在现实的经济生活中,存在着一些似乎与常规不一致的东西。例如,如果降低某种商品的价格,对该商品的需求量就会增加,需求曲线向右下方倾斜。但是,当消费者掌握的市场信息不完全时,他们对商品的需求量就有可能不随价格的下降而增加,而是相反,随价格的下降而减少。这时,就出现了所谓的"逆向选择"问题。"逆向选择"是指不同质量的产品以单一价格出售,因为商品的购买者或出售者在交易时不能确定有关商品质量的全部信息。结果,市场上就有太多的低质量产品和太少的高质量产品出售。又例如,如果提高某种商品的价格,对该商品的供给量就会增加。这是一般商品的供给规律——供给曲线向右上方倾斜。但是,当生产者掌握的市场信息不完全时,他们对商品的供给量就有可能不随着价格的上升而增加,而是相反,随价格的上升而减少。总之,当商品的需求变化或者供给变化出现异常时,我们就遭遇了逆向选择问题。对于市场机制来说,逆向选择的存在是一个麻烦,因为它意味着市场的低效率,意味着市场的失灵。

假定有两种旧车市场,其中一个是高质量的旧车市场,另一个是低质量的旧车市场,如图 11.5 所示,高质量旧车的价格为 1000 元,低质量旧车的价格为 500 元,每种车出售的数量为 500 辆。图 11.5(a)表示的是高质量旧车市场的供给与需求状况。如果是完全信息,那么消费者就可以以较高的价格购买高质量旧车,以较低的价格买低质量旧车,每种车各销售 500 辆。问题是在实际生活中,旧车卖主对车的质量信息比买主对旧车质量信息知晓程度高很多。那么,在买主不知道旧车质量信息的情况下会发生什么?可能买回车用了一段时间后才发现车的质量有问题。当初,买主可能会想,他们卖质量高的旧车的可能性只有一半。你在完全信息下,高质量的旧车和低质量的旧车都会售出 500 辆。因此,买主会把所有的车都看成是中等质量的。这时候需求曲线为 D_2,它低于 D_1 而高于 D_3,也就说现在有较多低质量的车和较少高质量的车。

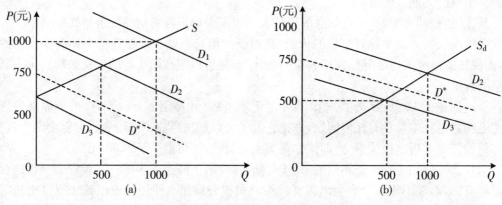

图 11.5　信息不对称的二手货车市场

当消费者知道出售的旧车大部分都是低质量旧车时,他们的需求曲线向左移至 D^*,这时旧车的平均质量是中低水平的,导致需求曲线进一步左移,使旧车的市场组合进一步转向低质量,这一移动会持续到市场中销售的全是低质量的旧车。在这一点上,市场价格太低而不能使任何高质量的旧车进入市场销售,因此,消费者正确地假定,他们购买的任何旧车都是低质量的,而需求曲线是 D_3。由于信息的不对称,低质量的旧车把高质量的旧车逐出旧车市场,如图 11.5(b)所示。

(二) 信贷市场

现在很多人都在使用信用卡,可以向银行借钱而不提供任何抵押品。大多数信用卡都允许持有人在一段时间内无偿借用数千人民币,而许多人可能都有几张信用卡。银行通过对借款余额收取利息来赚钱,但是银行如何区分高质量的借款人(积极偿还债务的人)和低质量的借款人(偿还债务不及时甚至不偿还债务的人)呢?显然,借款人对他们自己会不会偿要比银行知道得多,逆向选择问题又一次出现了。银行必须对所有的借款人收取同样的利率,这会吸引较多的低质量借款人,迫使利率上升,进一步增加低质量借款人的人数,并进一步迫使利率上升,形成一个恶性循环。

事实上,许多国家都建立了完善的信用管理体系。银行在一定程度上能够利用个人信用中介机构提供的个人信用数据来区分"低质量"和"高质量"的借款人,而这种信息经常是可以分享的。许多人认为数字化的信息是对隐私的侵犯,显然这种信息能共享吗?有一点是确定无疑的,它起到了很重要的作用,通过计算机网络整理的个人信用历史可以消除或者大大削弱不对称信息和逆向选择问题,否则的话,个人信贷市场将无法运作。

(三) 劳动市场

在劳动市场上,招聘者应该实行什么样的工资策略呢?是用较低的工资来降低经营的成本呢?还是用较高的工资吸引高效率人才?

和其他市场一样,劳动市场的典型特点是信息不完全。招聘者对应聘者的情况是部分了解,不同的应聘者具有不同的工作效率,有的高些,有的低些;但却不知道哪些人的效率高,哪些人的效率低。招聘者可以通过面谈、审查简历、看推荐信等方法来试图尽可能多地了解应聘者的情况,这些并不足以确定应聘者效率的高低。招聘者可以对决定雇用的人员规定一个试用期,如果在试用期中发现应聘者的表现并不令人满意,就可及时解聘他们。这种补救措施虽然可以减少损失,但会错失雇佣人才的时机。

信息不完全对招聘者行为的影响是很大的。如果招聘者能够真正了解应聘者,他就会设定不同的工资水平来招收具有不同工作效率的应聘者,即用高工资应聘高效率者,用低工资招聘低效率者。总之,他会力图做到使所支付的工资与从应聘者身上得到的回报相当。但是,招聘者实际上并不可能了解每一个应聘者,更无法做到使工资与回报相等,只能使用相同的工资水平来招聘他们。

那么招聘者如何来确定这个工资水平呢?招聘者当然知道,如果降低工资,应聘者的数量肯定就会减少,而且因为低工资而减少的应聘者中,主要的是那些工作效率较高的人。因为工作效率较高的人明白自己的"价值",觉得不值得为低工资而工作;而工作效率较低的人也清楚自己的底细,尽管工资低一些,还是愿意接受。这样一来,工资下降的结果就是应聘队伍结构的恶化,高效率应聘者所占比例不断下降。这种应聘队伍结构的变化意味着什么呢?它当然意味着整个应聘队伍的平均效率下降;反之,如果招聘者提高工资,整个应聘队伍的平均效率就上升了。

由此可见，在招聘者所给工资水平与应聘者平均效率之间存在同方向变化的关系，平均效率随着工资水平的下降而下降；反之亦然。招聘者在招聘时不仅要考虑所支付的工资水平，而且要考虑应聘者的工作效率。一个应聘者，即使要求的工资很低，如果工作效率更差，也不会有人雇佣；反之，如果应聘者要求的工资很高，但其工作效率更高，也值得雇用。工资和效率这两个指标可以综合在一起构成一个新的指标，即每单位工资水平上的效率，这个指标可以叫作"工资效率"。于是，招聘者在招聘时要考虑的就是他在所支付的每单位工资上能够得到的效率，招聘者在招聘中追求的显然就是最大的工资效率，而不是别的什么东西。

【案例分析】11-3

从效率工资看"用工荒"

2007年，时常会传来"用工荒"的消息，从珠三角到长三角，甚至河北等北部省份，都会有一些工厂无法招到足够工人，不能满足日常生产的需求。为此，许多企业想出高招，甚至直接到火车站、汽车站去抢工人。在关注中国"用工荒"的时候，福特汽车公司的效率工资理论很具借鉴价值。

首创"流水线"制度的福特汽车公司奠基人亨利·福特，在1914年引进一项管理创新：当市场的平均工资水平是每个工作日2~3美元的时候，福特却支付给工人每个工作日5美元的工资。以常人的理解分析，福特的行为似乎有点古怪：高工资必然要带来高成本，不利于企业利润最大化，但最终结果却是，福特公司的生产成本下降了。效率工资理论认为，如果工资高于市场均衡水平，企业经营会更有效率。

在许多民营企业，公司老板不明白效率与工资之间的关键联系，只知片面压低工人工资。过大的劳动强度、维持最低标准的工资和恶劣的工作环境，看起来省了很多钱，工人表面上服从于严格管理，但暗地里可能会通过消极工作、怠慢顾客甚至搞小破坏来发泄不满，这样，必然造成企业生产效率的低下和产品质量的下降。在我国，许多企业引进同国外一样的生产线，实行同样的管理，但产品质量仍然比不上国外企业，这其中除工人素质差别外，一个重要原因就是我们的工资福利待遇远低于国外，工人没有足够的积极性和敬业精神。

当然，我国工人的工资福利水平不可能迅速提高，一下子赶上发达国家。但是，对于我们的企业家来说，明白效率工资的道理，舍得花钱提高工资福利待遇，无论对于企业、工人还是整个行业、社会，都是极为有利的。

（资料来源：http://xhwzhjxzx.blog.163.com/blog/static/30060126200751804210365.）

（四）信誉和信息调控

信息不对称在其他许多市场也存在。比如说，零售商店：商店会保修或允许退货吗？商店对他的规定比消费者知道得多。邮票、钱币、书画和古董：这些商品是否为真品？商品的经纪人对它们的真实性了解比你多得多。你在家庭餐馆点菜所用的配料是否新鲜？厨师对于菜品的原料和卫生情况比你清楚得多。

通过市场机制本身来解决信息不完全和不对称问题的方法之一是建立"信誉"。在信息不完全和不对称的情况下，如果没有其他的约束机制，市场就会到处充斥劣质产品。一方面，消费者知道，生产和销售产品的企业比自己更加了解商品的质量，因而就有可能利用这一信息优势来进行欺骗,即生产一些成本较低的劣质产品,并把它们拿到市场上来以次充好,以获得更大的利润。基于这种认识,消费者只愿意对企业提供的商品支付较低的价格。另一方面,由于消费者只愿意支付较低的价格,企业也不会愿意生产成本较高的优质产品。这样一来,劣质产品把优质产品逐出市场。

幸运的是,由于存在着诸多的约束因素,现实的市场并没有糟糕到如上所说的地步,"信誉"作用很重要。所谓信誉,可以看成是消费者对企业行为的一种主观评价。消费者根据自己购买和消费某种产品的亲身体验以及来自其他消费者的"忠告"或别的因素,对生产和销售该产品的企业的诚信程度进行识别,并据此决定是否会购买该企业的产品。

有时候,买卖之间的关系是一次性的,是流动性的买卖。交易结束之后,双方可能永远也不会再碰面,则建立信誉机制就比较困难。因为在这种情况下,对企业来说,"回头客"本来就不存在,也用不着担心受骗者会向其他消费者揭发自己的不当。那么,如何解决类似于汽车旅馆和饭店的信誉问题呢?以遍布世界的麦当劳为例。当你待在家里时,你也许并不愿意经常去麦当劳。但是,当你出差到一个陌生的地方时,去麦当劳也许就是一个不错的决定。街头那家名叫"张三"的饭馆提供的饭菜也许要更有风味,但你却无法肯定。你唯一能够肯定的是,这里的麦当劳和你家乡的麦当劳是完全一样的。因为麦当劳的产品全球都一样,去那里用餐用不着担心受骗。于是,通过这样的"标准化",市场在一些"一锤子"买卖的场合也可以建立起信誉机制。

但是,市场机制并不能够解决所有的信息不完全和不对称问题。在这种情况下政府就有必要在信息方面进行调控。信息调控的目的主要是保证消费者能够得到充分和正确的市场信息,即增加市场的"透明度",以便他们能做出正确的选择。例如,就保护消费者方面来说,常见的政府措施包括这样一些规定:发行新股票或新债券的公司必须公布公司的有关情况、产品广告上不得有不合乎实际的夸大之辞、某些产品必须有详细的使用说明书、香烟包装上必须标明"吸烟有害健康"的字样,等等。

二、道德风险

当一方投了全额保险,而信息有限的保险公司又不能准确地监督他时,投保人可能会采取提高事故或受伤的可能性行动。比如,一个人为他的古董买了全额保险,这时候就会对自己的收藏品疏于管理,可能会放弃报警系统。一个人的虚伪在购买保险后会改变的可能性就是道德风险。所谓道德风险是指当信息不对称时,交易的一方以牺牲另一方的利益为代价而改变自己行为的倾向。

问题还不仅仅局限于此。对保险公司来说,更糟糕的是,那些出事概率大的人也是购买保险最积极的人,保险公司不知道他们的底细,但他们清楚自己的底细。他们知道自己出事故的概率比较大,因而更加需要保险公司的帮助,也愿意接受较高的费用。而那些谨慎驾驶的人,出事故的概率较小,这些优质的投保人不可能愿意为保险支付高费用。这会带来较为严重的后果。提高保险价格当然会减少人们对保险这种商品的需求,而且在减少的保险需求中,主要是那些相对"优质"投保人的需求;而留下来的投保人中,主要是那些相对"劣质"的投保人,因为他们愿意为得到保险支付更高的价格。这样一来,随着保险价格的上升,投保人的结构出现恶化,"劣质"的投保人所占的比例越来越大,"优质"的投保人所占比例越来越小,"劣质"的投保人越来越多。假定保险公司的全部成本就是对投保人所遭受损失的赔偿,而不考虑工作人员的工资等其他成本,则在这种情况下,保险公司的平均损失就等于它的平均赔偿。因此,保险公司的平均损失随着保险价格的提高而增加。尤其当保险价格在较高水平上继续增加时,投保人的结构会急剧恶化,从而平均损失会急剧上升,超过上升的保险价格所带来的好处。

从保险价格与平均损失之间的关系可以了解到保险供给的特殊性质。一方面,如果保险价格过低,经营保险肯定亏损,保险公司将不再愿意提供保险;另一方面,如果保险价格过高,经营保险也会发生亏损,保险公司也不会愿意提供保险。由此可以得出一个结论:存在一个对保险公司来说是"最优"的保险价格,当保险价格恰好等于该价格时,保险供给量达到最大。如果保险价格从这个最优水平上开始上升,保险供给量就将不是增加,而是下降。

道德风险不仅仅改变行为,而且会导致经济无效率。无效率的产生来源于个人对于活动的成本或收益的看法与现实社会的收益或成本不一致。以驾驶为例,如图 11.6 所示,有效率的驾驶里程应该

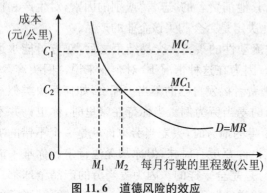

图 11.6 道德风险的效应

是边际收益和边际成本相等得出。有了道德风险后,个人所看到的边际成本 C_2 就低于实际成本 C_1,从而会提高行驶的里程数为 M_2。

【课堂讨论】某人购买了一份人寿保险,他每年支付一定数量的保费,在他去世时,他的家人会得到比保费多得多的赔付。你预计购买保险的人死亡率是高于还是低于普通人(未购买保险的人)?这如何成为道德风险的例子呢?如何成为逆向选择的例子呢?你觉得保险公司会如何处理此事?

三、委托-代理问题

在现实经济中,委托-代理关系是非常普遍的。例如,雇主和雇员、股东和经理、医院和医生、被告和律师,等等。在这些例子中,前者是委托人,后者是代理人。委托人委托代理人处理与自己有关的一些事务,并支付相应的报酬。由于委托人和代理人的信息不对称,这种信息不对称导致代理人的利益与委托人的利益不一致,这就会产生"委托-代理"问题。

不完全信息和监督成本昂贵如何影响代理人的行为?什么样的机制可以促使经理具有所有者的礼仪工作的激励?这些问题是委托代理分析的中心问题。

(一) 私人部门的委托-代理问题

大多数企业由管理层控制。个体股民并非企业管理者,他们只是企业财产的微小部分。而且对于持股人来说,想了解经理人的真实表现是很困难的。监督经理人的成本高昂,收集信息的代价很高。结果是,经理人经常可以追寻自身目标,而不是所有者的目标——企业价值最大化。

经理人的目标是什么呢?一种观点认为,经理们更关心增长而不关心利润本身,较快的增长和较大的市场份额容易让经理人获得更多津贴。另一种观点认为,不注重增长的重要性,而更多强调经理人在工作时得到的效用,这不仅仅是利润,还有来自同行的尊敬、自身控制权利、得到附加的利益和额外的津贴以及保障自身工作的稳定性。

然而,经理们偏离所有者目标是有限度的。第一,当股东们发现经理人有不当行为时,

他们可以撤换当前的管理层。第二，一个公司控制的强有力的市场可以发挥作用。如果经营不善被接管的可能性很大，经理人就有强烈的追求最大利润的动力。最后，有一个高度成熟的经理人市场。如果对于利润最大化的经理人需求很大，相应地会得到高报酬，这会促使其他经理人追随同样的目标。

由于股东控制经理人行为的手段是有限的、不完善的，因此股东无法充分控制经理人的行为。理论上说，必须找到一种机制来促使经理人和股东的利益更紧密地联系在一起，但实践中操作起来却很困难。我们在后面将会阐述这一问题。

（二）公共部门的委托-代理问题

委托代理的框架还有助于我们理解公共组织的经理人的行为。他们往往通过把他们的组织扩大到超过"有效率的"水平来获取所关心的东西，如权利和津贴。由于监督公共经理人的成本很高，无法保证他们会做出有效率的产出。

虽然公共部门缺乏市场力量来约束这些经理人，但政府机构仍能够有效地被监督。第一，政府机构的经理人并不仅仅关心他们机构的大小。还有些人选择公共部门是因为他们关心"公共利益"。第二，公共部门的经理人和私人部门的经理人一样，也要受到市场的严酷选择。最后，立法机关和其他政府部门起到了监督作用。例如政府的预决算部门和审计部门都花费了大量的精力来监督。

（三）委托-代理框架中的激励

我们已经发现，在委托代理框架内，经理人和所有者的目标不一致。那么所有者设计什么样的奖励制度，能够使经理人和工人不偷懒，严格按照合同的规定来为自己的利益服务呢？

解决委托代理问题的方法是将委托人把自己的利益"植入"到代理人的利益之中，或者"搭载"到代理人的利益之上，这样，当代理人为自己的利益而采取行动时，他同时也就是在为委托人的利益服务了。

1. 股东-经理：经理的报酬与企业经营绩效挂钩

许多现代公司的所有权和经营权都往往是分离的。这种情况下的委托-代理问题就是：如何确保公司经营者（经理）的行为符合公司所有者（股东）的利益？

股东虽然不能直接观察到经理的行为，但他们能够观察到企业的经营绩效。经营绩效部分取决于经理人的努力，那么将绩效和报酬挂钩就可能会使经理的行为符合股东利益。现实生活中，这类机制表现为给予经理人一定的企业分红、利润分成、股票期权，也有将经理人所得与股票的价格绑定。

从上面可以看到，股票期权计划、分红和利润分成实际上给予企业经营者的只是一种获利的可能性。要使这种可能变为现实，还需要这些经营者积极地负起责任来，通过不断地改善经营管理来实现公司资产的不断增值，实现股票价格的不断升值。这样一来，股票期权计划就通过"报酬激励"机制把经营者的行为引导到与公司所有者的利益相一致的轨道上来了。

2. 雇主-雇员：工资报酬计划

在委托代理框架内，为什么经理人和所有者目标会不同。那么要怎样设计奖励制度，让经理人和工人能够尽可能和所有者目标接近一致呢？下面来看一个具体的案例。

有一个小的制造商使用机器和劳动生产汽车脚垫。所有者目标是利润最大化，但结果到底如何则取决于员工的努力程度和其他一些无法预知与控制的随机因素，如机器和零部件的质量等。如果不考虑随机因素的干扰,则雇主的利润将随着雇员努力程度的增加而增加;另一方面,如果雇员的努力程度不变,雇主的利润则会跟着随机因素的影响而变化,表 11.1 对此做了简单的概括。

表 11.1 雇主利润

	运气差	运气好
偷懒($a=0$)	10000	20000
不偷懒($a=1$)	20000	40000

表 11.1 假定,工人的努力程度只有两种情况:偷懒或者不偷懒;随机因素的影响也只有两种情况:运气差和运气好,并且,这两种情况出现的概率相同,都是二分之一。工人可以决定偷懒或者不偷懒。这两种行为对雇主的利润有不同的影响。如果工人决定偷懒,则雇主的利润在运气差的情况下为 10000 元,在运气好的情况下为 20000 元;另一方面,如果工人决定不偷懒,则雇主的利润在运气差和运气好的两种情况下分别为 20000 元和 40000 元。从表格所给的数字中可以看到,雇主的信息是不充分的。雇主只有在最后的结果是 10000 元或 40000 元利润的情况下,才能够对工人的努力程度做出准确的判断。如果是 10000 元,可以断定工人是偷懒;反之,如果是 40000 元,可以断定工人没有偷懒。但是,当利润为 20000 元时,雇主就无法判断工人到底是偷懒还是没有偷懒。

假设工人的目标是,他的工资减成本最大化。为了简单,我们假定偷懒的成本为 0,而不偷懒的成本是 10000 元,可简单用公式

$$c = 10000a$$

最优的支付计划是什么?与固定工资的情况相比,通过对不偷懒的行为进行鼓励,则可以使雇主和雇员都得到好处。例如,假定雇主给工人制定如下的报酬计划:如果利润 $R=$ 10000 元或 20000 元,那么工资 $W=0$;如果利润 $R=40000$ 元,那么工资 $W=24000$ 元。

因为在偷懒的条件下,无论运气好坏,利润都不会超过 20000 元,所以工资是 0,故其净收益等于 0。另一方面,工人不偷懒的预期工资收入是

$$0 \times 50\% + 24000 \times 50\% = 12000(元)$$

减去不偷懒的劳动成本 10000 元之后,净收益等于 2000 元。于是,工人出于自身的考虑会决定不偷懒。此时,雇主的预期利润也比固定工资时大大增加

$$(20000-0) \times 50\% + (40000-24000) \times 50\% = 18000(元)$$

同样"利润分享"计划也起到激励作用。假定他们与工人签订合同,让工人参与分享计划,当利润大于 18000 元时,$W=R-18000(元)$。

当利润高于 18000 元时,超过部分即工资给予工人。否则,工资为 0。

此时,如果工人偷懒,他的预期工资收入是

$$0 \times 50\% + (20000-18000) \times 50\% = 1000(元)$$

其净收益也为 1000 元(因为偷懒的劳动成本为 0)。另一方面,如果不偷懒,预期收入则为

$$(20000-18000) \times 50\% + (40000-18000) \times 50\% = 12000(元)$$

减去不偷懒的劳动成本 10000 元之后,净收益为 2000 元。由此可见,在上述利润分享的情况下,工人出于自身利益的考虑将决定不偷懒。这样,雇主的预期收益为 18000 元,与前面的"奖勤罚懒"时完全一样。

利润分享制度和奖金支付制度结果一样,这里所举出的例子都是非常简单化的情况,其目的仅仅在于说明激励机制有助于解决委托-代理问题。

◆ **内容摘要**

1. 垄断存在效率损失,帕累托改进难以得到实现。此外,垄断还会带来寻租。解决垄断的办法有政府直接对价格进行管制,还可以制定反垄断法,运用法律手段管理。

2. 一个生产者或是消费者在市场中的行为影响了其他生产者或是消费者的活动是没能在市场反映出来,这时候就出现了外部性。外部性导致市场失灵,可以通过税收津贴、规定财产权等政策加以纠正。在成本和收益都存在不确定性时,选择哪一种机制取决于边际社会成本和边际收益的比较。

3. 既无排他性又无消费的竞争性的公共物品,可以被免费地使用,市场不能供给。因此,公共物品需要政府提供,但如何提供有效率又是个公共选择问题。

4. 因为卖方知晓自己所卖商品的所有信息,相对买方来说产生了信息不对称。这种信息不对称导致了市场失灵,高质量的商品被低质量的商品逐出市场。可以通过提供产品标准、提供产品质量信誉保证等来解决市场失灵。

5. 信息不对称会导致出现道德风险。如保险市场中被保险方对涉险商品的信息知晓更多,明显优于保险公司。一方面会导致逆淘汰;另一方面,被保险人因为保险了而开始忽视自己的注意义务,采取较少的措施避免损失。

6. 不对称信息解释了为什么有些工人在积极寻找工作的时候,劳动市场还有大量失业。根据效用工资理论,一个高于竞争性工资鼓励工人不在工作中偷懒而提高工人的生产率。

◆ **关键词**

垄断　排他性　竞争性　公共物品　私人物品　信息不对称　道德风险　逆向选择

◆ **选择题**

1. 不完全竞争市场中出现低效率的资源配置是因为产品价格(　　)边际的成本。
   A. 大于　　　　　　　　　　B. 小于
   C. 等于　　　　　　　　　　D. 可能不等于

2. 某人的行为给其他人带来经济利益,但其他人不为此利益支付费用,这种现象可以称为(　　)。
   A. 公共物品　　　　　　　　B. 搭便车
   C. 外部经济　　　　　　　　D. 外部不经济

3. 某一经济活动存在外部不经济是指该活动的(　　)。
   A. 私人成本大于社会成本　　B. 私人成本小于社会成本
   C. 私人利益大于社会利益　　D. 私人利益小于社会利益

4. 某生产活动存在外部经济性质时,其产量比帕累托最优产量(　　)。
   A. 大　　　　　　　　　　　B. 小
   C. 相等　　　　　　　　　　D. 都有可能

5. 消费物品非竞争性的含义是(　　)。
   A. 只有一个消费者　　　　　B. 只有一个生产者
   C. 生产成本为零　　　　　　D. 增加一个消费者的边际成本为零

6. 消费物品非排他性的含义是（　　）。
   A. 只有支付价格才能获得消费权利
   B. 不支付价格也能获得消费权利
   C. 只有一个消费者
   D. 只有一个生产者

7. 公共物品的市场需求曲线是消费者个人需求曲线的（　　）。
   A. 水平相加   B. 垂直相加
   C. 算术平均数   D. 加权平均数

8. 交易双方信息不对称，比方说买方不清楚卖方一些情况，是由于（　　）。
   A. 卖方故意要隐瞒自己一些情况
   B. 买方认识能力有限
   C. 完全掌握情况所费成本太高
   D. 以上三种情况都有可能

9. 次品市场上商品价格下降导致销售数量减少的现象可以称为（　　）。
   A. 道德风险   B. 搭便车
   C. 公共物品   D. 逆向选择

10. 关于科斯理论，正确的论述是（　　）。
    A. 科斯理论阐述的是产权与外部影响问题
    B. 科斯不赞成优先考虑政府作用
    C. 产权方式在涉及的主体数目较小时较为有效
    D. 以上都对

◆思考题

1. 考虑你们当地政府提供的物品与劳务。
(1) 用本书的分类解释下列每种物品属于哪个范畴？
① 警察保护　② 铲雪　③ 教育　④ 乡间道路　⑤ 城市街
(2) 为什么你认为政府提供了不是公共物品的东西？

2. 为什么在大多数道路边都有垃圾，而在人们的院子里却很少呢？

3. 你认为互联网是一种公共物品吗？为什么是或不是？

4. 解释保险市场上逆淘汰和道德风险的区别。

5. 许多消费者把著名品牌看作是质量的保证，并愿意购买名牌产品多付钱（如李宁、阿迪达斯等）。著名品牌能不能提供可靠的质量信息？为什么？

6. 一家保险公司在考虑发行三种火灾保险产品：① 完全赔偿的保险产品；② 扣除一定基数以后，完全赔偿的保险产品；③ 对于所有损失一律给予 90% 赔偿。
哪一种保险产品更可能产生道德风险？

◆案例题

南郭先生的故事

中国古时候有一个滥竽充数的寓言：齐宣王好大喜功，喜欢群竽合奏，每次演奏的时候有 300 只竽一起吹奏，蔚为壮观。南郭先生虽然不会吹竽，但是他装模作样地混迹于 300 名乐手中，一直也没有被人们发现，也体面地在官中混了碗饭吃。后来齐宣王驾崩，齐泯王即位。齐泯王继成了老爸的爱好,也喜欢听如丝如缕的竽乐。但是他的喜好又不完全相同于他的老爸,他不喜欢合奏而喜欢独奏。这回南郭先生混不下去了,只好悄悄地溜走了。

资料来源:根据《晋书·刘寔传》改编。

问题:这个寓言大家都很熟悉,你能够解释其中反映的经济学原理吗?

参 考 文 献

[1] 姜国刚,赵东安.西方经济学[M].北京:北京交通大学出版社,2011.
[2] 高鸿业.西方经济学[M].5版.北京:中国人民大学出版社,2011.
[3] [美]保罗·萨缪尔森,威廉·诺德豪斯.经济学[M].19版.于健,译.北京:人民邮电出版社,2013.
[4] 梁小民.西方经济学导论[M].19版.北京:北京大学出版社,2003.
[5] 茅于轼.大家的经济学.[M].广州:南方日报出版社,2005.
[6] 刘东.微观经济学新论[M].南京:南京大学出版社,2007.
[7] 曼昆.经济学原理[M].6版.北京:北京大学出版社,2013.
[8] 余少谦,项桂娥,等.西方经济学:微观部分[M].大连:大连理工大学出版社,2014.
[9] 姜国刚,赵东安.西方经济学[M].北京:北京交通大学出版社,2011.
[10] 黎诣远.微观经济学[M].北京:高等教育出版社,2007.
[13] 董义才,杨军.经济学基础[M].北京:北京师范大学出版社,2007.
[14] 李士金,仲维清.经济学基础[M].北京:机械工业出版社,2008.
[15] 圣才考研网.2012西方经济学(微观部分)考研真题与典型题详解[M].北京:中国石化出版社,2011.
[16] 周平海,李奕滨.新编西方经济学[M].2版.上海:立信会计出版社,2007.
[17] 连有,王瑞芬.西方经济学[M].北京:清华大学出版社,2008.
[18] 刘忠广.西方经济学[M].北京:机械工业出版社,2011.
[19] 袁志刚.西方经济学[M].北京:高等教育出版社,2011.
[20] 郑健壮.微观经济学[M].杭州:浙江大学出版社,2011.
[21] 王秋石.微观经济学[M].4版.北京:高等教育出版社,2011.
[22] 黄亚均.微观经济学[M].2版.北京:高等教育出版社,2005.
[23] 罗伯特·平狄克,丹尼尔·鲁宾费尔德.微观经济学[M].7版.高远,等,译.北京:中国人民大学出版社,2009.
[24] 约瑟夫·斯蒂格利茨,卡尔·沃尔什.经济学[M].3版.黄险峰,张帆,等,译.北京:中国人民大学出版社,2005.
[25] 张元鹏.微观经济学:中级教程[M].北京:北京大学出版社,2007.
[26] 保罗·克鲁格曼,罗宾·韦尔斯.微观经济学[M].2版.黄卫平,曾景,丁凯,等,译.北京:中国人民大学出版社,2012.
[27] 刘家贵,吉萍.西方经济学[M].北京:科学出版社,2005.
[28] 丁卫国.西方经济学原理[M].上海:上海人民出版社,2007.
[29] 许纯祯.西方经济学[M].北京:高等教育出版社,1999.
[30] 赵英军.西方经济学[M].北京:清华大学出版社,2004.

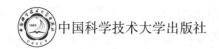中国科学技术大学出版社

教学资源索取单

尊敬的老师：

　　您好！

　　感谢您使用由项桂娥教授主编的《西方经济学(微观部分)》一书。为了便于教学，本书配有相关的教学课件。如贵校已使用了本教材，您只要把下表中的相关信息以电子邮件或邮寄方式发至我社，经我社确认后，即可免费获取我们提供的教学资源。

　　我们的联系方式如下：

　　联系编辑：杨振宁　　　　　　　　　电子邮件：yangzhn@ustc.edu.cn
　　办公电话：(0551)63606086—8755　　qq：2565683988
　　办公地址：合肥市金寨路70号　　　　邮政编码：230022

姓　　名		性　　别		职　务		职　　称	
学　　校				院/系		教　研　室	
研究领域				办公电话		手　　机	
E-mail						qq	
学校地址						邮　　编	
使用情况	用于_____专业教学，每学年使用_____册。						

您对本书的使用有什么意见和建议？

您还希望从我社获得哪些服务？

□教师培训　　　　　　　　　□教学研讨活动
□寄送样书　　　　　　　　　□获得相关图书出版信息
□其他_____

[31] 宋承先,许强.现代西方经济学[M].上海:复旦大学出版社,2004.
[32] [英]杰夫里·怀特海德.经济学[M].上海:新华出版社,2000.
[33] 赵英军.西方经济学:微观部分[M].北京:机械工业出版社,2007.
[34] 尹伯成.现代西方经济学习题指南:微观经济学[M].8版.上海:复旦大学出版社,2014.